TRÜBNER'S

ORIENTAL SERIES.

MÂNAVA DHARMA-ŚÂSTRA

THE CODE OF MANU.

ORIGINAL SANSKRIT TEXT

CRITICALLY EDITED

ACCORDING TO THE STANDARD SANSKRIT COMMENTARIES,

WITH CRITICAL NOTES.

BY

J. JOLLY, PH. D.

PROFESSOR OF SANSKRIT IN THE UNIVERSITY OF WÜRZBURG,
LATE TAGORE PROFESSOR OF LAW IN THE UNIVERSITY OF CALCUTTA.

LONDON:
TRÜBNER & Co., LUDGATE HILL.
1887.

PREFACE.

The Mânava Dharmaśâstra or Manu-smriti has been edited twice in Europe, and a great many times in India. Nevertheless, a new critical edition of the most authoritative Sanskrit lawbook of India, which is at the same time one of the most widely read works in the whole range of ancient Indian literature, has been universally considered as a *desideratum* long since. The two European editions, Sir G. C. Haughton's published in 1825, and Loiseleur Deslongchamps's published in 1830, though very creditable productions in their own time, belong to a bygone period of Sanskrit studies and have long been out of print, while the numerous Indian editions are on the whole nothing but reprints from the two earliest Calcutta editions, published in 1813 and 1830.

The present attempt to supply this want was first undertaken nearly ten years ago, and was called forth by the recovery of the early Commentaries which has furnished an entirely new basis for the study of the Manu-smriti. Under the title of Manutîkâsaṃgraha[1]), I have begun to publish Selections from the Commentaries of Medhâtithi, Govindarâja, Nârâyana-Sarvajña, Râghavânanda, Nandana and an anonymous Kashmirian Commentary, and I may be allowed to refer to that work for evidence of the correctness of many among the readings adopted in the present text or

---

[1]) Fasciculus I, Bibliotheca Indica, New Series No. 556, Calcutta 1885; Fasciculus II., Bibliotheca Indica, New Series No. 584, Calcutta 1886.

quoted in the Notes. I will now proceed to a statement of the materials used for the subjoined edition, beginning with a description of the MSS. in which the Commentaries are contained. All MSS. are written in the Devanâgarî character, when not otherwise stated.

I. Medhâtithi's Commentary.

This work, called Manubhâshya, is undoubtedly the earliest Commentary of all. Its composition is referred to the ninth century by Professor Buhler.[1]) I have been able to use nine Mss. which differ considerably *inter se*.

1. M[1]. (designed as No. V. in the Notes to Haughton's edition of Manu), an old India Office Ms. from Colebrooke's collection, in two volumes, Nos. 1551—1552, dated Saṃvat 1648 = A. D. 1591.[2]) This is a valuable though faulty MS. as far as it goes, but it contains a number of extensive *lacunae* in divers places, especially in chapters VIII., IX.

2. M.[2], a valuable old MS. in one large volume, from the late Professor Haug's collection, now in the R. Library, Munich. It is dated Samvat 1711 = A. D. 1654/55 and agrees very closely with M.[1], in clerical errors even Chapters VII.—X. are entirely wanting in this MS.

3. M.[3] (Haughton's No. VI), an India Office MS. in two large volumes Nos. 934—935, from Colebrooke's collection, a tolerably complete but modern and faulty MS. Both M.[1] and M[3] could not be used carefully and throughout in the course of preparing the present edition, as they had to be sent to several other scholars in succession, before I had been able to finish my own labours which had experienced a long interruption through my absence from Europe, when I had been appointed to deliver the Tagore Law Lectures for 1883 in the University of Calcutta. I have seen no reason, however, to regret this loss much, my stay in India having afforded ample opportunities to me of procuring several other valuable MSS. of Medhâtithi's Manubhâshya.

4. M.[4] (Haughton's No. VII.), a modern India Office MS. from Colebrooke's collection, in four volumes, Nos. 1407—1410, dated Samvat

---

1) See p. CXXII of the Introduction to his translation of Manu, just published in the Sacred Books of the East.

2) See ibid., p. CXXVI.

1845, 1846, and 1865 = A. D. 1788/89, 1789/90, 1811/12, and containing chapters I—XI. This MS., or an apograph from it which was done at Tanjore and is now in the India Office Library, is the copy used by Dr. Burnell for his translation of Manu. Dr Burnell calls M.[4] „a poor MS.", and Haughton has pointed out that it was extremely faulty originally, and is full of *lacunae* and corrections. It should be added that these corrections, however plausible at first sight, appear to be arbitrary emendations in many cases, and that some of them may be possibly due to a collation of M.[4] or its *codex archetypus* with the Commentary of Kullûka.

5. M.[5], an old MS. in my possession, which I bought in Benares from a well-known Dharmaśâstrî, the late Paṇḍit Ḍhundhirâj. The first, second, ninth, and twelfth chapters are wanting, and there are many omissions besides, as well as transpositions of entire sections, and other mistakes, but it is otherwise a valuable MS., not more recent probably than the sixteenth or seventeenth century.

6. M.[6], a modern MS., in one volume of enormous size, in the R. Library, Berlin. It is tolerably complete, and seems to have been copied from a MS. belonging to the Sanskrit College Library, Calcutta. Unfortunately, the text as given in this MS. agrees far less closely with Medhâtithi's Commentary than with Kullûka's and with the printed editions from which it has apparently been copied or remodelled. For this reason I have refrained from referring to this MS. except in a few cases which may suffice to establish the character of its readings.

7. M.[7], a modern MS. in my possession. It was copied for me in Benares from a good old Benares MS It contains the text and commentary of the first chapter, and the commentary only of the second chapter.

8. M.[8], an excellent MS. from the Deccan College, Puna, very old in appearance. A considerable number of leaves is missing throughout this MS., the loss extending e. g. to the whole portion from IV. 95 to V. 40.

9. M.[9], another old Deccan College MS. It is nearly complete, very carefully written, and nearly as old as M.[1], the date being Saṃvat 1649 = A. D. 1592/93. Nevertheless it can hardly vie with M.[8] either in antiquity or correctness, though many of its blunders may be easily rectified.

Leaving aside M.[6], as being useless for practical purposes, we may divide the remaining eight MS. into two classes, M.[1], M.[2], and M.[8] being the principal representatives of the earlier and better class of the two. Both M.[2] and M.[8] belong distinctly to Western India, and M.[1], according to Haughton's probable conjecture, seems to come from the same part of India. M.[4], M[5], M.[3] and M.[7] may be grouped together as constituting the other or Benares class. The close connexion, in particular, between M.[5] and M.[4] in its original shape, *minus* the corrections, is quite unmistakable. The relative position of M [9] is uncertain, but its readings agree more frequently with those of the first class than with those peculiar to the Benares group. As regards M.[3], on the other hand, I cannot concur in the opinion expressed by Sir G. C. Haughton, who thinks it must have been copied from M [1] There are several indications which point to its original connexion with the Benares class. This entire class of MSS., however, has not been used much, the readings of the Western India group having been generally preferred.

The letter M. simply has been used to design those readings, which are either common to all the MSS. of Medhâtithi available in each case, or vouched for by Medhâtithi's gloss, or otherwise likely to have been sanctioned by that ancient Commentator himself. An analogous proceeding has been observed with regard to the other Commentaries.

Me. (or Me.[1], Me.[2], etc.), i. e. the Commentary of Medhâtithi, is a voluminous work *de omni re scibili* rather than a verbal paraphrase of the text. Nevertheless it has proved serviceable in many cases for establishing Medhâtithi's own readings and for tracing the numerous *v. l* which had been noticed by him in old MSS. and Commentaries, and are introduced in his Commentary with the remark इति वा पाठः or इति क्वचित्पाठः or इति केचित्पठन्ति or some other phrase of the kind. The more important among these early *variae lectiones* have been quoted in the Notes, as Me. v. l. = Medhâtithi's *varia lectio*. Analogous abbreviations have been used to design the *variae lectiones* quoted in other Commentaries.

II. Govindarâja's Commentary,

called *Manuṭîkâ*, appears to have been composed in the twelfth or thirteenth century. I have been able to use two copies of this valuable Commentary, *viz*

10 G. or G. , an excellent complete MS. from the Deccan College

Library, which seems to be about 250 or 300 years old.[1]) It has been discovered and purchased for the Bombay Government by Professor Bühler.

11. G.[2], another old MS. from the Deccan College, which contains portions of chapters VIII, XI.; and XII. only. This MS., as far as it goes, is almost identical with G.[1]—Go., i. e. the work of Govindarâja, is a running Commentary on the whole text and has proved extremely useful therefore for detecting the numerous false readings which have crept into the Code of Manu as handed down in G [1] and G.[2].

III. Sarvajña-Nârâyaṇa's Commentary,

called *Manvarthavivṛiti*, belongs to the fourteenth century most likely.[2]) This Commentary, whatever may be thought of its intrinsic merit, has proved less useful than most other Commentaries for the purposes of verbal criticism, both because it confines itself to the elucidation of selected difficult terms and passages, and because it does not contain the text in the only available MS., viz.

12. N. = Nârâyana's work, according to the excellent Deccan College copy originally discovered by Professor Buhler. It is dated Saṃvat 1544 = A. D. 1497.—In those very rare cases where the Commentary of Nârâyana does not corroborate the readings quoted in this MS., the readings explained in the Commentary have been quoted with the heading Nâ. Many of the numerous readings which Nârâyaṇa quotes as *v. l.* have been traced in other Commentaries.

IV. Râghavânanda's Commentary.

For this work called Manvarthachandrikâ, which appears to have been composed as late as the sixteenth or seventeenth century,[3]) I have principally used.

13 R.[1], a modern but excellent copy from Dr. Burnell's collection, now in the India Office Library.

14. R.[2], Anquetil's copy, in the Bibliothèque Nationale at Paris, has only been accèssible to me through the medium of the references

---

1) Buhler, p. CXXVIII.

2) Buhler, p. CXXIX, Jolly, Tagore Law Lectures, p. 11.

3) Buhler, pp. CXXXII, CXXXIII; Jolly, ibid.

to it in Loiseleur's edition, and Professor Buhler's translation, of the Code of Manu.

15. R.[3], an ancient but damaged copy in the Deccan College, discovered and purchased for the Bombay Government by Professor Bhâṇdârkar, who has kindly called my attention to this MS. This copy could be used for Râghavânanda's Commentary only, as the text is not given in it.

Râ. (or Râ.[1], Râ.[2], Râ.[3]), i. e. Râghavânanda's Commentary, has frequently proved serviceable for correcting the numerous blunders in the text as handed down in R.[1] and R.[2], but it is not sufficiently explicit by far to admit of establishing throughout the readings sanctioned by Râghavânanda himself.

V. Nandana's Commentary,

called *Nandinî* or *Manvarthavyâkhyâna* or *Mânavavyâkhyâna*, is a very brief Commentary, of South Indian origin and uncertain date.[1]) The text as handed down in this work differs considerably almost throughout from the ordinary text. Some of Nandana's readings are certainly old, as proved by their recurrence in the works of Medhâtithi, Nârâyaṇa and other early Commentators and in good old MSS. of the text only. Those very numerous readings on the other hand, which are entirely peculiar to this Commentator alone, deserve little attention and seem to be for the most part either *corruptelae* or unlucky guesses.

16. Nd.[1] or Nd., the MS. principally used for the present work, is the complete copy belonging to Divân Bahâdur Raghunâthrâo, which was most liberally placed at my disposal by its owner, owing to the kind mediation of Professor Bühler. It is dated Śakasamvat 1724 = A. D. 1803.[2]) In spite of many serious blunders and omissions, which have been adverted to by Professor Bühler and by the Honourable Râo Saheb V. N. Mandlik[3]), it is on the whole more reliable than

---

1) Buhler, pp. XXXIII—XXXV; Burnell-Hopkins, pp. XII, XLII. Dr. Burnell's proposed identification of Nandana with "the Nanda who wrote on adoption" is impossible. Nanda-paṇḍita was a Benares man, and some descendants of his are still living at Benares. See The Institutes of Vishnu, transl. by J. Jolly, S. B. E. VII, p. XXXIII, Tagore Law Lectures, p. 15.

2) Buhler, p. CXXXIII.

3) Mânava-Dharma Śâstra, Prastâvanâ p. 4.

17. Nd.[2], a modern MS. of chapters VIII. and IX. only of the Nandinî, in the Grantha character, from Dr. Burnell's collection now in the India Office. The deviations of this MS. from Nd.[1] being for the most part in the nature of *corruptelae*, it has not been thought necessary to give a full account of them in the Notes.

Ndd. (or Ndd.[1], Ndd.[2]) = Nandana's Commentary, in spite of its laconism has helped in a number of cases to establish the true readings of Nandana, when they could not be made out from the available MSS.

VI. Anonymous Kashmirian Commentary, designed as K. in the Notes.

18. This work is contained in an ancient carefully written and corrected birch-bark MS. in the Śâradâ character, which was purchased for the Bombay Government and deposited in the Deccan College Library by Professor Bühler. The Commentary has been designed as Kâ. It is of very small extent and significance, but the text contains a great many valuable *v. l.*, many of which recur in other Commentaries. The last portion, from XI. 218 onwards, has been partly lost.

VII. Manuscripts of the text only.

Out of the immense number of MSS. of this description I have used a few only which have been previously examined by European scholars, of whose collations I was in a position to avail myself. It is sufficiently obvious that MSS. of the text alone are of very inferior value generally for deciding questions of verbal criticism in a work of established authority such as the Code of Manu, on which copious Commentaries explaining nearly every word of the text were composed at an early period and carefully handed down to posterity.

19. Gr. = a MS. in the Grantha character, according to the collations also in the Grantha character, which were entered by the late Dr. Burnell in a copy of Jîbânanda's edition of Manu. It may be seen from the Notes that many out of the various readings and redundant verses found in Gr. occur elsewhere as well, especially in Nandana's Commentary.

20. T. = a Telugu MS., according to Dr. Burnell's collations also in the Telugn character. The *v. l.* which Dr. Burnell has noted of this MS. are very few in number and of little consequence.

21. Be. = a Bengali MS., dated Śakasamvat 1453 = A D. 1531, according to the valuable list of *v. l.* found in this MS., in Dr. Rajendralâla Mitra's Notices of Sanskrit MSS., vol. III., pp. 118—120. Judging from the nature of its readings, this MS. is not unworthy of the praise bestowed on it by Dr. Mitra.

22. W. = Wilkins's manuscript. It was copied for the well-known Sanskritist Charles Wilkins in the last century, and consulted by Haughton for his edition.

23. B. = a Bombay MS, of the last century likewise, presented to the East India Company by the then Guikowar of Baroda. For this copy as well as for No. 22, I have only been able to use the references in the Notes to Haughton's edition.

VIII. Kullûka's Commentary, designed as Ku.

One of the surest results of recent investigations regarding the Code and its ancient Commentators has been to deprive the *Manvarthamuktâvalî* of Kullûkabhaṭṭa, a writer of the fifteenth century apparently, of the claims to special consideration with which it was invested by the early translators and editors of Manu. A close examination of the works of Kullûka's predecessors has shown how largely he is indebted to them generally for the vast majority of his statements, and how much he has taken *verbatim* from Govindarâja's Commentary in particular. The value of his well-known composition for a critical restoration of the text is further diminished by its briefness and by a general habit of paraphrasing the words of the text by synonymous terms, instead of repeating and explaining them. I have therefore confined myself to using the printed editions of Kullûka, which are on the whole tolerably satisfactory as far as the Commentary is concerned. As, however, the text of the printed editions does not agree with the Commentary in many cases, it has been deemed advisable to add a considerable number of special references to the Commentary, for those passages particularly where it differs from the printed text. Besides, I have occasionally consulted for Kullûka's text

24. Kl. = Haughton's No. II, a MS. of Kullûka used by Haughton in preparing his edition of the text and thought by him to have been the copy from which the *editio princeps* of Manu and Kullûka was printed off.

IX. Printed editions.

All hitherto published editions of the Code agree very closely with one another, because Kullûka's Commentary has served as the principal or sole foundation for them. The following editions have been referred to in the Notes.

C.[1] = the *editio princeps*, with Kullûka's Commentary, printed in Calcutta, 1813.

C.[2] = the second Calcutta edition, published in 1830, also with Kullûka.

C.[3] = Jîbânanda's reprint of C.[2], published in Calcutta, 1874

H = Sir G. C. Haughton's edition of the text only, published in London, 1825.

L. = Loiseleur Deslongchamps's edition of the text only, published in Paris, 1830.

V. = *Vulgata* is a collective title used to design the five editions referred to whenever they agree with one another, which is generally the case.

Among these various editions, C.[2] is no doubt a decided improvement on C.[1] which abounds in misprints and faulty readings. The London edition also is far superior to C.[1], and its value is enhanced by the *varietas lectionis* in the Notes on the text, though Haughton's list of various readings from the Manubhâshya of Medhâtithi, the only Commentary to which he had access besides Kullûka's, is extremely meagre, especially in chapters I—V. Sir G. C Haughton's opinion regarding the value of Medhâtithi's Commentary seems to have been influenced by the depreciatory remarks made on it by Sir W. Jones which are apparently founded in their turn on the judgment passed by Kullûka, at the end of his Commentary, on the learned composition of his renowned predecessor and rival Loiseleur's edition is a careful and slightly improved reprint of Haughton's text, arranged according to the European mode of dividing Sanskrit words; a list of the more important *v. l.* of the second Calcutta edition was supplied afterwards in his French translation of Manu. A number of brief extracts from the Commentaries of Kullûka and Râghavânanda and a few *v. l* from the latter work and from a MS. of the text are the principal new features in the Notes to Loiseleur's edition. Nearly all the more recent Indian editions are mere reprints either from C.[1] or from C.[2], or a mixture of both, nor is satisfactory authority given for such variation of reading as has been met with in some of them. This result has been arrived at by means of a collation, a somewhat cursory one, it is true, of all the editions extant in the Library of the British Museum in 1885.[1]) The Honourable V. N Mandlik's voluminous edition of the Code together with seven Commentaries (Calcutta, 1886), which was not received till nearly the whole of the present work had been printed off, is the only recent attempt at an independent edition of the Code, and is decidedly superior, no doubt, to its predecessors. Its chief value, however, seems to lie in the Commentaries, the text having been but little changed from previous editions and the *varietas lectionis* collected from copies of the text of uncertain age and value rather than from the standard Commentaries. Valuable hints for the emendation of sundry obscure and difficult passages have been thrown out in Dr. von Bohtlingk's paper on the text of the Code, published in the Mélanges Asiatiques for 1876, and in the edition of chapter IX., which has appeared in Bohtlingk's Sanskrit Chrestomathy (1877). Several of the conjectural emendations proposed by Dr von Bohtlingk have been confirmed by an examination of the Commentaries.

The fundamental difference between all previous editions on one hand and the *present text* on the other hand consists of its independence of Kullûka. A critical restoration of the text in its original shape being the first aim of an editor, the recovery of the ancient Commentaries from which Kullûka, as stated before, has drawn so largely and unscrupulously, has superseded almost entirely his comparatively modern compilation, which was held in such high estimation by all previous editors of the Code of Manu. The text as handed down by Medhâtithi and Govindarâja,

---

[1]) The titles and dates of the majority of these works have been given in Dr Haas's Catalogue of Sanskrit and Pali Books in the British Museum (1876). Among the more recent acquisitions of the British Museum Library, an edition of Manu with a Hindostani translation (Lucknow 1873), an oblong lithographed edition published in Bombay, and one with a Hindi Commentary (Saidabad, 1880, foll., in progress) are perhaps particularly conspicuous.

the two earliest Commentators, has therefore been used as much as possible as the foundation for the present work. Where Medhâtithi and Govindarâja differ, the former in spite of his superior antiquity has not been placed above the latter on principle, the defective character of the MSS. of Medhâtithi's Commentary and the general diffuseness of his composition rendering it difficult in many cases to ascertain his actual readings, while the general antiquity of Govindarâja's readings is proved by the fact of their recurring in a number of instances among the various readings quoted by Medhâtithi or in other Commentaries and in ancient MSS. of the text. The Commentaries of Nârâyaṇa, Kullûka, Râghavânanda and Nandana, and the Kashmirian Commentary have been generally treated as being on a par with one another, and the choice between their several readings was made to depend on the intrinsic value of each reading, or on cumulative evidence where other tests were found wanting. It should be noted, however, that Râghavânanda may be considered as a follower of Kullûka, while Nandana seems to have followed in the track of Nârâyana and Medhâtithi. Among the MSS. of the text, special importance has been attached to "Be." and "Gr.", for reasons detailed before. Further valuable aid has been derived, in cases of doubt, from the numerous analogous passages in other early works, such as the Mahâbhârata (quoted from the Calcutta edition), the Smritis of Vishṇu, Baudhâyana, Yâjñavalkya, Nârada, Vasishtha, Gautama, Âpastamba, the Râmâyaṇa, and several other standard works of Sanskrit literature. Though it would have been easy to collect an immense number of various readings from these works, I have refrained from referring to them in the Notes, except where they may be turned to account for settling the choice between the several readings of the Commentaries and ancient MSS. of the Code. It is obvious that such a work

as the Mânava Dharmaśâstra, nearly every word of which
is vouched for by ancient Commentaries, requires to be
treated with the utmost caution and reverence, to avoid
producing an eclectic text. For the same reason I have
abstained entirely from quoting or using those *v. l.* which
may be gathered from an examination of the extremely
numerous quotations from Manu in the mediaeval and mo-
dern law-books of India and in other Sanskrit writings.

In submitting, then, the subjoined text to the judgment
of Sanskrit scholars, I trust that it will be allowed. to
have been constructed on truly conservative principles. Nor
does it differ very considerably from the earlier editions,
the numbering of the verses e. g. having remained unchanged
throughout. The great celebrity of the Code appears to
have guarded it against sweeping alterations, so that the
text has remained essentially the same nearly in all Com-
mentaries, however widely distant from one another as to
the time and locality of their composition. Thus, many
alterations of the *textus receptus* in the present work are
in reality not innovations, but corrections fully warranted
by the Commentary of Kullûka, which was regarded theo-
retically as the very highest authority by the early editors
of the Code. Instances of this may be found in the Notes on
II. 11; II. 246; III. 78; III. 106; III. 233; III. 274; III. 277;
IV. 57; IV. 136; IV. 163; IV. 209; VII. 66; VII. 161;
VII. 170; VIII. 14; VIII. 53; VIII. 82; VIII. 116; VIII. 234;
VIII. 318; VIII. 392; IX. 52; IX. 84; IX. 124; X. 32;
XI. 53; XI. 77; XI. 101; XI. 116; XI. 130; XI. 172; XI 208;
XI. 219; XII. 18; XII. 63; XII. 86, etc.

The *Notes* on the text contain a selection of those
various readings, which are not palpable blunders of a copy-
ist. It would have been impracticable for obvious reasons
to quote all *v. l.* wherever found, but I trust that no
really important and well attested variation of reading will

be found missing among the number of upwards of three thousand *v. l.* of which the present list is made up. The following abbreviations occur in the Notes, besides those which have been explained before.

pr. m. = *prima manu.*

s. m. = *secunda manu.*

Bü. = Professor Bühler's translation.

Mahâbhâr. = Mahâbhârata (Calcutta edition).

om. = omitted.

Böhtlingk's I. Spr. = Indische Sprüche, by Böhtlingk.

The *Synopsis* of various readings affecting the sense, on pp. 336 foll., has been added for the use of students who wish to read the present text with one of the four principal translations of the Code, by Sir W. Jones, Loiseleur Deslongchamps, Drs. Burnell and Hopkins,[1]) and Professor Bühler (just published).

Many of the readings adopted in the present text or quoted in the Notes on it have been quoted and fully discussed in the Notes to the lastnamed excellent translation, the Proofsheets of which were kindly placed at my disposal by its Author. The rather numerous discrepancies between the present work and the text as rendered in Professor Bühler's translation are principally due to the fact that he has generally adhered to the recension given by Kullûka. Nor could this be otherwise, as Kullûka's text was hitherto the only one existing in print, and the same course has therefore been followed in Dr. Burnell's recently published translation. The latter work has been carefully consulted, likewise, especially on account of the useful selection of *v. l.* from the Commentaries of Medhâtithi, Râghavânanda, Kullûka, and part of Nandana's Commentary, which has been supplied by Dr. Hopkins. An annotated German version of chapters VIII. and IX. 1—102

---

[1]) Trubner's Oriental Series. London 1884.

according to the standard Commentaries was published by myself, in the Zeitschrift für vergleichende Rechtswissenschaft, as long ago as 1882 and 1883.

I have to acknowledge my obligation, further, to Böhtlingk's and Roth's great Sanskritwörterbuch, which has been constantly appealed to for deciding doubtful questions of verbal criticism, as well as to Dr. von Böhtlingk's minor Dictionary, his Indische Sprüche and his beforementioned writings concerning the Code in particular. A complete list of the terms occurring in' the Code, together with numerous references, being contained in the firstmentioned Sanskrit Dictionary, it would have been superfluous to add an Index of words to the present work, and the recent annotated translations have superseded similarly the necessity of giving explanatory Notes on the text. For a careful discussion of all questions concerning the origin and history of the Manuic text, 1 may refer to the copious Introduction to Professor Bühler's translation. The valuable papers on Indian Metrics by Professors Gildemeister, Oldenberg and Jacobi, the two first of which contain many special references to Manu, have proved useful for settling such doubtful points as involve a consideration, of metrical rules. The printed editions of other Smṛitis have also been consulted a great deal.

In conclusion, I have to express my sincerest thanks, in the first place, to Geheimerath Dr. von Böhtlingk who though much pressed for work himself, assisted me in the laborious task of correcting the Proofsheets of the whole volume excepting the larger portion of chapters I.—VI.; and in discovering the mistakes referred to in the Corrigenda, and favoured me with a number of valuable suggestions while this work was going through the press. Professor Bühler very kindly assisted me in various ways. A number of valuable MSS. and books from the India Office Library were liberally placed at my disposal by Dr. R. Rost, and my applications for the loan of Sanskrit MSS. from the Deccan College Library constantly granted by the Bombay Government. Divân-Bahâdur Raghunâthrâo, with great courtesy, allowed me the use, for a long time, of his unique MS. copy of the Nandinî. To my late lamented friend Dr. A. C. Burnell, of the Madras Civil Service, I am indebted for the loan of several MSS. from his private collection, and for the opportunity he gave me of using his valuable collations of two South Indian MSS.

WURZBURG, January. 1887.

JULIUS JOLLY.

[स्वयंभुवे नमस्कृत्य ब्रह्मणे ऽमिततेजसे ।
मनुप्रणीतान्विविधान्धर्मान्वक्ष्यामि शाश्वतान् ॥]

मनुमेकाग्रमासीनमभिगम्य महर्षयः ।
प्रतिपूज्य यथान्यायमिदं वचनमब्रुवन् ॥ १ ॥

भगवन्सर्ववर्णानां यथावदनुपूर्वशः ।
अन्तरप्रभवाणां च धर्मान्नो वक्तुमर्हसि ॥ २ ॥

त्वमेको ह्यस्य सर्वस्य विधानस्य स्वयंभुवः ।
अचिन्त्यस्याप्रमेयस्य कार्यतत्त्वार्थवित्प्रभो ॥ ३ ॥

स तैः पृष्टस्तथा सम्यगमितौजा महात्मभिः ।
प्रत्युवाचार्च्य तान्सर्वान्महर्षीञ्छ्रूयतामिति ॥ ४ ॥

आसीदिदं तमोभूतमप्रज्ञातमलक्षणम् ।
अप्रतर्क्यमविज्ञेयं प्रसुप्तमिव सर्वतः ॥ ५ ॥

ततः स्वयंभूर्भगवानव्यक्तो व्यञ्जयन्निदम् ।
महाभूतादि वृत्तौजाः प्रादुरासीत्तमोनुदः ॥ ६ ॥

1

योऽसावतीन्द्रियग्राह्यः सूक्ष्मोऽव्यक्तः सनातनः ।
सर्वभूतमयोऽचिन्त्यः स एव स्वयमुद्बभौ ॥ ७ ॥
सोऽभिध्याय शरीरात्स्वात्सिसृक्षुर्विविधाः प्रजाः ।
अप एव ससर्जादौ तासु वीर्यमवासृजत् ॥ ८ ॥
तदण्डमभवद्धैमं सहस्रांशुसमप्रभम् ।
तस्मिञ्जज्ञे स्वयं ब्रह्मा सर्वलोकपितामहः ॥ ९ ॥
आपो नारा इति प्रोक्ता आपो वै नरसूनवः ।
ता यदस्यायनं पूर्वं तेन नारायणः स्मृतः ॥ १० ॥
यत्तत्कारणमव्यक्तं नित्यं सदसदात्मकम् ।
तद्विसृष्टः स पुरुषो लोके ब्रह्मेति कीर्त्यते ॥ ११ ॥
तस्मिन्नण्डे स भगवानुषित्वा परिवत्सरम् ।
स्वयमेवात्मनो ध्यानात्तदण्डमकरोद्द्विधा ॥ १२ ॥
ताभ्यां स शकलाभ्यां च दिवं भूमिं च निर्ममे ।
मध्ये व्योम दिशश्चाष्टावपां स्थानं च शाश्वतम् ॥ १३ ॥
उद्बवर्हात्मनश्चैव मनः सदसदात्मकम् ।
मनसश्चाप्यहंकारमभिमन्तारमीश्वरम् ॥ १४ ॥
महान्तमेव चात्मानं सर्वाणि त्रिगुणानि च ।
विषयाणां ग्रहीतॄणि शनैः पञ्चेन्द्रियाणि च ॥ १५ ॥
तेषां त्ववयवान्सूक्ष्मान्षण्णामप्यमितौजसाम् ।
संनिवेश्यात्ममात्रासु सर्वभूतानि निर्ममे ॥ १६ ॥

यन्मूर्त्यवयवाः सूक्ष्मास्तस्येमान्याश्रयन्ति षट् ।
तस्माच्छरीरमित्याहुस्तस्य मूर्तिं मनीषिणः ॥ १७ ॥
तदाविशन्ति भूतानि महान्ति सह कर्मभिः ।
मनश्चावयवैः सूक्ष्मैः सर्वभूतकृदव्ययम् ॥ १८ ॥
तेषामिदं तु सप्तानां पुरुषाणां महौजसाम् ।
सूक्ष्माभ्यो मूर्तिमात्राभ्यः संभवत्यव्ययाद्व्ययम् ॥ १९ ॥
आद्याद्यास्य गुणं त्वेषामवाप्नोति परः परः ।
यो यो यावतिथश्चैषां स स तावद्गुणः स्मृतः ॥ २० ॥
सर्वेषां तु स नामानि कर्माणि च पृथक्पृथक् ।
वेदशब्देभ्य एवादौ पृथक्संस्थाश्च निर्ममे ॥ २१ ॥
कर्मात्मनां च देवानां सो ऽसृजत्प्राणिनां प्रभुः ।
साध्यानां च गणं सूक्ष्मं यज्ञं चैव सनातनम् ॥ २२ ॥
अग्निवायुरविभ्यश्च त्रयं ब्रह्म सनातनम् ।
दुदोह यज्ञसिद्ध्यर्थमृग्यजुःसामलक्षणम् ॥ २३ ॥
कालं कालविभक्तीश्च नक्षत्राणि ग्रहांस्तथा ।
सरितः सागराञ्छैलान्समानि विषमाणि च ॥ २४ ॥
तपो वाचं रतिं चैव कामं च क्रोधमेव च ।
सृष्टिं ससर्ज चैवेमां स्रष्टुमिच्छन्निमाः प्रजाः ॥ २५ ॥
कर्मणां तु विवेकाय धर्माधर्मौ व्यवेचयत् ।
द्वंद्वैरयोजयच्चेमाः सुखदुःखादिभिः प्रजाः ॥ २६ ॥

अण्व्यो मात्रा विनाशिन्यो दशार्धानां तु याः स्मृताः ।
ताभिः सार्धमिदं सर्वं संभवत्यनुपूर्वशः ॥ २७ ॥
यं तु कर्मणि यस्मिन्स न्ययुङ्क्त प्रथमं प्रभुः ।
स तदेव स्वयं भेजे सृज्यमानः पुनः पुनः ॥ २८ ॥
हिंस्राहिंस्रे मृदुक्रूरे धर्माधर्मावृतानृते ।
यद्यस्य सो ऽदधात्सर्गे तत्तस्य स्वयमाविशत् ॥ २९ ॥
यथर्तुलिङ्गान्यृतवः स्वयमेवर्तुपर्यये ।
स्वानि स्वान्यभिपद्यन्ते तथा कर्माणि देहिनः ॥ ३० ॥
लोकानां तु विवृद्ध्यर्थं मुखबाहूरुपादतः ।
ब्राह्मणं क्षत्रियं वैश्यं शूद्रं च निरवर्तयत् ॥ ३१ ॥
द्विधा कृत्वात्मनो देहमर्धेन पुरुषो ऽभवत् ।
अर्धेन नारी तस्यां स विराजमसृजत्प्रभुः ॥ ३२ ॥
तपस्तप्त्वासृजद्यं तु स स्वयं पुरुषो विराट् ।
तं मां वित्तास्य सर्वस्य स्रष्टारं द्विजसत्तमाः ॥ ३३ ॥
अहं प्रजाः सिसृक्षुस्तु तपस्तप्त्वा सुदुश्चरम् ।
पतीन्प्रजानामसृजं महर्षीनादितो दश ॥ ३४ ॥
मरीचिमत्र्यङ्गिरसौ पुलस्त्यं पुलहं क्रतुम् ।
प्रचेतसं वसिष्ठं च भृगुं नारदमेव च ॥ ३५ ॥
एते मनूंस्तु सप्तान्यानसृजन्भूरितेजसः ।
देवान्देवनिकायांश्च महर्षींश्चामितौजसः ॥ ३६ ॥

यक्षरक्षःपिशाचांश्च गन्धर्वाप्सरसो ऽसुरान् ।
नागान्सर्पान्सुपर्णांश्च पितॄणां च पृथग्गणान् ॥ ३७ ॥
विद्युतो ऽशनिमेघांश्च रोहितेन्द्रधनूंषि च ।
उल्का निर्घातकेतूंश्च ज्योतींष्युच्चावचानि च ॥ ३८ ॥
किंनरान्वानरान्मत्स्यान्विविधांश्च विहंगमान् ।
पशून्मृगान्मनुष्यांश्च व्यालांश्चोभयतोदतः ॥ ३९ ॥
कृमिकीटपतंगांश्च यूकामक्षिकमत्कुणम् ।
सर्वं च दंशमशकं स्थावरं च पृथग्विधम् ॥ ४० ॥
एवमेतैरिदं सर्वं मन्नियोगान्महात्मभिः ।
यथाकर्म तपोयोगात्सृष्टं स्थावरजङ्गमम् ॥ ४१ ॥
येषां तु यादृशं कर्म भूतानामिह कीर्तितम् ।
तत्तथा वो ऽभिधास्यामि क्रमयोगं च जन्मनि ॥ ४२ ॥
पशवश्च मृगाश्चैव व्यालाश्चोभयतोदतः ।
रक्षांसि च पिशाचाश्च मानुषाश्च जरायुजाः ॥ ४३ ॥
अण्डजाः पक्षिणः सर्पा नक्रा मत्स्याः सकच्छपाः ।
यानि चैवंप्रकाराणि स्थलजान्यौदकानि च ॥ ४४ ॥
स्वेदजं दंशमशकं यूकामक्षिकमत्कुणम् ।
ऊष्मणश्चोपजायन्ते यच्चान्यत्किंचिदीदृशम् ॥ ४५ ॥
उद्भिज्जास्तरवः सर्वे बीजकाण्डप्ररोहिणः ।
ओषध्यः फलपाकान्ता बहुपुष्पफलोपगाः ॥ ४६ ॥

अपुष्पाः फलवन्तो ये ते वनस्पतयः स्मृताः ।
पुष्पिणः फलिनश्चैव वृक्षास्तूभयतः स्मृताः ॥ ४७ ॥
गुच्छगुल्मं तु विविधं तथैव तृणजातयः ।
बीजकाण्डरुहाण्येव प्रताना वल्ल्य एव च ॥ ४८ ॥
तमसा बहुरूपेण वेष्टिताः कर्महेतुना ।
अन्तःसंज्ञा भवन्त्येते सुखदुःखसमन्विताः ॥ ४९ ॥
एतदन्तास्तु गतयो ब्रह्माद्याः समुदाहृताः ।
घोरे ऽस्मिन्भूतसंसारे नित्यं सततयायिनि ॥ ५० ॥
एवं सर्वं स सृष्ट्वेदं मां चाचिन्त्यपराक्रमः ।
आत्मन्यन्तर्दधे भूयः कालं कालेन पीडयन् ॥ ५१ ॥
यदा स देवो जागर्ति तदेदं चेष्टते जगत् ।
यदा स्वपिति शान्तात्मा तदा सर्वं निमीलति ॥ ५२ ॥
तस्मिन्स्वपति तु सुस्थे कर्मात्मानः शरीरिणः ।
स्वकर्मभ्यो निवर्तन्ते मनश्च ग्लानिमृच्छति ॥ ५३ ॥
युगपत्तु प्रलीयन्ते यदा तस्मिन्महात्मनि ।
तदायं सर्वभूतात्मा सुखं स्वपिति निर्वृतः ॥ ५४ ॥
तमो ऽयं तु समाश्रित्य चिरं तिष्ठति सेन्द्रियः ।
न च स्वं कुरुते कर्म तदोत्क्रामति मूर्तितः ॥ ५५ ॥
यदाणुमात्रिको भूत्वा बीजं स्थास्नु चरिष्णु च ।
समाविशति संसृष्टस्तदा मूर्तिं विमुञ्चति ॥ ५६ ॥

एवं स जाग्रत्स्वप्नाभ्यामिदं सर्वं चराचरम् ।
संजीवयति चाजस्रं प्रमापयति चाव्ययः ॥ ५७ ॥
इदं शास्त्रं तु कृत्वासौ मामेव स्वयमादितः ।
विधिवद्ग्राहयामास मरीच्यादींस्त्वहं मुनीन् ॥ ५८ ॥
एतद्वो ऽयं भृगुः शास्त्रं श्रावयिष्यत्यशेषतः ।
एतद्धि मत्तो ऽधिजगे सर्वमेषो ऽखिलं मुनिः ॥ ५९ ॥
ततस्तथा स तेनोक्तो महर्षिर्मनुना भृगुः ।
तानब्रवीदृषीन्सर्वान्प्रीतात्मा श्रूयतामिति ॥ ६० ॥
स्वायंभुवस्यास्य मनोः षड्वंश्या मनवो ऽपरे ।
सृष्टवन्तः प्रजाः स्वाः स्वा महात्मानो ऽमितौजसः ॥ ६१ ॥
स्वारोचिषश्चौत्तमिश्च तामसो रैवतस्तथा ।
चाक्षुषश्च महातेजा विवस्वत्सुत एव च ॥ ६२ ॥
स्वायंभुवाद्याः सप्तैते मनवो भूरितेजसः ।
स्वे स्वे ऽन्तरे सर्वमिदमुत्पाद्यापुश्चराचरम् ॥ ६३ ॥
निमेषा दश चाष्टौ च काष्ठा त्रिंशत्तु ताः कला ।
त्रिंशत्कला मुहूर्तः स्यादहोरात्रं तु तावता ॥ ६४ ॥
अहोरात्रे विभजते सूर्यो मानुषदैविके ।
रात्रिः स्वप्नाय भूतानां चेष्टायै कर्मणामहः ॥ ६५ ॥
पित्र्ये रात्र्यहनी मासः प्रविभागस्तु पक्षयोः ।
कर्मचेष्टास्वहः कृष्णः शुक्लः स्वप्नाय शर्वरी ॥ ६६ ॥

दैवे राच्यहनी वर्षं प्रविभागस्तयोः पुनः ।
अहस्तचोदगयनं राचिः स्याद्दक्षिणायनम् ॥ ६७ ॥
ब्राह्मस्य तु क्षपाहस्य यत्प्रमाणं समासतः ।
एकैकशो युगानां च क्रमशस्तन्निबोधत ॥ ६८ ॥
चत्वार्याहुः सहस्राणि वर्षाणां तु कृतं युगम् ।
तस्य तावच्छती संध्या संध्यांशश्च तथाविधः ॥ ६९ ॥
इतरेषु ससंध्येषु ससंध्यांशेषु च चिषु ।
एकापायेन वर्तन्ते सहस्राणि शतानि च ॥ ७० ॥
यदेतत्परिसंख्यातमादावेव चतुर्युगम् ।
एतद्द्वादशसाहस्रं देवानां युगमुच्यते ॥ ७१ ॥
दैविकानां युगानां तु सहस्रं परिसंख्यया ।
ब्राह्ममेकमहर्ज्ञेयं तावती राचिरेव च ॥ ७२ ॥
तद्वै युगसहस्रान्तं ब्राह्मं पुण्यमहर्विदुः ।
राचिं च तावतीमेव ते ऽहोराचविदो जनाः ॥ ७३ ॥
तस्य सो ऽहर्निशस्यान्ते प्रसुप्तः प्रतिबुध्यते ।
प्रतिबुद्धश्च सृजति मनः सदसदात्मकम् ॥ ७४ ॥
मनः सृष्टिं विकुरुते चोद्यमानं सिसृक्षया ।
आकाशं जायते तस्मात्तस्य शब्दं गुणं विदुः ॥ ७५ ॥
आकाशात्तु विकुर्वाणात्सर्वगन्धवहः शुचिः ।
बलवाञ्जायते वायुः स वै स्पर्शगुणो मतः ॥ ७६ ॥

वायोरपि विकुर्वाणाद्विरोचिष्णु तमोनुदम् ।
ज्योतिरुत्पद्यते भास्वत्तद्रूपगुणमुच्यते ॥ ७७ ॥
ज्योतिषश्च विकुर्वाणादापो रसगुणाः स्मृताः ।
अद्भ्यो गन्धगुणा भूमिरित्येषा सृष्टिरादितः ॥ ७८ ॥
यत्प्राग्द्वादशसाहस्रमुदितं दैविकं युगम् ।
तदेकसप्ततिगुणं मन्वन्तरमिहोच्यते ॥ ७९ ॥
मन्वन्तराण्यसंख्यानि सर्गः संहार एव च ।
क्रीडन्निवैतत्कुरुते परमेष्ठी पुनः पुनः ॥ ८० ॥
चतुष्पात्सकलो धर्मः सत्यं चैव कृते युगे ।
नाधर्मेणागमः कश्चिन्मनुष्यानुपवर्तते ॥ ८१ ॥
इतरेष्वागमाद्धर्मः पादशस्त्ववरोपितः ।
चौरिकानृतमायाभिर्धर्मश्चापैति पादशः ॥ ८२ ॥
अरोगाः सर्वसिद्धार्थाश्चतुर्वर्षशतायुषः ।
कृते त्रेतादिषु त्वेषां वयो ह्रसति पादशः ॥ ८३ ॥
वेदोक्तमायुर्मर्त्यानामाशिषश्चैव कर्मणाम् ।
फलन्त्यनुयुगं लोके प्रभावश्च शरीरिणाम् ॥ ८४ ॥
अन्ये कृतयुगे धर्मास्त्रेतायां द्वापरेऽपरे ।
अन्ये कलियुगे नृणां युगह्रासानुरूपतः ॥ ८५ ॥
तपः परं कृतयुगे त्रेतायां ज्ञानमुच्यते ।
द्वापरे यज्ञमेवाहुर्दानमेकं कलौ युगे ॥ ८६ ॥

सर्वस्यास्य तु सर्गस्य गुप्त्यर्थं स महाद्युतिः।
मुखबाहूरुपज्जानां पृथक्कर्माण्यकल्पयत् ॥ ८७ ॥
अध्यापनमध्ययनं यजनं याजनं तथा।
दानं प्रतिग्रहं चैव ब्राह्मणानामकल्पयत् ॥ ८८ ॥
प्रजानां रक्षणं दानमिज्याध्ययनमेव च।
विषयेष्वप्रसक्तिं च क्षत्रियस्य समादिशत् ॥ ८९ ॥
पशूनां रक्षणं दानमिज्याध्ययनमेव च।
वणिक्पथं कुसीदं च वैश्यस्य कृषिमेव च ॥ ९० ॥
एकमेव तु शूद्रस्य प्रभुः कर्म समादिशत्।
एतेषामेव वर्णानां शुश्रूषामनसूयया ॥ ९१ ॥
ऊर्ध्वं नाभेर्मेध्यतरः पुरुषः परिकीर्तितः।
तस्मान्मेध्यतमं त्वस्य मुखमुक्तं स्वयंभुवा ॥ ९२ ॥
उत्तमाङ्गोद्भवाज्ज्यैष्ठ्याद्ब्रह्मणश्चैव धारणात्।
सर्वस्यैवास्य सर्गस्य धर्मतो ब्राह्मणः प्रभुः ॥ ९३ ॥
तं हि स्वयंभूः स्वादास्यात्तपस्तप्त्वादितोऽसृजत्।
हव्यकव्याभिवाह्याय सर्वस्यास्य च गुप्तये ॥ ९४ ॥
यस्यास्येन सदाश्नन्ति हव्यानि त्रिदिवौकसः।
कव्यानि चैव पितरः किं भूतमधिकं ततः ॥ ९५ ॥
भूतानां प्राणिनः श्रेष्ठाः प्राणिनां बुद्धिजीविनः।
बुद्धिमत्सु नराः श्रेष्ठा नरेषु ब्राह्मणाः स्मृताः ॥ ९६ ॥

ब्राह्मणेषु च विद्वांसो विद्वत्सु कृतबुद्धयः ।
कृतबुद्धिषु कर्तारः कर्तृषु ब्रह्मवादिनः ॥ ९७ ॥

उत्पत्तिरेव विप्रस्य मूर्तिर्धर्मस्य शाश्वती ।
स हि धर्मार्थमुत्पन्नो ब्रह्मभूयाय कल्पते ॥ ९८ ॥

ब्राह्मणो जायमानो हि पृथिव्यामधिजायते ।
ईश्वरः सर्वभूतानां धर्मकोशस्य गुप्तये ॥ ९९ ॥

सर्वं स्वं ब्राह्मणस्येदं यत्किंचिज्जगतीगतम् ।
श्रैष्ठ्येनाभिजनेनेदं सर्वं वै ब्राह्मणो ऽर्हति ॥ १०० ॥

स्वमेव ब्राह्मणो भुङ्क्ते स्वं वस्ते स्वं ददाति च ।
आनृशंस्याद् ब्राह्मणस्य भुञ्जते हीतरे जनाः ॥ १०१ ॥

तस्य कर्मविवेकार्थं शेषाणां चानुपूर्वशः ।
स्वायंभुवो मनुर्धीमानिदं शास्त्रमकल्पयत् ॥ १०२ ॥

विदुषा ब्राह्मणेनेदमध्येतव्यं प्रयत्नतः ।
शिष्येभ्यश्च प्रवक्तव्यं सम्यङ् नान्येन केनचित् ॥ १०३ ॥

इदं शास्त्रमधीयानो ब्राह्मणः शंसितव्रतः ।
मनोवाग्देहजैर्नित्यं कर्मदोषैर्न लिप्यते ॥ १०४ ॥

पुनाति पङ्क्तिं वंश्यांश्च सप्त सप्त परावरान् ।
पृथिवीमपि चैवेमां कृत्स्नामेको ऽपि सो ऽर्हति ॥ १०५ ॥

इदं स्वस्त्ययनं श्रेष्ठमिदं बुद्धिविवर्धनम् ।
इदं यशस्यं सततमिदं निःश्रेयसं परम् ॥ १०६ ॥

2*

अस्मिन्धर्मो ऽखिलेनोक्तो गुणदोषौ च कर्मणाम् ।
चतुर्णामपि वर्णानामाचारश्चैव शाश्वतः ॥ १०७ ॥

आचारः परमो धर्मः श्रुत्युक्तः स्मार्त एव च ।
तस्मादस्मिन्सदा युक्तो नित्यं स्यादात्मवान्द्विजः ॥ १०८ ॥

आचाराद्विच्युतो विप्रो न वेदफलमश्नुते ।
आचारेण तु संयुक्तः संपूर्णफलभाक्स्मृतः ॥ १०९ ॥

एवमाचारतो दृष्ट्वा धर्मस्य मुनयो गतिम् ।
सर्वस्य तपसो मूलमाचारं जगृहुः परम् ॥ ११० ॥

जगतश्च समुत्पत्तिं संस्कारविधिमेव च ।
व्रतचर्योपचारं च स्नानस्य च परं विधिम् ॥ १११ ॥

दाराधिगमनं चैव विवाहानां च लक्षणम् ।
महायज्ञविधानं च श्राद्धकल्पं च शाश्वतम् ॥ ११२ ॥

वृत्तीनां लक्षणं चैव स्नातकस्य व्रतानि च ।
भक्ष्याभक्ष्यं च शौचं च द्रव्याणां शुद्धिमेव च ॥ ११३ ॥

स्त्रीधर्मयोगं तापस्यं मोक्षं संन्यासमेव च ।
राज्ञश्च धर्ममखिलं कार्याणां च विनिर्णयम् ॥ ११४ ॥

साक्षिप्रश्नविधानं च धर्मं स्त्रीपुंसयोरपि ।
विभागधर्मं द्यूतं च कण्टकानां च शोधनम् ॥ ११५ ॥

वैश्यशूद्रोपचारं च संकीर्णानां च संभवम् ।
आपद्धर्मं च वर्णानां प्रायश्चित्तविधिं तथा ॥ ११६ ॥

संसारगमनं चैव त्रिविधं कर्मसंभवम् ।
निःश्रेयसं कर्मणां च गुणदोषपरीक्षणम् ॥ ११७ ॥
देशधर्माञ्जातिधर्मान्कुलधर्मांश्च शाश्वतान् ।
पाषण्डगणधर्मांश्च शास्त्रे ऽस्मिन्नुक्तवान्मनुः ॥ ११८ ॥
यथेदमुक्तवाञ्छास्त्रं पुरा पृष्टो मनुर्मया ।
तथेदं यूयमप्यद्य मत्सकाशान्निबोधत ॥ ११९ ॥

॥ इति मानवे धर्मशास्त्रे भृगुप्रोक्ते प्रथमो ऽध्यायः ॥

विद्वद्भिः सेवितः सद्भिर्नित्यमद्वेषरागिभिः ।
हृदयेनाभ्यनुज्ञातो यो धर्मस्तं निबोधत ॥ १ ॥

कामात्मता न प्रशस्ता न चैवेहास्त्यकामता ।
काम्यो हि वेदाधिगमः कर्मयोगश्च वैदिकः ॥ २ ॥

संकल्पमूलः कामो वै यज्ञाः संकल्पसंभवाः ।
व्रतानि यमधर्माश्च सर्वे संकल्पजाः स्मृताः ॥ ३ ॥

अकामस्य क्रिया काचिद्दृश्यते नेह कर्हिचित् ।
यद्यद्धि कुरुते किंचित्तत्तत्कामस्य चेष्टितम् ॥ ४ ॥

तेषु सम्यग्वर्तमानो गच्छत्यमरलोकताम् ।
यथासंकल्पितांश्चेह सर्वान्कामान्समश्नुते ॥ ५ ॥

वेदोऽखिलो धर्ममूलं स्मृतिशीले च तद्विदाम् ।
आचारश्चैव साधूनामात्मनस्तुष्टिरेव च ॥ ६ ॥

यः कश्चित्कस्यचिद्धर्मो मनुना परिकीर्तितः ।
स सर्वोऽभिहितो वेदे सर्वज्ञानमयो हि सः ॥ ७ ॥

सर्वं तु समवेक्ष्येदं निखिलं ज्ञानचक्षुषा ।
श्रुतिप्रामाण्यतो विद्वान्स्वधर्मे निविशेत वै ॥ ८ ॥
श्रुतिस्मृत्युदितं धर्ममनुतिष्ठन्हि मानवः ।
इह कीर्तिमवाप्नोति प्रेत्य चानुत्तमं सुखम् ॥ ९ ॥
श्रुतिस्तु वेदो विज्ञेयो धर्मशास्त्रं तु वै स्मृतिः ।
ते सर्वार्थेष्वमीमांस्ये ताभ्यां धर्मो हि निर्बभौ ॥ १० ॥
योऽवमन्येत ते तूभे हेतुशास्त्राश्रयाद् द्विजः ।
स साधुभिर्बहिष्कार्यो नास्तिको वेदनिन्दकः ॥ ११ ॥
वेदः स्मृतिः सदाचारः स्वस्य च प्रियमात्मनः ।
एतच्चतुर्विधं प्राहुः साक्षाद्धर्मस्य लक्षणम् ॥ १२ ॥
अर्थकामेष्वसक्तानां धर्मज्ञानं विधीयते ।
धर्मं जिज्ञासमानानां प्रमाणं परमं श्रुतिः ॥ १३ ॥
श्रुतिद्वैधं तु यत्र स्यात्तत्र धर्मावुभौ स्मृतौ ।
उभावपि हि तौ धर्मौ सम्यगुक्तौ मनीषिभिः ॥ १४ ॥
उदितेऽनुदिते चैव समयाध्युषिते तथा ।
सर्वथा वर्तते यज्ञ इतीयं वैदिकी श्रुतिः ॥ १५ ॥
निषेकादिश्मशानान्तो मन्त्रैर्यस्योदितो विधिः ।
तस्य शास्त्रेऽधिकारोऽस्मिञ्ज्ञेयो नान्यस्य कस्यचित् ॥ १६ ॥
सरस्वतीदृषद्वत्योर्देवनद्योर्यदन्तरम् ।
तं देवनिर्मितं देशं ब्रह्मावर्तं प्रचक्षते ॥ १७ ॥

तस्मिन्देशे य आचारः पारंपर्यक्रमागतः ।
वर्णानां सान्तरालानां स सदाचार उच्यते ॥ १८ ॥
कुरुक्षेत्रं च मत्स्याश्च पञ्चालाः शूरसेनकाः ।
एष ब्रह्मर्षिदेशो वै ब्रह्मावर्तादनन्तरः ॥ १९ ॥
एतद्देशप्रसूतस्य सकाशादग्रजन्मनः ।
स्वं स्वं चरित्रं शिक्षेरन्पृथिव्यां सर्वमानवाः ॥ २० ॥
हिमवद्विन्ध्ययोर्मध्यं यत्प्राग्विनाशनादपि ।
प्रत्यगेव प्रयागाच्च मध्यदेशः प्रकीर्तितः ॥ २१ ॥
आ समुद्रात्तु वै पूर्वादा समुद्रात्तु पश्चिमात् ।
तयोरेवान्तरं गिर्योरार्यावर्तं विदुर्बुधाः ॥ २२ ॥
कृष्णसारस्तु चरति मृगो यत्र स्वभावतः ।
स ज्ञेयो यज्ञियो देशो म्लेच्छदेशस्त्वतः परः ॥ २३ ॥
एतान्द्विजातयो देशान्संश्रयेरन्प्रयत्नतः ।
शूद्रस्तु यस्मिन्कस्मिन्वा निवसेद्वृत्तिकर्षितः ॥ २४ ॥
एषा धर्मस्य वो योनिः समासेन प्रकीर्तिता ।
संभवश्चास्य सर्वस्य वर्णधर्मान्निबोधत ॥ २५ ॥
वैदिकैः कर्मभिः पुण्यैर्निषेकादिर्द्विजन्मनाम् ।
कार्यः शरीरसंस्कारः पावनः प्रेत्य चेह च ॥ २६ ॥
गार्भैर्होमैर्जातकर्मचौडमौञ्जीनिबन्धनैः ।
बैजिकं गार्भिकं चैनो द्विजानामपमृज्यते ॥ २७ ॥

स्वाध्यायेन व्रतैर्होमैस्त्रैविद्येनेज्यया सुतैः ।
महायज्ञैश्च यज्ञैश्च ब्राह्मीयं क्रियते तनुः ॥ २८ ॥

प्राङ् नाभिवर्धनात्पुंसो जातकर्म विधीयते ।
मन्त्रवत्प्राशनं चास्य हिरण्यमधुसर्पिषाम् ॥ २९ ॥

नामधेयं दशम्यां तु द्वादश्यां वास्य कारयेत् ।
पुण्ये तिथौ मुहूर्ते वा नक्षत्रे वा गुणान्विते ॥ ३० ॥

मङ्गल्यं ब्राह्मणस्य स्यात्क्षत्रियस्य बलान्वितम् ।
वैश्यस्य धनसंयुक्तं शूद्रस्य तु जुगुप्सितम् ॥ ३१ ॥

शर्मवद्ब्राह्मणस्य स्याद्राज्ञो रक्षासमन्वितम् ॥
वैश्यस्य पुष्टिसंयुक्तं शूद्रस्य प्रैष्यसंयुतम् ॥ ३२ ॥

स्त्रीणां सुखोद्यमक्रूरं विस्पष्टार्थं मनोहरम् ।
मङ्गल्यं दीर्घवर्णान्तमाशीर्वादाभिधानवत् ॥ ३३ ॥

चतुर्थे मासि कर्तव्यं शिशोर्निष्क्रमणं गृहात् ।
षष्ठेऽन्नप्राशनं मासि यद्वेष्टं मङ्गलं कुले ॥ ३४ ॥

चूडाकर्म द्विजातीनां सर्वेषामेव धर्मतः ।
प्रथमेऽब्दे तृतीये वा कर्तव्यं श्रुतिचोदनात् ॥ ३५ ॥

गर्भाष्टमेऽब्दे कुर्वीत ब्राह्मणस्योपनायनम् ।
गर्भादेकादशे राज्ञो गर्भात्तु द्वादशे विशः ॥ ३६ ॥

ब्रह्मवर्चसकामस्य कार्यं विप्रस्य पञ्चमे ।
राज्ञो बलार्थिनः षष्ठे वैश्यस्येहार्थिनोऽष्टमे ॥ ३७ ॥

3

आ षोडशाद्ब्राह्मणस्य सावित्री नातिवर्तते।
आ द्वाविंशात्क्षत्रबन्धोरा चतुर्विंशतेर्विशः ॥ ३८ ॥
अत ऊर्ध्वं त्रयोऽप्येते यथाकालमसंस्कृताः।
सावित्रीपतिता व्रात्या भवन्त्यार्यविगर्हिताः ॥ ३९ ॥
नैतैरपूतैर्विधिवदापद्यपि हि कर्हिचित्।
ब्राह्मान्यौनांश्च संबन्धान्न चरेद्ब्राह्मणः सह ॥ ४० ॥
कार्ष्णरौरवबास्तानि चर्माणि ब्रह्मचारिणः।
वसीरन्नानुपूर्वेण शाणक्षौमाविकानि च ॥ ४१ ॥
मौञ्जी त्रिवृत्समा श्लक्ष्णा कार्या विप्रस्य मेखला।
क्षत्रियस्य तु मौर्वी ज्या वैश्यस्य शणतान्तवी ॥ ४२ ॥
मुञ्जालाभे तु कर्तव्याः कुशाश्मान्तकबल्बजैः।
त्रिवृता ग्रन्थिनैकेन त्रिभिः पञ्चभिरेव वा ॥ ४३ ॥
कार्पासमुपवीतं स्याद्विप्रस्योर्ध्ववृतं त्रिवृत्।
शणसूत्रमयं राज्ञो वैश्यस्याविकसूत्रिकम् ॥ ४४ ॥
ब्राह्मणो बैल्वपालाशौ क्षत्रियो वाटखादिरौ।
पैलवौदुम्बरौ वैश्यो दण्डानर्हन्ति धर्मतः ॥ ४५ ॥
केशान्तिको ब्राह्मणस्य दण्डः कार्यः प्रमाणतः।
ललाटसंमितो राज्ञः स्यात्तु नासान्तिको विशः ॥ ४६ ॥
ऋजवस्ते तु सर्वे स्युरव्रणाः सौम्यदर्शनाः।
अनुद्वेगकरा नृणां सत्वचो नाग्निदूषिताः ॥ ४७ ॥

प्रतिगृह्येप्सितं दण्डमुपस्थाय च भास्करम् ।
प्रदक्षिणं परीत्याग्निं चरेद्भैक्षं यथाविधि ॥ ४८ ॥
भवत्पूर्वं चरेद्भैक्षमुपनीतो द्विजोत्तमः ।
भवन्मध्यं तु राजन्यो वैश्यस्तु भवदुत्तरम् ॥ ४९ ॥
मातरं वा स्वसारं वा मातुर्वा भगिनीं निजाम् ।
भिक्षेत भिक्षां प्रथमं या चैनं नावमानयेत् ॥ ५० ॥
समाहृत्य तु तद्भैक्षं यावदर्थममायया ।
निवेद्य गुरवेऽश्नीयादाचम्य प्राङ्मुखः शुचिः ॥ ५१ ॥
आयुष्यं प्राङ्मुखो भुंक्ते यशस्यं दक्षिणामुखः ।
श्रियं प्रत्यङ्मुखो भुंक्ते ऋतं भुंक्त उदङ्मुखः ॥ ५२ ॥
उपस्पृश्य द्विजो नित्यमन्नमद्यात्समाहितः ।
भुक्त्वा चोपस्पृशेत्सम्यगद्भिः खानि च संस्पृशेत् ॥ ५३ ॥
पूजयेदशनं नित्यमद्याच्चैतदकुत्सयन् ।
दृष्ट्वा हृष्येत्प्रसीदेच्च प्रतिनन्देच्च सर्वशः ॥ ५४ ॥
पूजितं ह्यशनं नित्यं बलमूर्जं च यच्छति ।
अपूजितं तु तद्भुक्तमुभयं नाशयेदिदम् ॥ ५५ ॥
नोच्छिष्टं कस्यचिद्दद्यान्नाद्याच्चैव तथान्तरा ।
न चैवात्यशनं कुर्यान्न चोच्छिष्टः क्वचिद् व्रजेत् ॥ ५६ ॥
अनारोग्यमनायुष्यमस्वर्ग्यं चातिभोजनम् ।
अपुण्यं लोकविद्विष्टं तस्मात्तत्परिवर्जयेत् ॥ ५७ ॥

ब्राह्मेण विप्रस्तीर्थेन नित्यकालमुपस्पृशेत् ।
कायत्रैदशिकाभ्यां वा न पित्र्येण कदाचन ॥ ५८ ॥
अङ्गुष्ठमूलस्य तले ब्राह्मं तीर्थं प्रचक्षते ।
कायमङ्गुलिमूलेऽग्रे दैवं पित्र्यं तयोरधः ॥ ५९ ॥
त्रिराचामेदपः पूर्वं द्विः प्रमृज्यात्ततो मुखम् ।
खानि चैव स्पृशेदद्भिरात्मानं शिर एव च ॥ ६० ॥
अनुष्णाभिरफेनाभिरद्भिस्तीर्थेन धर्मवित् ।
शौचेप्सुः सर्वदाचामेदेकान्ते प्रागुदङ्मुखः ॥ ६१ ॥
हृद्गाभिः पूयते विप्रः कण्ठगाभिस्तु भूमिपः ।
वैश्योऽद्भिः प्राशिताभिस्तु शूद्रः स्पृष्टाभिरन्ततः ॥ ६२ ॥
उद्धृते दक्षिणे पाणावुपवीत्युच्यते द्विजः ।
सव्ये प्राचीनमावीती निवीती कण्ठसज्जने ॥ ६३ ॥
मेखलामजिनं दण्डमुपवीतं कमण्डलुम् ।
अप्सु प्रास्य विनष्टानि गृह्णीतान्यानि मन्त्रवत् ॥ ६४ ॥
केशान्तः षोडशे वर्षे ब्राह्मणस्य विधीयते ।
राजन्यबन्धोर्द्वाविंशे वैश्यस्य द्व्यधिके ततः ॥ ६५ ॥
अमन्त्रिका तु कार्येयं स्त्रीणामावृदशेषतः ।
संस्कारार्थं शरीरस्य यथाकालं यथाक्रमम् ॥ ६६ ॥
वैवाहिको विधिः स्त्रीणां संस्कारो वैदिकः स्मृतः ।
पतिसेवा गुरौ वासो गृहार्थोऽग्निपरिक्रिया ॥ ६७ ॥

एष प्रोक्तो द्विजातीनामौपनायनिको विधिः ।
उत्पत्तिव्यञ्जकः पुण्यः कर्मयोगं निबोधत ॥ ६८ ॥

उपनीय गुरुः शिष्यं शिक्षयेच्छौचमादितः ।
आचारमग्निकार्यं च संध्योपासनमेव च ॥ ६९ ॥

अध्येष्यमाणस्त्वाचान्तो यथाशास्त्रमुदङ्मुखः ।
ब्रह्माञ्जलिकृतोऽध्याप्यो लघुवासा जितेन्द्रियः ॥ ७० ॥

ब्रह्मारम्भेऽवसाने च पादौ ग्राह्यौ गुरोः सदा ।
संहत्य हस्तावध्येयं स हि ब्रह्माञ्जलिः स्मृतः ॥ ७१ ॥

व्यत्यस्तपाणिना कार्यमुपसंग्रहणं गुरोः ।
सव्येन सव्यः स्प्रष्टव्यो दक्षिणेन तु दक्षिणः ॥ ७२ ॥

अध्येष्यमाणं तु गुरुर्नित्यकालमतन्द्रितः ।
अधीष्व भो इति ब्रूयाद्विरामोऽस्त्विति चारमेत् ॥ ७३ ॥

ब्रह्मणः प्रणवं कुर्यादादावन्ते च सर्वदा ।
स्रवत्यनोंकृतं पूर्वं परस्ताच्च विशीर्यते ॥ ७४ ॥

प्राक्कूलान्पर्युपासीनः पवित्रैश्चैव पावितः ।
प्राणायामैस्त्रिभिः पूतस्तत ओंकारमर्हति ॥ ७५ ॥

अकारं चाप्युकारं च मकारं च प्रजापतिः ।
वेदत्रयान्निरदुहद्भूर्भुवः स्वरितीति च ॥ ७६ ॥

त्रिभ्य एव तु वेदेभ्यः पादं पादमदूदुहत् ।
तदित्यृचोऽस्याः सावित्र्याः परमेष्ठी प्रजापतिः ॥ ७७ ॥

एतदक्षरमेतां च जपन्व्याहृतिपूर्विकाम् ।
संध्ययोर्वेदविद्विप्रो वेदपुण्येन युज्यते ॥ ७८ ॥
सहस्रकृत्वस्त्वभ्यस्य बहिरेतत्त्रिकं द्विजः ।
महतोऽप्येनसो मासात्त्वचेवाहिर्विमुच्यते ॥ ७९ ॥
एतयर्चा विसंयुक्तः काले च क्रियया स्वया ।
ब्रह्मक्षत्रियविड्योनिर्गर्हणां याति साधुषु ॥ ८० ॥
ओंकारपूर्विकास्तिस्रो महाव्याहृतयोऽव्ययाः ।
त्रिपदा चैव सावित्री विज्ञेयं ब्रह्मणो मुखम् ॥ ८१ ॥
योऽधीतेऽहन्यहन्येतां त्रीणि वर्षाण्यतन्द्रितः ।
स ब्रह्म परमभ्येति वायुभूतः खमूर्तिमान् ॥ ८२ ॥
एकाक्षरं परं ब्रह्म प्राणायामाः परं तपः ।
सावित्र्यास्तु परं नास्ति मौनात्सत्यं विशिष्यते ॥ ८३ ॥
क्षरन्ति सर्वा वैदिक्यो जुहोतियजतिक्रियाः ।
अक्षरं त्वक्षरं ज्ञेयं ब्रह्म चैव प्रजापतिः ॥ ८४ ॥
विधियज्ञाज्जपयज्ञो विशिष्टो दशभिर्गुणैः ।
उपांशुः स्याच्छतगुणः साहस्रो मानसः स्मृतः ॥ ८५ ॥
ये पाकयज्ञाश्चत्वारो विधियज्ञसमन्विताः ।
सर्वे ते जपयज्ञस्य कलां नार्हन्ति षोडशीम् ॥ ८६ ॥
जप्येनैव तु संसिध्येद्ब्राह्मणो नात्र संशयः ।
कुर्यादन्यन्न वा कुर्यान्मैत्रो ब्राह्मण उच्यते ॥ ८७ ॥

इन्द्रियाणां विचरतां विषयेष्वपहारिषु ।
संयमे यत्नमातिष्ठेद्विद्वान्यन्तेव वाजिनाम् ॥ ८८ ॥
एकादशेन्द्रियाण्याहुर्यानि पूर्वे मनीषिणः ।
तानि सम्यक्प्रवक्ष्यामि यथावदनुपूर्वशः ॥ ८९ ॥
श्रोत्रं त्वक्चक्षुषी जिह्वा नासिका चैव पञ्चमी ।
पायूपस्थं हस्तपादौ वाक्चैव दशमी स्मृता ॥ ९० ॥
बुद्धीन्द्रियाणि पञ्चैषां श्रोत्रादीन्यनुपूर्वशः ।
कर्मेन्द्रियाणि पञ्चैव पाय्वादीनि प्रचक्षते ॥ ९१ ॥
एकादशं मनो ज्ञेयं स्वगुणेनोभयात्मकम् ।
यस्मिञ्जिते जितावेतौ भवतः पञ्चकौ गणौ ॥ ९२ ॥
इन्द्रियाणां प्रसङ्गेन दोषमृच्छत्यसंशयम् ।
संनियम्य तु तान्येव ततः सिद्धिं नियच्छति ॥ ९३ ॥
न जातु कामः कामानामुपभोगेन शाम्यति ।
हविषा कृष्णवर्त्मेव भूय एवाभिवर्धते ॥ ९४ ॥
यश्चैतान्प्राप्नुयात्सर्वान्यश्चैतान्केवलांस्त्यजेत् ।
प्रापणात्सर्वकामानां परित्यागो विशिष्यते ॥ ९५ ॥
न तथैतानि शक्यन्ते संनियन्तुमसेवया ।
विषयेषु प्रदुष्टानि यथा ज्ञानेन नित्यशः ॥ ९६ ॥
वेदास्त्यागाश्च यज्ञाश्च नियमाश्च तपांसि च ।
न विप्रदुष्टभावस्य सिद्धिं गच्छन्ति कर्हिचित् ॥ ९७ ॥

श्रुत्वा स्पृष्ट्वा च दृष्ट्वा च भुक्त्वा घ्रात्वा च यो नरः।
न हृष्यति ग्लायति वा स विज्ञेयो जितेन्द्रियः॥ ९८॥
इन्द्रियाणां तु सर्वेषां यद्येकं क्षरतीन्द्रियम्।
ततोऽस्य क्षरति प्रज्ञा दृतेः पादादिवोदकम्॥ ९९॥
वशे कृत्वेन्द्रियग्रामं संयम्य च मनस्तथा।
सर्वान्संसाधयेदर्थानक्षिण्वन्योगतस्तनुम्॥ १००॥
पूर्वां संध्यां जपंस्तिष्ठेत्सावित्रीमार्कदर्शनात्।
पश्चिमां तु समासीनः सम्यगृक्षविभावनात्॥ १०१॥
पूर्वां संध्यां जपंस्तिष्ठन्नैशमेनो व्यपोहति।
पश्चिमां तु समासीनो मलं हन्ति दिवा कृतम्॥ १०२॥
न तिष्ठति तु यः पूर्वां नोपास्ते यश्च पश्चिमाम्।
स शूद्रवद्बहिष्कार्यः सर्वस्माद्द्विजकर्मणः॥ १०३॥
अपां समीपे नियतो नैत्यकं विधिमास्थितः।
सावित्रीमप्यधीयीत गत्वारण्यं समाहितः॥ १०४॥
वेदोपकरणे चैव स्वाध्याये चैव नैत्यके।
नानुरोधोऽस्त्यनध्याये होममन्त्रेषु चैव हि॥ १०५॥
नैत्यके नास्त्यनध्यायो ब्रह्मसत्त्रं हि तत्स्मृतम्।
ब्रह्माहुतिहुतं पुण्यमनध्यायवषट्कृतम्॥ १०६॥
यः स्वाध्यायमधीतेऽब्दं विधिना नियतः शुचिः।
तस्य नित्यं क्षरत्येष पयो दधि घृतं मधु॥ १०७॥

अग्नीन्धनं भैक्षचर्यामधःशय्यां गुरोर्हितम् ।
आ समावर्तनात्कुर्यात्कृतोपनयनो द्विजः ॥ १०८ ॥
आचार्यपुत्रः शुश्रूषुर्ज्ञानदो धार्मिकः शुचिः ।
आप्तः शक्तोऽर्थदः साधुः स्वोऽध्याप्या दश धर्मतः॥१०९॥
नापृष्टः कस्यचिद्ब्रूयान्न चान्यायेन पृच्छतः ।
जानन्नपि हि मेधावी जडवल्लोक आचरेत् ॥ ११० ॥
अधर्मेण च यः प्राह यश्चाधर्मेण पृच्छति ।
तयोरन्यतरः प्रैति विद्वेषं वाधिगच्छति ॥ १११ ॥
धर्मार्थौ यत्र न स्यातां शुश्रूषा वापि तद्विधा ।
तत्र विद्या न वप्तव्या शुभं बीजमिवोषरे ॥ ११२ ॥
विद्ययैव समं कामं मर्तव्यं ब्रह्मवादिना ।
आपद्यपि हि घोरायां न त्वेनामिरिणे वपेत् ॥ ११३ ॥
विद्या ब्राह्मणमेत्याह शेवधिष्टेऽस्मि रक्ष माम् ।
असूयकाय मां मा दास्तथा स्यां वीर्यवत्तमा ॥ ११४ ॥
यमेव तु शुचिं विद्या नियतं ब्रह्मचारिणम् ।
तस्मै मां ब्रूहि विप्राय निधिपायाप्रमादिने ॥ ११५ ॥
ब्रह्म यस्त्वननुज्ञातमधीयानादवाप्नुयात् ।
स ब्रह्मस्तेयसंयुक्तो नरकं प्रतिपद्यते ॥ ११६ ॥
लौकिकं वैदिकं वापि तथाध्यात्मिकमेव च ।
आददीत यतो ज्ञानं तं पूर्वमभिवादयेत् ॥ ११७ ॥

सावित्रीमात्रसारोऽपि वरं विप्रः सुयन्त्रितः ।
नायन्त्रितस्त्रिवेदोऽपि सर्वाशी सर्वविक्रयी ॥ ११८ ॥
शय्यासनेऽध्याचरिते श्रेयसा न समाविशेत् ।
शय्यासनस्थश्चैवैनं प्रत्युत्थायाभिवादयेत् ॥ ११९ ॥
ऊर्ध्वं प्राणा ह्युत्क्रामन्ति यूनः स्थविर आयति ।
प्रत्युत्थानाभिवादाभ्यां पुनस्तान्प्रतिपद्यते ॥ १२० ॥
अभिवादनशीलस्य नित्यं वृद्धोपसेविनः ।
चत्वारि तस्य वर्धन्त आयुः प्रज्ञा यशो बलम् ॥ १२१ ॥
अभिवादात्परं विप्रो ज्यायांसमभिवादयन् ।
असौ नामाहमस्मीति स्वं नाम परिकीर्तयेत् ॥ १२२ ॥
नामधेयस्य ये केचिदभिवादं न जानते ।
तान्प्राज्ञोऽहमिति ब्रूयात्स्त्रियः सर्वास्तथैव च ॥ १२३ ॥
भोःशब्दं कीर्तयेदन्ते स्वस्य नाम्नोऽभिवादने ।
नाम्नां स्वरूपभावो हि भोभाव ऋषिभिः स्मृतः ॥ १२४ ॥
आयुष्मान्भव सौम्येति वाच्यो विप्रोऽभिवादने ।
अकारश्चास्य नाम्नोऽन्ते वाच्यः पूर्वाक्षरप्लुतः ॥ १२५ ॥
यो न वेत्त्यभिवादस्य विप्रः प्रत्यभिवादनम् ।
नाभिवाद्यः स विदुषा यथा शूद्रस्तथैव सः ॥ १२६ ॥
ब्राह्मणं कुशलं पृच्छेत्क्षत्रबन्धुमनामयम् ।
वैश्यं क्षेमं समागम्य शूद्रमारोग्यमेव च ॥ १२७ ॥

अवाच्यो दीक्षितो नाम्ना यवीयानपि यो भवेत्।
भोभवत्पूर्वकं त्वेनमभिभाषेत धर्मवित् ॥ १२८ ॥
परपत्नी तु या स्त्री स्यादसंबद्धा च योनितः।
तां ब्रूयाद्भवतीत्येवं सुभगे भगिनीति च ॥ १२९ ॥
मातुलांश्च पितृव्यांश्च श्वशुरानृत्विजो गुरून्।
असावहमिति ब्रूयात्प्रत्युत्थाय यवीयसः ॥ १३० ॥
मातृष्वसा मातुलानी श्वश्रूरथ पितृष्वसा।
संपूज्या गुरुपत्नीवत्समास्ता गुरुभार्यया ॥ १३१ ॥
भ्रातुर्भार्योपसंग्राह्या सवर्णाहन्यहन्यपि।
विप्रोष्य तूपसंग्राह्या ज्ञातिसंबन्धियोषितः ॥ १३२ ॥
पितुर्भगिन्यां मातुश्च ज्यायस्यां च स्वसर्यपि।
मातृवद्वृत्तिमातिष्ठेन्माता ताभ्यो गरीयसी ॥ १३३ ॥
दशाब्दाख्यं पौरसख्यं पञ्चाब्दाख्यं कलाभृताम्।
त्र्यब्दपूर्वं श्रोत्रियाणामल्पेनापि स्वयोनिषु ॥ १३४ ॥
ब्राह्मणं दशवर्षं तु शतवर्षं तु भूमिपम्।
पितापुत्रौ विजानीयाद्ब्राह्मणस्तु तयोः पिता ॥ १३५ ॥
वित्तं बन्धुर्वयः कर्म विद्या भवति पञ्चमी।
एतानि मान्यस्थानानि गरीयो यद्यदुत्तरम् ॥ २३६ ॥
पञ्चानां त्रिषु वर्णेषु भूयांसि गुणवन्ति च।
यत्र स्युः सोऽत्र मानार्हः शूद्रोऽपि दशमीं गतः ॥ २३७ ॥

चक्रिणो दशमीस्थस्य रोगिणो भारिणः स्त्रियाः ।
स्नातकस्य च राज्ञश्च पन्था देयो वरस्य च ॥ १३८ ॥

तेषां तु समवेतानां मान्यौ स्नातकपार्थिवौ ।
राजस्नातकयोरेव स्नातको नृपमानभाक् ॥ १३९ ॥

उपनीय तु यः शिष्यं वेदमध्यापयेद्द्विजः ।
सकल्पं सरहस्यं च तमाचार्यं प्रचक्षते ॥ १४० ॥

एकदेशं तु वेदस्य वेदाङ्गान्यपि वा पुनः ।
यो ऽध्यापयति वृत्त्यर्थमुपाध्यायः स उच्यते ॥ १४१ ॥

निषेकादीनि कर्माणि यः करोति यथाविधि ।
संभावयति चान्नेन स विप्रो गुरुरुच्यते ॥ १४२ ॥

अग्न्याधेयं पाकयज्ञानग्निष्टोमादिकान्मखान् ।
यः करोति वृतो यस्य स तस्यर्त्विगिहोच्यते ॥ १४३ ॥

य आवृणोत्यवितथं ब्रह्मणा श्रवणावुभौ ।
स माता स पिता ज्ञेयस्तं न द्रुह्येत्कदाचन ॥ १४४ ॥

उपाध्यायान्दशाचार्य आचार्याणां शतं पिता ।
सहस्रं तु पितॄन्माता गौरवेणातिरिच्यते ॥ १४५ ॥

उत्पादकब्रह्मदात्रोर्गरीयान्ब्रह्मदः पिता ।
ब्रह्मजन्म हि विप्रस्य प्रेत्य चेह च शाश्वतम् ॥ १४६ ॥

कामान्माता पिता चैनं यदुत्पादयतो मिथः ।
संभूतिं तस्य तां विद्याद्यद्योनावभिजायते ॥ १४७ ॥

आचार्यस्त्वस्य यां जातिं विधिवद्वेदपारगः ।
उत्पादयति सावित्र्या सा सत्या साऽजरामरा ॥ १४८ ॥
अल्पं वा बहु वा यस्य श्रुतस्योपकरोति यः ।
तमपीह गुरुं विद्याच्छ्रुतोपक्रियया तया ॥ १४९ ॥
ब्राह्मस्य जन्मनः कर्ता स्वधर्मस्य च शासिता ।
बालो ऽपि विप्रो वृद्धस्य पिता भवति धर्मतः ॥ १५० ॥
अध्यापयामास पितॄञ्छिशुराङ्गिरसः कविः ।
पुत्रका इति होवाच ज्ञानेन परिगृह्य तान् ॥ १५१ ॥
ते तमर्थमपृच्छन्त देवानागतमन्यवः ।
देवाश्चैतान्समेत्योचुर्न्याय्यं वः शिशुरुक्तवान् ॥ १५२ ॥
अज्ञो भवति वै बालः पिता भवति मन्त्रदः ।
अज्ञं हि बालमित्याहुः पितेत्येव च मन्त्रदम् ॥ १५३ ॥
न हायनैर्न पलितैर्न वित्तेन न बन्धुभिः ।
ऋषयश्चक्रिरे धर्मं यो ऽनूचानः स नो महान् ॥ १५४ ॥
विप्राणां ज्ञानतो ज्यैष्ठ्यं क्षत्रियाणां तु वीर्यतः ।
वैश्यानां धान्यधनतः शूद्राणां त्वेव जन्मतः ॥ १५५ ॥
न तेन वृद्धो भवति येनास्य पलितं शिरः ।
यो वै युवाप्यधीयानस्तं देवाः स्थविरं विदुः ॥ १५६ ॥
यथा काष्ठमयो हस्ती यथा चर्ममयो मृगः ।
यश्च विप्रो ऽनधीयानस्त्रयस्ते नामधारकाः ॥ १५७ ॥

यथा षण्ढो ऽफलः स्त्रीषु यथा गौर्गवि चाफला ।
यथा चाज्ञे ऽफलं दानं तथा विप्रो ऽनृचो ऽफलः ॥ १५८ ॥
अहिंसयैव भूतानां कार्यं श्रेयोऽनुशासनम् ।
वाक्चैव मधुरा श्लक्ष्णा प्रयोज्या धर्ममिच्छता ॥ १५९ ॥
यस्य वाङ्मनसी शुद्धे सम्यग्गुप्ते च सर्वदा ।
स वै सर्वमवाप्नोति वेदान्तोपगतं फलम् ॥ १६० ॥
नारुंतुदः स्यादार्तो ऽपि न परद्रोहकर्मधीः ।
ययास्योद्विजते वाचा नालोक्यां तामुदीरयेत् ॥ १६१ ॥
संमानाद्ब्राह्मणो नित्यमुद्विजेत विषादिव ।
अमृतस्येव चाकाङ्क्षेदवमानस्य सर्वदा ॥ १६२ ॥
सुखं ह्यवमतः शेते सुखं च प्रतिबुध्यते ।
सुखं चरति लोके ऽस्मिन्नवमन्ता विनश्यति ॥ १६३ ॥
अनेन क्रमयोगेण संस्कृतात्मा द्विजः शनैः ।
गुरौ वसन्संचिनुयाद्ब्रह्माधिगमिकं तपः ॥ १६४ ॥
तपोविशेषैर्विविधैर्व्रतैश्च विधिचोदितैः ।
वेदः कृत्स्नो ऽधिगन्तव्यः सरहस्यो द्विजन्मना ॥ १६५ ॥
वेदमेव सदाभ्यस्येत्तपस्तप्स्यन्द्विजोत्तमः ।
वेदाभ्यासो हि विप्रस्य तपः परमिहोच्यते ॥ १६६ ॥
आ हैव स नखाग्रेभ्यः परमं तप्यते तपः ।
यः स्रग्व्यपि द्विजो ऽधीते स्वाध्यायं शक्तितो ऽन्वहम् ॥ १६७ ॥

योऽनधीत्य द्विजो वेदमन्यत्र कुरुते श्रमम् ।
स जीवन्नेव शूद्रत्वमाशु गच्छति सान्वयः ॥ १६८ ॥
मातुरग्रेऽधिजननं द्वितीयं मौञ्जिबन्धने ।
तृतीयं यज्ञदीक्षायां द्विजस्य श्रुतिचोदनात् ॥ १६९ ॥
तत्र यद्ब्रह्मजन्मास्य मौञ्जीबन्धनचिह्नितम् ।
तत्रास्य माता सावित्री पिता त्वाचार्य उच्यते ॥ १७० ॥
वेदप्रदानादाचार्यं पितरं परिचक्षते ।
न ह्यस्मिन्युज्यते कर्म किंचिदा मौञ्जिबन्धनात् ॥ १७१ ॥
नाभिव्याहारयेद्ब्रह्म स्वधानिनयनादृते ।
शूद्रेण हि समस्तावद्यावद्वेदे न जायते ॥ १७२ ॥
कृतोपनयनस्यास्य व्रतादेशनमिष्यते ।
ब्रह्मणो ग्रहणं चैव क्रमेण विधिपूर्वकम् ॥ १७३ ॥
यद्यस्य विहितं चर्म यत्सूत्रं या च मेखला ।
यो दण्डो यच्च वसनं तत्तदस्य व्रतेष्वपि ॥ १७४ ॥
सेवेतेमांस्तु नियमान्ब्रह्मचारी गुरौ वसन् ।
संनियम्येन्द्रियग्रामं तपोवृद्ध्यर्थमात्मनः ॥ १७५ ॥
नित्यं स्नात्वा शुचिः कुर्याद्देवर्षिपितृतर्पणम् ।
देवताभ्यर्चनं चैव समिदाधानमेव च ॥ १७६ ॥
वर्जयेन्मधु मांसं च गन्धमाल्यं रसान्स्त्रियः ।
शुक्तानि चैव सर्वाणि प्राणिनां चैव हिंसनम् ॥ १७७ ॥

अभ्यङ्गमञ्जनं चाक्ष्णोरुपानच्छत्त्रधारणम् ।
कामं क्रोधं च लोभं च नर्तनं गीतवादनम् ॥ १७८ ॥
द्यूतं च जनवादं च परिवादं तथानृतम् ।
स्त्रीणां च प्रेक्षणालम्भमुपघातं परस्य च ॥ १७९ ॥
एकः शयीत सर्वत्र न रेतः स्कन्दयेत्क्वचित् ।
कामाद्धि स्कन्दयन्रेतो हिनस्ति व्रतमात्मनः ॥ १८० ॥
स्वप्ने सिक्त्वा ब्रह्मचारी द्विजः शुक्रमकामतः ।
स्नात्वार्कमर्चयित्वा त्रिः पुनर्मामित्यृचं जपेत् ॥ १८१ ॥
उदकुम्भं सुमनसो गोशकृन्मृत्तिकां कुशान् ।
आहरेद्यावदर्थानि भैक्षं चाहरहश्चरेत् ॥ १८२ ॥
वेदयज्ञैरहीनानां प्रशस्तानां स्वकर्मसु ।
ब्रह्मचार्याहरेद्भैक्षं गृहेभ्यः प्रयतोऽन्वहम् ॥ १८३ ॥
गुरोः कुले न भिक्षेत न ज्ञातिकुलबन्धुषु ।
अलाभे त्वन्यगेहानां पूर्वं पूर्वं विवर्जयेत् ॥ १८४ ॥
सर्वं वापि चरेद् ग्रामं पूर्वोक्तानामसंभवे ।
नियम्य प्रयतो वाचमभिशस्तांस्तु वर्जयेत् ॥ १८५ ॥
दूरादाहृत्य समिधः संनिदध्याद्विहायसि ।
सायं प्रातश्च जुहुयात्ताभिरग्निमतन्द्रितः ॥ १८६ ॥
अकृत्वा भैक्षचरणमसमिध्य च पावकम् ।
अनातुरः सप्तरात्रमवकीर्णिव्रतं चरेत् ॥ १८७ ॥

भैक्षेण वर्तयेन्नित्यं नैकान्नादी भवेद् व्रती।
भैक्षेण व्रतिनो वृत्तिरुपवाससमा स्मृता॥ १८८॥
व्रतवद्देवदैवत्ये पित्र्ये कर्मण्यथर्षिवत्।
काममभ्यर्थितोऽश्नीयाद् व्रतमस्य न लुप्यते॥ १८९॥
ब्राह्मणस्यैव कर्मैतदुपदिष्टं मनीषिभिः।
राजन्यवैश्ययोस्त्वेव नैतत्कर्म प्रचक्षते॥ १९०॥
नोदितो गुरुणा नित्यमप्रणोदित एव वा।
कुर्यादध्ययने योगमाचार्यस्य हितेषु च॥ १९१॥
शरीरं चैव वाचं च बुद्धीन्द्रियमनांसि च।
नियम्य प्राञ्जलिस्तिष्ठेद्वीक्षमाणो गुरोर्मुखम्॥ १९२॥
नित्यमुद्धृतपाणिः स्यात्साध्वाचारः सुसंवृतः
आस्यतामिति चोक्तः सन्नासीताभिमुखो गुरोः॥ १९३॥
हीनान्नवस्त्रवेषः स्यात्सर्वदा गुरुसंनिधौ।
उत्तिष्ठेत्प्रथमं चास्य चरमं चैव संविशेत्॥ १९४॥
प्रतिश्रवणसंभाषे शयानो न समाचरेत्।
नासीनो न च भुञ्जानो न तिष्ठन्न पराङ्मुखः॥ १९५॥
आसीनस्य स्थितः कुर्यादभिगच्छंस्तु तिष्ठतः।
प्रत्युद्गम्य त्वाव्रजतः पश्चाद्धावंस्तु धावतः॥ १९६॥
पराङ्मुखस्याभिमुखो दूरस्थस्यैत्य चान्तिकम्।
प्रणम्य तु शयानस्य निदेशे चैव तिष्ठतः॥ १९७॥

नीचं शय्यासनं चास्य नित्यं स्याद्गुरुसंनिधौ ।
गुरोस्तु चक्षुर्विषये न यथेष्टासनो भवेत् ॥ १९८ ॥

नोदाहरेदस्य नाम परोक्षमपि केवलम् ।
न चैवास्यानुकुर्वीत गतिभाषितचेष्टितम् ॥ १९९ ॥

गुरोर्यत्र परीवादो निन्दा वापि प्रवर्तते ।
कर्णौ तत्र पिधातव्यौ गन्तव्यं वा ततोऽन्यतः ॥ २०० ॥

परिवादात्खरो भवति श्वा वै भवति निन्दकः ।
परिभोक्ता कृमिर्भवति कीटो भवति मत्सरी ॥ २०१ ॥

दूरस्थो नार्चयेदेनं न क्रुद्धो नान्तिके स्त्रियाः ।
यानासनस्थश्चैवैनमवरुह्याभिवादयेत् ॥ २०२ ॥

प्रतिवातेऽनुवाते च नासीत गुरुणा सह ।
असंश्रवे चैव गुरोर्न किंचिदपि कीर्तयेत् ॥ २०३ ॥

गोऽश्वोष्ट्रयानप्रासादप्रस्तरेषु कटेषु च ।
आसीत गुरुणा सार्धं शिलाफलकनौषु च ॥ २०४ ॥

गुरोर्गुरौ संनिहिते गुरुवद्वृत्तिमाचरेत् ।
न चानिसृष्टो गुरुणा स्वान्गुरूनभिवादयेत् ॥ २०५ ॥

विद्यागुरुष्वेतदेव नित्या वृत्तिः स्वयोनिषु ।
प्रतिषेधत्सु चाधर्माद्धितं चोपदिशत्स्वपि ॥ २०६ ॥

श्रेयःसु गुरुवद्वृत्तिं नित्यमेव समाचरेत् ।
गुरुपुत्रेष्वथार्येषु गुरोश्चैव स्वबन्धुषु ॥ २०७ ॥

बालः समानजन्मा वा शिष्यो वा यज्ञकर्मणि ।
अध्यापयन्गुरुसुतो गुरुवन्मानमर्हति ॥ २०८ ॥

उत्सादनं च गात्राणां स्नापनोच्छिष्टभोजने ।
न कुर्याद्गुरुपुत्रस्य पादयोश्चावनेजनम् ॥ २०९ ॥

गुरुवत्प्रतिपूज्याः स्युः सवर्णा गुरुयोषितः ।
असवर्णास्तु संपूज्याः प्रत्युत्थानाभिवादनैः ॥ २१० ॥

अभ्यञ्जनं स्नापनं च गात्रोत्सादनमेव च ।
गुरुपत्न्या न कार्याणि केशानां च प्रसाधनम् ॥ २११ ॥

गुरुपत्नी तु युवतिर्नाभिवाद्येह पादयोः ।
पूर्णविंशतिवर्षेण गुणदोषौ विजानता ॥ २१२ ॥

स्वभाव एष नारीणां नराणामिह दूषणम् ।
अतोऽर्थान्न प्रमाद्यन्ति प्रमदासु विपश्चितः ॥ २१३ ॥

अविद्वांसमलं लोके विद्वांसमपि वा पुनः ।
प्रमदा ह्युत्पथं नेतुं कामक्रोधवशानुगम् ॥ २१४ ॥

मात्रा स्वस्रा दुहित्रा वा न विविक्तासनो भवेत् ।
बलवानिन्द्रियग्रामो विद्वांसमपि कर्षति ॥ २१५ ॥

कामं तु गुरुपत्नीनां युवतीनां युवा भुवि ।
विधिवद्वन्दनं कुर्यादसावहमिति ब्रुवन् ॥ २१६ ॥

विप्रोष्य पादग्रहणमन्वहं चाभिवादनम् ।
गुरुदारेषु कुर्वीत सतां धर्ममनुस्मरन् ॥ २१७ ॥

यथा खनन्खनित्रेण नरो वार्यधिगच्छति ।
तथा गुरुगतां विद्यां शुश्रूषुरधिगच्छति ॥ २१८ ॥
मुण्डो वा जटिलो वा स्यादथवा स्याच्छिखाजटः ।
नैनं ग्रामेऽभिनिम्लोचेत्सूर्यो नाभ्युदियात्क्वचित् ॥ २१९ ॥
तं चेदभ्युदियात्सूर्यः शयानं कामचारतः ।
निम्लोचेद्वाप्यविज्ञानाज्जपन्नुपवसेद्दिनम् ॥ २२० ॥
सूर्येण ह्यभिनिर्मुक्तः शयानोऽभ्युदितश्च यः ।
प्रायश्चित्तमकुर्वाणो युक्तः स्यान्महतैनसा ॥ २२१ ॥
आचम्य प्रयतो नित्यमुभे संध्ये समाहितः ।
शुचौ देशे जपञ्जप्यमुपासीत यथाविधि ॥ २२२ ॥
यदि स्त्री यद्यवरजः श्रेयः किंचित्समाचरेत् ।
तत्सर्वमाचरेद्युक्तो यत्र वास्य रमेन्मनः ॥ २२३ ॥
धर्मार्थावुच्यते श्रेयः कामार्थौ धर्म एव वा ।
अर्थ एवेह वा श्रेयस्त्रिवर्ग इति तु स्थितिः ॥ २२४ ॥
आचार्यश्च पिता चैव माता भ्राता च पूर्वजः ।
नार्तेनाप्यवमन्तव्या ब्राह्मणेन विशेषतः ॥ २२५ ॥
आचार्यो ब्रह्मणो मूर्तिः पिता मूर्तिः प्रजापतेः ।
माता पृथिव्या मूर्तिस्तु भ्राता स्वो मूर्तिरात्मनः ॥ २२६ ॥
यं मातापितरौ क्लेशं सहेते संभवे नृणाम् ।
न तस्य निष्कृतिः शक्या कर्तुं वर्षशतैरपि ॥ २२७ ॥

तयोर्नित्यं प्रियं कुर्यादाचार्यस्य च सर्वदा ।
तेष्वेव त्रिषु तुष्टेषु तपः सर्वं समाप्यते ॥ २२८ ॥
तेषां त्रयाणां शुश्रूषा परमं तप उच्यते ।
न तैरनभ्यनुज्ञातो धर्ममन्यं समाचरेत् ॥ २२९ ॥
त एव हि त्रयो लोकास्त एव त्रय आश्रमाः ।
त एव हि त्रयो वेदास्त एवोक्तास्त्रयोऽग्नयः ॥ २३० ॥
पिता वै गार्हपत्योऽग्निर्माताग्निर्दक्षिणः स्मृतः ।
गुरुराहवनीयस्तु साग्नित्रेता गरीयसी ॥ २३१ ॥
त्रिष्वप्रमाद्यन्नेतेषु त्रीँल्लोकान्विजयेद्गृही ।
दीप्यमानः स्ववपुषा देववद्दिवि मोदते ॥ २३२ ॥
इमं लोकं मातृभक्त्या पितृभक्त्या तु मध्यमम् ।
गुरुशुश्रूषया त्वेव ब्रह्मलोकं समश्नुते ॥ २३३ ॥
सर्वे तस्यादृता धर्मा यस्यैते त्रय आदृताः ।
अनादृतास्तु यस्यैते सर्वास्तस्याफलाः क्रियाः ॥ २३४ ॥
यावत्त्रयस्ते जीवेयुस्तावन्नान्यं समाचरेत् ।
तेष्वेव नित्यं शुश्रूषां कुर्यात्प्रियहिते रतः ॥ २३५ ॥
तेषामनुपरोधेन पारत्र्यं यद्यदाचरेत् ।
तत्तन्निवेदयेत्तेभ्यो मनोवचनकर्मभिः ॥ २३६ ॥
त्रिष्वेतेष्वितिकृत्यं हि पुरुषस्य समाप्यते ।
एष धर्मः परः साक्षादुपधर्मोऽन्य उच्यते ॥ २३७ ॥

श्रद्दधानः शुभां विद्यामाददीतावरादपि ।
अन्त्यादपि परं धर्मं स्त्रीरत्नं दुष्कुलादपि ॥ २३८ ॥
विषादप्यमृतं ग्राह्यं बालादपि सुभाषितम् ।
अमित्रादपि सद्वृत्तममेध्यादपि काञ्चनम् ॥ २३९ ॥
स्त्रियो रत्नान्यथो विद्या धर्मः शौचं सुभाषितम् ।
शिल्पानि चाप्यदुष्टानि समादेयानि सर्वतः ॥ २४० ॥
अब्राह्मणादध्ययनमापत्काले विधीयते ।
अनुव्रज्या च शुश्रूषा यावदध्ययनं गुरोः ॥ २४१ ॥
नाब्राह्मणे गुरौ शिष्यो वासमात्यन्तिकं वसेत् ।
ब्राह्मणे चाननूचाने काङ्क्षन्गतिमनुत्तमाम् ॥ २४२ ॥
यदि त्वात्यन्तिकं वासं रोचयेत गुरोः कुले ।
युक्तः परिचरेदेनमा शरीरविमोक्षणात् ॥ २४३ ॥
आ समाप्तेः शरीरस्य यस्तु शुश्रूषते गुरुम् ।
स गच्छत्यञ्जसा विप्रो ब्रह्मणः सद्म शाश्वतम् ॥ २४४ ॥
न पूर्वं गुरवे किंचिदुपकुर्वीत धर्मवित् ।
स्नास्यंस्तु गुरुणाज्ञप्तः शक्त्या गुर्वर्थमाहरेत् ॥ २४५ ॥
क्षेत्रं हिरण्यं गामश्वं छत्त्रोपानहमन्ततः ।
धान्यं वासांसि शाकं वा गुरवे प्रीतिमाहरेत् ॥ २४६ ॥
आचार्ये तु खलु प्रेते गुरुपुत्रे गुणान्विते ।
गुरुदारे सपिण्डे वा गुरुवद्वृत्तिमाचरेत् ॥ २४७ ॥

एतेष्वविद्यमानेषु स्थानासनविहारवान् ।
प्रयुञ्जानोऽग्निशुश्रूषां साधयेद्देहमात्मनः ॥ २४८ ॥
एवं चरति यो विप्रो ब्रह्मचर्यमविप्लुतः ।
स गच्छत्युत्तमं स्थानं न चेहाजायते पुनः ॥ २४९ ॥

॥ इति मानवे धर्मशास्त्रे भृगुप्रोक्ते द्वितीयोऽध्यायः ॥

षट्त्रिंशदाब्दिकं चर्यं गुरौ त्रैवेदिकं व्रतम् ।
तदर्धिकं पादिकं वा ग्रहणान्तिकमेव वा ॥ १ ॥

वेदानधीत्य वेदौ वा वेदं वापि यथाक्रमम् ।
अविप्लुतब्रह्मचर्यो गृहस्थाश्रममावसेत् ॥ २ ॥

तं प्रतीतं स्वधर्मेण ब्रह्मदायहरं पितुः ।
स्रग्विणं तल्प आसीनमर्हयेत्प्रथमं गवा ॥ ३ ॥

गुरुणानुमतः स्नात्वा समावृत्तो यथाविधि ।
उद्वहेत द्विजो भार्यां सवर्णां लक्षणान्विताम् ॥ ४ ॥

असपिण्डा च या मातुरसगोत्रा च या पितुः ।
सा प्रशस्ता द्विजातीनां दारकर्मणि मैथुने ॥ ५ ॥

महान्त्यपि समृद्धानि गोऽजाविधनधान्यतः ।
स्त्रीसंबन्धे दशैतानि कुलानि परिवर्जयेत् ॥ ६ ॥

हीनक्रियं निष्पुरुषं निश्छन्दो रोमशार्शसम् ।
क्षय्यामयाव्यपस्मारिश्विचिकुष्ठिकुलानि च ॥ ७ ॥
नोद्वहेत्कपिलां कन्यां नाधिकाङ्गीं न रोगिणीम् ।
नालोमिकां नातिलोमां न वाचालां न पिङ्गलाम् ॥ ८ ॥
नर्क्षवृक्षनदीनाम्नीं नान्त्यपर्वतनामिकाम् ।
न पक्ष्यहिप्रेष्यनाम्नीं न विभीषणनामिकाम् ॥ ९ ॥
अव्यङ्गाङ्गीं सौम्यनाम्नीं हंसवारणगामिनीम् ।
तनुलोमकेशदन्तां मृद्वङ्गीमुद्वहेत् स्त्रियम् ॥ १० ॥
यस्यास्तु न भवेद् भ्राता न विज्ञायेत वा पिता ।
नोपयच्छेत तां प्राज्ञः पुत्रिकाधर्मशङ्कया ॥ ११ ॥
सवर्णाग्रे द्विजातीनां प्रशस्ता दारकर्मणि ।
कामतस्तु प्रवृत्तानामिमाः स्युः क्रमशो वराः ॥ १२ ॥
शूद्रैव भार्या शूद्रस्य सा च स्वा च विशः स्मृता ।
ते च स्वा चैव राज्ञश्च ताश्च स्वा चाग्रजन्मनः ॥ १३ ॥
न ब्राह्मणक्षत्रिययोरापद्यपि हि तिष्ठतोः ।
कस्मिंश्चिदपि वृत्तान्ते शूद्रा भार्योपदिश्यते ॥ १४ ॥
हीनजातिस्त्रियं मोहादुद्वहन्तो द्विजातयः ।
कुलान्येव नयन्त्याशु ससंतानानि शूद्रताम् ॥ १५ ॥
शूद्रावेदी पतत्यत्रेरुतथ्यतनयस्य च ।
शौनकस्य सुतोत्पत्त्या तदपत्यतया भृगोः ॥ १६ ॥

शूद्रां शयनमारोप्य ब्राह्मणो यात्यधोगतिम् ।
जनयित्वा सुतं तस्यां ब्राह्मण्यादेव हीयते ॥ १७ ॥
दैवपित्र्यातिथेयानि तत्प्रधानानि यस्य तु ।
नाश्नन्ति पितृदेवास्तन्न च स्वर्गं स गच्छति ॥ १८ ॥
वृषलीफेनपीतस्य निःश्वासोपहतस्य च ।
तस्यां चैव प्रसूतस्य निष्कृतिर्न विधीयते ॥ १९ ॥
चतुर्णामपि वर्णानां प्रेत्येह च हिताहितान् ।
अष्टाविमान्समासेन स्त्रीविवाहान्निबोधत ॥ २० ॥
ब्राह्मो दैवस्तथैवार्षः प्राजापत्यस्तथासुरः ।
गान्धर्वो राक्षसश्चैव पैशाचश्चाष्टमोऽधमः ॥ २१ ॥
यो यस्य धर्म्यो वर्णस्य गुणदोषौ च यस्य यौ ।
तद्वः सर्वं प्रवक्ष्यामि प्रसवे च गुणागुणान् ॥ २२ ॥
षडानुपूर्व्या विप्रस्य क्षत्रस्य चतुरोऽवरान् ।
विट्शूद्रयोस्तु तानेव विद्याद्धर्म्यान्न राक्षसम् ॥ २३ ॥
चतुरो ब्राह्मणस्याद्यान्प्रशस्तान्कवयो विदुः ।
राक्षसं क्षत्रियस्यैकमासुरं वैश्यशूद्रयोः ॥ २४ ॥
पञ्चानां तु त्रयो धर्म्या द्वावधर्म्यौ स्मृताविह ।
पैशाचश्चासुरश्चैव न कर्तव्यौ कदाचन ॥ २५ ॥
पृथक्पृथग्वा मिश्रौ वा विवाहौ पूर्वचोदितौ ।
गान्धर्वो राक्षसश्चैव धर्म्यौ क्षत्रस्य तौ स्मृतौ ॥ २६ ॥

आच्छाद्य चार्चयित्वा च श्रुतशीलवते स्वयम् ।
आहूय दानं कन्याया ब्राह्मो धर्मः प्रकीर्तितः ॥ २७ ॥

यज्ञे तु वितते सम्यगृत्विजे कर्म कुर्वते ।
अलंकृत्य सुतादानं दैवं धर्मं प्रचक्षते ॥ २८ ॥

एकं गोमिथुनं द्वे वा वरादादाय धर्मतः ।
कन्याप्रदानं विधिवदार्षो धर्मः स उच्यते ॥ २९ ॥

सहोभौ चरतां धर्ममिति वाचानुभाष्य तु ।
कन्याप्रदानमभ्यर्च्य प्राजापत्यो विधिः स्मृतः ॥ ३० ॥

ज्ञातिभ्यो द्रविणं दत्त्वा कन्यायै चैव शक्तितः ।
कन्याप्रदानं स्वाच्छन्द्यादासुरो धर्म उच्यते ॥ ३१ ॥

इच्छयान्योन्यसंयोगः कन्यायाश्च वरस्य च ।
गान्धर्वः स तु विज्ञेयो मैथुन्यः कामसंभवः ॥ ३२ ॥

हत्वा छित्त्वा च भित्त्वा च क्रोशन्तीं रुदतीं गृहात् ।
प्रसह्य कन्याहरणं राक्षसो विधिरुच्यते ॥ ३३ ॥

सुप्तां मत्तां प्रमत्तां वा रहो यत्रोपगच्छति ।
स पापिष्ठो विवाहानां पैशाचः प्रथितोऽष्टमः ॥ ३४ ॥

अद्भिरेव द्विजाग्र्याणां कन्यादानं प्रशस्यते ।
इतरेषां तु वर्णानामितरेतरकाम्यया ॥ ३५ ॥

यो यस्यैषां विवाहानां मनुना कीर्तितो गुणः ।
सर्वं शृणुत तं विप्राः सम्यक्कीर्तयतो मम ॥ ३६ ॥

दश पूर्वापरान्वंश्यानात्मानं चैकविंशकम् ।
ब्राह्मीपुत्रः सुकृतकृन्मोचयेदेनसः पितॄन् ॥ ३७ ॥
दैवोढाजः सुतश्चैव सप्त सप्त परावरान् ।
आर्षोढाजः सुतस्त्रींस्त्रीन् षट् षट्कायोढजः सुतः ॥ ३८ ॥
ब्राह्मादिषु विवाहेषु चतुर्ष्वेवानुपूर्वशः ।
ब्रह्मवर्चस्विनः पुत्रा जायन्ते शिष्टसंमताः ॥ ३९ ॥
रूपसत्त्वगुणोपेता धनवन्तो यशस्विनः ।
पर्याप्तभोगा धर्मिष्ठा जीवन्ति च शतं समाः ॥ ४० ॥
इतरेष्ववशिष्टेषु नृशंसानृतवादिनः ।
जायन्ते दुर्विवाहेषु ब्रह्मधर्मद्विषः सुताः ॥ ४१ ॥
अनिन्दितैः स्त्रीविवाहैरनिन्द्या भवति प्रजा ।
निन्दितैर्निन्दिता नृणां तस्मान्निन्द्यान्विवर्जयेत् ॥ ४२ ॥
पाणिग्रहणसंस्कारः सवर्णासूपदिश्यते ।
असवर्णास्वयं ज्ञेयो विधिरुद्वाहकर्मणि ॥ ४३ ॥
शरः क्षत्रियया ग्राह्यः प्रतोदो वैश्यकन्यया ।
वसनस्य दशा ग्राह्या शूद्रयोत्कृष्टवेदने ॥ ४४ ॥
ऋतुकालाभिगामी स्यात्स्वदारनिरतः सदा ।
पर्ववर्जं व्रजेच्चैनां तद्व्रतो रतिकाम्यया ॥ ४५ ॥
ऋतुः स्वाभाविकः स्त्रीणां रात्रयः षोडश स्मृताः ।
चतुर्भिरितरैः सार्धमहोभिः सद्विगर्हितैः ॥ ४६ ॥

तासामाद्याश्चतस्रस्तु निन्दितैकादशी च या ।
त्रयोदशी च शेषाः स्युः प्रशस्ता दश रात्रयः ॥ ४७ ॥
युग्मासु पुत्रा जायन्ते स्त्रियोऽयुग्मासु रात्रिषु ।
तस्माद्युग्मासु पुत्रार्थी संविशेदार्तवे स्त्रियम् ॥ ४८ ॥
पुमान्पुंसोऽधिके शुक्रे स्त्री भवत्यधिके स्त्रियाः ।
समेऽपुमान्पुंस्त्रियौ वा क्षीणेऽल्पे च विपर्ययः ॥ ४९ ॥
निन्द्यास्वष्टासु चान्यासु स्त्रियो रात्रिषु वर्जयन् ।
ब्रह्मचार्येव भवति यत्र तत्राश्रमे वसन् ॥ ५० ॥
न कन्यायाः पिता विद्वान्गृह्णीयाच्छुल्कमण्वपि ।
गृह्णन्हि शुल्कं लोभेन स्यान्नरोऽपत्यविक्रयी ॥ ५१ ॥
स्त्रीधनानि तु ये मोहादुपजीवन्ति बान्धवाः ।
नारीयानानि वस्त्रं वा ते पापा यान्त्यधोगतिम् ॥ ५२ ॥
आर्षे गोमिथुनं शुल्कं केचिदाहुर्मृषैव तत् ।
अल्पोऽप्येवं महान्वापि विक्रयस्तावदेव सः ॥ ५३ ॥
यासां नाददते शुल्कं ज्ञातयो न स विक्रयः ।
अर्हणं तत्कुमारीणामानृशंस्यं च केवलम् ॥ ५४ ॥
पितृभिर्भ्रातृभिश्चैताः पतिभिर्देवरैस्तथा ।
पूज्या भूषयितव्याश्च बहुकल्याणमीप्सुभिः ॥ ५५ ॥
यत्र नार्यस्तु पूज्यन्ते रमन्ते तत्र देवताः ।
यत्रैतास्तु न पूज्यन्ते सर्वास्तत्राफलाः क्रियाः ॥ ५६ ॥

शोचन्ति जामयो यत्र विनश्यत्याशु तत्कुलम्।
न शोचन्ति तु यत्रैता वर्धते तद्धि सर्वदा॥ ५७॥
जामयो यानि गेहानि शपन्त्यप्रतिपूजिताः।
तानि कृत्याहतानीव विनश्यन्ति समन्ततः॥ ५८॥
तस्मादेताः सदाभ्यर्च्या भूषणाच्छादनाशनैः।
भूतिकामैर्नरैर्नित्यं सत्कारेषूत्सवेषु च॥ ५९॥
संतुष्टो भार्यया भर्ता भर्त्रा भार्या तथैव च।
यस्मिन्नेव कुले नित्यं कल्याणं तत्र वै ध्रुवम्॥ ६०॥
यदि हि स्त्री न रोचेत पुमांसं न प्रमोदयेत्।
अप्रमोदात्पुनः पुंसः प्रजनं न प्रवर्तते॥ ६१॥
स्त्रियां तु रोचमानायां सर्वं तद्रोचते कुलम्।
तस्यां त्वरोचमानायां सर्वमेव न रोचते॥ ६२॥
कुविवाहैः क्रियालोपैर्वेदानध्ययनेन च।
कुलान्यकुलतां यान्ति ब्राह्मणातिक्रमेण च॥ ६३॥
शिल्पेन व्यवहारेण शूद्रापत्यैश्च केवलैः।
गोभिरश्वैश्च यानैश्च कृष्या राजोपसेवया॥ ६४॥
अयाज्ययाजनैश्चैव नास्तिक्येन च कर्मणाम्।
कुलान्याशु विनश्यन्ति यानि हीनानि मन्त्रतः॥ ६५॥
मन्त्रतस्तु समृद्धानि कुलान्यल्पधनान्यपि।
कुलसंख्यां च गच्छन्ति कर्षन्ति च महद्यशः॥ ६६॥

वैवाहिकेऽग्नौ कुर्वीत गृह्यं कर्म यथाविधि ।
पञ्चयज्ञविधानं च पक्तिं चान्वाहिकीं गृही ॥ ६७ ॥
पञ्च सूना गृहस्थस्य चुल्ली पेषण्युपस्करः ।
कण्डनी चोदकुम्भश्च बध्यते यास्तु वाहयन् ॥ ६८ ॥
तासां क्रमेण सर्वासां निष्कृत्यर्थं महर्षिभिः ।
पञ्च क्लृप्ता महायज्ञाः प्रत्यहं गृहमेधिनाम् ॥ ६९ ॥
अध्यापनं ब्रह्मयज्ञः पितृयज्ञस्तु तर्पणम् ।
होमो दैवो बलिर्भौतो नृयज्ञोऽतिथिपूजनम् ॥ ७० ॥
पञ्चैतान्यो महायज्ञान्न हापयति शक्तितः ।
स गृहेऽपि वसन्नित्यं सूनादोषैर्न लिप्यते ॥ ७१ ॥
देवतातिथिभृत्यानां पितॄणामात्मनश्च यः ।
न निर्वपति पञ्चानामुच्छ्वसन्न स जीवति ॥ ७२ ॥
अहुतं च हुतं चैव तथा प्रहुतमेव च ।
ब्राह्म्यं हुतं प्राशितं च पञ्च यज्ञान्प्रचक्षते ॥ ७३ ॥
जपोऽहुतो हुतो होमः प्रहुतो भौतिको बलिः ।
ब्राह्म्यं हुतं द्विजाग्र्यार्चा प्राशितं पितृतर्पणम् ॥ ७४ ॥
स्वाध्याये नित्ययुक्तः स्याद्दैवे चैवेह कर्मणि ।
दैवे कर्मणि युक्तो हि बिभर्तीदं चराचरम् ॥ ७५ ॥
अग्नौ प्रास्ताहुतिः सम्यगादित्यमुपतिष्ठते ।
आदित्याज्जायते वृष्टिर्वृष्टेरन्नं ततः प्रजाः ॥ ७६ ॥

यथा वायुं समाश्रित्य सर्वे जीवन्ति जन्तवः।
तथा गृहस्थमाश्रित्य वर्तन्त इतराश्रमाः॥ ७७॥
यस्मात्त्रयोऽप्याश्रमिणो ज्ञानेनान्नेन चान्वहम्।
गृहस्थैरेव धार्यन्ते तस्माज्ज्येष्ठाश्रमो गृही॥ ७८॥
स संधार्यः प्रयत्नेन स्वर्गमक्षयमिच्छता।
सुखं चेहेच्छता नित्यं योऽधार्यो दुर्बलेन्द्रियैः॥ ७९॥
ऋषयः पितरो देवा भूतान्यतिथयस्तथा।
आशासते कुटुम्बिभ्यस्तेभ्यः कार्यं विजानता॥ ८०॥
स्वाध्यायेनार्चयेतर्षीन्होमैर्देवान्यथाविधि।
पितॄञ्छ्राद्धेन नॄनन्नैर्भूतानि बलिकर्मणा॥ ८१॥
दद्यादहरहः श्राद्धमन्नाद्येनोदकेन वा।
पयोमूलफलैर्वापि पितृभ्यः प्रीतिमाहरन्॥ ८२॥
एकमप्याशयेद्विप्रं पित्रर्थे पाञ्चयज्ञिके।
न चैवात्राशयेत्किंचिद्वैश्वदेवं प्रति द्विजम्॥ ८३॥
वैश्वदेवस्य सिद्धस्य गृह्येऽग्नौ विधिपूर्वकम्।
आभ्यः कुर्याद्देवताभ्यो ब्राह्मणो होममन्वहम्॥ ८४॥
अग्नेः सोमस्य चैवादौ तयोश्चैव समस्तयोः।
विश्वेषां चैव देवानां धन्वन्तरय एव च॥ ८५॥
कुह्वै चैवानुमत्यै च प्रजापतय एव च।
सह द्यावापृथिव्योश्च तथा स्विष्टकृतेऽन्ततः॥ ८६॥

एवं सम्यग्घविर्हुत्वा सर्वदिक्षु प्रदक्षिणम् ।
इन्द्रान्तकाप्पतीन्दुभ्यः सानुगेभ्यो बलिं हरेत् ॥ ८७ ॥
मरुद्भ्य इति तु द्वारि हरेदप्स्वद्भ्य इत्यपि ।
वनस्पतिभ्य इत्येवं मुसलोलूखले हरेत् ॥ ८८ ॥
उच्छीर्षके श्रियै कुर्याद्भद्रकाल्यै तु पादतः ।
ब्रह्मवास्तोष्पतिभ्यां तु वास्तुमध्ये बलिं हरेत् ॥ ८९ ॥
विश्वेभ्यश्चैव देवेभ्यो बलिमाकाश उत्क्षिपेत् ।
दिवाचरेभ्यो भूतेभ्यो नक्तंचारिभ्य एव च ॥ ९० ॥
पृष्ठवास्तुनि कुर्वीत बलिं सर्वान्नभूतये ।
पितृभ्यो बलिशेषं तु सर्वं दक्षिणतो हरेत् ॥ ९१ ॥
शुनां च पतितानां च श्वपचां पापरोगिणाम् ।
वायसानां कृमीणां च शनकैर्निर्वपेद्भुवि ॥ ९२ ॥
एवं यः सर्वभूतानि ब्राह्मणो नित्यमर्चति ।
स गच्छति परं स्थानं तेजोमूर्तिः पथर्जुना ॥ ९३ ॥
कृत्वैतद्बलिकर्मैवमतिथिं पूर्वमाशयेत् ।
भिक्षां च भिक्षवे दद्याद्विधिवद्ब्रह्मचारिणे ॥ ९४ ॥
यत्पुण्यफलमाप्नोति गां दत्त्वा विधिवद्गुरोः ।
तत्पुण्यफलमाप्नोति भिक्षां दत्त्वा द्विजो गृही ॥ ९५ ॥
भिक्षामप्युदपात्रं वा सत्कृत्य विधिपूर्वकम् ।
वेदतत्त्वार्थविदुषे ब्राह्मणायोपपादयेत् ॥ ९६ ॥

नश्यन्ति हव्यकव्यानि नराणामविजानताम् ।
भस्मीभूतेषु विप्रेषु मोहाद्दत्तानि दातृभिः ॥ ९७ ॥
विद्यातपःसमृद्धेषु हुतं विप्रमुखाग्निषु ।
निस्तारयति दुर्गाच्च महतश्चैव किल्बिषात् ॥ ९८ ॥
संप्राप्ताय त्वतिथये प्रदद्यादासनोदके ।
अन्नं चैव यथाशक्ति सत्कृत्य विधिपूर्वकम् ॥ ९९ ॥
शिलानप्युञ्छतो नित्यं पञ्चाग्नीनपि जुह्वतः ।
सर्वं सुकृतमादत्ते ब्राह्मणोऽनर्चितो वसन् ॥ १०० ॥
तृणानि भूमिरुदकं वाक्चतुर्थी च सूनृता ।
एतान्यपि सतां गेहे नोच्छिद्यन्ते कदाचन ॥ १०१ ॥
एकरात्रं तु निवसन्नतिथिर्ब्राह्मणः स्मृतः ।
अनित्यं हि स्थितो यस्मात्तस्मादतिथिरुच्यते ॥ १०२ ॥
नैकग्रामीणमतिथिं विप्रं सांगतिकं तथा ।
उपस्थितं गृहे विद्याद्भार्या यत्राग्नयोऽपि वा ॥ १०३ ॥
उपासते ये गृहस्थाः परपाकमबुद्धयः ।
तेन ते प्रेत्य पशुतां व्रजन्त्यन्नाद्यदायिनाम् ॥ १०४ ॥
अप्रणोद्योऽतिथिः सायं सूर्योढो गृहमेधिना ।
काले प्राप्तस्त्वकाले वा नास्यानश्नन्गृहे वसेत् ॥ १०५ ॥
न वै स्वयं तदश्नीयादतिथिं यन्न भोजयेत् ।
धन्यं यशस्यमायुष्यं स्वर्ग्यं चातिथिभोजनम् ॥ १०६ ॥

आसनावसथौ शय्यामनुव्रज्यामुपासनम् ।
उत्तमेषूत्तमं कुर्याद्धीने हीनं समे समम् ॥ १०७ ॥
वैश्वदेवे तु निर्वृत्ते यद्यन्योऽतिथिराव्रजेत् ।
तस्याप्यन्नं यथाशक्ति प्रदद्यान्न बलिं हरेत् ॥ १०८ ॥
न भोजनार्थं स्वे विप्रः कुलगोत्रे निवेदयेत् ।
भोजनार्थं हि ते शंसन्वान्ताशीत्युच्यते बुधैः ॥ १०९ ॥
न ब्राह्मणस्य त्वतिथिर्गृहे राजन्य उच्यते ।
वैश्यशूद्रौ सखा चैव ज्ञातयो गुरुरेव च ॥ ११० ॥
यदि त्वतिथिधर्मेण क्षत्रियो गृहमाव्रजेत् ।
भुक्तवत्सु च विप्रेषु कामं तमपि भोजयेत् ॥ १११ ॥
वैश्यशूद्रावपि प्राप्तौ कुटुम्बेऽतिथिधर्मिणौ ।
भोजयेत्सह भृत्यैस्तावानृशंस्यं प्रयोजयन् ॥ ११२ ॥
इतरानपि सख्यादीन्संप्रीत्या गृहमागतान् ।
प्रकृत्यान्नं यथाशक्ति भोजयेत्सह भार्यया ॥ ११३ ॥
सुवासिनीः कुमारीश्च रोगिणो गर्भिणीस्तथा ।
अतिथिभ्योऽग्र एवैतान्भोजयेदविचारयन् ॥ ११४ ॥
अदत्त्वा तु य एतेभ्यः पूर्वं भुङ्क्तेऽविचक्षणः ।
स भुञ्जानो न जानाति श्वगृध्रैर्जग्धिमात्मनः ॥ ११५ ॥
भुक्तवत्सु च विप्रेषु स्वेषु भृत्येषु चैव हि ।
भुञ्जीयातां ततः पश्चादवशिष्टं तु दंपती ॥ ११६ ॥

देवानृषीन्मनुष्यांश्च पितॄन्गृह्याश्च देवताः ।
पूजयित्वा ततः पश्चाद्गृहस्थः शेषभुग्भवेत् ॥ ११७ ॥
अघं स केवलं भुङ्क्ते यः पचत्यात्मकारणात् ।
यज्ञशिष्टाशनं ह्येतत्सतामन्नं विधीयते ॥ ११८ ॥
राजर्त्विक्स्नातकगुरून्प्रियश्वशुरमातुलान् ।
अर्हयेन्मधुपर्केण परिसंवत्सरात्पुनः ॥ ११९ ॥
राजा च श्रोत्रियश्चैव यज्ञकर्मण्युपस्थिते ।
मधुपर्केण संपूज्यौ न त्वयज्ञ इति स्थितिः ॥ १२० ॥
सायं त्वन्नस्य सिद्धस्य पत्न्यमन्त्रं बलिं हरेत् ।
वैश्वदेवं हि नामैतत्सायंप्रातर्विधीयते ॥ १२१ ॥
पितृयज्ञं तु निर्वर्त्य विप्रश्चन्द्रक्षयेऽग्निमान् ।
पिण्डान्वाहार्यकं श्राद्धं कुर्यान्मासानुमासिकम् ॥ १२२ ॥
पितॄणां मासिकं श्राद्धमन्वाहार्यं विदुर्बुधाः ।
तदामिषेण कर्तव्यं प्रशस्तेन प्रयत्नतः ॥ १२३ ॥
तत्र ये भोजनीयाः स्युर्ये च वर्ज्या द्विजोत्तमाः ।
यावन्तश्चैव यैश्चान्नैस्तान्प्रवक्ष्याम्यशेषतः ॥ १२४ ॥
द्वौ दैवे पितृकृत्ये त्रीनेकैकमुभयत्र वा ।
भोजयेत्सुसमृद्धोऽपि न प्रसज्जेत विस्तरे ॥ १२५ ॥
सत्क्रियां देशकालौ च शौचं ब्राह्मणसंपदः ।
पञ्चैतान्विस्तरो हन्ति तस्मान्नेहेत विस्तरम् ॥ १२६ ॥

प्रथिता प्रेतकृत्यैषा पित्र्यं नाम विधुक्षये ।
तस्मिन्युक्तस्यैति नित्यं प्रेतकृत्यैव लौकिकी ॥ १२७ ॥
श्रोत्रियायैव देयानि हव्यकव्यानि दातृभिः ।
अर्हत्तमाय विप्राय तस्मै दत्तं महाफलम् ॥ १२८ ॥
एकैकमपि विद्वांसं दैवे पित्र्ये च भोजयेत् ।
पुष्कलं फलमाप्नोति नामन्त्रज्ञान्बहूनपि ॥ १२९ ॥
दूरादेव परीक्षेत ब्राह्मणं वेदपारगम् ।
तीर्थं तद्धव्यकव्यानां प्रदाने सोऽतिथिः स्मृतः ॥ १३० ॥
सहस्रं हि सहस्राणामनृचां यत्र भुञ्जते ।
एकस्तान्मन्त्रवित्प्रीतः सर्वानर्हति धर्मतः ॥ १३१ ॥
ज्ञानोत्कृष्टाय देयानि कव्यानि च हवींषि च ।
न हि हस्तावसृग्दिग्धौ रुधिरेणैव शुध्यतः ॥ १३२ ॥
यावतो ग्रसते ग्रासान्हव्यकव्येष्वमन्त्रवित् ।
तावतो ग्रसते प्रेत्य दीप्ताञ्छूलर्ष्ट्ययोगुडान् ॥ १३३ ॥
ज्ञाननिष्ठा द्विजाः केचित्तपोनिष्ठास्तथापरे ।
तपःस्वाध्यायनिष्ठाश्च कर्मनिष्ठास्तथैव च ॥ १३४ ॥
ज्ञाननिष्ठेषु कव्यानि प्रतिष्ठाप्यानि यत्नतः ।
हव्यानि च यथान्यायं सर्वेष्वेव चतुर्ष्वपि ॥ १३५ ॥
अश्रोत्रियः पिता यस्य पुत्रः स्याद्वेदपारगः ।
अश्रोत्रियो वा पुत्रः स्यात्पिता स्याद्वेदपारगः ॥ १३६ ॥

ज्यायांसमनयोर्विद्याद्यस्य स्याच्छ्रोत्रियः पिता ।
मन्त्रसंपूजनार्थं तु सत्कारमितरोऽर्हति ॥ १३७ ॥

न श्राद्धे भोजयेन्मित्रं धनैः कार्योऽस्य संग्रहः ।
नारिं न मित्रं यं विद्यात्तं श्राद्धे भोजयेद्द्विजम् ॥ १३८ ॥

यस्य मित्रप्रधानानि श्राद्धानि च हवींषि च ।
तस्य प्रेत्य फलं नास्ति श्राद्धेषु च हविःषु च ॥ १३९ ॥

यः संगतानि कुरुते मोहाच्छ्राद्धानि मानवः ।
स स्वर्गाच्च्यवते लोकाच्छ्राद्धमित्रो द्विजाधमः ॥ १४० ॥

संभोजनी साभिहिता पैशाची दक्षिणा द्विजैः ।
इहैवास्ते तु सा लोके गौरन्धेवैकवेश्मनि ॥ १४१ ॥

यथेरिणे बीजमुप्त्वा न वप्ता लभते फलम् ।
तथानृचे हविर्दत्त्वा न दाता लभते फलम् ॥ १४२ ॥

दातॄन्प्रतिग्रहीतॄंश्च कुरुते फलभागिनः ।
विदुषे दक्षिणां दत्त्वा विधिवत्प्रेत्य चेह च ॥ १४३ ॥

कामं श्राद्धेऽर्चयेन्मित्रं नाभिरूपमपि त्वरिम् ।
द्विषता हि हविर्भुक्तं भवति प्रेत्य निष्फलम् ॥ १४४ ॥

यत्नेन भोजयेच्छ्राद्धे बह्वृचं वेदपारगम् ।
शाखान्तगमथाध्वर्युं छन्दोगं वा समाप्तिकम् ॥ १४५ ॥

एषामन्यतमो यस्य भुञ्जीत श्राद्धमर्चितः ।
पितॄणां तस्य तृप्तिः स्याच्छाश्वती साप्तपौरुषी ॥ १४६ ॥

एष वै प्रथमः कल्पः प्रदाने हव्यकव्ययोः ।
अनुकल्पस्त्वयं ज्ञेयः सदा सद्भिरनुष्ठितः ॥ १४७ ॥

मातामहं मातुलं च स्वस्रीयं श्वशुरं गुरुम् ।
दौहित्रं विट्पतिं बन्धुमृत्विग्याज्यौ च भोजयेत् ॥ १४८ ॥

न ब्राह्मणं परीक्षेत दैवे कर्मणि धर्मवित् ।
पित्र्ये कर्मणि तु प्राप्ते परीक्षेत प्रयत्नतः ॥ १४९ ॥

ये स्तेनाः पतिताः क्लीबा ये च नास्तिकवृत्तयः ।
तान्हव्यकव्ययोर्विप्राननर्हान्मनुरब्रवीत् ॥ १५० ॥

जटिलं चानधीयानं दुर्बलं कितवं तथा ।
याजयन्ति च ये पूगांस्तांश्च श्राद्धे न भोजयेत् ॥ १५१ ॥

चिकित्सकान्देवलकान्मांसविक्रयिणस्तथा ।
विपणेन च जीवन्तो वर्ज्याः स्युर्हव्यकव्ययोः ॥ १५२ ॥

प्रेष्यो ग्रामस्य राज्ञश्च कुनखी श्यावदन्तकः ।
प्रतिरोद्धा गुरोश्चैव त्यक्ताग्निर्वार्धुषिस्तथा ॥ १५३ ॥

यक्ष्मी च पशुपालश्च परिवेत्ता निराकृतिः ।
ब्रह्मद्विट् परिवित्तिश्च गणाभ्यन्तर एव च ॥ १५४ ॥

कुशीलवोऽवकीर्णी च वृषलीपतिरेव च ।
पौनर्भवश्च काणश्च यस्य चोपपतिर्गृहे ॥ १५५ ॥

भृतकाध्यापको यश्च भृतकाध्यापितस्तथा ।
शूद्रशिष्यो गुरुश्चैव वाग्दुष्टः कुण्डगोलकौ ॥ १५६ ॥

अकारणे परित्यक्ता मातापित्रोर्गुरोस्तथा।
ब्राह्मैर्यौनैश्च संबन्धैः संयोगं पतितैर्गतः॥ १५७॥
आगारदाही गरदः कुण्डाशी सोमविक्रयी।
समुद्रयायी वन्दी च तैलिकः कूटकारकः॥ १५८॥
पित्रा विवदमानश्च कितवो मद्यपस्तथा।
पापरोग्यभिशस्तश्च दाम्भिको रसविक्रयी॥ १५९॥
धनुःशराणां कर्ता च यश्चाग्रेदिधिषूपतिः।
मित्रध्रुग्द्यूतवृत्तिश्च पुत्राचार्यस्तथैव च॥ १६०॥
भ्रामरी गण्डमाली च श्वित्र्यथो पिशुनस्तथा।
उन्मत्तोऽन्धश्च वर्ज्याः स्युर्वेदनिन्दक एव च॥ १६१॥
हस्तिगोऽश्वोष्ट्रदमको नक्षत्रैर्यश्च जीवति।
पक्षिणां पोषको यश्च युद्धाचार्यस्तथैव च॥ १६२॥
स्रोतसां भेदकश्चैव तेषां चावरणे रतः।
गृहसंवेशको दूतो वृक्षारोपक एव च॥ १६३॥
श्वक्रीडी श्येनजीवी च कन्यादूषक एव च।
हिंस्रो वृषलवृत्तिश्च गणानां चैव याजकः॥ १६४॥
आचारहीनः क्लीबश्च नित्यं याचनकस्तथा।
कृषिजीवी श्लीपदी च सद्भिर्निन्दित एव च॥ १६५॥
औरभ्रिको माहिषिकः परपूर्वापतिस्तथा।
प्रेतनिर्यातकश्चैव वर्जनीयाः प्रयत्नतः॥ १६६॥

एतान्विगर्हिताचारानपाङ्क्तेयान्द्विजाधमान् ।
द्विजातिप्रवरो विद्वानुभयत्र विवर्जयेत् ॥ १६७ ॥
ब्राह्मणो ह्यनधीयानस्तृणाग्निरिव शाम्यति ।
तस्मै हव्यं न दातव्यं न हि भस्मनि हूयते ॥ १६८ ॥
अपाङ्क्त्यदाने यो दातुर्भवत्यूर्ध्वं फलोदयः ।
दैवे कर्मणि पित्र्ये वा तं प्रवक्ष्याम्यशेषतः ॥ १६९ ॥
अव्रतैर्यद्द्विजैर्भुक्तं परिवेत्रादिभिस्तथा ।
अपाङ्क्तेयैर्यदन्यैश्च तद्वै रक्षांसि भुञ्जते ॥ १७० ॥
दाराग्निहोत्रसंयोगं कुरुते योऽग्रजे स्थिते ।
परिवेत्ता स विज्ञेयः परिवित्तिस्तु पूर्वजः ॥ १७१ ॥
परिवित्तिः परीवेत्ता यया च परिविद्यते ।
सर्वे ते नरकं यान्ति दातृयाजकपञ्चमाः ॥ १७२ ॥
भ्रातुर्मृतस्य भार्यायां योऽनुरज्येत कामतः ।
धर्मेणापि नियुक्तायां स ज्ञेयो दिधिषूपतिः ॥ १७३ ॥
परदारेषु जायेते द्वौ सुतौ कुण्डगोलकौ ।
पत्यौ जीवति कुण्डस्तु मृते भर्तरि गोलकः ॥ १७४ ॥
तौ तु जातौ परक्षेत्रे प्राणिनौ प्रेत्य चेह च ।
दत्तानि हव्यकव्यानि नाशयेते प्रदायिनाम् ॥ १७५ ॥
अपाङ्क्त्यो यावतः पाङ्क्त्यान्भुञ्जानाननुपश्यति ।
तावतां न फलं प्रेत्य दाता प्राप्नोति बालिशः ॥ १७६ ॥

वीक्ष्यान्धो नवतेः काणः षष्टेः श्वित्री शतस्य तु ।
पापरोगी सहस्रस्य दातुर्नाशयते फलम् ॥ १७७ ॥
यावतः संस्पृशेदङ्गैर्ब्राह्मणाञ्छूद्रयाजकः ।
तावतां न भवेद्दातुः फलं दानस्य पौर्तिकम् ॥ १७८ ॥
वेदविच्चापि विप्रोऽस्य लोभात्कृत्वा प्रतिग्रहम् ।
विनाशं व्रजति क्षिप्रमामपात्रमिवाम्भसि ॥ १७९ ॥
सोमविक्रयिणे विष्ठा भिषजे पूयशोणितम् ।
नष्टं देवलके दत्तमप्रतिष्ठं तु वार्धुषौ ॥ १८० ॥
यत्तु वाणिजिके दत्तं नेह नामुत्र तद्भवेत् ।
भस्मनीव हुतं हव्यं तथा पौनर्भवे द्विजे ॥ १८१ ॥
इतरेषु त्वपाङ्क्त्येषु यथोद्दिष्टेष्वसाधुषु ।
मेदोऽसृङ्मांसमज्जास्थि वदन्त्यन्नं मनीषिणः ॥ १८२ ॥
अपाङ्क्त्योपहता पङ्क्तिः पाव्यते यैर्द्विजोत्तमैः ।
तान्निबोधत कार्त्स्न्येन द्विजाग्र्यान्पङ्क्तिपावनान् ॥ १८३ ॥
अग्र्याः सर्वेषु वेदेषु सर्वप्रवचनेषु च ।
श्रोत्रियान्वयजाश्चैव विज्ञेयाः पङ्क्तिपावनाः ॥ १८४ ॥
त्रिणाचिकेतः पञ्चाग्निस्त्रिसुपर्णः षडङ्गवित् ।
ब्रह्मदेयानुसंतानो ज्येष्ठसामग एव च ॥ १८५ ॥
वेदार्थवित्प्रवक्ता च ब्रह्मचारी सहस्रदः ।
शतायुश्चैव विज्ञेया ब्राह्मणाः पङ्क्तिपावनाः ॥ १८६ ॥

पूर्वेद्युरपरेद्युर्वा श्राद्धकर्मण्युपस्थिते ।
निमन्त्रयीत त्र्यवरान्सम्यग्विप्रान्यथोदितान् ॥ १८७ ॥
निमन्त्रितो द्विजः पित्र्ये नियतात्मा भवेत्सदा ।
न च छन्दांस्यधीयीत यस्य श्राद्धं च तद्भवेत् ॥ १८८ ॥
निमन्त्रितान्हि पितर उपतिष्ठन्ति तान्द्विजान् ।
वायुवच्चानुगच्छन्ति तथासीनानुपासते ॥ १८९ ॥
केतितस्तु यथान्यायं हव्यकव्ये द्विजोत्तमः ।
कथंचिदप्यतिक्रामन्पापः सूकरतां व्रजेत् ॥ १९० ॥
आमन्त्रितस्तु यः श्राद्धे वृषल्या सह मोदते ।
दातुर्यद्दुष्कृतं किंचित्तत्सर्वं प्रतिपद्यते ॥ १९१ ॥
अक्रोधनाः शौचपराः सततं ब्रह्मचारिणः ।
न्यस्तशस्त्रा महाभागाः पितरः पूर्वदेवताः ॥ १९२ ॥
यस्मादुत्पत्तिरेतेषां सर्वेषामप्यशेषतः ।
ये च यैरुपचर्याः स्युर्नियमैस्तान्निबोधत ॥ १९३ ॥
मनोर्हैरण्यगर्भस्य ये मरीच्यादयः सुताः ।
तेषामृषीणां सर्वेषां पुत्राः पितृगणाः स्मृताः ॥ १९४ ॥
विराट्सुताः सोमसदः साध्यानां पितरः स्मृताः ।
अग्निष्वात्ताश्च देवानां मारीच्या लोकविश्रुताः ॥ १९५ ॥
दैत्यदानवयक्षाणां गन्धर्वोरगरक्षसाम् ।
सुपर्णकिंनराणां च स्मृता बर्हिषदोऽत्रिजाः ॥ १९६ ॥

सोमपा नाम विप्राणां क्षत्रियाणां हविर्भुजः ।
वैश्यानामाज्यपा नाम शूद्राणां तु सुकालिनः ॥ १९७ ॥
सोमपास्तु कवेः पुत्रा हविष्मन्तोऽङ्गिरःसुताः ।
पुलस्त्यस्याज्यपाः पुत्रा वसिष्ठस्य सुकालिनः ॥ १९८ ॥
अनग्निदग्धाग्निदग्धान्काव्यान्बर्हिषदस्तथा ।
अग्निष्वात्तांश्च सौम्यांश्च विप्राणामेव निर्दिशेत् ॥ १९९ ॥
य एते तु गणा मुख्याः पितॄणां परिकीर्तिताः ।
तेषामपीह विज्ञेयं पुत्रपौत्रमनन्तकम् ॥ २०० ॥
ऋषिभ्यः पितरो जाताः पितृभ्यो देवदानवाः ।
देवेभ्यश्च जगत्सर्वं चरं स्थाण्वनुपूर्वशः ॥ २०१ ॥
राजतैर्भाजनैरेषामथवा रजतान्वितैः ।
वार्यपि श्रद्धया दत्तमक्षयायोपकल्पते ॥ २०२ ॥
देवकार्याद्द्विजातीनां पितृकार्यं विशिष्यते ।
दैवं हि पितृकार्यस्य पूर्वमाप्यायनं स्मृतम् ॥ २०३ ॥
तेषामारक्षभूतं तु पूर्वं दैवं नियोजयेत् ।
रक्षांसि विप्रलुम्पन्ति श्राद्धमारक्षवर्जितम् ॥ २०४ ॥
दैवाद्यन्तं तदीहेत पित्राद्यन्तं न तद्भवेत् ।
पित्राद्यन्तं त्वीहमानः क्षिप्रं नश्यति सान्वयः ॥ २०५ ॥
शुचिं देशं विविक्तं च गोमयेनोपलेपयेत् ।
दक्षिणाप्रवणं चैव प्रयत्नेनोपपादयेत् ॥ २०६ ॥

अवकाशेषु चोक्षेषु नदीतीरेषु चैव हि।
विविक्तेषु च तुष्यन्ति दत्तेन पितरः सदा॥ २०७॥
आसनेषूपक्लृप्तेषु बर्हिष्मत्सु पृथक्पृथक्।
उपस्पृष्टोदकान्सम्यग्विप्रांस्तानुपवेशयेत्॥ २०८॥
उपवेश्य तु तान्विप्रानासनेष्वजुगुप्सितान्।
गन्धमाल्यैः सुरभिभिरर्चयेद्देवपूर्वकम्॥ २०९॥
तेषामुदकमानीय सपवित्रांस्तिलानपि।
अग्नौ कुर्यादनुज्ञातो ब्राह्मणो ब्राह्मणैः सह॥ २१०॥
अग्नेः सोमयमाभ्यां च कृत्वाप्यायनमादितः।
हविर्दानेन विधिवत्पश्चात्संतर्पयेत्पितॄन्॥ २११॥
अग्न्यभावे तु विप्रस्य पाणावेवोपपादयेत्।
यो ह्यग्निः स द्विजो विप्रैर्मन्त्रदर्शिभिरुच्यते॥ २१२॥
अक्रोधनान्सुप्रसादान्वदन्त्येतान्पुरातनान्।
लोकस्याप्यायने युक्ताञ्छ्राद्धदेवान्द्विजोत्तमान्॥ २१३॥
अपसव्यमग्नौ कृत्वा सर्वमावृत्परिक्रमम्।
अपसव्येन हस्तेन निर्वपेदुदकं भुवि॥ २१४॥
त्रींस्तु तस्माद्धविःशेषात्पिण्डान्कृत्वा समाहितः।
औदकेनैव विधिना निर्वपेद्दक्षिणामुखः॥ २१५॥
न्युप्य पिण्डांस्ततस्तांस्तु प्रयतो विधिपूर्वकम्।
तेषु दर्भेषु तं हस्तं निमृज्याल्लेपभागिनाम्॥ २१६॥

आचम्योदक्परावृत्य चिरायम्य शनैरसून्।
षड्ऋतूंश्च नमस्कुर्यात्पितॄनेव च मन्त्रवत्॥ २१७॥
उदकं निनयेच्छेषं शनैः पिण्डान्तिके पुनः।
अवजिघ्रेच्च तान्पिण्डान्यथा न्युप्तान्समाहितः॥ २१८॥
पिण्डेभ्यः स्वल्पिकां मात्रां समादायानुपूर्वशः।
तानेव विप्रानासीनान्विधिवत्पूर्वमाशयेत्॥ २१९॥
ध्रियमाणे तु पितरि पूर्वेषामेव निर्वपेत्।
विप्रवद्वापि तं श्राद्धे स्वकं पितरमाशयेत्॥ २२०॥
पिता यस्य तु वृत्तः स्याज्जीवेद्वापि पितामहः।
पितुः स नाम संकीर्त्य कीर्तयेत्प्रपितामहम्॥ २२१॥
पितामहो वा तच्छ्राद्धं भुञ्जीतेत्यब्रवीन्मनुः।
कामं वा समनुज्ञातः स्वयमेव समाचरेत्॥ २२२॥
तेषां दत्त्वा तु हस्तेषु सपवित्रं तिलोदकम्।
तत्पिण्डाग्रं प्रयच्छेत्तु स्वधैषामस्त्विति ब्रुवन्॥ २२३॥
पाणिभ्यां तूपसंगृह्य स्वयमन्नस्य वर्धितम्।
विप्रान्तिके पितॄन्ध्यायञ्छनकैरुपनिक्षिपेत्॥ २२४॥
उभयोर्हस्तयोर्मुक्तं यदन्नमुपनीयते।
तद्विप्रलुम्पन्त्यसुराः सहसा दुष्टचेतसः॥ २२५॥
गुणांश्च सूपशाकाद्यान्पयो दधि घृतं मधु।
विन्यसेत्प्रयतः पूर्वं भूमावेव समाहितः॥ २२६॥

भक्ष्यं भोज्यं च विविधं मूलानि च फलानि च ।
हृद्यानि चैव मांसानि पानानि सुरभीणि च ॥ २२७ ॥
उपनीय तु तत्सर्वं शनकैः सुसमाहितः ।
परिवेषयेत्प्रयतो गुणान्सर्वान्प्रचोदयन् ॥ २२८ ॥
नास्रमापातयेज्जातु न कुप्येन्नानृतं वदेत् ।
न पादेन स्पृशेदन्नं न चैतदवधूनयेत् ॥ २२९ ॥
अस्रं गमयति प्रेतान्कोपो ऽरीननृतं शुनः ।
पादस्पर्शस्तु रक्षांसि दुष्कृतीनवधूननम् ॥ २३० ॥
यद्यद्रोचेत विप्रेभ्यस्तत्तद्दद्यादमत्सरः ।
ब्रह्मोद्याश्च कथाः कुर्यात्पितॄणामेतदीप्सितम् ॥ २३१ ॥
स्वाध्यायं श्रावयेत्पित्र्ये धर्मशास्त्राणि चैव हि ।
आख्यानानीतिहासांश्च पुराणानि खिलानि च ॥ २३२ ॥
हर्षयेद्ब्राह्मणांस्तुष्टो भोजयेच्चाशनं शनैः ।
अन्नाद्येनासकृच्चैतान्गुणैश्च परिचोदयेत् ॥ २३३ ॥
व्रतस्थमपि दौहित्रं श्राद्धे यत्नेन भोजयेत् ।
कुतपं चासनं दद्यात्तिलैश्चावकिरेन्महीम् ॥ २३४ ॥
त्रीणि श्राद्धे पवित्राणि दौहित्रः कुतपस्तिलाः ।
त्रीणि चात्र प्रशंसन्ति शौचमक्रोधमत्वराम् ॥ २३५ ॥
अत्युष्णं सर्वमन्नं स्याद्भुञ्जीरंस्ते च वाग्यताः ।
न च द्विजातयो ब्रूयुर्दात्रा पृष्टा हविर्गुणान् ॥ २३६ ॥

यावदूष्मा भवत्यन्ने यावदश्नन्ति वाग्यताः।
तावदश्नन्ति पितरो यावन्नोक्ता हविर्गुणाः॥ २३७॥
यद्वेष्टितशिरा भुङ्क्ते यद्भुङ्क्ते दक्षिणामुखः।
सोपानत्कश्च यद्भुङ्क्ते तद्वै रक्षांसि भुञ्जते॥ २३८॥
चाण्डालश्च वराहश्च कुक्कुटः श्वा तथैव च।
रजस्वला च षण्ढश्च नेक्षेरन्नश्नतो द्विजान्॥ २३९॥
होमे प्रदाने भोज्ये च यदेभिरभिवीक्ष्यते।
दैवे हविषि पित्र्ये वा तद्गच्छत्ययथातथम्॥ २४०॥
घ्राणेन सूकरो हन्ति पक्षवातेन कुक्कुटः।
श्वा तु दृष्टिनिपातेन स्पर्शेनावरवर्णजः॥ २४१॥
खञ्जो वा यदि वा काणो दातुः प्रेष्यो ऽपि वा भवेत्।
हीनातिरिक्तगात्रो वा तमप्यपनयेत्ततः॥ २४२॥
ब्राह्मणं भिक्षुकं वापि भोजनार्थमुपस्थितम्।
ब्राह्मणैरभ्यनुज्ञातः शक्तितः प्रतिपूजयेत्॥ २४३॥
सार्ववर्णिकमन्नाद्यं संनीयाप्लाव्य वारिणा।
समुत्सृजेद्भुक्तवतामग्रतो विकिरन्भुवि॥ २४४॥
असंस्कृतप्रमीतानां त्यागिनां कुलयोषिताम्।
उच्छिष्टं भागधेयं स्याद्दर्भेषु विकिरश्च यः॥ २४५॥
उच्छेषणं भूमिगतमजिह्मस्याशठस्य च।
दासवर्गस्य तत्पित्र्ये भागधेयं प्रचक्षते॥ २४६॥

असपिण्डक्रियाकर्म द्विजातेः संस्थितस्य च ।
अदैवं भोजयेच्छ्राद्धं पिण्डमेकं च निर्वपेत् ॥ २४७ ॥
सहपिण्डक्रियायां तु कृतायामस्य धर्मतः ।
अनयैवावृता कार्यं पिण्डनिर्वपणं सुतैः ॥ २४८ ॥
श्राद्धं भुक्त्वा य उच्छिष्टं वृषलाय प्रयच्छति ।
स मूढो नरकं याति कालसूत्रमवाक्शिराः ॥ २४९ ॥
श्राद्धभुग्वृषलीतल्पं तदहर्योऽधिगच्छति ।
तस्याः पुरीषे तं मासं पितरस्तस्य शेरते ॥ २५० ॥
पृष्ट्वा स्वदितमित्येवं तृप्तानाचामयेत्ततः ।
आचान्तांश्चानुजानीयादभितो रम्यतामिति ॥ २५१ ॥
स्वधास्त्वित्येव तं ब्रूयुर्ब्राह्मणास्तदनन्तरम् ।
स्वधाकारः परा ह्याशीः सर्वेषु पितृकर्मसु ॥ २५२ ॥
ततो भुक्तवतां तेषामन्नशेषं निवेदयेत् ।
यथा ब्रूयुस्तथा कुर्यादनुज्ञातस्तु तैर्द्विजैः ॥ २५३ ॥
पित्र्ये स्वदितमित्येवं वाच्यं गोष्ठे तु सुशृतम् ।
संपन्नमित्यभ्युदये दैवे रोचितमित्यपि ॥ २५४ ॥
अपराह्णस्तथा दर्भा वास्तुसंपादनं तिलाः ।
सृष्टिर्मृष्टिर्द्विजाश्चाग्र्याः श्राद्धकर्मसु संपदः ॥ २५५ ॥
दर्भाः पवित्रं पूर्वाह्णो हविष्याणि च सर्वशः ।
पवित्रं यच्च पूर्वोक्तं विज्ञेया हव्यसंपदः ॥ २५६ ॥

मुन्यन्नानि पयः सोमो मांसं यच्चानुपस्कृतम् ।
अक्षारलवणं चैव प्रकृत्या हविरुच्यते ॥ २५७ ॥
विसृज्य ब्राह्मणांस्तांस्तु प्रयतो वाग्यतः शुचिः ।
दक्षिणां दिशमाकाङ्क्षन्याचेतेमान्वरान्पितॄन् ॥ २५८ ॥
दातारो नोऽभिवर्धन्तां वेदाः संततिरेव च ।
श्रद्धा च नो मा व्यगमद्बहु देयं च नोऽस्त्विति ॥ २५९ ॥
एवं निर्वपणं कृत्वा पिण्डांस्तांस्तदनन्तरम् ।
गां विप्रमजमग्निं वा प्राशयेदप्सु वा क्षिपेत् ॥ २६० ॥
पिण्डनिर्वपणं केचित्परस्तादेव कुर्वते ।
वयोभिः खादयन्त्यन्ये प्रक्षिपन्त्यनलेऽप्सु वा ॥ २६१ ॥
पतिव्रता धर्मपत्नी पितृपूजनतत्परा ।
मध्यमं तु ततः पिण्डमद्यात्सम्यक् सुतार्थिनी ॥ २६२ ॥
आयुष्मन्तं सुतं सूते यशोमेधासमन्वितम् ।
धनवन्तं प्रजावन्तं सात्त्विकं धार्मिकं तथा ॥ २६३ ॥
प्रक्षाल्य हस्तावाचम्य ज्ञातिप्रायं प्रकल्पयेत् ।
ज्ञातिभ्यः सत्कृतं दत्त्वा बान्धवानपि पूजयेत् ॥ २६४ ॥
उच्छेषणं तु तत्तिष्ठेद्यावद्विप्रा विसर्जिताः ।
ततो गृहबलिं कुर्यादिति धर्मो व्यवस्थितः ॥ २६५ ॥
हविर्यच्चिररात्राय यच्चानन्त्याय कल्पते ।
पितृभ्यो विधिवद्दत्तं तत्प्रवक्ष्याम्यशेषतः ॥ २६६ ॥

तिलैर्व्रीहियवैर्माषैरद्भिर्मूलफलेन वा ।
दत्तेन मासं तृप्यन्ति विधिवत्पितरो नृणाम् ॥ २६७ ॥
द्वौ मासौ मत्स्यमांसेन त्रीन्मासान्हारिणेन तु ।
औरभ्रेणाथ चतुरः शाकुनेनेह पञ्च वै ॥ २६८ ॥
षण्मासांश्छागमांसेन पार्षतेनेह सप्त वै ।
अष्टावैणेयमांसेन रौरवेण नवैव तु ॥ २६९ ॥
दश मासांस्तु तृप्यन्ति वराहमहिषामिषैः ।
शशकूर्मयोर्मांसेन मासानेकादशैव तु ॥ २७० ॥
संवत्सरं तु गव्येन पयसा पायसेन वा ।
वार्ध्रीणसस्य मांसेन तृप्तिर्द्वादशवार्षिकी ॥ २७१ ॥
कालशाकं महाशल्काः खड्गलोहामिषं मधु ।
आनन्त्यायैव कल्पन्ते मुन्यन्नानि च सर्वशः ॥ २७२ ॥
यत्किंचिन्मधुसंमिश्रं प्रदद्यात्तु त्रयोदशीम् ।
तदप्यक्षयमेव स्याद्वर्षासु च मघासु च ॥ २७३ ॥
अपि नः स कुले भूयाद्यो नो दद्यात्त्रयोदशीम् ।
पायसं मधुसर्पिर्भ्यां प्राक्छाये कुञ्जरस्य च ॥ २७४ ॥
यद्यद्ददाति विधिवत्सम्यक् श्रद्धासमन्वितः ।
तत्तत्पितॄणां भवति परत्रानन्तमक्षयम् ॥ २७५ ॥

कृष्णपक्षे दशम्यादौ वर्जयित्वा चतुर्दशीम् ।
श्राद्धे प्रशस्तास्तिथयो यथैता न तथेतराः ॥ २७६ ॥
युक्षु कुर्वन्दिनर्क्षेषु सर्वान्कामान्समश्नुते ।
अयुक्षु तु पितॄनर्चन्प्रजां प्राप्नोति पुष्कलाम् ॥ २७७ ॥
यथा चैवापरः पक्षः पूर्वपक्षाद्विशिष्यते ।
तथा श्राद्धस्य पूर्वाह्णादपराह्णो विशिष्यते ॥ २७८ ॥
प्राचीनावीतिना सम्यगपसव्यमतन्द्रिणा ।
पित्र्यमा निधनात्कार्यं विधिवद्दर्भपाणिना ॥ २७९ ॥
रात्रौ श्राद्धं न कुर्वीत राक्षसी कीर्तिता हि सा ।
संध्ययोरुभयोश्चैव सूर्ये चैवाचिरोदिते ॥ २८० ॥
अनेन विधिना श्राद्धं त्रिरब्दस्येह निर्वपेत् ।
हेमन्तग्रीष्मवर्षासु पाञ्चयज्ञिकमन्वहम् ॥ २८१ ॥
न पैतृयज्ञिको होमो लौकिकेऽग्नौ विधीयते ।
न दर्शेन विना श्राद्धमाहिताग्नेर्द्विजन्मनः ॥ २८२ ॥
यदेव तर्पयत्यद्भिः पितॄन्स्नात्वा द्विजोत्तमः
तेनैव सर्वमाप्नोति पितृयज्ञक्रियाफलम् ॥ २८३ ॥
वसून्वदन्ति तु पितॄन्रुद्रांश्चैव पितामहान् ।
प्रपितामहांस्तथादित्याञ्छ्रुतिरेषा पुरातनी ॥ २८४ ॥

विघसाशी भवेन्नित्यं नित्यं चामृतभोजनः ।
विघसं भुक्तशेषं तु यज्ञशेषमथामृतम् ॥ २८५ ॥
एतद्वो ऽभिहितं सर्वं विधानं पाञ्चयज्ञिकम् ।
द्विजातिमुख्यवृत्तीनां विधानं श्रूयतामिति ॥ २८६ ॥

॥ इति मानवे धर्मशास्त्रे भृगुप्रोक्ते तृतीयो ऽध्यायः ॥

चतुर्थमायुषो भागमुषित्वाद्यं गुरौ द्विजः ।
द्वितीयमायुषो भागं कृतदारो गृहे वसेत् ॥ १ ॥
अद्रोहेणैव भूतानामल्पद्रोहेण वा पुनः ।
या वृत्तिस्तां समास्थाय विप्रो जीवेदनापदि ॥ २ ॥
यात्रामात्रप्रसिद्ध्यर्थं स्वैः कर्मभिरगर्हितैः ।
अक्लेशेन शरीरस्य कुर्वीत धनसंचयम् ॥ ३ ॥
ऋतामृताभ्यां जीवेत्तु मृतेन प्रमृतेन वा ।
सत्यानृताभ्यामपि वा न श्ववृत्त्या कदाचन ॥ ४ ॥
ऋतमुञ्छशिलं ज्ञेयममृतं स्यादयाचितम् ।
मृतं तु याचितं भैक्षं प्रमृतं कर्षणं स्मृतम् ॥ ५ ॥
सत्यानृतं तु वाणिज्यं तेन चैवापि जीव्यते ।
सेवा श्ववृत्तिराख्याता तस्मात्तां परिवर्जयेत् ॥ ६ ॥
कुसूलधान्यको वा स्यात्कुम्भीधान्यक एव वा ।
त्र्यहैहिको वापि भवेदश्वस्तनिक एव वा ॥ ७ ॥

चतुर्णामपि चैतेषां द्विजानां गृहमेधिनाम् ।
ज्यायान्परः परो ज्ञेयो धर्मतो लोकजित्तमः ॥ ८ ॥
षट्कर्मैको भवत्येषां त्रिभिरन्यः प्रवर्तते ।
द्वाभ्यामेकश्चतुर्थस्तु ब्रह्मसत्त्रेण जीवति ॥ ९ ॥
वर्तयंश्च शिलोञ्छाभ्यामग्निहोत्रपरायणः ।
इष्टीः पार्वायनान्तीयाः केवला निर्वपेत्सदा ॥ १० ॥
न लोकवृत्तं वर्तेत वृत्तिहेतोः कथंचन ।
अजिह्मामशठां शुद्धां जीवेद्ब्राह्मणजीविकाम् ॥ ११ ॥
संतोषं परमास्थाय सुखार्थी संयतो भवेत् ।
संतोषमूलं हि सुखं दुःखमूलं विपर्ययः ॥ १२ ॥
अतोऽन्यतमया वृत्त्या जीवंस्तु स्नातको द्विजः ।
स्वर्ग्यायुष्ययशस्यानि व्रतानीमानि धारयेत् ॥ १३ ॥
वेदोदितं स्वकं कर्म नित्यं कुर्यादतन्द्रितः ।
तद्धि कुर्वन्यथाशक्ति प्राप्नोति परमां गतिम् ॥ १४ ॥
नेहेतार्थान्प्रसङ्गेन न विरुद्धेन कर्मणा ।
न कल्पमानेष्वर्थेषु नार्त्यामपि यतस्ततः ॥ १५ ॥
इन्द्रियार्थेषु सर्वेषु न प्रसज्येत कामतः ।
अतिप्रसक्तिं चैतेषां मनसा संनिवर्तयेत् ॥ १६ ॥
सर्वान्परित्यजेदर्थान्स्वाध्यायस्य विरोधिनः ।
यथातथाध्यापयंस्तु सा ह्यस्य कृतकृत्यता ॥ १७ ॥

वयसः कर्मणोऽर्थस्य श्रुतस्याभिजनस्य च ।
वेषवाग्बुद्धिसारूप्यमाचरन्विचरेदिह ॥ १८ ॥
बुद्धिवृद्धिकराण्याशु धन्यानि च हितानि च ।
नित्यं शास्त्राण्यवेक्षेत निगमांश्चैव वैदिकान् ॥ १९ ॥
यथा यथा हि पुरुषः शास्त्रं समधिगच्छति ।
तथा तथा विजानाति विज्ञानं चास्य रोचते ॥ २० ॥
ऋषियज्ञं देवयज्ञं भूतयज्ञं च सर्वदा ।
नृयज्ञं पितृयज्ञं च यथाशक्ति न हापयेत् ॥ २१ ॥
एतानेके महायज्ञान्यज्ञशास्त्रविदो जनाः ।
अनीहमानाः सततमिन्द्रियेष्वेव जुह्वति ॥ २२ ॥
वाच्येके जुह्वति प्राणं प्राणे वाचं च सर्वदा ।
वाचि प्राणे च पश्यन्तो यज्ञनिर्वृत्तिमक्षयाम् ॥ २३ ॥
ज्ञानेनैवापरे विप्रा यजन्त्येतैर्मखैः सदा ।
ज्ञानमूलां क्रियामेषां पश्यन्तो ज्ञानचक्षुषा ॥ २४ ॥
अग्निहोत्रं च जुहुयादाद्यन्ते द्युनिशोः सदा ।
दर्शेन चार्धमासान्ते पौर्णमासेन चैव हि ॥ २५ ॥
सस्यान्ते नवसस्येष्ट्या तथर्त्वन्ते द्विजोऽध्वरैः ।
पशुना त्वयनान्ते तु समान्ते सौमिकैर्मखैः ॥ २६ ॥
नानिष्ट्वा नवसस्येष्ट्या पशुना चाग्निमान्द्विजः ।
नवान्नमद्यान्मांसं वा दीर्घमायुर्जिजीविषुः ॥ २७ ॥

नवेनानर्चिता ह्यस्य पशुहव्येन चाग्नयः ।
प्राणानेवात्तुमिच्छन्ति नवान्नामिषगर्धिनः ॥ २८ ॥
आसनाशनशय्याभिरद्भिर्मूलफलेन वा ।
नास्य कश्चिद्वसेद्गेहे शक्तितोऽनर्चितोऽतिथिः ॥ २९ ॥
पाषण्डिनो विकर्मस्थान्बैडालव्रतिकाञ्छठान् ।
हैतुकान्बकवृत्तींश्च वाङ्मात्रेणापि नार्चयेत् ॥ ३० ॥
वेदविद्याव्रतस्नाताञ्छ्रोत्रियान्गृहमेधिनः ।
पूजयेद्धव्यकव्येन विपरीतांस्तु वर्जयेत् ॥ ३१ ॥
शक्तितोऽपचमानेभ्यो दातव्यं गृहमेधिना ।
संविभागश्च भूतेभ्यः कर्तव्योऽनुपरोधतः ॥ ३२ ॥
राजतो धनमन्विच्छेत्संसीदन्स्नातकः क्षुधा ।
याज्यान्तेवासिनोर्वापि न त्वन्यत इति स्थितिः ॥ ३३ ॥
न सीदेत्स्नातको विप्रः क्षुधा शक्तः कथंचन ।
न जीर्णमलवद्वासा भवेच्च विभवे सति ॥ ३४ ॥
क्लृप्तकेशनखश्मश्रुर्दान्तः शुक्लाम्बरः शुचिः ।
स्वाध्याये चैव युक्तः स्यान्नित्यमात्महितेषु च ॥ ३५ ॥
वैणवीं धारयेद्यष्टिं सोदकं च कमण्डलुम् ।
यज्ञोपवीतं वेदं च शुभे रौक्मे च कुण्डले ॥ ३६ ॥
नेक्षेतोद्यन्तमादित्यं नास्तं यान्तं कदाचन ।
नोपसृष्टं न वारिस्थं न मध्यं नभसो गतम् ॥ ३७ ॥

न लङ्घयेद्वत्सतन्त्रीं न प्रधावेच्च वर्षति ।
न चोदके निरीक्षेत स्वं रूपमिति धारणा ॥ ३८ ॥

मृदं गां दैवतं विप्रं घृतं मधु चतुष्पथम् ।
प्रदक्षिणानि कुर्वीत प्रज्ञातांश्च वनस्पतीन् ॥ ३९ ॥

नोपगच्छेत्प्रमत्तोऽपि स्त्रियमार्तवदर्शने ।
समानशयने चैव न शयीत तया सह ॥ ४० ॥

रजसाभिप्लुतां नारीं नरस्य ह्युपगच्छतः ।
प्रज्ञा तेजो बलं चक्षुरायुश्चैव प्रहीयते ॥ ४१ ॥

तां विवर्जयतस्तस्य रजसा समभिप्लुताम् ।
प्रज्ञा तेजो बलं चक्षुरायुश्चैव प्रवर्धते ॥ ४२ ॥

नाश्नीयाद्भार्यया सार्धं नैनामीक्षेत चाश्नतीम् ।
क्षुवतीं जृम्भमाणां वा न चासीनां यथासुखम् ॥ ४३ ॥

नाञ्जयन्तीं स्वके नेत्रे न चाभ्यक्तामनावृताम् ।
न पश्येत्प्रसवन्तीं च तेजस्कामो द्विजोत्तमः ॥ ४४ ॥

नान्नमद्यादेकवासा न नग्नः स्नानमाचरेत् ।
न मूत्रं पथि कुर्वीत न भस्मनि न गोव्रजे ॥ ४५ ॥

न फालकृष्टे न जले न चित्यां न च पर्वते ।
न जीर्णदेवायतने न वल्मीके कदाचन ॥ ४६ ॥

न ससत्त्वेषु गर्तेषु न गच्छन्नापि च स्थितः ।
न नदीतीरमासाद्य न च पर्वतमस्तके ॥ ४७ ॥

वाय्वग्निविप्रमादित्यमपः पश्यंस्तथैव गाः ।
न कदाचन कुर्वीत विण्मूत्रस्य विसर्जनम् ॥ ४८ ॥
तिरस्कृत्योच्चरेत्काष्ठं लोष्टं पत्त्रं तृणानि च ।
नियम्य प्रयतो वाचं संवीताङ्गोऽवगुण्ठितः ॥ ४९ ॥
मूत्रोच्चारसमुत्सर्गं दिवा कुर्यादुदङ्मुखः ।
दक्षिणाभिमुखो रात्रौ संध्ययोश्च यथा दिवा ॥ ५० ॥
छायायामन्धकारे वा रात्रावहनि वा द्विजः ।
यथासुखमुखः कुर्यात्प्राणबाधभयेषु च ॥ ५१ ॥
प्रत्यग्नि प्रतिसूर्यं च प्रतिसोमोदकद्विजम् ।
प्रतिगु प्रतिवातं च प्रज्ञा नश्यति मेहतः ॥ ५२ ॥
नाग्निं मुखेनोपधमेन्नग्नां नेक्षेत च स्त्रियम् ।
नामेध्यं प्रक्षिपेदग्नौ न च पादौ प्रतापयेत् ॥ ५३ ॥
अधस्तान्नोपदध्याच्च न चैनमभिलङ्घयेत् ।
न चैनं पादतः कुर्यान्न प्राणाबाधमाचरेत् ॥ ५४ ॥
नाश्नीयात्संधिवेलायां न गच्छेन्नापि संविशेत् ।
न चैव प्रलिखेद्भूमिं नात्मनोऽपहरेत्स्रजम् ॥ ५५ ॥
नाप्सु मूत्रं पुरीषं वा ष्ठीवनं वा समुत्सृजेत् ।
अमेध्यलिप्तमन्यद्वा लोहितं वा विषाणि वा ॥ ५६ ॥
नैकः शून्यगृहे स्वप्यान्न श्रेयांसं प्रबोधयेत् ।
नोदक्ययाभिभाषेत यज्ञं गच्छेन्न चावृतः ॥ ५७ ॥

अग्न्यागारे गवां गोष्ठे ब्राह्मणानां च संनिधौ ।
स्वाध्याये भोजने चैव दक्षिणं पाणिमुद्धरेत् ॥ ५८ ॥
न वारयेद्गां धयन्तीं न चाचक्षीत कस्यचित् ।
न दिवीन्द्रायुधं दृष्ट्वा कस्यचिद्दर्शयेद्बुधः ॥ ५९ ॥
नाधार्मिके वसेद्ग्रामे न व्याधिबहुले भृशम् ।
नैकः प्रपद्येताध्वानं न चिरं पर्वते वसेत् ॥ ६० ॥
न शूद्रराज्ये निवसेन्नाधार्मिकजनावृते ।
न पाषण्डिजनाक्रान्ते नोपसृष्टेऽन्त्यजैर्नृभिः ॥ ६१ ॥
न भुञ्जीतोद्धृतस्नेहं नातिसौहित्यमाचरेत् ।
नातिप्रगे नातिसायं न सायं प्रातराशितः ॥ ६२ ॥
न कुर्वीत वृथा चेष्टां न वार्यञ्जलिना पिबेत् ।
नोत्सङ्गे भक्षयेद्भक्ष्यान्न जातु स्यात्कुतूहली ॥ ६३ ॥
न नृत्येन्नैव च गायेन्न वादित्राणि वादयेत् ।
नास्फोटयेन्न च क्ष्वेडेन्न च रक्तो विरावयेत् ॥ ६४ ॥
न पादौ धावयेत्कांस्ये कदाचिदपि भाजने ।
न भिन्नभाण्डे भुञ्जीत न भावप्रतिदूषिते ॥ ६५ ॥
उपानहौ च वासश्च धृतमन्यैर्न धारयेत् ।
उपवीतमलंकारं स्रजं करकमेव च ॥ ६६ ॥
नाविनीतैर्व्रजेद्धुर्यैर्न च क्षुद्व्याधिपीडितैः ।
न भिन्नशृङ्गाक्षिखुरैर्न बालधिविरूपितैः ॥ ६७ ॥

विनीतैस्तु व्रजेन्नित्यमाशुगैर्लक्षणान्वितैः ।
वर्णरूपोपसंपन्नैः प्रतोदेनातुदन्भृशम् ॥ ६८ ॥
बालातपः प्रेतधूमो वर्ज्यं भिन्नं तथासनम् ।
न छिन्द्यान्नखलोमानि दन्तैर्नोत्पाटयेन्नखान् ॥ ६९ ॥
न मृल्लोष्टं विमृद्नीयान्न छिन्द्यात्करजैस्तृणम् ।
न कर्म निष्फलं कुर्यान्नायत्यामसुखोदयम् ॥ ७० ॥
लोष्टमर्दी तृणच्छेदी नखखादी च यो नरः ।
स विनाशं व्रजत्याशु सूचकोऽशुचिरेव च ॥ ७१ ॥
न विगृह्य कथां कुर्याद्बहिर्माल्यं न धारयेत् ।
गवां च यानं पृष्ठेन सर्वथैव विगर्हितम् ॥ ७२ ॥
अद्वारेण च नातीयाद्ग्रामं वा वेश्म वावृतम् ।
रात्रौ च वृक्षमूलानि दूरतः परिवर्जयेत् ॥ ७३ ॥
नाक्षैः क्रीडेत्कदाचिच्च स्वयं नोपानहौ हरेत् ।
शयनस्थो न भुञ्जीत न पाणिस्थं न चासने ॥ ७४ ॥
सर्वं च तिलसंबद्धं नाद्यादस्तमये प्रति ।
न च नग्नः शयीतेह न चोच्छिष्टः क्वचिद्व्रजेत् ॥ ७५ ॥
आर्द्रपादस्तु भुञ्जीत नार्द्रपादस्तु संविशेत् ।
आर्द्रपादस्तु भुञ्जानो दीर्घमायुरवाप्नुयात् ॥ ७६ ॥
अचक्षुर्विषयं दुर्गं न प्रपद्येत कर्हिचित् ।
न विण्मूत्रमुदीक्षेत न बाहुभ्यां नदीं तरेत् ॥ ७७ ॥

अधितिष्ठेन्न केशांस्तु न भस्मास्थिकपालिकाः ।
न कार्पासास्थि न तुषान्दीर्घमायुर्जिजीविषुः ॥ ७८ ॥
न संवसेच्च पतितैर्न चाण्डालैर्न पुल्कसैः ।
न मूर्खैर्नावलिप्तैश्च नान्त्यैर्नान्त्यावसायिभिः ॥ ७९ ॥
न शूद्राय मतिं दद्यान्नोच्छिष्टं न हविष्कृतम् ।
न चास्योपदिशेद्धर्मं न चास्य व्रतमादिशेत् ॥ ८० ॥
यो ह्यस्य धर्ममाचष्टे यश्चैवादिशति व्रतम् ।
सो ऽसंवृतं नाम तमः सह तेनैव मज्जति ॥ ८१ ॥
न संहताभ्यां पाणिभ्यां कण्डूयेतात्मनः शिरः ।
न स्पृशेच्चैतदुच्छिष्टो न च स्नायाद्विना ततः ॥ ८२ ॥
केशग्रहान्प्रहारांश्च शिरस्येतान्विवर्जयेत् ।
शिरःस्नातश्च तैलेन नाङ्गं किंचिदपि स्पृशेत् ॥ ८३ ॥
न राज्ञः प्रतिगृह्णीयादराजन्यप्रसूतितः ।
सूनाचक्रध्वजवतां वेशेनैव च जीवताम् ॥ ८४ ॥
दशसूनासमं चक्रं दशचक्रसमो ध्वजः ।
दशध्वजसमा वेश्या दशवेश्यासमो नृपः ॥ ८५ ॥
दश सूनासहस्राणि यो वाहयति सौनिकः ।
तेन तुल्यः स्मृतो राजा घोरस्तस्य प्रतिग्रहः ॥ ८६ ॥
यो राज्ञः प्रतिगृह्णाति लुब्धस्योच्छास्त्रवर्तिनः ।
स पर्यायेण यातीमान्नरकानेकविंशतिम् ॥ ८७ ॥

तामिस्रमन्धतामिस्रं महारौरवरौरवौ ।
नरकं कालसूत्रं च महानरकमेव च ॥ ८८ ॥
संजीवनं महावीचिं तपनं संप्रतापनम् ।
संघातं च सकाकोलं कुड्मलं पूतिमृत्तिकम् ॥ ८९ ॥
लोहशङ्कुमृजीषं च पन्थानं शाल्मलीं नदीम् ।
असिपत्त्रवनं चैव लोहचारकमेव च ॥ ९० ॥
एतद्विदन्तो विद्वांसो ब्राह्मणा ब्रह्मवादिनः ।
न राज्ञः प्रतिगृह्णन्ति प्रेत्य श्रेयोऽभिकाङ्क्षिणः ॥ ९१ ॥
ब्राह्मे मुहूर्ते बुध्येत धर्मार्थौ चानुचिन्तयेत् ।
कायक्लेशांश्च तन्मूलान्वेदतत्त्वार्थमेव च ॥ ९२ ॥
उत्थायावश्यकं कृत्वा कृतशौचः समाहितः ।
पूर्वां संध्यां जपंस्तिष्ठेत्स्वकाले चापरां चिरम् ॥ ९३ ॥
ऋषयो दीर्घसंध्यत्वाद्दीर्घमायुरवाप्नुवन् ।
प्रज्ञां यशश्च कीर्तिं च ब्रह्मवर्चसमेव च ॥ ९४ ॥
श्रावण्यां प्रौष्ठपद्यां वाप्युपाकृत्य यथाविधि ।
युक्तश्छन्दांस्यधीयीत मासान्विप्रोऽर्धपञ्चमान् ॥ ९५ ॥
पुष्ये तु च्छन्दसां कुर्याद्बहिरुत्सर्जनं द्विजः ।
माघशुक्लस्य वा प्राप्ते पूर्वाह्णे प्रथमेऽहनि ॥ ९६ ॥
यथाशास्त्रं तु कृत्वैवमुत्सर्गं छन्दसां बहिः ।
विरमेत्पक्षिणीं रात्रिं तद्वाप्येकमहर्निशम् ॥ ९७ ॥

अत ऊर्ध्वं तु च्छन्दांसि शुक्लेषु नियतः पठेत् ।
वेदाङ्गानि च सर्वाणि कृष्णपक्षेषु संपठेत् ॥ ९८ ॥
नाविस्पष्टमधीयीत न शूद्रजनसंनिधौ ।
न निशान्ते परिश्रान्तो ब्रह्माधीत्य पुनः स्वपेत् ॥ ९९ ॥
यथोदितेन विधिना नित्यं छन्दस्कृतं पठेत् ।
ब्रह्म च्छन्दस्कृतं चैव द्विजो युक्तो ह्यनापदि ॥ १०० ॥
इमान्नित्यमनध्यायानधीयानो विवर्जयेत् ।
अध्यापनं च कुर्वाणः शिष्याणां विधिपूर्वकम् ॥ १०१ ॥
कर्णश्रवेऽनिले रात्रौ दिवा पांसुसमूहने ।
एतौ वर्षास्वनध्यायावध्यायज्ञाः प्रचक्षते ॥ १०२ ॥
विद्युत्स्तनितवर्षेषु महोल्कानां च संप्लवे ।
आकालिकमनध्यायमेतेषु मनुरब्रवीत् ॥ १०३ ॥
एतांस्त्वभ्युदितान्विद्याद्यदा प्रादुष्कृताग्निषु ।
तदा विद्यादनध्यायमनृतौ चाभ्रदर्शने ॥ १०४ ॥
निर्घाते भूमिचलने ज्योतिषां चोपसर्जने ।
एतानाकालिकान्विद्यादनध्यायानृतावपि ॥ १०५ ॥
प्रादुष्कृतेष्वग्निषु तु विद्युत्स्तनितनिस्वने ।
सज्योतिः स्यादनध्यायः शेषे रात्रौ यथा दिवा ॥ १०६ ॥
नित्यानध्याय एव स्याद्ग्रामेषु नगरेषु च ।
धर्मनैपुणकामानां पूतिगन्धे च सर्वशः ॥ १०७ ॥

अन्तर्गतशवे ग्रामे वृषलस्य च संनिधौ।
अनध्यायो रुद्यमाने समवाये जनस्य च ॥ १०८ ॥
उदके मध्यरात्रे च विण्मूत्रस्य विसर्जने।
उच्छिष्टः श्राद्धभुक् चैव मनसापि न चिन्तयेत् ॥ १०९ ॥
प्रतिगृह्य द्विजो विद्वानेकोद्दिष्टस्य केतनम्।
त्र्यहं न कीर्तयेद्ब्रह्म राज्ञो राहोश्च सूतके ॥ ११० ॥
यावदेकानुदिष्टस्य गन्धो लेपश्च तिष्ठति।
विप्रस्य विदुषो देहे तावद्ब्रह्म न कीर्तयेत् ॥ १११ ॥
शयानः प्रौढपादश्च कृत्वा चैवावसक्थिकाम्।
नाधीयीतामिषं जग्ध्वा सूतकान्नाद्यमेव च ॥ ११२ ॥
नीहारे बाणशब्दे च संध्ययोरेव चोभयोः।
अमावास्याचतुर्दश्योः पौर्णमास्यष्टकासु च ॥ ११३ ॥
अमावास्या गुरुं हन्ति शिष्यं हन्ति चतुर्दशी।
ब्रह्माष्टकापौर्णमास्यौ तस्मात्ताः परिवर्जयेत् ॥ ११४ ॥
पांशुवर्षे दिशां दाहे गोमायुविरुते तथा।
श्वखरोष्ट्रे च रुवति पङ्क्तौ च न पठेद्द्विजः ॥ ११५ ॥
नाधीयीत श्मशानान्ते ग्रामान्ते गोव्रजेऽपि चा।
वसित्वा मैथुनं वासः श्राद्धिकं प्रतिगृह्य च ॥ ११६ ॥
प्राणि वा यदि वाप्राणि यत्किंचिच्छ्राद्धिकं भवेत्।
तदालभ्याप्यनध्यायः पाण्यास्यो हि द्विजः स्मृतः ॥ ११७ ॥

चौरैरुपप्लुते ग्रामे संभ्रमे चाग्निकारिते।
आकालिकमनध्यायं विद्यात्सर्वाद्भुतेषु च ॥ ११८ ॥
उपाकर्मणि चोत्सर्गे त्रिरात्रं क्षपणं स्मृतम्।
अष्टकासु त्वहोरात्रमृत्वन्तासु च रात्रिषु ॥ ११९ ॥
नाधीयीताश्वमारूढो न वृक्षं न च हस्तिनम्।
न नावं न खरं नोष्ट्रं नेरिणस्थो न यानगः ॥ १२० ॥
न विवादे न कलहे न सेनायां न संगरे।
न भुक्तमात्रे नाजीर्णे न वमित्वा न शुक्तके ॥ १२१ ॥
अतिथिं चाननुज्ञाप्य मारुते वाति वा भृशम्।
रुधिरे च स्रुते गात्राच्छस्त्रेण च परिक्षते ॥ १२२ ॥
सामध्वनावृग्यजुषी नाधीयीत कदाचन।
वेदस्याधीत्य वाप्यन्तमारण्यकमधीत्य च ॥ १२३ ॥
ऋग्वेदो देवदैवत्यो यजुर्वेदस्तु मानुषः।
सामवेदः स्मृतः पित्र्यस्तस्मात्तस्याशुचिर्ध्वनिः ॥ १२४ ॥
एतद्विदन्तो विद्वांसस्त्रयीनिष्कर्षमन्वहम्।
क्रमशः पूर्वमभ्यस्य पश्चाद्वेदमधीयते ॥ १२५ ॥
पशुमण्डूकमार्जारश्वसर्पनकुलाखुभिः।
अन्तरागमने विद्यादनध्यायमहर्निशम् ॥ १२६ ॥
द्वावेव वर्जयेन्नित्यमनध्यायौ प्रयत्नतः।
स्वाध्यायभूमिं चाशुद्धामात्मानं चाशुचिं द्विजः ॥ १२७ ॥

अमावास्यामष्टमीं च पौर्णमासीं चतुर्दशीम् ।
ब्रह्मचारी भवेन्नित्यमप्यृतौ स्नातको द्विजः ॥ १२८ ॥
न स्नानमाचरेद्भुक्त्वा नातुरो न महानिशि ।
न वासोभिः सहाजस्रं नाविज्ञाते जलाशये ॥ १२९ ॥
देवतानां गुरो राज्ञः स्नातकाचार्ययोस्तथा ।
नाक्रामेत्कामतश्छायां बभ्रुणो दीक्षितस्य च ॥ १३० ॥
मध्यंदिने ऽर्धरात्रे च श्राद्धं भुक्त्वा च सामिषम् ।
संध्ययोरुभयोश्चैव न सेवेत चतुष्पथम् ॥ १३१ ॥
उद्वर्तनमपस्नानं विण्मूत्रे रक्तमेव च ।
श्लेष्मनिष्ठ्यूतवान्तानि नाधितिष्ठेत्तु कामतः ॥ १३२ ॥
वैरिणं नोपसेवेत सहायं चैव वैरिणः ।
अधार्मिकं तस्करं च परस्यैव च योषितम् ॥ १३३ ॥
न हीदृशमनायुष्यं लोके किंचन विद्यते ।
यादृशं पुरुषस्येह परदारोपसेवनम् ॥ १३४ ॥
क्षत्रियं चैव सर्पं च ब्राह्मणं च बहुश्रुतम् ।
नावमन्येत वै भूष्णुः कृशानपि कदाचन ॥ १३५ ॥
एतत्त्रयं हि पुरुषं निर्दहत्यवमानितम् ।
तस्मादेतत्त्रयं नित्यं नावमन्येत बुद्धिमान् ॥ १३६ ॥
नात्मानमवमन्येत पूर्वाभिरसमृद्धिभिः ।
आ मृत्योः श्रियमन्विच्छेन्नैनां मन्येत दुर्लभाम् ॥ १३७ ॥

सत्यं ब्रूयात्प्रियं ब्रूयान्न ब्रूयात्सत्यमप्रियम् ।
प्रियं च नानृतं ब्रूयादेष धर्मः सनातनः ॥ १३८ ॥
भद्रं भद्रमिति ब्रूयाद्भद्रमित्येव वा वदेत् ।
शुष्कवैरं विवादं च न कुर्यात्केनचित्सह ॥ १३९ ॥
नातिकल्यं नातिसायं नातिमध्यंदिने स्थिते ।
नाज्ञातेन समं गच्छेन्नैको न वृषलैः सह ॥ १४० ॥
हीनाङ्गानतिरिक्ताङ्गान्विद्याहीनान्वयोऽधिकान् ।
रूपद्रविणहीनांश्च जातिहीनांश्च नाक्षिपेत् ॥ १४१ ॥
न स्पृशेत्पाणिनोच्छिष्टो विप्रो गोब्राह्मणानलान् ।
न चापि पश्येदशुचिः सुस्थो ज्योतिर्गणं दिवि ॥ १४२ ॥
स्पृष्ट्वैतानशुचिर्नित्यमद्भिः प्राणानुपस्पृशेत् ।
गात्राणि चैव सर्वाणि नाभिं पाणितलेन तु ॥ १४३ ॥
अनातुरः स्वानि खानि न स्पृशेदनिमित्ततः ।
रोमाणि च रहस्यानि सर्वाण्येव विवर्जयेत् ॥ १४४ ॥
मङ्गलाचारयुक्तः स्यात्प्रयतात्मा जितेन्द्रियः ।
जपेच्च जुहुयाच्चैव नित्यमग्निमतन्द्रितः ॥ १४५ ॥
मङ्गलाचारयुक्तानां नित्यं च प्रयतात्मनाम् ।
जपतां जुह्वतां चैव विनिपातो न विद्यते ॥ १४६ ॥
वेदमेव जपेन्नित्यं यथाकालमतन्द्रितः ।
तं ह्यस्याहुः परं धर्ममुपधर्मोऽन्य उच्यते ॥ १४७ ॥

वेदाभ्यासेन सततं शौचेन तपसैव च ।
अद्रोहेणैव भूतानां जातिं स्मरति पौर्विकीम् ॥ १४८ ॥
पौर्विकीं संस्मरञ्जातिं ब्रह्मैवाभ्यसते पुनः ।
ब्रह्माभ्यासेन चाजस्रमनन्तं सुखमश्नुते ॥ १४९ ॥
सावित्राञ्छान्तिहोमांश्च कुर्यात्पर्वसु नित्यशः ।
पितृंश्चैवाष्टकास्वर्चेन्नित्यमन्वष्टकासु च ॥ १५० ॥
दूरादावसथान्मूत्रं दूरात्पादावसेचनम् ।
उच्छिष्टान्नं निषेकं च दूरादेव समाचरेत् ॥ १५१ ॥
मैत्रं प्रसाधनं स्नानं दन्तधावनमञ्जनम् ।
पूर्वाह्ण एव कुर्वीत देवतानां च पूजनम् ॥ १५२ ॥
दैवतान्यभिगच्छेत्तु धार्मिकांश्च द्विजोत्तमान् ।
ईश्वरं चैव रक्षार्थं गुरूनेव च पर्वसु ॥ १५३ ॥
अभिवादयेद्वृद्धांश्च दद्याच्चैवासनं स्वकम् ।
कृताञ्जलिरुपासीत गच्छतः पृष्ठतो ऽन्वियात् ॥ १५४ ॥
श्रुतिस्मृत्युदितं सम्यङ्निबद्धं स्वेषु कर्मसु ।
धर्ममूलं निषेवेत सदाचारमतन्द्रितः ॥ १५५ ॥
आचाराल्लभते ह्यायुराचारादीप्सितां प्रजाम् ।
आचाराद्धनमक्षय्यमाचारो हन्त्यलक्षणम् ॥ १५६ ॥
दुराचारो हि पुरुषो लोके भवति निन्दितः ।
दुःखभागी च सततं व्याधितो ऽल्पायुरेव च ॥ १५७ ॥

सर्वलक्षणहीनो ऽपि यः सदाचारवान्नरः ।
श्रद्दधानो ऽनसूयश्च शतं वर्षाणि जीवति ॥ १५८ ॥
यद्यत्परवशं कर्म तत्तद्यत्नेन वर्जयेत् ।
यद्यदात्मवशं तु स्यात्तत्तत्सेवेत यत्नतः ॥ १५९ ॥
सर्वं परवशं दुःखं सर्वमात्मवशं सुखम् ।
एतद्विद्यात्समासेन लक्षणं सुखदुःखयोः ॥ १६० ॥
यत्कर्म कुर्वतो ऽस्य स्यात्परितोषो ऽन्तरात्मनः ।
तत्प्रयत्नेन कुर्वीत विपरीतं तु वर्जयेत् ॥ १६१ ॥
आचार्यं च प्रवक्तारं पितरं मातरं गुरुम् ।
न हिंस्याद्ब्राह्मणान्गाश्च सर्वांश्चैव तपस्विनः ॥ १६२ ॥
नास्तिक्यं वेदनिन्दां च देवतानां च कुत्सनम् ।
द्वेषं स्तम्भं च मानं च क्रोधं तैक्ष्ण्यं च वर्जयेत् ॥ १६३ ॥
परस्य दण्डं नोद्यच्छेत्क्रुद्धो नैनं निपातयेत् ।
अन्यत्र पुत्राच्छिष्याद्वा शिष्ट्यर्थं ताडयेत्तु तौ ॥ १६४ ॥
ब्राह्मणायावगूर्यैव द्विजातिर्वधकाम्यया ।
शतं वर्षाणि तामिस्रे नरके परिवर्तते ॥ १६५ ॥
ताडयित्वा तृणेनापि संरम्भान्मतिपूर्वकम् ।
एकविंशतिमाजातीः पापयोनिषु जायते ॥ १६६ ॥
अयुध्यमानस्योत्पाद्य ब्राह्मणस्यासृगङ्गतः ।
दुःखं सुमहदाप्नोति प्रेत्याप्राज्ञतया नरः ॥ १६७ ॥

शोणितं यावतः पांशून्संगृह्णाति महीतलात् ।
तावतोऽब्दानमुत्रान्यैः शोणितोत्पादकोऽद्यते ॥ १६८ ॥
न कदाचिद्द्विजे तस्माद्विद्वानवगुरेदपि ।
न ताडयेत्तृणेनापि न गात्रात्स्रावयेदसृक् ॥ १६९ ॥
अधार्मिको नरो यो हि यस्य चाप्यनृतं धनम् ।
हिंसारतश्च यो नित्यं नेहासौ सुखमेधते ॥ १७० ॥
न सीदन्नपि धर्मेण मनोऽधर्मे निवेशयेत् ।
अधार्मिकाणां पापानामाशु पश्यन्विपर्ययम् ॥ १७१ ॥
नाधर्मश्चरितो लोके सद्यः फलति गौरिव ।
शनैरावर्तमानस्तु कर्तुर्मूलानि कृन्तति ॥ १७२ ॥
यदि नात्मनि पुत्रेषु न चेत्पुत्रेषु नप्तृषु ।
न त्वेव तु कृतोऽधर्मः कर्तुर्भवति निष्फलः ॥ १७३ ॥
अधर्मेणैधते तावत्ततो भद्राणि पश्यति ।
ततः सपत्नाञ्जयति समूलस्तु विनश्यति ॥ १७४ ॥
सत्यधर्मार्यवृत्तेषु शौचे चैवारमेत्सदा ।
शिष्यांश्च शिष्याद्धर्मेण वाग्बाहूदरसंयतः ॥ १७५ ॥
परित्यजेदर्थकामौ यौ स्यातां धर्मवर्जितौ ।
धर्मं चाप्यसुखोदर्कं लोकसंक्रुष्टमेव च ॥ १७६ ॥
न पाणिपादचपलो न नेत्रचपलोऽनृजुः ।
न स्याद्वाक्चपलश्चैव न परद्रोहकर्मधीः ॥ १७७ ॥

येनास्य पितरो याता येन याताः पितामहाः ।
तेन यायात्सतां मार्गं तेन गच्छन्न रिष्यते ॥ १७८ ॥
ऋत्विक्पुरोहिताचार्यैर्मातुलातिथिसंश्रितैः ।
बालवृद्धातुरैर्वैद्यैर्ज्ञातिसंबन्धिबान्धवैः ॥ १७९ ॥
मातापितृभ्यां जामीभिर्भ्रात्रा पुत्रेण भार्यया ।
दुहित्रा दासवर्गेण विवादं न समाचरेत् ॥ १८० ॥
एतैर्विवादान्संत्यज्य सर्वपापैः प्रमुच्यते ।
एतैर्जितैश्च जयति सर्वाँल्लोकानिमान्गृही ॥ १८१ ॥
आचार्यो ब्रह्मलोकेशः प्राजापत्ये पिता प्रभुः ।
अतिथिस्त्विन्द्रलोकेशो देवलोकस्य चर्त्विजः ॥ १८२ ॥
जामयोऽप्सरसां लोके वैश्वदेवस्य बान्धवाः ।
संबन्धिनो ह्यपां लोके पृथिव्यां मातृमातुलौ ॥ १८३ ॥
आकाशेशास्तु विज्ञेया बालवृद्धकृशातुराः ।
भ्राता ज्येष्ठः समः पित्रा भार्या पुत्रः स्वका तनुः ॥ १८४ ॥
छाया स्वा दासवर्गश्च दुहिता कृपणं परम् ।
तस्मादेतैरधिक्षिप्तः सहेतासंज्वरः सदा ॥ १८५ ॥
प्रतिग्रहसमर्थोऽपि प्रसङ्गं तत्र वर्जयेत् ।
प्रतिग्रहेण ह्यस्याशु ब्राह्मं तेजः प्रशाम्यति ॥ १८६ ॥
न द्रव्याणामविज्ञाय विधिं धर्म्यं प्रतिग्रहे ।
प्राज्ञः प्रतिग्रहं कुर्यादवसीदन्नपि क्षुधा ॥ १८७ ॥

हिरण्यं भूमिमश्वं गामन्नं वासस्तिलान्घृतम् ।
प्रतिगृह्णन्नविद्वांस्तु भस्मीभवति दारुवत् ॥ १८८ ॥
हिरण्यमायुरन्नं च भूर्गौश्चाप्योषतस्तनुम् ।
अश्वश्चक्षुस्त्वचं वासो घृतं तेजस्तिलाः प्रजाः ॥ १८९ ॥
अतपास्त्वनधीयानः प्रतिग्रहरुचिर्द्विजः ।
अम्भस्यश्मप्लवेनेव सह तेनैव मज्जति ॥ १९० ॥
तस्मादविद्वान्बिभियाद्यस्मात्तस्मात्प्रतिग्रहात् ।
स्वल्पकेनाप्यविद्वान्हि पङ्के गौरिव सीदति ॥ १९१ ॥
न वार्यपि प्रयच्छेत्तु बैडालव्रतिके द्विजे ।
न बकव्रतिके पापे नावेदविदि धर्मवित् ॥ १९२ ॥
त्रिष्वप्येतेषु दत्तं हि विधिनाप्यर्जितं धनम् ।
दातुर्भवत्यनर्थाय परत्रादातुरेव च ॥ १९३ ॥
यथा प्लवेनौपलेन निमज्जत्युदके तरन् ।
तथा निमज्जतोऽधस्तादज्ञौ दातृप्रतीच्छकौ ॥ १९४ ॥
धर्मध्वजी सदा लुब्धश्छाद्मिको लोकदम्भिकः ।
बैडालव्रतिको ज्ञेयो हिंस्रः सर्वाभिसंधकः ॥ १९५ ॥
अधोदृष्टिर्नैष्कृतिकः स्वार्थसाधनतत्परः ।
शठो मिथ्याविनीतश्च बकव्रतचरो द्विजः ॥ १९६ ॥
ये बकव्रतिनो विप्रा ये च मार्जारलिङ्गिनः ।
ते पतन्त्यन्धतामिस्रे तेन पापेन कर्मणा ॥ १९७ ॥

न धर्मस्यापदेशेन पापं कृत्वा व्रतं चरेत् ।
व्रतेन पापं प्रच्छाद्य कुर्वन्स्त्रीशूद्रदम्भनम् ॥ १९८ ॥
प्रेत्येह चेदृशा विप्रा गर्ह्यन्ते ब्रह्मवादिभिः ।
छद्मना चरितं तच्च व्रतं रक्षांसि गच्छति ॥ १९९ ॥
अलिङ्गी लिङ्गिवेषेण यो वृत्तिमुपजीवति ।
स लिङ्गिनां हरत्येनस्तिर्यग्योनौ च जायते ॥ २०० ॥
परकीयनिपानेषु न स्नायाच्च कदाचन ।
निपानकर्तुः स्नात्वा तु दुष्कृतांशेन लिप्यते ॥ २०१ ॥
यानशय्यासनान्यस्य कूपोद्यानगृहाणि च ।
अदत्तान्युपयुञ्जान एनसः स्यात्तुरीयभाक् ॥ २०२ ॥
नदीषु देवखातेषु तडागेषु सरःसु च ।
स्नानं समाचरेन्नित्यं गर्तप्रस्रवणेषु च ॥ २०३ ॥
यमान्सेवेत सततं न नित्यं नियमान्बुधः ।
यमान्पतत्यकुर्वाणो नियमान्केवलान्भजन् ॥ २०४ ॥
नाश्रोत्रियतते यज्ञे ग्रामयाजिहुते तथा ।
स्त्रिया क्लीबेन च हुते भुञ्जीत ब्राह्मणः क्वचित् ॥ २०५ ॥
अश्लीकमेतत्साधूनां यत्र जुह्वत्यमी हविः ।
प्रतीपमेतद्देवानां तस्मात्तत्परिवर्जयेत् ॥ २०६ ॥
मत्तक्रुद्धातुराणां च न भुञ्जीत कदाचन ।
केशकीटावपन्नं च पदा स्पृष्टं च कामतः ॥ २०७ ॥

भ्रूणघ्नावेक्षितं चैव संस्पृष्टं चाप्युदक्यया।
पतत्त्रिणावलीढं च शुना संस्पृष्टमेव च॥ २०८॥
गवा चान्नमुपघ्रातं घुष्टान्नं च विशेषतः।
गणान्नं गणिकान्नं च विदुषा च जुगुप्सितम्॥ २०९॥
स्तेनगायनयोश्चान्नं तक्ष्णो वार्धुषिकस्य च।
दीक्षितस्य कदर्यस्य बद्धस्य निगडस्य च॥ २१०॥
अभिशस्तस्य षण्ढस्य पुंश्चल्या दाम्भिकस्य च।
शुक्तं पर्युषितं चैव शूद्रस्योच्छिष्टमेव च॥ २११॥
चिकित्सकस्य मृगयोः क्रूरस्योच्छिष्टभोजिनः।
उग्रान्नं सूतिकान्नं च पर्याचान्तमनिर्दशम्॥ २१२॥
अनर्चितं वृथामांसमवीरायाश्च योषितः।
द्विषदन्नं नगर्यन्नं पतितान्नमवक्षुतम्॥ २१३॥
पिशुनानृतिनोश्चान्नं क्रतुविक्रयिकस्य च।
शैलूषतुन्नवायान्नं कृतघ्नस्यान्नमेव च॥ २१४॥
कर्मारस्य निषादस्य रङ्गावतारकस्य च।
सुवर्णकर्तुर्वेणस्य शस्त्रविक्रयिणस्तथा॥ २१५॥
श्ववतां शौण्डिकानां च चैलनिर्णेजकस्य च।
रञ्जकस्य नृशंसस्य यस्य चोपपतिर्गृहे॥ २१६॥
मृष्यन्ति ये चोपपतिं स्त्रीजितानां च सर्वशः।
अनिर्दशं च प्रेतान्नमतुष्टिकरमेव च॥ २१७॥

राजान्नं तेज आदत्ते शूद्रान्नं ब्रह्मवर्चसम् ।
आयुः सुवर्णकारान्नं यशश्चर्मावकर्तिनः ॥ २१८ ॥
कारुकान्नं प्रजां हन्ति बलं निर्णेजकस्य च ।
गणान्नं गणिकान्नं च लोकेभ्यः परिकृन्तति ॥ २१९ ॥
पूयं चिकित्सकस्यान्नं पुंश्चल्यास्त्वन्नमिन्द्रियम् ।
विष्ठा वार्धुषिकस्यान्नं शस्त्रविक्रयिणो मलम् ॥ २२० ॥
य एतेऽन्ये त्वभोज्यान्नाः क्रमशः परिकीर्तिताः ।
तेषां त्वगस्थिरोमाणि वदन्त्यन्नं मनीषिणः ॥ २२१ ॥
भुक्त्वातोऽन्यतमस्यान्नममत्या क्षपणं त्र्यहम् ।
मत्या भुक्त्वा चरेत्कृच्छ्रं रेतोविण्मूत्रमेव च ॥ २२२ ॥
नाद्याच्छूद्रस्य पक्वान्नं विद्वानश्राद्धिनो द्विजः ।
आददीताममेवास्मादवृत्तावेकरात्रिकम् ॥ २२३ ॥
श्रोत्रियस्य कदर्यस्य वदान्यस्य च वार्धुषेः ।
मीमांसित्वोभयं देवाः सममन्नमकल्पयन् ॥ २२४ ॥
तान्प्रजापतिराहैत्य मा कृढ्वं विषमं समम् ।
श्रद्धापूतं वदान्यस्य हतमश्रद्धयेतरत् ॥ २२५ ॥
श्रद्धयेष्टं च पूर्तं च नित्यं कुर्यादतन्द्रितः ।
श्रद्धाकृते ह्यक्षये ते भवतः स्वागतैर्धनैः ॥ २२६ ॥
दानधर्मं निषेवेत नित्यमैष्टिकपौर्तिकम् ।
परितुष्टेन भावेन पात्रमासाद्य शक्तितः ॥ २२७ ॥

यत्किंचिदपि दातव्यं याचितेनानसूयया ।
उत्पत्स्यते हि तत्पात्रं यत्तारयति सर्वतः ॥ २२८ ॥
वारिदस्तृप्तिमाप्नोति सुखमक्षय्यमन्नदः ।
तिलप्रदः प्रजामिष्टां दीपदश्चक्षुरुत्तमम् ॥ २२९ ॥
भूमिदो भूमिमाप्नोति दीर्घमायुर्हिरण्यदः ।
गृहदोऽग्र्याणि वेश्मानि रूप्यदो रूपमुत्तमम् ॥ २३० ॥
वासोदश्चन्द्रसालोक्यमश्विसालोक्यमश्वदः ।
अनडुहः श्रियं पुष्टां गोदो ब्रध्नस्य विष्टपम् ॥ २३१ ॥
यानशय्याप्रदो भार्यामैश्वर्यमभयप्रदः ।
धान्यदः शाश्वतं सौख्यं ब्रह्मदो ब्रह्मसार्ष्टिताम् ॥ २३२ ॥
सर्वेषामेव दानानां ब्रह्मदानं विशिष्यते ।
वार्यन्नगोमहीवासस्तिलकाञ्चनसर्पिषाम् ॥ २३३ ॥
येन येन तु भावेन यद्यद्दानं प्रयच्छति ।
तत्तत्तेनैव भावेन प्राप्नोति प्रतिपूजितः ॥ २३४ ॥
योऽर्चितं प्रतिगृह्णाति ददात्यर्चितमेव च ।
तावुभौ गच्छतः स्वर्गं नरकं तु विपर्यये ॥ २३५ ॥
न विस्मयेत तपसा वदेदिष्ट्वा च नानृतं ।
नार्तोऽप्यपवदेद्विप्रान्न दत्त्वा परिकीर्तयेत् ॥ २३६ ॥
यज्ञोऽनृतेन क्षरति तपः क्षरति विस्मयात् ।
आयुर्विप्रापवादेन दानं च परिकीर्तनात् ॥ २३७ ॥

धर्मं शनैः संचिनुयाद्वल्मीकमिव पुत्तिकाः ।
परलोकसहायार्थं सर्वभूतान्यपीडयन् ॥ २३८ ॥

नामुत्र हि सहायार्थं पिता माता च तिष्ठतः ।
न पुत्रदारं न ज्ञातिर्धर्मस्तिष्ठति केवलः ॥ २३९ ॥

एकः प्रजायते जन्तुरेक एव प्रलीयते ।
एकोऽनुभुङ्क्ते सुकृतमेक एव च दुष्कृतम् ॥ २४० ॥

मृतं शरीरमुत्सृज्य काष्ठलोष्टसमं क्षितौ ।
विमुखा बान्धवा यान्ति धर्मस्तमनुगच्छति ॥ २४१ ॥

तस्माद्धर्मं सहायार्थं नित्यं संचिनुयाच्छनैः ।
धर्मेण हि सहायेन तमस्तरति दुस्तरम् ॥ २४२ ॥

धर्मप्रधानं पुरुषं तपसा हतकिल्बिषम् ।
परलोकं नयत्याशु भास्वन्तं खशरीरिणम् ॥ २४३ ॥

उत्तमैरुत्तमैर्नित्यं संबन्धानाचरेत्सह ।
निनीषुः कुलमुत्कर्षमधमानधमांस्त्यजेत् ॥ २४४ ॥

उत्तमानुत्तमानेव गच्छन्हीनांश्च वर्जयन् ।
ब्राह्मणः श्रेष्ठतामेति प्रत्यवायेन शूद्रताम् ॥ २४५ ॥

दृढकारी मृदुर्दान्तः क्रूराचारैरसंवसन् ।
अहिंस्रो दमदानाभ्यां जयेत्स्वर्गं तथाव्रतः ॥ २४६ ॥

एधोदकं मूलफलमन्नमभ्युद्यतं च यत् ।
सर्वतः प्रतिगृह्णीयान्मध्वथाभयदक्षिणाम् ॥ २४७ ॥

आहृताभ्युद्यतां भिक्षां पुरस्तादप्रचोदिताम् ।
मेने प्रजापतिर्ग्राह्यामपि दुष्कृतकर्मणः ॥ २४८ ॥
नाश्नन्ति पितरस्तस्य दश वर्षाणि पञ्च च ।
न च हव्यं वहत्यग्निर्यस्तामभ्यवमन्यते ॥ २४९ ॥
शय्यां गृहान्कुशान्गन्धानपः पुष्पं मणीन्दधि ।
धाना मत्स्यान्पयो मांसं शाकं चैव न निर्णुदेत् ॥ २५० ॥
गुरून्भृत्यांश्चोज्जिहीर्षन्नर्चिष्यन्देवतातिथीन् ।
सर्वतः प्रतिगृह्णीयान्न तु तृप्येत्स्वयं ततः ॥ २५१ ॥
गुरुषु त्वभ्यतीतेषु विना वा तैर्गृहे वसन् ।
आत्मनो वृत्तिमन्विच्छन्गृह्णीयात्साधुतः सदा ॥ २५२ ॥
आर्धिकः कुलमित्रं च गोपालो दासनापितौ ।
एते शूद्रेषु भोज्यान्ना यश्चात्मानं निवेदयेत् ॥ २५३ ॥
यादृशोऽस्य भवेदात्मा यादृशं च चिकीर्षितम् ।
यथा चोपचरेदेनं तथात्मानं निवेदयेत् ॥ २५४ ॥
योऽन्यथा सन्तमात्मानमन्यथा सत्सु भाषते ।
स पापकृत्तमो लोके स्तेन आत्मापहारकः ॥ २५५ ॥
वाच्यर्था नियताः सर्वे वाङ्मूला वाग्विनिःसृताः ।
तां तु यः स्तेनयेद्वाचं स सर्वस्तेयकृन्नरः ॥ २५६ ॥
महर्षिपितृदेवानां गत्वानृण्यं यथाविधि ।
पुत्रे सर्वं समासज्य वसेन्माध्यस्थमास्थितः ॥ २५७ ॥

एकाकी चिन्तयेन्नित्यं विविक्ते हितमात्मनः ।
एकाकी चिन्तयानो हि परं श्रेयोऽधिगच्छति ॥ २५८ ॥
एषोदिता गृहस्थस्य वृत्तिर्विप्रस्य शाश्वती ।
स्नातकव्रतकल्पश्च सत्त्ववृद्धिकरः शुभः ॥ २५९ ॥
अनेन विप्रो वृत्तेन वर्तयन्वेदशास्त्रवित् ।
व्यपेतकल्मषो नित्यं ब्रह्मलोके महीयते ॥ २६० ॥

॥ इति मानवे धर्मशास्त्रे भृगुप्रोक्ते चतुर्थोऽध्यायः ॥

श्रुत्वैतानृषयो धर्मान्स्नातकस्य यथोदितान् ।
इदमूचुर्महात्मानमनलप्रभवं भृगुम् ॥ १ ॥
एवं यथोक्तं विप्राणां स्वधर्ममनुतिष्ठताम् ।
कथं मृत्युः प्रभवति वेदशास्त्रविदां प्रभो ॥ २ ॥
स तानुवाच धर्मात्मा महर्षीन्मानवो भृगुः ।
श्रूयतां येन दोषेण मृत्युर्विप्राञ्जिघांसति ॥ ३ ॥
अनभ्यासेन वेदानामाचारस्य च वर्जनात् ।
आलस्यादन्नदोषाच्च मृत्युर्विप्राञ्जिघांसति ॥ ४ ॥
लशुनं गृञ्जनं चैव पलाण्डुं कवकानि च ।
अभक्ष्याणि द्विजातीनाममेध्यप्रभवाणि च ॥ ५ ॥
लोहितान्वृक्षनिर्यासान्व्रश्चनप्रभवांस्तथा ।
शेलुं गव्यं च पीयूषं प्रयत्नेन विवर्जयेत् ॥ ६ ॥
वृथाकृसरसंयावं पायसापूपमेव च ।
अनुपाकृतमांसानि देवान्नानि हवींषि च ॥ ७ ॥

अनिर्दशाया गोः क्षीरमौष्ट्रमैकशफं तथा ।
आविकं संधिनीक्षीरं विवत्सायाश्च गोः पयः ॥ ८ ॥
आरण्यानां च सर्वेषां मृगाणां माहिषं विना ।
स्त्रीक्षीरं चैव वर्ज्यानि सर्वशुक्तानि चैव हि ॥ ९ ॥
दधि भक्ष्यं च शुक्तेषु सर्वं च दधिसंभवम् ।
यानि चैवाभिषूयन्ते पुष्पमूलफलैः शुभैः ॥ १० ॥
क्रव्यादाञ्छकुनीन्सर्वांस्तथा ग्रामनिवासिनः ।
अनिर्दिष्टांश्चैकशफांष्टिट्टिभं च विवर्जयेत् ॥ ११ ॥
कलविङ्कं प्लवं हंसं चक्राङ्गं ग्रामकुक्कुटम् ।
सारसं रज्जुदालं च दात्यूहं शुकसारिके ॥ १२ ॥
प्रतुदाञ्जालपादांश्च कोयष्टिनखविष्किरान् ।
निमज्जतश्च मत्स्यादान्सौनं वल्लूरमेव च ॥ १३ ॥
बकं चैव बलाकां च काकोलं खञ्जरीटकम् ।
मत्स्यादान्विड्वराहांश्च मत्स्यानेव च सर्वशः ॥ १४ ॥
यो यस्य मांसमश्नाति स तन्मांसाद उच्यते ।
मत्स्यादः सर्वमांसादस्तस्मान्मत्स्यान्विवर्जयेत् ॥ १५ ॥
पाठीनरोहितावाद्यौ नियुक्तौ हव्यकव्ययोः ।
राजीवान्सिंहतुण्डांश्च सशल्कांश्चैव सर्वशः ॥ १६ ॥
न भक्षयेदेकचरानज्ञातांश्च मृगद्विजान् ।
भक्ष्येष्वपि समुद्दिष्टान्सर्वान्पञ्चनखांस्तथा ॥ १७ ॥

श्वाविधं शल्यकं गोधां खड्गकूर्मशशांस्तथा ।
भक्ष्यान्पञ्चनखेष्वाहुरनुष्ट्रांश्चैकतोदतः ॥ १८ ॥
छत्राकं विड्वराहं च लशुनं ग्रामकुक्कुटम् ।
पलाण्डुं गृञ्जनं चैव मत्या जग्ध्वा पतेद्द्विजः ॥ १९ ॥
अमत्यैतानि षड् जग्ध्वा कृच्छ्रं सांतपनं चरेत् ।
यतिचान्द्रायणं वापि शेषेषूपवसेदहः ॥ २० ॥
संवत्सरस्यैकमपि चरेत्कृच्छ्रं द्विजोत्तमः ।
अज्ञातभुक्तशुद्ध्यर्थं ज्ञातस्य तु विशेषतः ॥ २१ ॥
यज्ञार्थं ब्राह्मणैर्वध्याः प्रशस्ता मृगपक्षिणः ।
भृत्यानां चैव वृत्त्यर्थमगस्त्यो ह्याचरत्पुरा ॥ २२ ॥
बभूवुर्हि पुरोडाशा भक्ष्याणां मृगपक्षिणाम् ।
पुराणेष्वपि यज्ञेषु ब्रह्मक्षत्रसवेषु च ॥ २३ ॥
यत्किंचित्स्नेहसंयुक्तं भक्ष्यं भोज्यमगर्हितम् ।
तत्पर्युषितमप्याद्यं हविःशेषं च यद्भवेत् ॥ २४ ॥
चिरस्थितमपि त्वाद्यमस्नेहाक्तं द्विजातिभिः ।
यवगोधूमजं सर्वं पयसश्चैव विक्रियाः ॥ २५ ॥
एतदुक्तं द्विजातीनां भक्ष्याभक्ष्यमशेषतः ।
मांसस्यातः प्रवक्ष्यामि विधिं भक्षणवर्जने ॥ २६ ॥
प्रोक्षितं भक्षयेन्मांसं ब्राह्मणानां च काम्यया ।
यथाविधि नियुक्तस्तु प्राणानामेव चात्यये ॥ २७ ॥

प्राणस्यान्नमिदं सर्वं प्रजापतिरकल्पयत् ।
स्थावरं जङ्गमं चैव सर्वं प्राणस्य भोजनम् ॥ २८ ॥
चराणामन्नमचरा दंष्ट्रिणामप्यदंष्ट्रिणः ।
अहस्ताश्च सहस्तानां शूराणां चैव भीरवः ॥ २९ ॥
नात्ता दुष्यत्यदन्नाद्यान्प्राणिनोऽहन्यहन्यपि ।
धात्रैव सृष्टा ह्याद्याश्च प्राणिनोऽत्तार एव च ॥ ३० ॥
यज्ञाय जग्धिर्मांसस्येत्येष दैवो विधिः स्मृतः ।
अतोऽन्यथा प्रवृत्तिस्तु राक्षसो विधिरुच्यते ॥ ३१ ॥
क्रीत्वा स्वयं वाप्युत्पाद्य परोपहृतमेव वा ।
देवान्पितॄंश्चार्चयित्वा खादन्मांसं न दुष्यति ॥ ३२ ॥
नाद्यादविधिना मांसं विधिज्ञोऽनापदि द्विजः ।
जग्ध्वा ह्यविधिना मांसं प्रेतस्तैरद्यतेऽवशः ॥ ३३ ॥
न तादृशं भवत्येनो मृगहन्तुर्धनार्थिनः ।
यादृशं भवति प्रेत्य वृथामांसानि खादतः ॥ ३४ ॥
नियुक्तस्तु यथान्यायं यो मांसं नात्ति मानवः ।
स प्रेत्य पशुतां याति संभवानेकविंशतिम् ॥ ३५ ॥
असंस्कृतान्पशून्मन्त्रैर्नाद्याद्विप्रः कथंचन ।
मन्त्रैस्तु संस्कृतानद्याच्छाश्वतं विधिमास्थितः ॥ ३६ ॥
कुर्याद्घृतपशुं सङ्गे कुर्यात्पिष्टपशुं तथा ।
न त्वेव तु वृथा हन्तुं पशुमिच्छेत्कदाचन ॥ ३७ ॥

यावन्ति पशुरोमाणि तावत्कृत्वो ह मारणम् ।
वृथापशुघ्नः प्राप्नोति प्रेत्य जन्मनि जन्मनि ॥ ३८ ॥
यज्ञार्थं पशवः सृष्टाः स्वयमेव स्वयंभुवा ।
यज्ञोऽस्य भूत्यै सर्वस्य तस्माद्यज्ञे वधोऽवधः ॥ ३९ ॥
ओषध्यः पशवो वृक्षास्तिर्यञ्चः पक्षिणस्तथा ।
यज्ञार्थं निधनं प्राप्ताः प्राप्नुवन्त्युच्छ्रितीः पुनः ॥ ४० ॥
मधुपर्के च यज्ञे च पितृदैवतकर्मणि ।
अत्रैव पशवो हिंस्या नान्यत्रेत्यब्रवीन्मनुः ॥ ४१ ॥
एष्वर्थेषु पशून्हिंसन्वेदतत्त्वार्थविद्द्विजः ।
आत्मानं च पशूंश्चैव गमयत्युत्तमां गतिम् ॥ ४२ ॥
गृहे गुरावरण्ये वा निवसन्नात्मवान्द्विजः ।
नावेदविहितां हिंसामापद्यपि समाचरेत् ॥ ४३ ॥
या वेदविहिता हिंसा नियतास्मिंश्चराचरे ।
अहिंसामेव तां विद्याद्वेदाद्धर्मो हि निर्बभौ ॥ ४४ ॥
योऽहिंसकानि भूतानि हिनस्त्यात्मसुखेच्छया ।
स जीवंश्च मृतश्चैव न क्वचित्सुखमेधते ॥ ४५ ॥
यो बन्धनवधक्लेशान्प्राणिनां न चिकीर्षति ।
स सर्वस्य हितप्रेप्सुः सुखमत्यन्तमश्नुते ॥ ४६ ॥
यद्ध्यायति यत्कुरुते रतिं बध्नाति यत्र च ।
तदवाप्नोत्ययत्नेन यो हिनस्ति न किंचन ॥ ४७ ॥

नाकृत्वा प्राणिनां हिंसां मांसमुत्पद्यते क्वचित् ।
न च प्राणिवधः स्वर्ग्यस्तस्मान्मांसं विवर्जयेत् ॥ ४८ ॥
समुत्पत्तिं च मांसस्य वधबन्धौ च देहिनाम् ।
प्रसमीक्ष्य निवर्तेत सर्वमांसस्य भक्षणात् ॥ ४९ ॥
न भक्षयति यो मांसं विधिं हित्वा पिशाचवत् ।
स लोके प्रियतां याति व्याधिभिश्च न पीड्यते ॥ ५० ॥
अनुमन्ता विशसिता निहन्ता क्रयविक्रयी ।
संस्कर्ता चोपहर्ता च खादकश्चेति घातकाः ॥ ५१ ॥
स्वमांसं परमांसेन यो वर्धयितुमिच्छति ।
अनभ्यर्च्य पितॄन्देवान्न ततोऽन्योऽस्त्यपुण्यकृत् ॥ ५२ ॥
वर्षे वर्षेऽश्वमेधेन यो यजेत शतं समाः ।
मांसानि च न खादेद्यस्तयोः पुण्यफलं समम् ॥ ५३ ॥
फलमूलाशनैर्मेध्यैर्मुन्यन्नानां च भोजनैः ।
न तत्फलमवाप्नोति यन्मांसपरिवर्जनात् ॥ ५४ ॥
मां स भक्षयितामुत्र यस्य मांसमिहाद्म्यहम् ।
एतन्मांसस्य मांसत्वं प्रवदन्ति मनीषिणः ॥ ५५ ॥
न मांसभक्षणे दोषो न मद्ये न च मैथुने ।
प्रवृत्तिरेषा भूतानां निवृत्तिस्तु महाफला ॥ ५६ ॥
प्रेतशुद्धिं प्रवक्ष्यामि द्रव्यशुद्धिं तथैव च ।
चतुर्णामपि वर्णानां यथावदनुपूर्वशः ॥ ५७ ॥

दन्तजाते ऽनुजाते च कृतचूडे च संस्थिते ।
अशुद्धा बान्धवाः सर्वे सूतके च तथोच्यते ॥ ५८ ॥
दशाहं शावमाशौचं सपिण्डेषु विधीयते ।
अर्वाक्संचयनादस्थ्नां त्र्यहमेकाहमेव वा ॥ ५९ ॥
सपिण्डता तु पुरुषे सप्तमे विनिवर्तते ।
समानोदकभावस्तु जन्मनाम्नोरवेदने ॥ ६० ॥
[यथेदं शावमाशौचं सपिण्डेषु विधीयते ।]
जनने ऽप्येवमेव स्यान् [निपुणां शुद्धिमिच्छताम् ॥ ६१ ॥
सर्वेषां शावमाशौचं] मातापित्रोस्तु सूतकम् ।
सूतकं मातुरेव स्यादुपस्पृश्य पिता शुचिः ॥ ६२ ॥
निरस्य तु पुमाञ्छुक्रमुपस्पृश्यैव शुध्यति ।
बैजिकादभिसंबन्धादनुरुन्ध्यादघं त्र्यहम् ॥ ६३ ॥
अह्ना चैकेन रात्र्या च त्रिरात्रैरेव च त्रिभिः ।
शवस्पृशो विशुध्यन्ति त्र्यहादुदकदायिनः ॥ ६४ ॥
गुरोः प्रेतस्य शिष्यस्तु पितृमेधं समाचरन् ।
प्रेताहारैः समं तत्र दशरात्रेण शुध्यति ॥ ६५ ॥
रात्रिभिर्मासतुल्याभिर्गर्भस्रावे विशुध्यति ।
रजस्युपरते साध्वी स्नानेन स्त्री रजस्वला ॥ ६६ ॥
नृणामकृतचूडानां विशुद्धिर्नैशिकी स्मृता ।
निर्वृत्तचूडकानां तु त्रिरात्राच्छुद्धिरिष्यते ॥ ६७ ॥

ऊनद्विवार्षिकं प्रेतं निदध्युर्बान्धवा बहिः ।
अलंकृत्य शुचौ भूमावस्थिसंचयनादृते ॥ ६८ ॥
नास्य कार्यो ऽग्निसंस्कारो न च कार्योदकक्रिया ।
अरण्ये काष्ठवत्त्यक्त्वा क्षपेयुस्त्र्यहमेव च ॥ ६९ ॥
नात्रिवर्षस्य कर्तव्या बान्धवैरुदकक्रिया ।
जातदन्तस्य वा कुर्युर्नाम्नि वापि कृते सति ॥ ७० ॥
सब्रह्मचारिण्येकाहमतीते क्षपणं स्मृतम् ।
जन्मन्येकोदकानां तु त्रिरात्राच्छुद्धिरिष्यते ॥ ७१ ॥
स्त्रीणामसंस्कृतानां तु त्र्यहाच्छुध्यन्ति बान्धवाः ।
यथोक्तेनैव कल्पेन शुध्यन्ति तु सनाभयः ॥ ७२ ॥
अक्षारलवणान्नाः स्युर्निमज्जेयुश्च ते त्र्यहम् ।
मांसाशनं च नाश्नीयुः शयीरंश्च पृथक् क्षितौ ॥ ७३ ॥
संनिधावेष वै कल्पः शावाशौचस्य कीर्तितः ।
असंनिधावयं ज्ञेयो विधिः संबन्धिबान्धवैः ॥ ७४ ॥
विगतं तु विदेशस्थं शृणुयाद्यो ह्यनिर्दशम् ।
यच्छेषं दशरात्रस्य तावदेवाशुचिर्भवेत् ॥ ७५ ॥
अतिक्रान्ते दशाहे तु त्रिरात्रमशुचिर्भवेत् ।
संवत्सरे व्यतीते तु स्पृष्ट्वैवापो विशुध्यति ॥ ७६ ॥
निर्दशं ज्ञातिमरणं श्रुत्वा पुत्रस्य जन्म च ।
सवासा जलमाप्लुत्य शुद्धो भवति मानवः ॥ ७७ ॥

बाले देशान्तरस्थे च पृथक्पिण्डे च संस्थिते ।
सवासा जलमाप्लुत्य सद्य एव विशुध्यति ॥ ७८ ॥
अन्तर्दशाहे स्यातां चेत्पुनर्मरणजन्मनी ।
तावत्स्यादशुचिर्विप्रो यावत्तत्स्यादनिर्दशम् ॥ ७९ ॥
त्रिरात्रमाहुराशौचमाचार्ये संस्थिते सति ।
तस्य पुत्रे च पत्न्यां च दिवारात्रमिति स्थितिः ॥ ८० ॥
श्रोत्रिये तूपसंपन्ने त्रिरात्रमशुचिर्भवेत् ।
मातुले पक्षिणीं रात्रिं शिष्यर्त्विग्बान्धवेषु च ॥ ८१ ॥
प्रेते राजनि सज्योतिर्यस्य स्याद्विषये स्थितः ।
अश्रोत्रिये त्वहः कृत्स्नमनूचाने तथा गुरौ ॥ ८२ ॥
शुध्येद्विप्रो दशाहेन द्वादशाहेन भूमिपः ।
वैश्यः पञ्चदशाहेन शूद्रो मासेन शुध्यति ॥ ८३ ॥
न वर्धयेदघाहानि प्रत्यूहेन्नाग्निषु क्रियाः ।
न च तत्कर्म कुर्वाणः सनाभ्योऽप्यशुचिर्भवेत् ॥ ८४ ॥
दिवाकीर्तिमुदक्यां च पतितं सूतिकां तथा ।
शवं तत्स्पृष्टिनं चैव स्पृष्ट्वा स्नानेन शुध्यति ॥ ८५ ॥
आचम्य प्रयतो नित्यं जपेदशुचिदर्शने ।
सौरान्मन्त्रान्यथोत्साहं पावमानीश्च शक्तितः ॥ ८६ ॥
नारं स्पृष्ट्वास्थि सस्नेहं स्नात्वा विप्रो विशुध्यति ।
आचम्यैव तु निःस्नेहं गामालभ्यार्कमीक्ष्य वा ॥ ८७ ॥

आदिष्टी नोदकं कुर्यादा व्रतस्य समापनात् ।
समाप्ते तूदकं कृत्वा त्रिरात्रेणैव शुध्यति ॥ ८८ ॥
वृथासंकरजातानां प्रव्रज्यासु च तिष्ठताम् ।
आत्मनस्त्यागिनां चैव निवर्तेतोदकक्रिया ॥ ८९ ॥
पाषण्डमाश्रितानां च चरन्तीनां च कामतः ।
गर्भभर्तृद्रुहां चैव सुरापीनां च योषिताम् ॥ ९० ॥
आचार्यं स्वमुपाध्यायं पितरं मातरं गुरुम् ।
निर्हृत्य तु व्रती प्रेतान्न व्रतेन वियुज्यते ॥ ९१ ॥
दक्षिणेन मृतं शूद्रं पुरद्वारेण निर्हरेत् ।
पश्चिमोत्तरपूर्वैस्तु यथायोगं द्विजन्मनः ॥ ९२ ॥
न राज्ञामघदोषोऽस्ति व्रतिनां न च सत्त्रिणाम् ।
ऐन्द्रं स्थानमुपासीना ब्रह्मभूता हि ते सदा ॥ ९३ ॥
राज्ञो माहात्मिके स्थाने सद्यः शौचं विधीयते ।
प्रजानां परिरक्षार्थमासनं चात्र कारणम् ॥ ९४ ॥
डिम्बाहवहतानां च विद्युता पार्थिवेन च ।
गोब्राह्मणस्य चैवार्थे यस्य चेच्छति पार्थिवः ॥ ९५ ॥
सोमाग्न्यर्कानिलेन्द्राणां वित्ताप्पत्योर्यमस्य च ।
अष्टानां लोकपालानां वपुर्धारयते नृपः ॥ ९६ ॥
लोकेशाधिष्ठितो राजा नास्याशौचं विधीयते ।
शौचाशौचं हि मर्त्यानां लोकेशप्रभवाप्ययम् ॥ ९७ ॥

उद्यतैराहवे शस्त्रैः क्षत्रधर्महतस्य च ।
सद्यः संतिष्ठते यज्ञस्तथा शौचमिति स्थितिः ॥ ९८ ॥
विप्रः शुध्यत्यपः स्पृष्ट्वा क्षत्रियो वाहनायुधम् ।
वैश्यः प्रतोदं रश्मीन्वा यष्टिं शूद्रः कृतक्रियः ॥ ९९ ॥
एतद्वोऽभिहितं शौचं सपिण्डेषु द्विजोत्तमाः ।
असपिण्डेषु सर्वेषु प्रेतशुद्धिं निबोधत ॥ १०० ॥
असपिण्डं द्विजं प्रेतं विप्रो निर्हृत्य बन्धुवत् ।
विशुध्यति त्रिरात्रेण मातुराप्तांश्च बान्धवान् ॥ १०१ ॥
यद्यन्नमत्ति तेषां तु दशाहेनैव शुध्यति ।
अनदन्नन्नमह्नैव न चेत्तस्मिन्गृहे वसेत् ॥ १०२ ॥
अनुगम्येच्छया प्रेतं ज्ञातिमज्ञातिमेव वा ।
स्नात्वा सचैलः स्पृष्ट्वाग्निं घृतं प्राश्य विशुध्यति ॥ १०३ ॥
न विप्रं स्वेषु तिष्ठत्सु मृतं शूद्रेण नाययेत् ।
अस्वर्ग्या ह्याहुतिः सा स्याच्छूद्रसंस्पर्शदूषिता ॥ १०४ ॥
ज्ञानं तपोऽग्निराहारो मृन्मनो वार्युपाञ्जनम् ।
वायुः कर्मार्ककालौ च शुद्धेः कर्तॄणि देहिनाम् ॥ १०५ ॥
सर्वेषामेव शौचानामर्थशौचं परं स्मृतम् ।
योऽर्थे शुचिर्हि स शुचिर्न मृद्वारिशुचिः शुचिः ॥ १०६ ॥
क्षान्त्या शुध्यन्ति विद्वांसो दानेनाकार्यकारिणः ।
प्रच्छन्नपापा जप्येन तपसा वेदवित्तमाः ॥ १०७ ॥

मृत्तोयैः शुध्यते शोध्यं नदी वेगेन शुध्यति ।
रजसा स्त्री मनोदुष्टा संन्यासेन द्विजोत्तमः ॥ १०८ ॥
अद्भिर्गात्राणि शुध्यन्ति मनः सत्येन शुध्यति ।
विद्यातपोभ्यां भूतात्मा बुद्धिर्ज्ञानेन शुध्यति ॥ १०९ ॥
एष शौचस्य वः प्रोक्तः शारीरस्य विनिर्णयः ।
नानाविधानां द्रव्याणां शुद्धेः शृणुत निर्णयम् ॥ ११० ॥
तैजसानां मणीनां च सर्वस्याश्ममयस्य च ।
भस्मनाद्भिर्मृदा चैव शुद्धिरुक्ता मनीषिभिः ॥ १११ ॥
निर्लेपं काञ्चनं भाण्डमद्भिरेव विशुध्यति ।
अब्जमश्ममयं चैव राजतं चानुपस्कृतम् ॥ ११२ ॥
अपामग्नेश्च संयोगाद्धेम रूप्यं च निर्बभौ ।
तस्मात्तयोः स्वयोन्यैव निर्णेको गुणवत्तरः ॥ ११३ ॥
ताम्रायःकांस्यरैत्यानां त्रपुणः सीसकस्य च ।
शौचं यथार्हं कर्तव्यं क्षाराम्लोदकवारिभिः ॥ ११४ ॥
द्रवाणां चैव सर्वेषां शुद्धिरुत्पवनं स्मृतम् ।
प्रोक्षणं संहतानां च दारवाणां च तक्षणम् ॥ ११५ ॥
मार्जनं यज्ञपात्राणां पाणिना यज्ञकर्मणि ।
चमसानां ग्रहाणां च शुद्धिः प्रक्षालनेन तु ॥ ११६ ॥
चरूणां स्रुक्स्रुवाणां च शुद्धिरुष्णेन वारिणा ।
स्फ्यशूर्पशकटानां च मुसलोलूखलस्य च ॥ ११७ ॥

अद्भिस्तु प्रोक्षणं शौचं बहूनां धान्यवाससम्।
प्रक्षालनेन त्वल्पानामद्भिः शौचं विधीयते॥ ११८॥
चैलवच्चर्मणां शुद्धिर्वैदलानां तथैव च।
शाकमूलफलानां च धान्यवच्छुद्धिरिष्यते॥ ११९॥
कौशेयाविकयोरूषैः कुतपानामरिष्टकैः।
श्रीफलैरंशुपट्टानां क्षौमाणां गौरसर्षपैः॥ १२०॥
क्षौमवच्छङ्खशृङ्गाणामस्थिदन्तमयस्य च।
शुद्धिर्विजानता कार्या गोमूत्रेणोदकेन वा॥ १२१॥
प्रोक्षणात्तृणकाष्ठं च पलालं चैव शुध्यति।
मार्जनोपाञ्जनैर्वेश्म पुनःपाकेन मृन्मयम्॥ १२२॥
मद्यैर्मूत्रपुरीषैर्वा ष्ठीवनैः पूयशोणितैः।
संस्पृष्टं नैव शुध्येत पुनःपाकेन मृन्मयम्॥ १२३॥
संमार्जनेनाञ्जनेन सेकेनोल्लेखनेन च।
गवां च परिवासेन भूमिः शुध्यति पञ्चभिः॥ १२४॥
पक्षिजग्धं गवा घ्रातमवधूतमवक्षुतम्।
दूषितं केशकीटैश्च मृत्प्रक्षेपेण शुध्यति॥ १२५॥
यावन्नापैत्यमेध्याक्ताद्गन्धो लेपश्च तत्कृतः।
तावन्मृद्वारि चादेयं सर्वासु द्रव्यशुद्धिषु॥ १२६॥
त्रीणि देवाः पवित्राणि ब्राह्मणानामकल्पयन्।
अदृष्टमद्भिर्निर्णिक्तं यच्च वाचा प्रशस्यते॥ १२७॥

आपः शुद्धा भूमिगता वैतृष्ण्यं यासु गोर्भवेत्।
अव्याप्ताश्चेदमेध्येन गन्धवर्णरसान्विताः॥ १२८॥
नित्यं शुद्धः कारुहस्तः पण्यं यच्च प्रसारितम्।
ब्रह्मचारिगतं भैक्षं नित्यं मेध्यमिति स्थितिः॥ १२९॥
नित्यमास्यं शुचि स्त्रीणां शकुनिः फलपातने।
प्रस्रवे च शुचिर्वत्सः श्वा मृगग्रहणे शुचिः॥ १३०॥
श्वभिर्हतस्य यन्मांसं शुचि तन्मनुरब्रवीत्।
क्रव्याद्भिश्च हतस्यान्यैश्चण्डालाद्यैश्च दस्युभिः॥ १३१॥
ऊर्ध्वं नाभेर्यानि खानि तानि मेध्यानि सर्वशः।
यान्यधस्तान्यमेध्यानि देहाच्चैव मलाश्च्युताः॥ १३२॥
मक्षिका विप्रुषश्छाया गौरश्वः सूर्यरश्मयः।
रजो भूर्वायुरग्निश्च स्पर्शे मेध्यानि निर्दिशेत्॥ १३३॥
विण्मूत्रोत्सर्गशुद्ध्यर्थं मृद्वार्यादेयमर्थवत्।
दैहिकानां मलानां च शुद्धिषु द्वादशस्वपि॥ १३४॥
वसा शुक्रमसृङ् मज्जा मूत्रविड्घ्राणकर्णविण्नखाः।
श्लेष्माश्रु दूषिका स्वेदो द्वादशैते नृणां मलाः॥ १३५॥
एका लिङ्गे गुदे तिस्रस्तथैकत्र करे दश।
उभयोः सप्त दातव्या मृदः शुद्धिमभीप्सता॥ १३६॥
एतच्छौचं गृहस्थानां द्विगुणं ब्रह्मचारिणाम्।
त्रिगुणं स्याद्वनस्थानां यतीनां तु चतुर्गुणम्॥ १३७॥

कृत्वा मूत्रं पुरीषं वा खान्याचान्त उपस्पृशेत् ।
वेदमध्येष्यमाणश्च अन्नमश्नंश्च सर्वदा ॥ १३८ ॥
त्रिराचामेदपः पूर्वं द्विः प्रमृज्यात्ततो मुखम् ।
शारीरं शौचमिच्छन्हि स्त्रीशूद्रं तु सकृत्सकृत् ॥ १३९ ॥
शूद्राणां मासिकं कार्यं वपनं न्यायवर्तिनाम् ।
वैश्यवच्छौचकल्पश्च द्विजोच्छिष्टं च भोजनम् ॥ १४० ॥
नोच्छिष्टं कुर्वते मुख्या विप्रुषोऽङ्गं न यन्ति याः ।
न श्मश्रूणि गतान्यास्यं न दन्तान्तरधिष्ठितम् ॥ १४१ ॥
स्पृशन्ति बिन्दवः पादौ य आचामयतः परान् ।
भौमिकैस्ते समा ज्ञेया न तैरप्रयतो भवेत् ॥ १४२ ॥
उच्छिष्टेन तु संस्पृष्टो द्रव्यहस्तः कथंचन ।
अनिधायैव तद्द्रव्यमाचान्तः शुचितामियात् ॥ १४३ ॥
वान्तो विरिक्तः स्नात्वा तु घृतप्राशनमाचरेत् ।
आचामेदेव भुक्त्वान्नं स्नानं मैथुनिनः स्मृतम् ॥ १४४ ॥
सुप्त्वा क्षुत्वा च भुक्त्वा च निष्ठीव्योक्त्वानृतानि च ।
पीत्वापोऽध्येष्यमाणश्च आचामेत्प्रयतोऽपि सन् ॥ १४५ ॥
एष शौचविधिः कृत्स्नो द्रव्यशुद्धिस्तथैव च ।
उक्तो वः सर्ववर्णानां स्त्रीणां धर्मं निबोधत ॥ १४६ ॥
बालया वा युवत्या वा वृद्धया वापि योषिता ।
न स्वातन्त्र्येण कर्तव्यं किंचित्कार्यं गृहेष्वपि ॥ १४७ ॥

बाल्ये पितुर्वशे तिष्ठेत्पाणिग्राहस्य यौवने।
पुत्राणां भर्तरि प्रेते न भजेत्स्त्री स्वतन्त्रताम् ॥ १४८ ॥
पित्रा भर्त्रा सुतैर्वापि नेच्छेद्विरहमात्मनः।
एषां हि विरहेण स्त्री गर्ह्ये कुर्यादुभे कुले ॥ १४९ ॥
सदा प्रहृष्टया भाव्यं गृहकार्येषु दक्षया।
सुसंस्कृतोपस्करया व्यये चामुक्तहस्तया ॥ १५० ॥
यस्मै दद्यात्पिता त्वेनां भ्राता वानुमते पितुः।
तं शुश्रूषेत जीवन्तं संस्थितं च न लङ्घयेत् ॥ १५१ ॥
मङ्गलार्थं स्वस्त्ययनं यज्ञश्चासां प्रजापतेः।
प्रयुज्यते विवाहेषु प्रदानं स्वाम्यकारकम् ॥ १५२ ॥
अनृतावृतुकाले च मन्त्रसंस्कारकृत्पतिः।
सुखस्य नित्यं दातेह परलोके च योषितः ॥ १५३ ॥
विशीलः कामवृत्तो वा गुणैर्वा परिवर्जितः।
उपचर्यः स्त्रिया साध्व्या सततं देववत्पतिः ॥ १५४ ॥
नास्ति स्त्रीणां पृथग्यज्ञो न व्रतं नाप्युपोषणम्।
पतिं शुश्रूषते येन तेन स्वर्गे महीयते ॥ १५५ ॥
पाणिग्राहस्य साध्वी स्त्री जीवतो वा मृतस्य वा।
पतिलोकमभीप्सन्ती नाचरेत्किंचिदप्रियम् ॥ १५६ ॥
कामं तु क्षपयेद्देहं पुष्पमूलफलैः शुभैः।
न तु नामापि गृह्णीयात्पत्यौ प्रेते परस्य तु ॥ १५७ ॥

आसीता मरणात्क्षान्ता नियता ब्रह्मचारिणी ।
यो धर्म एकपत्नीनां काङ्क्षन्ती तमनुत्तमम् ॥ १५८ ॥
अनेकानि सहस्राणि कुमारब्रह्मचारिणाम् ।
दिवं गतानि विप्राणामकृत्वा कुलसंततिम् ॥ १५९ ॥
मृते भर्तरि साध्वी स्त्री ब्रह्मचर्ये व्यवस्थिता ।
स्वर्गं गच्छत्यपुत्रापि यथा ते ब्रह्मचारिणः ॥ १६० ॥
अपत्यलोभाद्या तु स्त्री भर्तारमतिवर्तते ।
सेह निन्दामवाप्नोति पतिलोकाच्च हीयते ॥ १६१ ॥
नान्योत्पन्ना प्रजास्तीह न चाप्यन्यपरिग्रहे ।
न द्वितीयश्च साध्वीनां क्वचिद्भर्तोपदिश्यते ॥ १६२ ॥
पतिं हित्वापकृष्टं स्वमुत्कृष्टं या निषेवते ।
निन्द्यैव सा भवेल्लोके परपूर्वेति चोच्यते ॥ १६३ ॥
व्यभिचारात्तु भर्तुः स्त्री लोके प्राप्नोति निन्द्यताम् ।
सृगालयोनिं चाप्नोति पापरोगैश्च पीड्यते ॥ १६४ ॥
पतिं या नाभिचरति मनोवाग्देहसंयता ।
सा भर्तृलोकमाप्नोति सद्भिः साध्वीति चोच्यते ॥ १६५ ॥
अनेन नारी वृत्तेन मनोवाग्देहसंयता ।
इहाग्र्यां कीर्तिमाप्नोति पतिलोकं परत्र च ॥ १६६ ॥
एवंवृत्तां सवर्णां स्त्रीं द्विजातिः पूर्वमारिणीम् ।
दाहयेदग्निहोत्रेण यज्ञपात्रैश्च धर्मवित् ॥ १६७ ॥

भार्यायै पूर्वमारिण्यै दत्त्वाग्नीनन्त्यकर्मणि ।
पुनर्दारक्रियां कुर्यात्पुनराधानमेव च ॥ १६८ ॥
अनेन विधिना नित्यं पञ्च यज्ञान्न हापयेत् ।
द्वितीयमायुषो भागं कृतदारो गृहे वसेत् ॥ १६९ ॥

॥ इति मानवे धर्मशास्त्रे भृगुप्रोक्ते पञ्चमोऽध्यायः ॥

एवं गृहाश्रमे स्थित्वा विधिवत्स्नातको द्विजः ।
वने वसेत्तु नियतो यथावद्विजितेन्द्रियः ॥ १ ॥

गृहस्थस्तु यदा पश्येद्वलीपलितमात्मनः ।
अपत्यस्यैव चापत्यं तदारण्यं समाश्रयेत् ॥ २ ॥

संत्यज्य ग्राम्यमाहारं सर्वं चैव परिच्छदम् ।
पुत्रेषु भार्यां निक्षिप्य वनं गच्छेत्सहैव वा ॥ ३ ॥

अग्निहोत्रं समादाय गृह्यं चाग्निपरिच्छदम् ।
ग्रामादरण्यं निःसृत्य निवसेन्नियतेन्द्रियः ॥ ४ ॥

मुन्यन्नैर्विविधैर्मेध्यैः शाकमूलफलेन वा ।
एतानेव महायज्ञान्निर्वपेद्विधिपूर्वकम् ॥ ५ ॥

वसीत चर्म चीरं वा सायं स्नायात्प्रगे तथा ।
जटाश्च बिभृयान्नित्यं श्मश्रुलोमनखांस्तथा ॥ ६ ॥

यद्भक्ष्यं स्यात्ततो दद्याद्बलिं भिक्षां च शक्तितः ।
अम्मूलफलभिक्षाभिरर्चयेदाश्रमागतान् ॥ ७ ॥
स्वाध्याये नित्ययुक्तः स्याद्दान्तो मैत्रः समाहितः ।
दाता नित्यमनादाता सर्वभूतानुकम्पकः ॥ ८ ॥
वैतानिकं च जुहुयादग्निहोत्रं यथाविधि ।
दर्शमस्कन्दयन्पर्व पौर्णमासं च योगतः ॥ ९ ॥
ऋक्षेष्ट्याग्रयणं चैव चातुर्मास्यानि चाहरेत् ।
तुरायणं च क्रमशो दक्षस्यायनमेव च ॥ १० ॥
वासन्तशारदैर्मेध्यैर्मुन्यन्नैः स्वयमाहृतैः ।
पुरोडाशांश्चरूंश्चैव विधिवन्निर्वपेत्पृथक् ॥ ११ ॥
देवताभ्यश्च तद्भुत्वा वन्यं मेध्यतरं हविः ।
शेषमात्मनि युञ्जीत लवणं च स्वयंकृतम् ॥ १२ ॥
स्थलजौदकशाकानि पुष्पमूलफलानि च ।
मेध्यवृक्षोद्भवान्यद्यात्स्नेहांश्च फलसंभवान् ॥ १३ ॥
वर्जयेन्मधुमांसानि भौमानि कवकानि च ।
भूस्तृणं शिग्रुकं चैव श्लेष्मातकफलानि च ॥ १४ ॥
त्यजेदाश्वयुजे मासि मुन्यन्नं पूर्वसंचितम् ।
जीर्णानि चैव वासांसि शाकमूलफलानि च ॥ १५ ॥
न फालकृष्टमश्नीयादुत्सृष्टमपि केनचित् ।
न ग्रामजातान्यार्तोऽपि पुष्पाणि च फलानि च ॥ १६ ॥

अग्निपक्काशनो वा स्यात्कालपक्कभुगेव वा।
अश्मकुट्टो भवेद्वापि दन्तोलूखलिकस्तथा॥ १७॥
सद्यःप्रक्षालको वा स्यान्माससंचयिको ऽपि वा।
षण्मासनिचयो वा स्यात्समानिचय एव वा॥ १८॥
नक्तं वान्नं समश्नीयाद्दिवा वाहृत्य शक्तितः।
चतुर्थकालिको वा स्यात्स्याद्वाप्यष्टमकालिकः॥ १९॥
चान्द्रायणविधानैर्वा शुक्ले कृष्णे च वर्तयेत्।
पक्षान्तयोर्वाप्यश्नीयाद्यवागूं क्वथितां सकृत्॥ २०॥
पुष्पमूलफलैर्वापि केवलैर्वर्तयेत्सदा।
कालपक्वैः स्वयंशीर्णैर्वैखानसमते स्थितः॥ २१॥
भूमौ विपरिवर्तेत तिष्ठेद्वा प्रपदैर्दिनम्।
स्थानासनाभ्यां विहरेत्सवनेषूपयन्नपः॥ २२॥
ग्रीष्मे पञ्चतपास्तु स्याद्वर्षास्वभ्रावकाशिकः।
आर्द्रवासास्तु हेमन्ते क्रमशो वर्धयंस्तपः॥ २३॥
उपस्पृशंस्त्रिषवणं पितॄन्देवांश्च तर्पयेत्।
तपश्चरंश्चोग्रतरं शोषयेद्देहमात्मनः॥ २४॥
अग्नींश्चात्मनि वैतानान्समारोप्य यथाविधि।
अनग्निरनिकेतः स्यान्मुनिर्मूलफलाशनः॥ २५॥
अप्रयत्नः सुखार्थेषु ब्रह्मचारी धराशयः।
शरणेष्वममश्चैव वृक्षमूलनिकेतनः॥ २६॥

तापसेष्वेव विप्रेषु याचिकं भैक्षमाहरेत् ।
गृहमेधिषु चान्येषु द्विजेषु वनवासिषु ॥ २७ ॥
ग्रामादाहृत्य वाश्नीयादष्टौ ग्रासान्वने वसन् ।
प्रतिगृह्य पुटेनैव पाणिना शकलेन वा ॥ २८ ॥
एताश्चान्याश्च सेवेत दीक्षा विप्रो वने वसन् ।
विविधाश्चौपनिषदीरात्मसंसिद्धये श्रुतीः ॥ २९ ॥
ऋषिभिर्ब्राह्मणैश्चैव गृहस्थैरेव सेविताः ।
विद्यातपोविवृद्ध्यर्थं शरीरस्य च शुद्धये ॥ ३० ॥
अपराजितां वास्थाय व्रजेद्दिशमजिह्मगः ।
आ निपाताच्छरीरस्य युक्तो वार्यनिलाशनः ॥ ३१ ॥
आसां महर्षिचर्याणां त्यक्त्वान्यतमया तनुम् ।
वीतशोकभयो विप्रो ब्रह्मलोके महीयते ॥ ३२ ॥
वनेषु तु विहृत्यैवं तृतीयं भागमायुषः ।
चतुर्थमायुषो भागं त्यक्त्वा सङ्गान्परिव्रजेत् ॥ ३३ ॥
आश्रमादाश्रमं गत्वा हुतहोमो जितेन्द्रियः ।
भिक्षाबलिपरिश्रान्तः प्रव्रजन्प्रेत्य वर्धते ॥ ३४ ॥
ऋणानि त्रीण्यपाकृत्य मनो मोक्षे निवेशयेत् ।
अनपाकृत्य मोक्षं तु सेवमानो व्रजत्यधः ॥ ३५ ॥
अधीत्य विधिवद्वेदान्पुत्रांश्चोत्पाद्य धर्मतः ।
इष्ट्वा च शक्तितो यज्ञैर्मनो मोक्षे निवेशयेत् ॥ ३६ ॥

अनधीत्य द्विजो वेदाननुत्पाद्य तथा प्रजाम् ।
अनिष्ट्वा चैव यज्ञैश्च मोक्षमिच्छन्व्रजत्यधः ॥ ३७ ॥
प्राजापत्यां निरूप्येष्टिं सर्ववेदसदक्षिणां ।
आत्मन्यग्नीन्समारोप्य ब्राह्मणः प्रव्रजेद्गृहात् ॥ ३८ ॥
यो दत्त्वा सर्वभूतेभ्यः प्रव्रजत्यभयं गृहात् ।
तस्य तेजोमया लोका भवन्ति ब्रह्मवादिनः ॥ ३९ ॥
यस्मादण्वपि भूतानां द्विजान्नोत्पद्यते भयम् ।
तस्य देहाद्विमुक्तस्य भयं नास्ति कुतश्चन ॥ ४० ॥
आगारादभिनिष्क्रान्तः पवित्रोपचितो मुनिः ।
समुपोढेषु कामेषु निरपेक्षः परिव्रजेत् ॥ ४१ ॥
एक एव चरेन्नित्यं सिद्ध्यर्थमसहायवान् ।
सिद्धिमेकस्य संपश्यन्न जहाति न हीयते ॥ ४२ ॥
अनग्निरनिकेतः स्याद्ग्राममन्नार्थमाश्रयेत् ।
उपेक्षकोऽसंकसुको मुनिर्भावसमाहितः ॥ ४३ ॥
कपालं वृक्षमूलानि कुचेलमसहायता ।
समता चैव सर्वस्मिन्नेतन्मुक्तस्य लक्षणम् ॥ ४४ ॥
नाभिनन्देत मरणं नाभिनन्देत जीवितम् ।
कालमेव प्रतीक्षेत निर्वेशं भृतको यथा ॥ ४५ ॥
दृष्टिपूतं न्यसेत्पादं वस्त्रपूतं जलं पिबेत् ।
सत्यपूतां वदेद्वाचं मनःपूतं समाचरेत् ॥ ४६ ॥

अतिवादांस्तितिक्षेत नावमन्येत कंचन ।
न चेमं देहमाश्रित्य वैरं कुर्वीत केनचित् ॥ ४७ ॥
क्रुध्यन्तं न प्रतिक्रुध्येदाक्रुष्टः कुशलं वदेत् ।
सप्तद्वारावकीर्णां च न वाचमनृतां वदेत् ॥ ४८ ॥
अध्यात्मरतिरासीनो निरपेक्षो निरामिषः ।
आत्मनैव सहायेन सुखार्थी विचरेदिह ॥ ४९ ॥
न चोत्पातनिमित्ताभ्यां न नक्षत्राङ्गविद्यया ।
नानुशासनवादाभ्यां भिक्षां लिप्सेत कर्हिचित् ॥ ५० ॥
न तापसैर्ब्राह्मणैर्वा वयोभिरपि वा श्वभिः ।
आकीर्णं भिक्षुकैर्वान्यैरागारमुपसंव्रजेत् ॥ ५१ ॥
क्लृप्तकेशनखश्मश्रुः पात्री दण्डी कुसुम्भवान् ।
विचरेन्नियतो नित्यं सर्वभूतान्यपीडयन् ॥ ५२ ॥
अतैजसानि पात्राणि तस्य स्युर्निर्व्रणानि च ।
तेषामद्भिः स्मृतं शौचं चमसानामिवाध्वरे ॥ ५३ ॥
अलाबुं दारुपात्रं च मृन्मयं वैदलं तथा ।
एतानि यतिपात्राणि मनुः स्वायंभुवोऽब्रवीत् ॥ ५४ ॥
एककालं चरेद्भैक्षं न प्रसज्जेत विस्तरे ।
भैक्षे प्रसक्तो हि यतिर्विषयेष्वपि सज्जति ॥ ५५ ॥
विधूमे सन्नमुसले व्यङ्गारे भुक्तवज्जने ।
वृत्ते शरावसंपाते भिक्षां नित्यं यतिश्चरेत् ॥ ५६ ॥

अलाभे न विषादी स्याल्लाभश्चैनं न हर्षयेत् ।
प्राणयात्रिकमात्रः स्यान्मात्रासङ्गाद्विनिर्गतः ॥ ५७ ॥
अभिपूजितलाभांस्तु जुगुप्सेतैव सर्वशः ।
अभिपूजितलाभैश्च यतिर्मुक्तोऽपि बध्यते ॥ ५८ ॥
अल्पान्नाभ्यवहारेण रहःस्थानासनेन च ।
ह्रियमाणानि विषयैरिन्द्रियाणि निवर्तयेत् ॥ ५९ ॥
इन्द्रियाणां निरोधेन रागद्वेषक्षयेण च ।
अहिंसया च भूतानाममृतत्वाय कल्पते ॥ ६० ॥
अवेक्षेत गतीर्नॄणां कर्मदोषसमुद्भवाः ।
निरये चैव पतनं यातनाश्च यमक्षये ॥ ६१ ॥
विप्रयोगं प्रियैश्चैव संयोगं च तथाप्रियैः ।
जरया चाभिभवनं व्याधिभिश्चोपपीडनम् ॥ ६२ ॥
देहादुत्क्रमणं चास्मात्पुनर्गर्भे च संभवम् ।
योनिकोटिसहस्रेषु सृतीश्चास्यान्तरात्मनः ॥ ६३ ॥
अधर्मप्रभवं चैव दुःखयोगं शरीरिणाम् ।
धर्मार्थप्रभवं चैव सुखसंयोगमक्षयम् ॥ ६४ ॥
सूक्ष्मतां चान्ववेक्षेत योगेन परमात्मनः ।
देहेषु चैवोपपत्तिमुत्तमेष्वधमेषु च ॥ ६५ ॥
भूषितोऽपि चरेद्धर्मं यत्र तत्राश्रमे वसन् ।
समः सर्वेषु भूतेषु न लिङ्गं धर्मकारणम् ॥ ६६ ॥

फलं कतकवृक्षस्य यद्यप्यम्बुप्रसादकम् ।
न नामग्रहणादेव तस्य वारि प्रसीदति ॥ ६७ ॥
संरक्षणार्थं जन्तूनां रात्रावहनि वा सदा ।
शरीरस्यात्यये चैव समीक्ष्य वसुधां चरेत् ॥ ६८ ॥
अह्ना रात्र्या च याञ्जन्तून्हिनस्त्यज्ञानतो यतिः ।
तेषां स्नात्वा विशुद्ध्यर्थं प्राणायामान् षडाचरेत् ॥ ६९ ॥
प्राणायामा ब्राह्मणस्य त्रयोऽपि विधिवत्कृताः ।
व्याहृतिप्रणवैर्युक्ता विज्ञेयं परमं तपः ॥ ७० ॥
दह्यन्ते ध्मायमानानां धातूनां हि यथा मलाः ।
तथेन्द्रियाणां दह्यन्ते दोषाः प्राणस्य निग्रहात् ॥ ७१ ॥
प्राणायामैर्दहेद्दोषान्धारणाभिश्च किल्बिषम् ।
प्रत्याहारेण संसर्गान्ध्यानेनानीश्वरान्गुणान् ॥ ७२ ॥
उच्चावचेषु भूतेषु दुर्ज्ञेयामकृतात्मभिः ।
ध्यानयोगेन संपश्येद्गतिमस्यान्तरात्मनः ॥ ७३ ॥
सम्यग्दर्शनसंपन्नः कर्मभिर्न निबध्यते ।
दर्शनेन विहीनस्तु संसारं प्रतिपद्यते ॥ ७४ ॥
अहिंसयेन्द्रियासङ्गैर्वैदिकैश्चैव कर्मभिः ।
तपसश्चरणैश्चोग्रैः साधयन्तीह तत्पदम् ॥ ७५ ॥
अस्थिस्थूणं स्नायुयुतं मांसशोणितलेपनम् ।
चर्मावनद्धं दुर्गन्धि पूर्णं मूत्रपुरीषयोः ॥ ७६ ॥

जराशोकसमाविष्टं रोगायतनमातुरम् ।
रजस्वलमनित्यं च भूतावासमिमं त्यजेत् ॥ ७७ ॥
नदीकूलं यथा वृक्षो वृक्षं वा शकुनिर्यथा ।
तथा त्यजन्निमं देहं कृच्छ्राद्ग्राहाद्विमुच्यते ॥ ७८ ॥
प्रियेषु स्वेषु सुकृतमप्रियेषु च दुष्कृतम् ।
विसृज्य ध्यानयोगेन ब्रह्माभ्येति सनातनम् ॥ ७९ ॥
यदा भावेन भवति सर्वभावेषु निःस्पृहः ।
तदा सुखमवाप्नोति प्रेत्य चेह च शाश्वतम् ॥ ८० ॥
अनेन विधिना सर्वांस्त्यक्त्वा सङ्गाञ्छनैः शनैः ।
सर्वद्वंद्वविनिर्मुक्तो ब्रह्मण्येवावतिष्ठते ॥ ८१ ॥
ध्यानिकं सर्वमेवैतद्यदेतदभिशब्दितम् ।
न ह्यनध्यात्मवित्कश्चित्क्रियाफलमुपाश्नुते ॥ ८२ ॥
अधियज्ञं ब्रह्म जपेदाधिदैविकमेव च ।
आध्यात्मिकं च सततं वेदान्ताभिहितं च यत् ॥ ८३ ॥
इदं शरणमज्ञानामिदमेव विजानताम् ।
इदमन्विच्छतां स्वर्गमिदमानन्त्यमिच्छताम् ॥ ८४ ॥
अनेन क्रमयोगेण परिव्रजति यो द्विजः ।
स विधूयेह पाप्मानं परं ब्रह्माधिगच्छति ॥ ८५ ॥
एष धर्मो ऽनुशिष्टो वो यतीनां नियतात्मनाम् ।
वेदसंन्यासिकानां तु कर्मयोगं निबोधत ॥ ८६ ॥

ब्रह्मचारी गृहस्थश्च वानप्रस्थो यतिस्तथा ।
एते गृहस्थप्रभवाश्चत्वारः पृथगाश्रमाः ॥ ८७ ॥
सर्वे ऽपि क्रमशस्त्वेते यथाशास्त्रं निषेविताः ।
यथोक्तकारिणं विप्रं नयन्ति परमां गतिम् ॥ ८८ ॥
सर्वेषामपि चैतेषां वेदश्रुतिविधानतः ।
गृहस्थ उच्यते श्रेष्ठः स त्रीनेतान्बिभर्ति हि ॥ ८९ ॥
यथा नदीनदाः सर्वे सागरे यान्ति संस्थितिम् ।
तथैवाश्रमिणः सर्वे गृहस्थे यान्ति संस्थितिम् ॥ ९० ॥
चतुर्भिरपि चैवैतैर्नित्यमाश्रमिभिर्द्विजैः ।
दशलक्षणको धर्मः सेवितव्यः प्रयत्नतः ॥ ९१ ॥
धृतिः क्षमा दमो ऽस्तेयं शौचमिन्द्रियनिग्रहः ।
धीर्विद्या सत्यमक्रोधो दशकं धर्मलक्षणम् ॥ ९२ ॥
दशलक्षणकं धर्मं ये विप्राः समधीयते ।
अधीत्य चानुवर्तन्ते ते यान्ति परमां गतिम् ॥ ९३ ॥
दशलक्षणकं धर्ममनुतिष्ठन्समाहितः ।
वेदान्तं विधिवच्छ्रुत्वा संन्यसेदनृणो द्विजः ॥ ९४ ॥
संन्यस्य सर्वकर्माणि कर्मदोषानपानुदन् ।
नियतो वेदमभ्यस्यन्पुत्रैश्वर्ये सुखं वसेत् ॥ ९५ ॥

एवं संन्यस्य कर्माणि स्वकार्यपरमोऽस्पृहः ।
संन्यासेनापहत्यैनः प्राप्नोति परमां गतिम् ॥ ९६ ॥
एष वोऽभिहितो धर्मो ब्राह्मणस्य चतुर्विधः ।
पुण्योऽक्षयफलः प्रेत्य राज्ञां धर्मान्निबोधत ॥ ९७ ॥

॥ इति मानवे धर्मशास्त्रे भृगुप्रोक्ते षष्ठोऽध्यायः ॥

राजधर्मान्प्रवक्ष्यामि यथावृत्तो भवेन्नृपः ।
संभवश्च यथा तस्य सिद्धिश्च परमा यथा ॥ १ ॥
ब्राह्मं प्राप्तेन संस्कारं क्षत्रियेण यथाविधि ।
सर्वस्यास्य यथान्यायं कर्तव्यं परिरक्षणम् ॥ २ ॥
अराजके हि लोकेऽस्मिन्सर्वतो विद्रुते भयात् ।
रक्षार्थमस्य सर्वस्य राजानमसृजत्प्रभुः ॥ ३ ॥
इन्द्रानिलयमार्काणामग्नेश्च वरुणस्य च ।
चन्द्रवित्तेशयोश्चैव मात्रा निर्हृत्य शाश्वतीः ॥ ४ ॥
यस्मादेषां सुरेन्द्राणां मात्राभ्यो निर्मितो नृपः ।
तस्मादभिभवत्येष सर्वभूतानि तेजसा ॥ ५ ॥
तपत्यादित्यवच्चैष चक्षूंषि च मनांसि च ।
न चैनं भुवि शक्नोति कश्चिदप्यभिवीक्षितुम् ॥ ६ ॥

सोऽग्निर्भवति वायुश्च सोऽर्कः सोमः स धर्मराट् ।
स कुबेरः स वरुणः स महेन्द्रः प्रभावतः ॥ ७ ॥

बालोऽपि नावमन्तव्यो मनुष्य इति भूमिपः ।
महती देवता ह्येषा नररूपेण तिष्ठति ॥ ८ ॥

एकमेव दहत्यग्निर्नरं दुरुपसर्पिणम् ।
कुलं दहति राजाग्निः सपशुद्रव्यसंचयम् ॥ ९ ॥

कार्यं चावेक्ष्य शक्तिं च देशकालौ च तत्त्वतः ।
कुरुते धर्मसिद्ध्यर्थं विश्वरूपं पुनः पुनः ॥ १० ॥

यस्य प्रसादे पद्मा श्रीर्विजयश्च पराक्रमे ।
मृत्युश्च वसति क्रोधे सर्वतेजोमयो हि सः ॥ ११ ॥

तं यस्तु द्वेष्टि संमोहात्स विनश्यत्यसंशयम् ।
तस्य ह्याशु विनाशाय राजा प्रकुरुते मनः ॥ १२ ॥

तस्माद्धर्मं यमिष्टेषु संव्यवस्येन्नराधिपः ।
अनिष्टं चाप्यनिष्टेषु तं धर्मं न विचालयेत् ॥ १३ ॥

तदर्थं सर्वभूतानां गोप्तारं धर्ममात्मजम् ।
ब्रह्मतेजोमयं दण्डमसृजत्पूर्वमीश्वरः ॥ १४ ॥

तस्य सर्वाणि भूतानि स्थावराणि चराणि च ।
भयाद्भोगाय कल्पन्ते स्वधर्मान्न चलन्ति च ॥ १५ ॥

तं देशकालौ शक्तिं च विद्यां चावेक्ष्य तत्त्वतः ।
यथार्हतः संप्रणयेन्नरेष्वन्यायवर्तिषु ॥ १६ ॥

स राजा पुरुषो दण्डः स नेता शासिता च सः ।
चतुर्णामाश्रमाणां च धर्मस्य प्रतिभूः स्मृतः ॥ १७ ॥

दण्डः शास्ति प्रजाः सर्वा दण्ड एवाभिरक्षति ।
दण्डः सुप्तेषु जागर्ति दण्डं धर्मं विदुर्बुधाः ॥ १८ ॥

समीक्ष्य स धृतः सम्यक् सर्वा रञ्जयति प्रजाः ।
असमीक्ष्य प्रणीतस्तु विनाशयति सर्वतः ॥ १९ ॥

यदि न प्रणयेद्राजा दण्डं दण्ड्येष्वतन्द्रितः ।
शूले मत्स्यानिवापक्ष्यन्दुर्बलान्बलवत्तराः ॥ २० ॥

अद्यात्काकः पुरोडाशं श्वा च लिह्याद्धविस्तथा ।
स्वाम्यं च न स्यात्कस्मिंश्चित्प्रवर्तेताधरोत्तरम् ॥ २१ ॥

सर्वो दण्डजितो लोको दुर्लभो हि शुचिर्नरः ।
दण्डस्य हि भयात्सर्वं जगद्भोगाय कल्पते ॥ २२ ॥

देवदानवगन्धर्वा रक्षांसि पतगोरगाः ।
तेऽपि भोगाय कल्पन्ते दण्डेनैव निपीडिताः ॥ २३ ॥

दुष्येयुः सर्ववर्णाश्च भिद्येरन्सर्वसेतवः ।
सर्वलोकप्रकोपश्च भवेद्दण्डस्य विभ्रमात् ॥ २४ ॥

यत्र श्यामो लोहिताक्षो दण्डश्चरति पापहा ।
प्रजास्तत्र न मुह्यन्ति नेता चेत्साधु पश्यति ॥ २५ ॥

तस्याहुः संप्रणेतारं राजानं सत्यवादिनम् ।
समीक्ष्य कारिणं प्राज्ञं धर्मकामार्थकोविदम् ॥ २६ ॥

तं राजा प्रणयन्सम्यक्त्रिवर्गेणाभिवर्धते ।
कामात्मा विषमः क्षुद्रो दण्डेनैव निहन्यते ॥ २७ ॥
दण्डो हि सुमहत्तेजो दुर्धरश्चाकृतात्मभिः ।
धर्माद्विचलितं हन्ति नृपमेव सबान्धवम् ॥ २८ ॥
ततो दुर्गं च राष्ट्रं च लोकं च सचराचरम् ।
अन्तरिक्षगतांश्चैव मुनीन्देवांश्च पीडयेत् ॥ २९ ॥
सोऽसहायेन मूढेन लुब्धेनाकृतबुद्धिना ।
न शक्यो न्यायतो नेतुं सक्तेन विषयेषु च ॥ ३० ॥
शुचिना सत्यसंधेन यथाशास्त्रानुसारिणा ।
दण्डः प्रणयितुं शक्तः सुसहायेन धीमता ॥ ३१ ॥
स्वराष्ट्रे न्यायवृत्तिः स्याद्भृशदण्डश्च शत्रुषु ।
सुहृत्स्वजिह्मः स्निग्धेषु ब्राह्मणेषु क्षमान्वितः ॥ ३२ ॥
एवंवृत्तस्य नृपतेः शिलोञ्छेनापि जीवतः ।
विस्तीर्यते यशो लोके तैलबिन्दुरिवाम्भसि ॥ ३३ ॥
अतस्तु विपरीतस्य नृपतेरजितात्मनः ।
संक्षिप्यते यशो लोके घृतबिन्दुरिवाम्भसि ॥ ३४ ॥
स्वे स्वे धर्मे निविष्टानां सर्वेषामनुपूर्वशः ।
वर्णानामाश्रमाणां च राजा सृष्टोऽभिरक्षिता ॥ ३५ ॥
तेन यद्यत्सभृत्येन कर्तव्यं रक्षता प्रजाः ।
तत्तद्वोऽहं प्रवक्ष्यामि यथावदनुपूर्वशः ॥ ३६ ॥

ब्राह्मणान्पर्युपासीत प्रातरुत्थाय पार्थिवः ।
त्रैविद्यवृद्धान्विदुषस्तिष्ठेत्तेषां च शासने ॥ ३७ ॥
वृद्धांश्च नित्यं सेवेत विप्रान्वेदविदः शुचीन् ।
वृद्धसेवी हि सततं रक्षोभिरपि पूज्यते ॥ ३८ ॥
तेभ्योऽधिगच्छेद्विनयं विनीतात्मापि नित्यशः ।
विनीतात्मा हि नृपतिर्न विनश्यति कर्हिचित् ॥ ३९ ॥
बहवोऽविनयान्नष्टा राजानः सपरिच्छदाः ।
वनस्थाश्चैव राज्यानि विनयात्प्रतिपेदिरे ॥ ४० ॥
वेनो विनष्टोऽविनयान्नहुषश्चैव पार्थिवः ।
सुदाः पैजवनश्चैव सुमुखो निमिरेव च ॥ ४१ ॥
पृथुस्तु विनयाद्राज्यं प्राप्तवान्मनुरेव च ।
कुबेरश्च धनैश्वर्यं ब्राह्मण्यं चैव गाधिजः ॥ ४२ ॥
त्रैविद्येभ्यस्त्रयीं विद्यां दण्डनीतिं च शाश्वतीम् ।
आन्वीक्षिकीं चात्मविद्यां वार्तारम्भांश्च लोकतः ॥ ४३ ॥
इन्द्रियाणां जये योगं समातिष्ठेद्दिवानिशम् ।
जितेन्द्रियो हि शक्नोति वशे स्थापयितुं प्रजाः ॥ ४४ ॥
दश कामसमुत्थानि तथाष्टौ क्रोधजानि च ।
व्यसनानि दुरन्तानि प्रयत्नेन विवर्जयेत् ॥ ४५ ॥
कामजेषु प्रसक्तो हि व्यसनेषु महीपतिः ।
वियुज्यतेऽर्थधर्माभ्यां क्रोधजेष्वात्मनैव तु ॥ ४६ ॥

मृगयाक्षा दिवास्वप्नः परिवादः स्त्रियो मदः ।
तौर्यत्रिकं वृथाट्या च कामजो दशको गणः ॥ ४७ ॥
पैशुन्यं साहसं द्रोह ईर्ष्यासूयार्थदूषणम् ।
वाग्दण्डजं च पारुष्यं क्रोधजोऽपि गणोऽष्टकः ॥ ४८ ॥
द्वयोरप्येतयोर्मूलं यं सर्वे कवयो विदुः ।
तं यत्नेन जयेल्लोभं तज्जावेतावुभौ गणौ ॥ ४९ ॥
पानमक्षाः स्त्रियश्चैव मृगया च यथाक्रमम् ।
एतत्कष्टतमं विद्याच्चतुष्कं कामजे गणे ॥ ५० ॥
दण्डस्य पातनं चैव वाक्पारुष्यार्थदूषणे ।
क्रोधजेऽपि गणे विद्यात्कष्टमेतत्त्रिकं सदा ॥ ५१ ॥
सप्तकस्यास्य वर्गस्य सर्वत्रैवानुषङ्गिणः ।
पूर्वं पूर्वं गुरुतरं विद्याद्व्यसनमात्मवान् ॥ ५२ ॥
व्यसनस्य च मृत्योश्च व्यसनं कष्टमुच्यते ।
व्यसन्यधोऽधो व्रजति स्वर्यात्यव्यसनी मृतः ॥ ५३ ॥
मौलाञ्छास्त्रविदः शूराँल्लब्धलक्षान्कुलोद्गतान् ।
सचिवान्सप्त चाष्टौ वा प्रकुर्वीत परीक्षितान् ॥ ५४ ॥
अपि यत्सुकरं कर्म तदप्येकेन दुष्करम् ।
विशेषतोऽसहायेन किमु राज्यं महोदयम् ॥ ५५ ॥
तैः सार्धं चिन्तयेन्नित्यं सामान्यं संधिविग्रहम् ।
स्थानं समुदयं गुप्तिं लब्धप्रशमनानि च ॥ ५६ ॥

तेषां स्वं स्वमभिप्रायमुपलभ्य पृथक्पृथक्।
समस्तानां च कार्येषु विदध्याद्धितमात्मनः॥ ५७॥
सर्वेषां तु विशिष्टेन ब्राह्मणेन विपश्चिता।
मन्त्रयेत्परमं मन्त्रं राजा षाड्गुण्यसंयुतम्॥ ५८॥
नित्यं तस्मिन्समाश्वस्तः सर्वकार्याणि निक्षिपेत्।
तेन सार्धं विनिश्चित्य ततः कर्म समारभेत्॥ ५९॥
अन्यानपि प्रकुर्वीत शुचीन्प्राज्ञानवस्थितान्।
सम्यगर्थसमाहर्तॄनमात्यान्सुपरीक्षितान्॥ ६०॥
निर्वर्तेतास्य यावद्भिरिति कर्तव्यता नृभिः।
तावतोऽतन्द्रितान्दक्षान्प्रकुर्वीत विचक्षणान्॥ ६१॥
तेषामर्थे नियुञ्जीत शूरान्दक्षान्कुलोद्गतान्।
शुचीनाकरकर्मान्ते भीरूनन्तर्निवेशने॥ ६२॥
दूतं चैव प्रकुर्वीत सर्वशास्त्रविशारदम्।
इङ्गिताकारचेष्टज्ञं शुचिं दक्षं कुलोद्गतम्॥ ६३॥
अनुरक्तः शुचिर्दक्षः स्मृतिमान्देशकालवित्।
वपुष्मान्वीतभीर्वाग्मी दूतो राज्ञः प्रशस्यते॥ ६४॥
अमात्ये दण्ड आयत्तो दण्डे वैनयिकी क्रिया।
नृपतौ कोषराष्ट्रे तु दूते संधिविपर्ययौ॥ ६५॥
दूत एव हि संधत्ते भिनत्त्येव च संहतान्।
दूतस्तत्कुरुते कर्म भिद्यन्ते येन मानवाः॥ ६६॥

स विद्यादस्य कृत्येषु निगूढेङ्गितचेष्टितैः ।
आकारमिङ्गितं चेष्टां भृत्येषु च चिकीर्षितम् ॥ ६७ ॥
बुद्ध्वा च सर्वं तत्त्वेन परराजचिकीर्षितम् ।
तथा प्रयत्नमातिष्ठेद्यथात्मानं न पीडयेत् ॥ ६८ ॥
जाङ्गलं सस्यसंपन्नमार्यप्रायमनाविलम् ।
रम्यमानतसामन्तं स्वाजीव्यं देशमावसेत् ॥ ६९ ॥
धन्वदुर्गं महीदुर्गमब्दुर्गं वार्क्षमेव वा ।
नृदुर्गं गिरिदुर्गं वा समाश्रित्य वसेत्पुरम् ॥ ७० ॥
सर्वेण तु प्रयत्नेन गिरिदुर्गं समाश्रयेत् ।
एषां हि बाहुगुण्येन गिरिदुर्गं विशिष्यते ॥ ७१ ॥
त्रीण्याद्यान्याश्रितास्त्वेषां मृगगर्ताश्रयाप्चराः ।
त्रीण्युत्तराणि क्रमशः प्लवंगमनरामराः ॥ ७२ ॥
यथा दुर्गाश्रितानेतान्नोपहिंसन्ति शत्रवः ।
तथारयो न हिंसन्ति नृपं दुर्गसमाश्रितम् ॥ ७३ ॥
एकः शतं योधयति प्राकारस्थो धनुर्धरः ।
शतं दश सहस्राणि तस्माद्दुर्गं विधीयते ॥ ७४ ॥
तत्स्यादायुधसंपन्नं धनधान्येन वाहनैः ।
ब्राह्मणैः शिल्पिभिर्यन्त्रैर्यवसेनोदकेन च ॥ ७५ ॥
तस्य मध्ये सुपर्याप्तं कारयेद्गृहमात्मनः ।
गुप्तं सर्वर्तुकं शुभ्रं जलवृक्षसमन्वितम् ॥ ७६ ॥

तदध्यास्योद्वहेद्भार्यां सवर्णां लक्षणान्विताम् ।
कुले महति संभूतां हृद्यां रूपगुणान्विताम् ॥ ७७ ॥
पुरोहितं च कुर्वीत वृणुयादेव चर्त्विजः ।
तेऽस्य गृह्याणि कर्माणि कुर्युर्वैतानिकानि च ॥ ७८ ॥
यजेत राजा क्रतुभिर्विविधैराप्तदक्षिणैः ।
धर्मार्थं चैव विप्रेभ्यो दद्याद्भोगान्धनानि च ॥ ७९ ॥
सांवत्सरिकमाप्तैश्च राष्ट्रादाहारयेद्बलिम् ।
स्याच्चाम्नायपरो लोके वर्तेत पितृवन्नृषु ॥ ८० ॥
अध्यक्षान्विविधान्कुर्यात्तत्र तत्र विपश्चितः ।
तेऽस्य सर्वाण्यवेक्षेरन्नृणां कार्याणि कुर्वताम् ॥ ८१ ॥
आवृत्तानां गुरुकुलाद्विप्राणां पूजको भवेत् ।
नृपाणामक्षयो ह्येष निधिर्ब्राह्मो विधीयते ॥ ८२ ॥
न तं स्तेना न चामित्रा हरन्ति न च नश्यति ।
तस्माद्राज्ञा निधातव्यो ब्राह्मणेष्वक्षयो निधिः ॥ ८३ ॥
न स्कन्दते न व्यथते न विनश्यति कर्हिचित् ।
वरिष्ठमग्निहोत्रेभ्यो ब्राह्मणस्य मुखे हुतम् ॥ ८४ ॥
सममब्राह्मणे दानं द्विगुणं ब्राह्मणब्रुवे ।
सहस्रगुणमाचार्ये अनन्तं वेदपारगे ॥ ८५ ॥
[देशकालविधानेन द्रव्यं श्रद्धासमन्वितम् ।
पात्रे प्रदीयते यत्तु तद्धर्मस्य प्रसाधनम् ॥]

पात्रस्य हि विशेषेण श्रद्दधानतयैव च।
अल्पं वा बहु वा प्रेत्य दानस्यावाप्यते फलम् ॥ ८६ ॥
समोत्तमाधमै राजा त्वाहूतः पालयन्प्रजाः।
न निवर्तेत संग्रामात्क्षात्रं धर्ममनुस्मरन् ॥ ८७ ॥
संग्रामेष्वनिवर्तित्वं प्रजानां चैव पालनम्।
शुश्रूषा ब्राह्मणानां च राज्ञां श्रेयस्करं परम् ॥ ८८ ॥
आहवेषु मिथोऽन्योन्यं जिघांसन्तो महीक्षितः।
युध्यमानाः परं शक्त्या स्वर्गं यान्त्यपराङ्मुखाः ॥ ८९ ॥
न कूटैरायुधैर्हन्याद्युध्यमानो रणे रिपून्।
न कर्णिभिर्नापि दिग्धैर्नाग्निज्वलिततेजनैः ॥ ९० ॥
न च हन्यात्स्थलारूढं न क्लीबं न कृताञ्जलिम्।
न मुक्तकेशं नासीनं न तवास्मीति वादिनम् ॥ ९१ ॥
न सुप्तं न विसन्नाहं न नग्नं न निरायुधम्।
नायुध्यमानं पश्यन्तं न परेण समागतम् ॥ ९२ ॥
नायुधव्यसनप्राप्तं नार्तं नातिपरिक्षतम्।
न भीतं न परावृत्तं सतां धर्ममनुस्मरन् ॥ ९३ ॥
यस्तु भीतः परावृत्तः संग्रामे हन्यते परैः।
भर्तुर्यद्दुष्कृतं किंचित्तत्सर्वं प्रतिपद्यते ॥ ९४ ॥
यच्चास्य सुकृतं किंचिदमुत्रार्थमुपार्जितम्।
भर्ता तत्सर्वमादत्ते परावृत्तहतस्य च ॥ ९५ ॥

रथाश्वं हस्तिनं छत्त्रं धनं धान्यं पशून्स्त्रियः ।
सर्वद्रव्याणि कुप्यं च यो यज्जयति तस्य तत् ॥ ९६ ॥
राज्ञश्च दद्युरुद्धारमित्येषा वैदिकी श्रुतिः ।
राज्ञा च सर्वयोधेभ्यो दातव्यमपृथग्जितम् ॥ ९७ ॥
एषो ऽनुपस्कृतः प्रोक्तो योधधर्मः सनातनः ।
अस्माद्धर्मान्न च्यवेत क्षत्रियो घ्नन्रणे रिपून् ॥ ९८ ॥
अलब्धं चैव लिप्सेत लब्धं रक्षेत्प्रयत्नतः ।
रक्षितं वर्धयेच्चैव वृद्धं पात्रेषु निक्षिपेत् ॥ ९९ ॥
एतच्चतुर्विधं विद्यात्पुरुषार्थप्रयोजनम् ।
अस्य नित्यमनुष्ठानं सम्यक्कुर्यादतन्द्रितः ॥ १०० ॥
अलब्धमिच्छेद्दण्डेन लब्धं रक्षेदवेक्षया ।
रक्षितं वर्धयेद्वृद्ध्या वृद्धं पात्रेषु निक्षिपेत् ॥ १०१ ॥
नित्यमुद्यतदण्डः स्यान्नित्यं विवृतपौरुषः ।
नित्यं संवृतसंवार्यो नित्यं छिद्रानुसार्यरेः ॥ १०२ ॥
नित्यमुद्यतदण्डस्य कृत्स्नमुद्विजते जगत् ।
तस्मात्सर्वाणि भूतानि दण्डेनैव प्रसाधयेत् ॥ १०३ ॥
अमाययैव वर्तेत न कथंचन मायया ।
बुध्येतारिप्रयुक्तां च मायां नित्यं सुसंवृतः ॥ १०४ ॥
नास्य च्छिद्रं परो विद्याद्विद्याच्छिद्रं परस्य तु ।
गूहेत्कूर्म इवाङ्गानि रक्षेद्विवरमात्मनः ॥ १०५ ॥

बकवच्चिन्तयेदर्थाञ्छशवच्च विनिष्पतेत् ।
वृकवच्चावलुम्पेत सिंहवच्च पराक्रमेत् ॥ १०६ ॥

एवं विजयमानस्य ये ऽस्य स्युः परिपन्थिनः ।
तानानयेद्वशं सर्वान्सामादिभिरुपक्रमैः ॥ १०७ ॥

यदि ते तु न तिष्ठेयुरुपायैः प्रथमैस्त्रिभिः ।
दण्डेनैव प्रसह्यैताञ्छनकैर्वशमानयेत् ॥ १०८ ॥

सामादीनामुपायानां चतुर्णामपि पण्डिताः ।
सामदण्डौ प्रशंसन्ति नित्यं राष्ट्राभिवृद्धये ॥ १०९ ॥

यथोद्धरति निर्दाता कक्षं धान्यं च रक्षति ।
तथा रक्षेन्नृपो राष्ट्रं हन्याच्च परिपन्थिनः ॥ ११० ॥

मोहाद्राजा स्वराष्ट्रं यः कर्षयत्यनवेक्षया ।
सो ऽचिराद्भ्रश्यते राज्याज्जीविताच्च सबान्धवः ॥ १११ ॥

शरीरकर्षणात्प्राणाः क्षीयन्ते प्राणिनां यथा ।
तथा राज्ञामपि प्राणाः क्षीयन्ते राष्ट्रकर्षणात् ॥ ११२ ॥

राष्ट्रस्य संग्रहे नित्यं विधानमिदमाचरेत् ।
सुसंगृहीतराष्ट्रो हि पार्थिवः सुखमेधते ॥ ११३ ॥

द्वयोस्त्रयाणां पञ्चानां मध्ये गुल्ममधिष्ठितम् ।
तथा ग्रामशतानां च कुर्याद्राष्ट्रस्य संग्रहम् ॥ ११४ ॥

ग्रामस्याधिपतिं कुर्याद्दशग्रामपतिं तथा ।
विंशतीशं शतेशं च सहस्रपतिमेव च ॥ ११५ ॥

18

ग्रामे दोषान्समुत्पन्नान्ग्रामिकः शनकैः स्वयम् ।
शंसेद्ग्रामदशेशाय दशेशो विंशतीशिने ॥ ११६ ॥
विंशतीशस्तु तत्सर्वं शतेशाय निवेदयेत् ।
शंसेद्ग्रामशतेशस्तु सहस्रपतये स्वयम् ॥ ११७ ॥
यानि राजप्रदेयानि प्रत्यहं ग्रामवासिभिः ।
अन्नपानेन्धनादीनि ग्रामिकस्तान्यवाप्नुयात् ॥ ११८ ॥
दशी कुलं तु भुञ्जीत विंशी पञ्च कुलानि च ।
ग्रामं ग्रामशताध्यक्षः सहस्राधिपतिः पुरम् ॥ ११९ ॥
तेषां ग्राम्याणि कार्याणि पृथक्कार्याणि चैव हि ।
राज्ञो ऽन्यः सचिवः स्निग्धस्तानि पश्येदतन्द्रितः ॥ १२० ॥
नगरे नगरे चैकं कुर्यात्सर्वार्थचिन्तकम् ।
उच्चैःस्थानं घोररूपं नक्षत्राणामिव ग्रहम् ॥ १२१ ॥
स ताननुपरिक्रामेत्सर्वानेव सदा स्वयम् ।
तेषां वृत्तं परिणयेत्सम्यग्राष्ट्रेषु तच्चरैः ॥ १२२ ॥
राज्ञो हि रक्षाधिकृताः परस्वादायिनः शठाः ।
भृत्या भवन्ति प्रायेण तेभ्यो रक्षेदिमाः प्रजाः ॥ १२३ ॥
ये कार्यिकेभ्यो ऽर्थमेव गृह्णीयुः पापचेतसः ।
तेषां सर्वस्वमादाय राजा कुर्यात्प्रवासनम् ॥ १२४ ॥
राजकर्मसु युक्तानां स्त्रीणां प्रेष्यजनस्य च ।
प्रत्यहं कल्पयेद्वृत्तिं स्थानकर्मानुरूपतः ॥ १२५ ॥

पणो देयो ऽवकृष्टस्य षडुत्कृष्टस्य वेतनम् ।
षाण्मासिकस्तथाच्छादो धान्यद्रोणश्च मासिकः ॥ १२६ ॥
क्रयविक्रयमध्वानं भक्तं च सपरिव्ययम् ।
योगक्षेमं च संप्रेक्ष्य वणिजो दापयेत्करान् ॥ १२७ ॥
यथा फलेन युज्येत राजा कर्ता च कर्मणाम् ।
तथावेक्ष्य नृपो राष्ट्रे कल्पयेत्सततं करान् ॥ १२८ ॥
यथाल्पाल्पमदन्त्याद्यं वार्योकोवत्सषट्पदाः ।
तथाल्पाल्पो ग्रहीतव्यो राष्ट्राद्राज्ञाब्दिकः करः ॥ १२९ ॥
पञ्चाशद्भाग आदेयो राज्ञा पशुहिरण्ययोः ।
धान्यानामष्टमो भागः षष्ठो द्वादश एव वा ॥ १३० ॥
आददीताथ षड्भागं द्रुमांसमधुसर्पिषाम् ।
गन्धौषधिरसानां च पुष्पमूलफलस्य च ॥ १३१ ॥
पत्त्रशाकतृणानां च चर्मणां वैदलस्य च ।
मृन्मयानां च भाण्डानां सर्वस्याश्ममयस्य च ॥ १३२ ॥
म्रियमाणो ऽप्याददीत न राजा श्रोत्रियात्करम् ।
न च क्षुधास्य संसीदेच्छ्रोत्रियो विषये वसन् ॥ १३३ ॥
यस्य राज्ञस्तु विषये श्रोत्रियः सीदति क्षुधा ।
तस्यापि तत्क्षुधा राष्ट्रमचिरेणैव सीदति ॥ १३४ ॥
श्रुतवृत्ते विदित्वास्य वृत्तिं धर्म्यां प्रकल्पयेत् ।
संरक्षेत्सर्वतश्चैनं पिता पुत्रमिवौरसम् ॥ १३५ ॥

संरक्ष्यमाणो राज्ञा यं कुरुते धर्ममन्वहम्।
तेनायुर्वर्धते राज्ञो द्रविणं राष्ट्रमेव च ॥ १३६ ॥
यत्किंचिदपि वर्षस्य दापयेत्करसंज्ञितम्।
व्यवहारेण जीवन्तं राजा राष्ट्रे पृथग्जनम् ॥ १३७ ॥
कारुकाञ्छिल्पिनश्चैव शूद्रांश्चात्मोपजीविनः।
एकैकं कारयेत्कर्म मासि मासि महीपतिः ॥ १३८ ॥
नोच्छिन्द्यादात्मनो मूलं परेषां चातितृष्णया।
उच्छिन्दन्ह्यात्मनो मूलमात्मानं तांश्च पीडयेत् ॥ १३९ ॥
तीक्ष्णश्चैव मृदुश्च स्यात्कार्यं वीक्ष्य महीपतिः।
तीक्ष्णश्चैव मृदुश्चैव राजा भवति संमतः ॥ १४० ॥
अमात्यमुख्यं धर्मज्ञं प्राज्ञं दान्तं कुलोद्गवम्।
स्थापयेदासने तस्मिन्खिन्नः कार्येक्षणे नृणाम् ॥ १४१ ॥
एवं सर्वं विधायेदमितिकर्तव्यमात्मनः।
युक्तश्चैवाप्रमत्तश्च परिरक्षेदिमाः प्रजाः ॥ १४२ ॥
विक्रोशन्त्यो यस्य राष्ट्राद्ध्रियन्ते दस्युभिः प्रजाः।
संपश्यतः सभृत्यस्य मृतः स न स जीवति ॥ १४३ ॥
क्षत्रियस्य परो धर्मः प्रजानामेव पालनम्।
निर्दिष्टफलभोक्ता हि राजा धर्मेण युज्यते ॥ १४४ ॥
उत्थाय पश्चिमे यामे कृतशौचः समाहितः।
हुताग्निर्ब्राह्मणानर्च्य प्रविशेत्स शुभां सभाम् ॥ १४५ ॥

तत्र स्थितः प्रजाः सर्वाः प्रतिनन्द्य विसर्जयेत् ।
विसृज्य च प्रजाः सर्वा मन्त्रयेत्सह मन्त्रिभिः ॥ १४६ ॥
गिरिपृष्ठं समारुह्य प्रासादं वा रहोगतः ।
अरण्ये निःशलाके वा मन्त्रयेदविभावितः ॥ १४७ ॥
यस्य मन्त्रं न जानन्ति समागम्य पृथग्जनाः ।
स कृत्स्नां पृथिवीं भुङ्क्ते कोशहीनोऽपि पार्थिवः ॥ १४८ ॥
जडमूकान्धबधिरांस्तैर्यग्योनान्वयोऽतिगान् ।
स्त्रीम्लेच्छव्याधितव्यङ्गान्मन्त्रकालेऽपसारयेत् ॥ १४९ ॥
भिन्दन्त्यवमता मन्त्रं तैर्यग्योनास्तथैव च ।
स्त्रियश्चैव विशेषेण तस्मात्तत्रादृतो भवेत् ॥ १५० ॥
मध्यंदिनेऽर्धरात्रे वा विश्रान्तो विगतक्लमः ।
चिन्तयेद्धर्मकामार्थान्सार्धं तैरेक एव वा ॥ १५१ ॥
परस्परविरुद्धानां तेषां च समुपार्जनम् ।
कन्यानां संप्रदानं च कुमाराणां च रक्षणम् ॥ १५२ ॥
दूतसंप्रेषणं चैव कार्यशेषं तथैव च ।
अन्तःपुरप्रचारं च प्रणिधीनां च चेष्टितम् ॥ १५३ ॥
कृत्स्नं चाष्टविधं कर्म पञ्चवर्गं च तत्त्वतः ।
अनुरागापरागौ च प्रचारं मण्डलस्य च ॥ १५४ ॥
मध्यमस्य प्रचारं च विजिगीषोश्च चेष्टितम् ।
उदासीनप्रचारं च शत्रोश्चैव प्रयत्नतः ॥ १५५ ॥

एताः प्रकृतयो मूलं मण्डलस्य समासतः ।
अष्टौ चान्याः समाख्याता द्वादशैव तु ताः स्मृताः॥१५६॥
अमात्यराष्ट्रदुर्गार्थदण्डाख्याः पञ्च चापराः ।
प्रत्येकं कथिता ह्येताः संक्षेपेण द्विसप्ततिः ॥ १५७ ॥
अनन्तरमरिं विद्यादरिसेविनमेव च ।
अरेरनन्तरं मित्रमुदासीनं तयोः परम् ॥ १५८ ॥
तान्सर्वानभिसंदध्यात्सामादिभिरुपक्रमैः ।
व्यस्तैश्चैव समस्तैश्च पौरुषेण नयेन च ॥ १५९ ॥
संधिं च विग्रहं चैव यानमासनमेव च ।
द्वैधीभावं संश्रयं च षड्गुणांश्चिन्तयेत्सदा ॥ १६० ॥
आसनं चैव यानं च संधाय च विगृह्य च ।
कार्यं वीक्ष्य प्रयुञ्जीत द्वैधं संश्रयमेव च ॥ १६१ ॥
संधिं तु द्विविधं विद्याद्राजा विग्रहमेव च ।
उभे यानासने चैव द्वैधं संश्रयमेव च ॥ १६२ ॥
समानयानकर्मा च विपरीतस्तथैव च ।
तदा त्वायतिसंयुक्तः संधिर्ज्ञेयो द्विलक्षणः ॥ १६३ ॥
स्वयंकृतश्च कार्यार्थमकाले काल एव वा ।
मित्रस्य चैवापकृते द्विविधो विग्रहः स्मृतः ॥ १६४ ॥
एकाकिनश्चात्ययिके कार्ये प्राप्ते यदृच्छया ।
संहतस्य च मित्रेण द्विविधं यानमुच्यते ॥ १६५ ॥

क्षीणस्य चैव क्रमशो दैवात्पूर्वकृतेन वा।
मित्रस्य चानुरोधेन द्विविधं स्मृतमासनम्॥ १६६॥
बलस्य स्वामिनश्चैव स्थितिः कार्यार्थसिद्धये।
द्विविधं कीर्त्यते द्वैधं षाड्गुण्यगुणवेदिभिः॥ १६७॥
अर्थसंपादनार्थं च पीड्यमानस्य शत्रुभिः।
साधुषु व्यपदेशार्थं द्विविधः संश्रयः स्मृतः॥ १६८॥
यदावगच्छेदायत्यामाधिक्यं ध्रुवमात्मनः।
तदात्वे चाल्पिकां पीडां तदा संधिं समाश्रयेत्॥ १६९॥
यदा प्रहृष्टा मन्येत सर्वास्तु प्रकृतीर्भृशम्।
अत्युच्छ्रितं तथात्मानं तदा कुर्वीत विग्रहम्॥ १७०॥
यदा मन्येत भावेन हृष्टं पुष्टं बलं स्वकम्।
परस्य विपरीतं च तदा यायाद्रिपुं प्रति॥ १७१॥
यदा तु स्यात्परिक्षीणो वाहनेन बलेन च।
तदासीत प्रयत्नेन शनकैः सान्त्वयन्नरिम्॥ १७२॥
मन्येतारिं यदा राजा सर्वथा बलवत्तरम्।
तदा द्विधा बलं कृत्वा साधयेत्कार्यमात्मनः॥ १७३॥
यदा परबलानां तु गमनीयतमो भवेत्।
तदा तु संश्रयेत्क्षिप्रं धार्मिकं बलिनं नृपम्॥ १७४॥
निग्रहं प्रकृतीनां च कुर्याद्यो ऽरिबलस्य च।
उपसेवेत तं नित्यं सर्वयत्नैर्गुरुं यथा॥ १७५॥

यदि तत्रापि संपश्येद्दोषं संश्रयकारितम्।
स युद्धमेव तत्रापि निर्विशङ्कः समाचरेत्॥ १७६॥
सर्वोपायैस्तथा कुर्यान्नीतिज्ञः पृथिवीपतिः।
यथास्याभ्यधिका न स्युर्मित्रोदासीनशत्रवः॥ १७७॥
आयतिं सर्वकार्याणां तदात्वं च विचारयेत्।
अतीतानां च सर्वेषां गुणदोषौ च तत्त्वतः॥ १७८॥
आयत्यां गुणदोषज्ञस्तदात्वे क्षिप्रनिश्चयः।
अतीते कार्यशेषज्ञः शत्रुभिर्नाभिभूयते॥ १७९॥
यथैनं नाभिसंदध्युर्मित्रोदासीनशत्रवः।
तथा सर्वं संविदध्यादेष सामासिको नयः॥ १८०॥
यदा तु यानमातिष्ठेदरिराष्ट्रं प्रति प्रभुः।
तदानेन विधानेन यायादरिपुरं शनैः॥ १८१॥
मार्गशीर्षे शुभे मासि यायाद्यात्रां महीपतिः।
फाल्गुनं वाथ चैत्रं वा मासौ प्रति यथाबलम्॥ १८२॥
अन्येष्वपि तु कालेषु यदा पश्येद्ध्रुवं जयम्।
तदा यायाद्विगृह्यैव व्यसने चोत्थिते रिपोः॥ १८३॥
कृत्वा विधानं मूले तु यात्रिकं च यथाविधि।
उपगृह्यास्पदं चैव चारान्सम्यग्विधाय च॥ १८४॥
संशोध्य त्रिविधं मार्गं षड्विधं च बलं स्वकम्।
सांपरायिककल्पेन यायादरिपुरं शनैः॥ १८५॥

शत्रुसेविनि मित्रे च गूढे युक्ततरो भवेत् ।
गतप्रत्यागते चैव स हि कष्टतरो रिपुः ॥ १८६ ॥
दण्डव्यूहेन तन्मार्गं यायात्तु शकटेन वा ।
वराहमकराभ्यां वा सूच्या वा गरुडेन वा ॥ १८७ ॥
यतश्च भयमाशङ्केत्ततो विस्तारयेद्बलम् ।
पद्मेन चैव व्यूहेन निविशेत सदा स्वयम् ॥ १८८ ॥
सेनापतिबलाध्यक्षौ सर्वदिक्षु निवेशयेत् ।
यतश्च भयमाशङ्केत्प्राचीं तां कल्पयेद्दिशम् ॥ १८९ ॥
गुल्मांश्च स्थापयेदाप्तान्कृतसंज्ञान्समन्ततः ।
स्थाने युद्धे च कुशलानभीरूनविकारिणः ॥ १९० ॥
संहतान्योधयेदल्पान्कामं विस्तारयेद्बहून् ।
सूच्या वज्रेण चैवैतान्व्यूहेन व्यूह्य योधयेत् ॥ १९१ ॥
स्यन्दनाश्वैः समे युध्येदनूपे नौद्विपैस्तथा ।
वृक्षगुल्मावृते चापैरसिचर्मायुधैः स्थले ॥ १९२ ॥
कौरुक्षेत्रांश्च मत्स्यांश्च पाञ्चालाञ्छूरसेनजान् ।
दीर्घांल्लघूंश्चैव नरानग्रानीकेषु योधयेत् ॥ १९३ ॥
प्रहर्षयेद्बलं व्यूह्य तांश्च सम्यक्परीक्षयेत् ।
चेष्टाश्चैव विजानीयादरीन्योधयतामपि ॥ १९४ ॥
उपरुध्यारिमासीत राष्ट्रं चास्योपपीडयेत् ।
दूषयेच्चास्य सततं यवसान्नोदकेन्धनम् ॥ १९५ ॥

भिन्द्याच्चैव तडागानि प्राकारपरिखास्तथा ।
समवस्कन्दयेच्चैनं रात्रौ वित्रासयेत्तथा ॥ १९६ ॥
उपजप्यानुपजपेद्बुध्येतैव च तत्कृतम् ।
युक्ते च दैवे युध्येत जयप्रेप्सुरपेतभीः ॥ १९७ ॥
साम्ना दानेन भेदेन समस्तैरथवा पृथक् ।
विजेतुं प्रयतेतारीन्न युद्धेन कदाचन ॥ १९८ ॥
अनित्यो विजयो यस्माद्दृश्यते युध्यमानयोः ।
पराजयश्च संग्रामे तस्माद्युद्धं विवर्जयेत् ॥ १९९ ॥
त्रयाणामप्युपायानां पूर्वोक्तानां परिक्षये ।
तथा युध्येत संपन्नो विजयेत रिपून्यथा ॥ २०० ॥
जित्वा संपूजयेद्देवान्ब्राह्मणांश्चैव धार्मिकान् ।
प्रदद्यात्परिहारांश्च ख्यापयेदभयानि च ॥ २०१ ॥
सर्वेषां तु विदित्वैषां समासेन चिकीर्षितम् ।
स्थापयेत्तत्र तद्वंश्यं कुर्याच्च समयक्रियाम् ॥ २०२ ॥
प्रमाणानि च कुर्वीत तेषां धर्मान्यथोदितान् ।
रत्नैश्च पूजयेदेनं प्रधानपुरुषैः सह ॥ २०३ ॥
आदानमप्रियकरं दानं च प्रियकारकम् ।
अभीप्सितानामर्थानां काले युक्तं प्रशस्यते ॥ २०४ ॥
सर्वं कर्मेदमायत्तं विधाने दैवमानुषे ।
तयोर्दैवमचिन्त्यं तु मानुषे विद्यते क्रिया ॥ २०५ ॥

सह वापि व्रजेद्युक्तः संधिं कृत्वा प्रयत्नतः ।
मित्रं हिरण्यं भूमिं वा संपश्यंस्त्रिविधं फलम् ॥ २०६ ॥
पार्ष्णिग्राहं च संप्रेक्ष्य तथाक्रन्दं च मण्डले ।
मित्रादथाप्यमित्राद्वा यात्राफलमवाप्नुयात् ॥ २०७ ॥
हिरण्यभूमिसंप्राप्त्या पार्थिवो न तथैधते ।
यथा मित्रं ध्रुवं लब्ध्वा कृशमप्यायतिक्षमम् ॥ २०८ ॥
धर्मज्ञं च कृतज्ञं च तुष्टप्रकृतिमेव च ।
अनुरक्तं स्थिरारम्भं लघु मित्रं प्रशस्यते ॥ २०९ ॥
प्राज्ञं कुलीनं शूरं च दक्षं दातारमेव च ।
कृतज्ञं धृतिमन्तं च कष्टमाहुररिं बुधाः ॥ २१० ॥
आर्यता पुरुषज्ञानं शौर्यं करुणवेदिता ।
स्थौललक्ष्यं च सततमुदासीनगुणोदयः ॥ २११ ॥
क्षेम्यां सस्यप्रदां नित्यं पशुवृद्धिकरीमपि ।
परित्यजेन्नृपो भूमिमात्मार्थमविचारयन् ॥ २१२ ॥
आपदर्थं धनं रक्षेद्दारान्रक्षेद्धनैरपि ।
आत्मानं सततं रक्षेद्दारैरपि धनैरपि ॥ २१३ ॥
सह सर्वाः समुत्पन्नाः प्रसमीक्ष्यापदो भृशम् ।
संयुक्तांश्च वियुक्तांश्च सर्वोपायान्सृजेद्बुधः ॥ २१४ ॥
उपेतारमुपेयं च सर्वोपायांश्च कृत्स्नशः ।
एतत्त्रयं समाश्रित्य प्रयतेतार्थसिद्धये ॥ २१५ ॥

एवं सर्वमिदं राजा सह संमन्त्य मन्त्रिभिः ।
व्यायाम्याप्लुत्य मध्याह्ने भोक्तुमन्तःपुरं विशेत् ॥ २१६ ॥
तत्रात्मभूतैः कालज्ञैरहार्यैः परिचारकैः ।
सुपरीक्षितमन्नाद्यमद्यान्मन्त्रैर्विषापहैः ॥ २१७ ॥
विषघ्नैरगदैश्चास्य सर्वद्रव्याणि नेजयेत् ।
विषघ्नानि च रत्नानि नियतो धारयेत्सदा ॥ २१८ ॥
परीक्षिताः स्त्रियश्चैनं व्यजनोदकधूपनैः ।
वेषाभरणसंशुद्धाः स्पृशेयुः सुसमाहिताः ॥ २१९ ॥
एवं प्रयत्नं कुर्वीत यानशय्यासनाशने ।
स्नाने प्रसाधने चैव सर्वालंकारकेषु च ॥ २२० ॥
भुक्तवान्विहरेच्चैव स्त्रीभिरन्तःपुरे सह ।
विहृत्य तु यथाकालं पुनः कार्याणि चिन्तयेत् ॥ २२१ ॥
अलंकृतश्च संपश्येदायुधीयं पुनर्जनम् ।
वाहनानि च सर्वाणि शस्त्राण्याभरणानि च ॥ २२२ ॥
संध्यां चोपास्य शृणुयादन्तर्वेश्मनि शस्त्रभृत् ।
रहस्याख्यायिनां चैव प्रणिधीनां च चेष्टितम् ॥ २२३ ॥
गत्वा कक्षान्तरं त्वन्यत्समनुज्ञाप्य तं जनम् ।
प्रविशेद्भोजनार्थं च स्त्रीवृतो ऽन्तःपुरं पुनः ॥ २२४ ॥

तत्र भुक्त्वा पुनः किंचित्तूर्यघोषैः प्रहर्षितः ।
संविशेत्तु यथाकालमुत्तिष्ठेच्च गतक्लमः ॥ २२५ ॥
एतद्विधानमातिष्ठेदरोगः पृथिवीपतिः ।
अस्वस्थः सर्वमेतत्तु भृत्येषु विनियोजयेत् ॥ २२६ ॥

॥ इति मानवे धर्मशास्त्रे भृगुप्रोक्ते सप्तमो ऽध्यायः ॥

व्यवहारान्दिदृक्षुस्तु ब्राह्मणैः सह पार्थिवः ।
मन्त्रज्ञैर्मन्त्रिभिश्चैव विनीतः प्रविशेत्सभाम् ॥ १ ॥
तत्रासीनः स्थितो वापि पाणिमुद्यम्य दक्षिणम् ।
विनीतवेषाभरणः पश्येत्कार्याणि कार्यिणाम् ॥ २ ॥
प्रत्यहं देशदृष्टैश्च शास्त्रदृष्टैश्च हेतुभिः ।
अष्टादशसु मार्गेषु निबद्धानि पृथक्पृथक् ॥ ३ ॥
तेषामाद्यमृणादानं निक्षेपो ऽस्वामिविक्रयः ।
संभूय च समुत्थानं दत्तस्यानपकर्म च ॥ ४ ॥
वेतनस्यैव चादानं संविदश्च व्यतिक्रमः ।
क्रयविक्रयानुशयो विवादः स्वामिपालयोः ॥ ५ ॥
सीमाविवादधर्मश्च पारुष्ये दण्डवाचिके ।
स्तेयं च साहसं चैव स्त्रीसंग्रहणमेव च ॥ ६ ॥
स्त्रीपुंधर्मो विभागश्च द्यूतमाह्वय एव च ।
पदान्यष्टादशैतानि व्यवहारस्थिताविह ॥ ७ ॥

एषु स्थानेषु भूयिष्ठं विवादं चरतां नृणाम् ।
धर्मं शाश्वतमाश्रित्य कुर्यात्कार्यविनिर्णयम् ॥ ८ ॥
यदा स्वयं न कुर्यात्तु नृपतिः कार्यदर्शनम् ।
तदा नियुञ्ज्याद्विद्वांसं ब्राह्मणं कार्यदर्शने ॥ ९ ॥
सो ऽस्य कार्याणि संपश्येत्सभ्यैरेव त्रिभिर्वृतः ।
सभामेव प्रविश्याग्र्यामासीनः स्थित एव वा ॥ १० ॥
यस्मिन्देशे निषीदन्ति विप्रा वेदविदस्त्रयः ।
राज्ञश्च प्रकृतो विद्वान्ब्रह्मणस्तां सभां विदुः ॥ ११ ॥
धर्मो विद्धस्त्वधर्मेण सभां यत्रोपतिष्ठते ।
शल्यं चास्य न कृन्तन्ति विद्धास्तत्र सभासदः ॥ १२ ॥
सभा वा न प्रवेष्टव्या वक्तव्यं वा समञ्जसम् ।
अब्रुवन्विब्रुवन्वापि नरो भवति किल्बिषी ॥ १३ ॥
यत्र धर्मो ह्यधर्मेण सत्यं यत्रानृतेन च ।
हन्यते प्रेक्षमाणानां हतास्तत्र सभासदः ॥ १४ ॥
धर्म एव हतो हन्ति धर्मो रक्षति रक्षितः ।
तस्माद्धर्मो न हन्तव्यो मा नो धर्मो हतो वधीत् ॥ १५ ॥
वृषो हि भगवान्धर्मस्तस्य यः कुरुते ह्यलम् ।
वृषलं तं विदुर्देवास्तस्माद्धर्मं न लोपयेत् ॥ १६ ॥
एक एव सुहृद्धर्मो निधने ऽप्यनुयाति यः ।
शरीरेण समं नाशं सर्वमन्यद्धि गच्छति ॥ १७ ॥

पादो ऽधर्मस्य कर्तारं पादः साक्षिणमृच्छति ।
पादः सभासदः सर्वान्पादो राजानमृच्छति ॥ १८ ॥
राजा भवत्यनेनास्तु मुच्यन्ते च सभासदः ।
एनो गच्छति कर्तारं निन्दार्हो यत्र निन्द्यते ॥ १९ ॥
जातिमात्रोपजीवी वा कामं स्याद्ब्राह्मणब्रुवः ।
धर्मप्रवक्ता नृपतेर्न तु शूद्रः कथंचन ॥ २० ॥
यस्य शूद्रस्तु कुरुते राज्ञो धर्मविवेचनम् ।
तस्य सीदति तद्राष्ट्रं पङ्के गौरिव पश्यतः ॥ २१ ॥
यद्राष्ट्रं शूद्रभूयिष्ठं नास्तिकाक्रान्तमद्विजम् ।
विनश्यत्याशु तत्कृत्स्नं दुर्भिक्षव्याधिपीडितम् ॥ २२ ॥
धर्मासनमधिष्ठाय संवीताङ्गः समाहितः ।
प्रणम्य लोकपालेभ्यः कार्यदर्शनमारभेत् ॥ २३ ॥
अर्थानर्थावुभौ बुद्ध्वा धर्माधर्मौ च केवलौ ।
वर्णक्रमेण सर्वाणि पश्येत्कार्याणि कार्यिणाम् ॥ २४ ॥
बाह्यैर्विभावयेल्लिङ्गैर्भावमन्तर्गतं नृणाम् ।
स्वरवर्णेङ्गिताकारैश्चक्षुषा चेष्टितेन च ॥ २५ ॥
आकारैरिङ्गितैर्गत्या चेष्टया भाषितेन च ।
नेत्रवक्त्रविकारैश्च गृह्यते ऽन्तर्गतं मनः ॥ २६ ॥
बालदायादिकं रिक्थं तावद्राजानुपालयेत् ।
यावत्स स्यात्समावृत्तो यावद्वातीतशैशवः ॥ २७ ॥

वशापुत्रासु चैवं स्याद्रक्षणं निष्कुलासु च ।
पतिव्रतासु च स्त्रीषु विधवास्वातुरासु च ॥ २८ ॥
जीवन्तीनां तु तासां ये तद्धरेयुः स्वबान्धवाः ।
ताञ्छिष्याच्चौरदण्डेन धार्मिकः पृथिवीपतिः ॥ २९ ॥
प्रनष्टस्वामिकं रिक्थं राजा त्र्यब्दं निधापयेत् ।
अर्वाक् त्र्यब्दाद्धरेत्स्वामी परेण नृपतिर्हरेत् ॥ ३० ॥
ममेदमिति यो ब्रूयात्सो ऽनुयोज्यो यथाविधि ।
संवाद्य रूपसंख्यादीन्स्वामी तद्द्रव्यमर्हति ॥ ३१ ॥
अवेदयानो नष्टस्य देशं कालं च तत्त्वतः ।
वर्णं रूपं प्रमाणं च तत्समं दण्डमर्हति ॥ ३२ ॥
आददीताथ षड्भागं प्रनष्टाधिगतान्नृपः ।
दशमं द्वादशं वापि सतां धर्ममनुस्मरन् ॥ ३३ ॥
प्रनष्टाधिगतं द्रव्यं तिष्ठेद्युक्तैरधिष्ठितम् ।
यांस्तत्र चौरान्गृह्णीयात्तान्राजेभेन घातयेत् ॥ ३४ ॥
ममायमिति यो ब्रूयान्निधिं सत्येन मानवः ।
तस्याददीत षड्भागं राजा द्वादशमेव वा ॥ ३५ ॥
अनृतं तु वदन्दण्ड्यः स्ववित्तस्यांशमष्टमम् ।
तस्यैव वा निधानस्य संख्यायाल्पीयसीं कलाम् ॥ ३६ ॥
विद्वांस्तु ब्राह्मणो दृष्ट्वा पूर्वोपनिहितं निधिम् ।
अशेषतो ऽप्याददीत सर्वस्याधिपतिर्हि सः ॥ ३७ ॥

यं तु पश्येन्निधिं राजा पुराणं निहितं क्षितौ ।
तस्माद्द्विजेभ्यो दत्त्वार्धमर्धं कोशे प्रवेशयेत् ॥ ३८ ॥
निधीनां हि पुराणानां धातूनामेव च क्षितौ ।
अर्धभाग्रक्षणाद्राजा भूमेरधिपतिर्हि सः ॥ ३९ ॥
दातव्यं सर्ववर्णेभ्यो राज्ञा चौरैर्हृतं धनम् ।
राजा तदुपयुञ्जानश्चौरस्याप्नोति किल्बिषम् ॥ ४० ॥
जातिजानपदान्धर्माञ्छ्रेणीधर्मांश्च धर्मवित् ।
समीक्ष्य कुलधर्मांश्च स्वधर्मं प्रतिपादयेत् ॥ ४१ ॥
स्वानि कर्माणि कुर्वाणा दूरे सन्तो ऽपि मानवाः ।
प्रिया भवन्ति लोकस्य स्वे स्वे कर्मण्यवस्थिताः ॥ ४२ ॥
नोत्पादयेत्स्वयं कार्यं राजा नाप्यस्य पूरुषः ।
न च प्रापितमन्येन ग्रसेतार्थं कथंचन ॥ ४३ ॥
यथा नयत्यसृक्पातैर्मृगस्य मृगयुः पदम् ।
नयेत्तथानुमानेन धर्मस्य नृपतिः पदम् ॥ ४४ ॥
सत्यमर्थं च संपश्येदात्मानमथ साक्षिणम् ।
देशं कालं च रूपं च व्यवहारविधौ स्थितः ॥ ४५ ॥
सद्भिराचरितं यत्स्याद्धार्मिकैश्च द्विजातिभिः ।
तद्देशकुलजातीनामविरुद्धं प्रकल्पयेत् ॥ ४६ ॥
अधमर्णार्थसिद्ध्यर्थमुत्तमर्णेन चोदितः ।
दापयेद्धनिकस्यार्थमधमर्णाद्विभावितम् ॥ ४७ ॥

यैर्यैरुपायैरर्थं स्वं प्राप्नुयादुत्तमर्णिकः ।
तैस्तैरुपायैः संगृह्य दापयेदधमर्णिकम् ॥ ४८ ॥

धर्मेण व्यवहारेण छलेनाचरितेन च ।
प्रयुक्तं साधयेदर्थं पञ्चमेन बलेन च ॥ ४९ ॥

यः स्वयं साधयेदर्थमुत्तमर्णोऽधमर्णिकात् ।
न स राज्ञाभियोक्तव्यः स्वकं संसाधयन्धनम् ॥ ५० ॥

अर्थे ऽपव्ययमानं तु कारणेन विभावितम् ।
दापयेद्धनिकस्यार्थं दण्डलेशं च शक्तितः ॥ ५१ ॥

अपह्नवे ऽधमर्णस्य देहीत्युक्तस्य संसदि ।
अभियोक्ता दिशेद्देशं कारणं वा समुद्दिशेत् ॥ ५२ ॥

अदेशं यश्च दिशति निर्दिश्यापह्नुते च यः ।
यश्चाधरोत्तरानर्थान्विगीतान्नावबुध्यते ॥ ५३ ॥

अपदिश्यापदेश्यं च पुनर्यस्त्वपधावति ।
सम्यक्प्रणिहितं चार्थं पृष्टः सन्नाभिनन्दति ॥ ५४ ॥

असंभाष्ये साक्षिभिश्च देशे संभाषते मिथः ।
निरुच्यमानं प्रश्नं च नेच्छेद्यश्चापि निष्पतेत् ॥ ५५ ॥

ब्रूहीत्युक्तश्च न ब्रूयादुक्तं च न विभावयेत् ।
न च पूर्वापरं विद्यात्तस्मादर्थात्स हीयते ॥ ५६ ॥

ज्ञातारः सन्ति मेत्युक्त्वा दिशेत्युक्तो दिशेन्न यः ।
धर्मस्थः कारणैरेतैर्हीनं तमिति निर्दिशेत् ॥ ५७ ॥

अभियोक्ता न चेद्ब्रूयाद्बध्यो दण्ड्यश्च धर्मतः ।
न चेत्त्रिपक्षात्प्रब्रूयाद्धर्मं प्रति पराजितः ॥ ५८ ॥
यो यावन्निह्नुवीतार्थं मिथ्या यावति वा वदेत् ।
तौ नृपेण ह्यधर्मज्ञौ दाप्यौ तद्द्विगुणं दमम् ॥ ५९ ॥
पृष्टो ऽपव्ययमानस्तु कृतावस्थो धनैषिणा ।
त्र्यवरैः साक्षिभिर्भाव्यो नृपब्राह्मणसंनिधौ ॥ ६० ॥
यादृशा धनिभिः कार्या व्यवहारेषु साक्षिणः ।
तादृशान्संप्रवक्ष्यामि यथा वाच्यमृतं च तैः ॥ ६१ ॥
गृहिणः पुत्रिणो मौलाः क्षत्रविट्शूद्रयोनयः ।
अर्थ्युक्ताः साक्ष्यमर्हन्ति न ये केचिदनापदि ॥ ६२ ॥
आप्ताः सर्वेषु वर्णेषु कार्याः कार्येषु साक्षिणः ।
सर्वधर्मविदो ऽलुब्धा विपरीतांस्तु वर्जयेत् ॥ ६३ ॥
नार्थसंबन्धिनो नाप्ता न सहाया न वैरिणः ।
न दृष्टदोषाः कर्तव्या न व्याध्यार्ता न दूषिताः ॥ ६४ ॥
न साक्षी नृपतिः कार्यो न कारुककुशीलवौ ।
न श्रोत्रियो न लिङ्गस्थो न सङ्गेभ्यो विनिर्गतः ॥ ६५ ॥
नाध्यधीनो न वक्तव्यो न दस्युर्न विकर्मकृत् ।
न वृद्धो न शिशुर्नैको नान्त्यो न विकलेन्द्रियः ॥ ६६ ॥
नार्तो न मत्तो नोन्मत्तो न क्षुत्तृष्णोपपीडितः ।
न श्रमार्तो न कामार्तो न क्रुद्धो नापि तस्करः ॥ ६७ ॥

स्त्रीणां साक्ष्यं स्त्रियः कुर्युर्द्विजानां सदृशा द्विजाः ।
शूद्राश्च सन्तः शूद्राणामन्त्यानामन्त्ययोनयः ॥ ६८ ॥
अनुभावी तु यः कश्चित्कुर्यात्साक्ष्यं विवादिनाम् ।
अन्तर्वेश्मन्यरण्ये वा शरीरस्यापि चात्यये ॥ ६९ ॥
स्त्रियाप्यसंभवे कार्यं बालेन स्थविरेण वा ।
शिष्येण बन्धुना वापि दासेन भृतकेन वा ॥ ७० ॥
बालवृद्धातुराणां तु साक्ष्येषु वदतां मृषा ।
जानीयादस्थिरां वाचमुत्सिक्तमनसां तथा ॥ ७१ ॥
साहसेषु तु सर्वेषु स्तेयसंग्रहणेषु च ।
वाग्दण्डयोश्च पारुष्ये न परीक्षेत साक्षिणः ॥ ७२ ॥
बहुत्वं परिगृह्णीयात्साक्षिद्वैधे नराधिपः ।
समेषु तु गुणोत्कृष्टान्गुणिद्वैधे द्विजोत्तमान् ॥ ७३ ॥
समक्षदर्शनात्साक्ष्यं श्रवणाच्चैव सिध्यति ।
तत्र सत्यं ब्रुवन्साक्षी धर्मार्थाभ्यां न हीयते ॥ ७४ ॥
साक्षी दृष्टश्रुतादन्यद्विब्रुवन्नार्यसंसदि ।
अवाङ्नरकमभ्येति प्रेत्य स्वर्गाच्च हीयते ॥ ७५ ॥
यत्रानिबद्धो ऽपीक्षेत शृणुयाद्वापि किंचन ।
पृष्टस्तत्रापि तद्ब्रूयाद्यथा दृष्टं यथा श्रुतम् ॥ ७६ ॥
एको ऽलुब्धस्तु साक्षी स्याद्बह्व्यः शुच्यो ऽपि न स्त्रियः ।
स्त्रीबुद्धेरस्थिरत्वात्तु दोषैश्चान्ये ऽपि ये वृताः ॥ ७७ ॥

स्वभावेनैव यद्ब्रूयुस्तद्ग्राह्यं व्यावहारिकम् ।
अतो यदन्यद्विब्रूयुर्धर्मार्थं तदपार्थकम् ॥ ७८ ॥
सभान्तः साक्षिणः प्राप्तानर्थिप्रत्यर्थिसंनिधौ ।
प्राड्विवाको ऽनुयुञ्जीत विधिनानेन सान्त्वयन् ॥ ७९ ॥
यद्द्वयोरनयोर्वित्थ कार्ये ऽस्मिंश्चेष्टितं मिथः ।
तद्ब्रूत सर्वं सत्येन युष्माकं ह्यत्र साक्षिता ॥ ८० ॥
सत्यं साक्ष्ये ब्रुवन्साक्षी लोकान्प्राप्नोत्यनुत्तमान् ।
इह चानुत्तमां कीर्तिं वागेषा ब्रह्मपूजिता ॥ ८१ ॥
साक्ष्ये ऽनृतं वदन्पाशैर्बध्यते वारुणैर्भृशम् ।
विवशः शतमाजातीस्तस्मात्साक्ष्ये वदेदृतम् ॥ ८२ ॥
सत्येन पूयते साक्षी धर्मः सत्येन वर्धते ।
तस्मात्सत्यं हि वक्तव्यं सर्ववर्णेषु साक्षिभिः ॥ ८३ ॥
आत्मैव ह्यात्मनः साक्षी गतिरात्मा तथात्मनः ।
मावमंस्थाः स्वमात्मानं नृणां साक्षिणमुत्तमम् ॥ ८४ ॥
मन्यन्ते वै पापकृतो न कश्चित्पश्यतीति नः ।
तांस्तु देवाः प्रपश्यन्ति स्वश्चैवान्तरपूरुषः ॥ ८५ ॥
द्यौर्भूमिरापो हृदयं चन्द्रार्काग्नियमानिलाः ।
रात्रिः संध्ये च धर्मश्च वृत्तज्ञाः सर्वदेहिनाम् ॥ ८६ ॥
देवब्राह्मणसांनिध्ये साक्ष्यं पृच्छेदृतं द्विजान् ।
उदङ्मुखान्प्राङ्मुखान्वा पूर्वाह्णे वै शुचिः शुचीन् ॥ ८७ ॥

ब्रूहीति ब्राह्मणं पृच्छेत्सत्यं ब्रूहीति पार्थिवम् ।
गोबीजकाञ्चनैर्वैश्यं शूद्रमेभिस्तु पातकैः ॥ ८८ ॥
ब्रह्मघ्नो ये स्मृता लोका ये च स्त्रीबालघातिनाम् ।
मित्रद्रुहः कृतघ्नस्य ते ते स्युर्ब्रुवतो मृषा ॥ ८९ ॥
जन्मप्रभृति यत्किंचित्पुण्यं भद्र त्वया कृतम् ।
तत्ते सर्वं शुनो गच्छेद्यदि ब्रूयास्त्वमन्यथा ॥ ९० ॥
एको ऽहमस्मीत्यात्मानं यस्त्वं कल्याण मन्यसे ।
नित्यं स्थितस्ते हृद्येष पुण्यपापेक्षिता मुनिः ॥ ९१ ॥
यमो वैवस्वतो देवो यस्तवैष हृदि स्थितः ।
तेन चेदविवादस्ते मा गङ्गां मा कुरून्व्रज ॥ ९२ ॥
नग्नो मुण्डः कपालेन भिक्षार्थी क्षुत्पिपासितः ।
अन्धः शत्रुगृहं गच्छेद्यः साक्ष्यमनृतं वदेत् ॥ ९३ ॥
अवाक्शिरास्तमस्यन्धे किल्बिषी नरकं पतेत् ।
यः प्रश्नं वितथं ब्रूयात्पृष्टः सन्धर्मनिश्चये ॥ ९४ ॥
अन्धो मत्स्यानिवाश्नाति स नरः कण्टकैः सह ।
यो भाषते ऽर्थवैकल्यमप्रत्यक्षं सभां गतः ॥ ९५ ॥
यस्य विद्वान्हि वदतः क्षेत्रज्ञो नाभिशङ्कते ।
तस्मान्न देवाः श्रेयांसं लोके ऽन्यं पुरुषं विदुः ॥ ९६ ॥
यावतो बान्धवान्यस्मिन्हन्ति साक्ष्ये ऽनृतं वदन् ।
तावतः संख्यया तस्मिञ्छृणु सौम्यानुपूर्वशः ॥ ९७ ॥

पञ्च पश्वनृते हन्ति दश हन्ति गवानृते ।
शतमश्वानृते हन्ति सहस्रं पुरुषानृते ॥ ९८ ॥
हन्ति जातानजातांश्च हिरण्यार्थेऽनृतं वदन् ।
सर्वं भूम्यनृते हन्ति मा स्म भूम्यनृतं वदीः ॥ ९९ ॥
अप्सु भूमिवदित्याहुः स्त्रीणां भोगे च मैथुने ।
अब्जेषु चैव रत्नेषु सर्वेष्वश्ममयेषु च ॥ १०० ॥
एतान्दोषानवेक्ष्य त्वं सर्वाननृतभाषणे ।
यथा श्रुतं यथा दृष्टं सर्वमेवाञ्जसा वद ॥ १०१ ॥
गोरक्षकान्वाणिजकांस्तथा कारुकुशीलवान् ।
प्रेष्यान्वार्धुषिकांश्चैव विप्राञ्छूद्रवदाचरेत् ॥ १०२ ॥
तद्वदन्धर्मतो ऽर्थेषु जानन्नप्यन्यथा नरः ।
न स्वर्गाच्च्यवते लोकाद्दैवीं वाचं वदन्ति ताम् ॥ १०३ ॥
शूद्रविट्क्षत्रविप्राणां यत्रर्तोक्तौ भवेद्वधः ।
तत्र वक्तव्यमनृतं तद्धि सत्याद्विशिष्यते ॥ १०४ ॥
वाग्दैवत्यैश्च चरुभिर्यजेरंस्ते सरस्वतीम् ।
अनृतस्यैनसस्तस्य कुर्वाणा निष्कृतिं पराम् ॥ १०५ ॥
कूष्माण्डैर्वापि जुहुयाद्घृतमग्नौ यथाविधि ।
उदित्यृचा वा वारुण्या तृचेनाब्दैवतेन वा ॥ १०६ ॥
त्रिपक्षादब्रुवन्साक्ष्यमृणादिषु नरो ऽगदः ।
तदृणं प्राप्नुयात्सर्वं दशबन्धं च सर्वतः ॥ १०७ ॥

यस्य दृश्येत सप्ताहादुक्तवाक्यस्य साक्षिणः ।
रोगो ऽग्निर्ज्ञातिमरणमृणं दाप्यो दमं च सः ॥ १०८ ॥
असाक्षिकेषु त्वर्थेषु मिथो विवदमानयोः ।
अविन्दंस्तत्त्वतः सत्यं शपथेनापि लम्भयेत् ॥ १०९ ॥
महर्षिभिश्च देवैश्च कार्यार्थं शपथाः कृताः ।
वसिष्ठश्चापि शपथं शेपे पैजवने नृपे ॥ ११० ॥
न वृथा शपथं कुर्यात्स्वल्पे ऽप्यर्थे नरो बुधः ।
वृथा हि शपथं कुर्वन्प्रेत्य चेह च नश्यति ॥ १११ ॥
कामिनीषु विवाहेषु गवां भक्ष्ये तथेन्धने ।
ब्राह्मणाभ्युपपत्तौ च शपथे नास्ति पातकम् ॥ ११२ ॥
सत्येन शापयेद्विप्रं क्षत्रियं वाहनायुधैः ।
गोबीजकाञ्चनैर्वैश्यं शूद्रं सर्वैस्तु पातकैः ॥ ११३ ॥
अग्निं वा हारयेदेनमप्सु वैनं निमज्जयेत् ।
पुत्रदारस्य वाप्येनं शिरांसि स्पर्शयेत्पृथक् ॥ ११४ ॥
यमिद्धो न दहत्यग्निरापो नोन्मज्जयन्ति च ।
न चार्तिमृच्छति क्षिप्रं स ज्ञेयः शपथे शुचिः ॥ ११५ ॥
वत्सस्य ह्यभिशस्तस्य पुरा भ्रात्रा यवीयसा ।
नाग्निर्ददाह रोमापि सत्येन जगतः स्पशः ॥ ११६ ॥
यस्मिन्यस्मिन्विवादे तु कौटसाक्ष्यं कृतं भवेत् ।
तत्तत्कार्यं निवर्तेत कृतं चाप्यकृतं भवेत् ॥ ११७ ॥

लोभान्मोहाद्भयान्मैत्रात्कामात्क्रोधात्तथैव च ।
अज्ञानाद्बालभावाच्च साक्ष्यं वितथमुच्यते ॥ ११८ ॥

एषामन्यतमे स्थाने यः साक्ष्यमनृतं वदेत् ।
तस्य दण्डविशेषांस्तु प्रवक्ष्याम्यनुपूर्वशः ॥ ११९ ॥

लोभात्सहस्रं दण्ड्यस्तु मोहात्पूर्वं तु साहसम् ।
भयाद्द्वौ मध्यमौ दण्डौ मैत्रात्पूर्वं चतुर्गुणम् ॥ १२० ॥

कामाद्दशगुणं पूर्वं क्रोधात्तु त्रिगुणं परम् ।
अज्ञानाद्द्वे शते पूर्णे बालिश्याच्छतमेव तु ॥ १२१ ॥

एतानाहुः कौटसाक्ष्ये प्रोक्तान्दण्डान्मनीषिभिः ।
धर्मस्याव्यभिचारार्थमधर्मनियमाय च ॥ १२२ ॥

कौटसाक्ष्यं तु कुर्वाणांस्त्रीन्वर्णान्धार्मिको नृपः ।
प्रवासयेद्दण्डयित्वा ब्राह्मणं तु विवासयेत् ॥ १२३ ॥

दश स्थानानि दण्डस्य मनुः स्वायंभुवोऽब्रवीत् ।
त्रिषु वर्णेषु यानि स्युरक्षतो ब्राह्मणो व्रजेत् ॥ १२४ ॥

उपस्थमुदरं जिह्वा हस्तौ पादौ च पञ्चमम् ।
चक्षुर्नासा च कर्णौ च धनं देहस्तथैव च ॥ १२५ ॥

अनुबन्धं परिज्ञाय देशकालौ च तत्त्वतः ।
सारापराधौ चालोक्य दण्डं दण्ड्येषु पातयेत् ॥ १२६ ॥

अधर्मदण्डनं लोके यशोघ्नं कीर्तिनाशनम् ।
अस्वर्ग्यं च परत्रापि तस्मात्तत्परिवर्जयेत् ॥ १२७ ॥

अदण्ड्यान्दण्डयन्राजा दण्ड्यांश्चैवाप्यदण्डयन् ।
अयशो महदाप्नोति नरकं चैव गच्छति ॥ १२८ ॥
वाग्दण्डं प्रथमं कुर्याद्धिग्दण्डं तदनन्तरम् ।
तृतीयं धनदण्डं तु वधदण्डमतः परम् ॥ १२९ ॥
वधेनापि यदा त्वेतान्निग्रहीतुं न शक्नुयात् ।
तदैषु सर्वमप्येतत्प्रयुञ्जीत चतुष्टयम् ॥ १३० ॥
लोकसंव्यवहारार्थं याः संज्ञाः प्रथिता भुवि ।
ताम्ररूप्यसुवर्णानां ताः प्रवक्ष्याम्यशेषतः ॥ १३१ ॥
जालान्तरगते भानौ यत्सूक्ष्मं दृश्यते रजः ।
प्रथमं तत्प्रमाणानां त्रसरेणुं प्रचक्षते ॥ १३२ ॥
त्रसरेणवो ऽष्टौ विज्ञेया लिक्षैका परिमाणतः ।
ता राजसर्षपस्तिस्रस्ते त्रयो गौरसर्षपः ॥ १३३ ॥
सर्षपाः षड्यवो मध्यस्त्रियवं त्वेव कृष्णलम् ।
पञ्चकृष्णलको माषस्ते सुवर्णस्तु षोडश ॥ १३४ ॥
पलं सुवर्णाश्चत्वारः पलानि धरणं दश ।
द्वे कृष्णले समधृते विज्ञेयो रूप्यमाषकः ॥ १३५ ॥
ते षोडश स्याद्धरणं पुराणश्चैव राजतः ।
कार्षापणस्तु विज्ञेयस्ताम्रिकः कार्षिकः पणः ॥ १३६ ॥
धरणानि दश ज्ञेयः शतमानस्तु राजतः ।
चतुःसुवर्णको निष्को विज्ञेयस्तु प्रमाणतः ॥ १३७ ॥

पणानां द्वे शते सार्धे प्रथमः साहसः स्मृतः ।
मध्यमः पञ्च विज्ञेयः सहस्रं त्वेव चोत्तमः ॥ १३८ ॥
[ऋणे देये प्रतिज्ञाते पञ्चकं शतमर्हति ।
अपह्नवे तु द्विगुणं तन्मनोरनुशासनम् ॥ १३९ ॥]
वसिष्ठविहितां वृद्धिं सृजेद्वित्तविवर्धिनीम् ।
अशीतिभागं गृह्णीयान्मासाद्वार्धुषिकः शते ॥ १४० ॥
द्विकं शतं वा गृह्णीयात्सतां धर्ममनुस्मरन् ।
द्विकं शतं हि गृह्णानो न भवत्यर्थकिल्बिषी ॥ १४१ ॥
द्विकं त्रिकं चतुष्कं च पञ्चकं च शतं समम् ।
मासस्य वृद्धिं गृह्णीयाद्वर्णानामनुपूर्वशः ॥ १४२ ॥
न त्वेवाधौ सोपकारे कौसीदीं वृद्धिमाप्नुयात् ।
न चाधेः कालसंरोधान्निसर्गोऽस्ति न विक्रयः ॥ १४३ ॥
न भोक्तव्यो बलादाधिर्भुञ्जानो वृद्धिमुत्सृजेत् ।
मूल्येन तोषयेच्चैनमाधिस्तेनोऽन्यथा भवेत् ॥ १४४ ॥
आधिश्चोपनिधिश्चोभौ न कालात्ययमर्हतः ।
अवहार्यौ भवेतां तौ दीर्घकालमवस्थितौ ॥ १४५ ॥
संप्रीत्या भुज्यमानानि न नश्यन्ति कदाचन ।
धेनुरुष्ट्रो वहन्नश्वो यश्च दम्यः प्रयुज्यते ॥ १४६ ॥
यत्किंचिद्दश वर्षाणि संनिधौ प्रेक्षते धनी ।
भुज्यमानं परैस्तूष्णीं न स तल्लब्धुमर्हति ॥ १४७ ॥

अजडश्चेदपोगण्डो विषये चास्य भुज्यते ।
भग्नं तद्व्यवहारेण भोक्ता तद्धनमर्हति ॥ १४८ ॥
आधिः सीमा बालधनं निक्षेपोपनिधिस्त्रियः ।
राजस्वं श्रोत्रियद्रव्यं नोपभोगेन जीर्यते ॥ १४९ ॥
यः स्वामिनाननुज्ञातमाधिं भुङ्क्ते ऽविचक्षणः ।
तेनार्धवृद्धिर्मोक्तव्या तस्य भोगस्य निष्कृतिः ॥ १५० ॥
कुसीदवृद्धिर्द्वैगुण्यं नात्येति सकृदाहृता ।
धान्ये शदे लवे वाह्ये नातिक्रामति पञ्चताम् ॥ १५१ ॥
कृतानुसारादधिका व्यतिरिक्ता न सिध्यति ।
कुसीदपथमाहुस्तं पञ्चकं शतमर्हति ॥ १५२ ॥
नातिसांवत्सरीं वृद्धिं न चादृष्टां विनिर्हरेत् ।
चक्रवृद्धिः कालवृद्धिः कारिता कायिका च या ॥ १५३ ॥
ऋणं दातुमशक्तो यः कर्तुमिच्छेत्पुनः क्रियाम् ।
स दत्त्वा निर्जितां वृद्धिं करणं परिवर्तयेत् ॥ १५४ ॥
अदर्शयित्वा तत्रैव हिरण्यं परिवर्तयेत् ।
यावती संभवेद्वृद्धिस्तावतीं दातुमर्हति ॥ १५५ ॥
चक्रवृद्धिं समारूढो देशकालव्यवस्थितः ।
अतिक्रामन्देशकालौ न तत्फलमवाप्नुयात् ॥ १५६ ॥
समुद्रयानकुशला देशकालार्थदर्शिनः ।
स्थापयन्ति तु यां वृद्धिं सा तत्राधिगमं प्रति ॥ १५७ ॥

योयस्य प्रतिभूस्तिष्ठेद्दर्शनायेह मानवः ।
अदर्शयन्स तं तस्य यतेत स्वधनाद्दृणम् ॥ १५८ ॥
प्रातिभाव्यं वृथादानमाक्षिकं सौरिकं च यत् ।
दण्डशुल्कावशेषं च न पुत्रो दातुमर्हति ॥ १५९ ॥
दर्शनप्रातिभाव्ये तु विधिः स्यात्पूर्वचोदितः ।
दानप्रतिभुवि प्रेते दायादानपि दापयेत् ॥ १६० ॥
अदातरि पुनर्दाता विज्ञातप्रकृतावृणम् ।
पश्चात्प्रतिभुवि प्रेते परीप्सेत्केन हेतुना ॥ १६१ ॥
निरादिष्टधनश्चेत्तु प्रतिभूः स्यादलंधनः ।
स्वधनादेव तद्दद्यान्निरादिष्ट इति स्थितिः ॥ १६२ ॥
मत्तोन्मत्तार्ताध्यधीनैर्बालेन स्थविरेण वा ।
असंबद्धकृतश्चैव व्यवहारो न सिध्यति ॥ १६३ ॥
सत्या न भाषा भवति यद्यपि स्यात्प्रतिष्ठिता ।
बहिश्चेद्भाष्यते धर्मान्नियताद्व्यावहारिकात् ॥ १६४ ॥
योगाधमनविक्रीतं योगदानप्रतिग्रहम् ।
यत्र वाप्युपधिं पश्येत्तत्सर्वं विनिवर्तयेत् ॥ १६५ ॥
ग्रहीता यदि नष्टः स्यात्कुटुम्बे च कृतो व्ययः ।
दातव्यं बान्धवैस्तत्स्यात्प्रविभक्तैरपि स्वतः ॥ १६६ ॥
कुटुम्बार्थेऽध्यधीनोऽपि व्यवहारं यमाचरेत् ।
स्वदेशे वा विदेशे वा तं ज्यायान्न विचालयेत् ॥ १६७ ॥

बलाद्दत्तं बलाद्भुक्तं बलाद्यच्चापि लेखितम्।
सर्वान्बलकृतानर्थानकृतान्मनुरब्रवीत्॥ १६८ ॥
त्रयः परार्थे क्लिश्यन्ति साक्षिणः प्रतिभूः कुलम्।
चत्वारस्तूपचीयन्ते विप्र आढ्यो वणिङ्नृपः॥ १६९॥
अनादेयं नाददीत परिक्षीणो ऽपि पार्थिवः।
न चादेयं समृद्धो ऽपि सूक्ष्ममप्यर्थमुत्सृजेत्॥ १७०॥
अनादेयस्य चादानादादेयस्य च वर्जनात्।
दौर्बल्यं ख्याप्यते राज्ञः स प्रेत्येह च नश्यति॥ १७१॥
स्वादानाद्वर्णसंसर्गात्त्वबलानां च रक्षणात्।
बलं संजायते राज्ञः स प्रेत्येह च वर्धते॥ १७२॥
तस्माद्यम इव स्वामी स्वयं हित्वा प्रियाप्रिये।
वर्तेत याम्यया वृत्त्या जितक्रोधो जितेन्द्रियः॥ १७३॥
यस्त्वधर्मेण कार्याणि कुर्यान्मोहान्नराधिपः।
अचिरात्तं दुरात्मानं वशे कुर्वन्ति शत्रवः॥ १७४॥
कामक्रोधौ तु संयम्य यो ऽर्थान्धर्मेण पश्यति।
प्रजास्तमनुवर्तन्ते समुद्रमिव सिन्धवः॥ १७५॥
यः साधयन्तं छन्देन वेदयेद्धनिकं नृपे।
स राज्ञा तच्चतुर्भागं दाप्यस्तस्य च तद्धनम्॥ १७६॥
कर्मणापि समं कुर्याद्धनिकायाधमर्णिकः।
समो ऽवकृष्टजातिश्च दद्याच्छ्रेयांस्तु तच्छनैः॥ १७७॥

अनेन विधिना राजा मिथो विवदतां नृणाम्।
साक्षिप्रत्ययसिद्धानि कार्याणि समतां नयेत् ॥ १७८ ॥
कुलजे वृत्तसंपन्ने धर्मज्ञे सत्यवादिनि।
महापक्षे धनिन्यार्ये निक्षेपं निक्षिपेद्बुधः ॥ १७९ ॥
यो यथा निक्षिपेद्धस्ते यमर्थं यस्य मानवः।
स तथैव ग्रहीतव्यो यथा दायस्तथा ग्रहः ॥ १८० ॥
यो निक्षेपं याच्यमानो निक्षेप्तुर्न प्रयच्छति।
स याच्यः प्राड्विवाकेन तन्निक्षेप्तुरसंनिधौ ॥ १८१ ॥
साक्ष्यभावे प्रणिधिभिर्वयोरूपसमन्वितैः।
अपदेशैश्च संन्यस्य हिरण्यं तस्य तत्त्वतः ॥ १८२ ॥
स यदि प्रतिपद्येत यथा न्यस्तं यथा कृतम्।
न तत्र विद्यते किंचिद्यत्परैरभियुज्यते ॥ १८३ ॥
तेषां न दद्याद्यदि तु तद्धिरण्यं यथाविधि।
संनिगृह्योभयं दाप्य इति धर्मस्य धारणा ॥ १८४ ॥
निक्षेपोपनिधी नित्यं न देयौ प्रत्यनन्तरे।
नश्यतो विनिपाते तावनिपाते त्वनाशिनौ ॥ १८५ ॥
स्वयमेव तु यो दद्यान्मृतस्य प्रत्यनन्तरे।
न स राज्ञाभियोक्तव्यो न निक्षेप्तुश्च बन्धुभिः ॥ १८६ ॥
अच्छलेनैव चान्विच्छेत्तमर्थं प्रीतिपूर्वकम्।
विचार्य तस्य वा वृत्तं साम्नैव परिसाधयेत् ॥ १८७ ॥

निक्षेपेष्वेष सर्वेषु विधिः स्यात्परिसाधने।
समुद्रे नाप्नुयात्किंचिद्यदि तस्मान्न संहरेत् ॥ १८८ ॥
चौरैर्हृतं जलेनोढमग्निना दग्धमेव वा।
न दद्याद्यदि तस्मात्स न संहरति किंचन ॥ १८९ ॥
निक्षेपस्यापहर्तारमनिक्षेप्तारमेव च।
सर्वैरुपायैरन्विच्छेच्छपथैश्चैव वैदिकैः ॥ १९० ॥
यो निक्षेपं नार्पयति यश्चानिक्षिप्य याचते।
तावुभौ चौरवच्छास्यौ दाप्यौ वा तत्समं दमम् ॥ १९१ ॥
निक्षेपस्यापहर्तारं तत्समं दापयेद्दमम्।
तथोपनिधिहर्तारमविशेषेण पार्थिवः ॥ १९२ ॥
उपधाभिस्तु यः कश्चित्परद्रव्यं हरेन्नरः।
ससहायः स हन्तव्यः प्रकाशं विविधैर्वधैः ॥ १९३ ॥
निक्षेपो यः कृतो येन यावांश्च कुलसंनिधौ।
तावानेव स विज्ञेयो विब्रुवन्दण्डमर्हति ॥ १९४ ॥
मिथो दायः कृतो येन गृहीतो मिथ एव वा।
मिथ एव प्रदातव्यो यथा दायस्तथा ग्रहः ॥ १९५ ॥
निक्षिप्तस्य धनस्यैवं प्रीत्योपनिहितस्य च।
राजा विनिर्णयं कुर्यादक्षिण्वन्न्यासधारिणम् ॥ १९६ ॥
विक्रीणीते परस्य स्वं यो ऽस्वामी स्वाम्यसंमतः।
न तं नयेत साक्ष्यं तु स्तेनमस्तेनमानिनम् ॥ १९७ ॥

अवहार्यो भवेच्चैष सान्वयः षट्शतं दमम् ।
निरन्वयो ऽनपसरः प्राप्तः स्याच्चौरकिल्बिषम् ॥ १९८ ॥
अस्वामिना कृतो यस्तु दायो विक्रय एव वा ।
अकृतः स तु विज्ञेयो व्यवहारे यथा स्थितिः ॥ १९९ ॥
संभोगो यत्र दृश्येत न दृश्येतागमः क्वचित् ।
आगमः कारणं तत्र न संभोग इति स्थितिः ॥ २०० ॥
विक्रयाद्यो धनं किंचिद्गृह्णीयात्कुलसंनिधौ ।
क्रयेण स विशुद्धं हि न्यायतो लभते धनम् ॥ २०१ ॥
अथ मूलमनाहार्यं प्रकाशक्रयशोधितम् ।
अदण्ड्यो मुच्यते राज्ञा नाष्टिको लभते धनम् ॥ २०२ ॥
नान्यदन्येन संसृष्टरूपं विक्रयमर्हति ।
न सावद्यं न च न्यूनं न दूरे न तिरोहितम् ॥ २०३ ॥
अन्यां चेद्दर्शयित्वान्या वोढुः कन्या प्रदीयते ।
उभे ते एकशुल्केन वहेदित्यब्रवीन्मनुः ॥ २०४ ॥
नोन्मत्ताया न कुष्ठिन्या न च या स्पृष्टमैथुना ।
पूर्वं दोषानभिख्याप्य प्रदाता दण्डमर्हति ॥ २०५ ॥
ऋत्विग्यदि वृतो यज्ञे स्वकर्म परिहापयेत् ।
तस्य कर्मानुरूपेण देयो ऽंशः सहकर्तृभिः ॥ २०६ ॥
दक्षिणासु च दत्तासु स्वकर्म परिहापयन् ।
कृत्स्नमेव लभेतांशमन्येनैव च कारयेत् ॥ २०७ ॥

यस्मिन्कर्मणि यास्तु स्युरुक्ताः प्रत्यङ्गदक्षिणाः ।
स एव ता आददीत भजेरन्सर्व एव वा ॥ २०८ ॥
रथं हरेत चाध्वर्युर्ब्रह्माधाने च वाजिनम् ।
होता वापि हरेदश्वमुद्गाता चाप्यनः क्रये ॥ २०९ ॥
सर्वेषामर्धिनो मुख्यास्तदर्धेनार्धिनोऽपरे ।
तृतीयिनस्तृतीयांशाश्चतुर्थांशाश्च पादिनः ॥ २१० ॥
संभूय स्वानि कर्माणि कुर्वद्भिरिह मानवैः ।
अनेन विधियोगेन कर्तव्यांशप्रकल्पना ॥ २११ ॥
धर्मार्थं येन दत्तं स्यात्कस्मैचिद्याचते धनम् ।
पश्चाच्च न तथा तत्स्यान्न देयं तस्य तद्भवेत् ॥ २१२ ॥
यदि संसाधयेत्तत्तु दर्पाल्लोभेन वा पुनः ।
राज्ञा दाप्यः सुवर्णं स्यात्तस्य स्तेयस्य निष्कृतिः ॥ २१३ ॥
दत्तस्यैषोदिता धर्म्या यथावदनपक्रिया ।
अत ऊर्ध्वं प्रवक्ष्यामि वेतनस्यानपक्रियाम् ॥ २१४ ॥
भृतो नार्तो न कुर्याद्यो दर्पात्कर्म यथोदितम् ।
स दण्ड्यः कृष्णलान्यष्टौ न देयं चास्य वेतनम् ॥ २१५ ॥
आर्तस्तु कुर्यात्स्वस्थः सन्यथा भाषितमादितः ।
सुदीर्घस्यापि कालस्य तल्लभेतैव वेतनम् ॥ २१६ ॥
यथोक्तमार्तः स्वस्थो वा यस्तत्कर्म न कारयेत् ।
न तस्य वेतनं देयमल्पोनस्यापि कर्मणः ॥ २१७ ॥

एष धर्मो ऽखिलेनोक्तो वेतनादानकर्मणः ।
अत ऊर्ध्वं प्रवक्ष्यामि धर्मं समयभेदिनाम् ॥ २१८ ॥
यो ग्रामदेशसंघानां कृत्वा सत्येन संविदम् ।
विसंवदेन्नरो लोभात्तं राष्ट्राद्विप्रवासयेत् ॥ २१९ ॥
निगृह्य दापयेच्चैनं समयव्यभिचारिणम् ।
चतुःसुवर्णान्षण्णिष्कांञ्छतमानं च राजतम् ॥ २२० ॥
एवं दण्डविधिं कुर्याद्धार्मिकः पृथिवीपतिः ।
ग्रामजातिसमूहेषु समयव्यभिचारिणाम् ॥ २२१ ॥
क्रीत्वा विक्रीय वा किंचिद्यस्येहानुशयो भवेत् ।
सो ऽन्तर्दशाहात्तद्द्रव्यं दद्याच्चैवाददीत च ॥ २२२ ॥
परेण तु दशाहस्य न दद्यान्नापि दापयेत् ।
आददानो ददच्चैव राज्ञा दण्ड्यः शतानि षट् ॥ २२३ ॥
यस्तु दोषवतीं कन्यामनाख्याय प्रयच्छति ।
तस्य कुर्यान्नृपो दण्डं स्वयं षण्णवतिं पणान् ॥ २२४ ॥
अकन्येति तु यः कन्यां ब्रूयाद्द्वेषेण मानवः ।
स शतं प्राप्नुयाद्दण्डं तस्या दोषमदर्शयन् ॥ २२५ ॥
पाणिग्रहणिका मन्त्राः कन्यास्वेव प्रतिष्ठिताः ।
नाकन्यासु क्वचिन्नृणां लुप्तधर्मक्रिया हि ताः ॥ २२६ ॥
पाणिग्रहणिका मन्त्रा नियतं दारलक्षणम् ।
तेषां निष्ठा तु विज्ञेया विद्वद्भिः सप्तमे पदे ॥ २२७ ॥

यस्मिन्यस्मिन्कृते कार्ये यस्येहानुशयो भवेत् ।
तमनेन विधानेन धर्म्ये पथि निवेशयेत् ॥ २२८ ॥
पशुषु स्वामिनां चैव पालानां च व्यतिक्रमे ।
विवादं संप्रवक्ष्यामि यथावद्धर्मतत्त्वतः ॥ २२९ ॥
दिवा वक्तव्यता पाले रात्रौ स्वामिनि तद्गृहे ।
योगक्षेमे ऽन्यथा चेत्तु पालो वक्तव्यतामियात् ॥ २३० ॥
गोपः क्षीरभृतो यस्तु स दुह्याद्दशतो वराम् ।
गोस्वाम्यनुमते भृत्यः सा स्यात्पाले ऽभृते भृतिः ॥ २३१ ॥
नष्टं विनष्टं कृमिभिः श्वहतं विषमे मृतम् ।
हीनं पुरुषकारेण प्रदद्यात्पाल एव तु ॥ २३२ ॥
विघुष्य तु हृतं चौरैर्न पालो दातुमर्हति ।
यदि देशे च काले च स्वामिनः स्वस्य शंसति ॥ २३३ ॥
कर्णौ चर्म च वालांश्च बस्तिस्नायूनि रोचनाम् ।
पशुषु स्वामिनां दद्यान्मृतेष्वङ्कांश्च दर्शयेत् ॥ २३४ ॥
अजाविके तु संरुद्धे वृकैः पाले त्वनायति ।
यां प्रसह्य वृको हन्यात्पाले तत्किल्बिषं भवेत् ॥ २३५ ॥
तासां चेदविरुद्धानां चरन्तीनां मिथो वने ।
यामुत्पत्य वृको हन्यान्न पालस्तत्र किल्बिषी ॥ २३६ ॥
धनुःशतं परीहारो ग्रामस्य स्यात्समन्ततः ।
शम्यापातास्त्रयो वापि त्रिगुणो नगरस्य तु ॥ २३७ ॥

तच्चापरिवृतं धान्यं विहिंस्युः पशवो यदि।
न तत्र प्रणयेद्दण्डं नृपतिः पशुरक्षिणाम्॥ २३८॥
वृतिं तत्र प्रकुर्वीत यामुष्ट्रो नावलोकयेत्।
छिद्रं च वारयेत्सर्वं श्वसूकरमुखानुगम्॥ २३९॥
पथि क्षेत्रे परिवृते ग्रामान्तीये ऽथवा पुनः।
सपालः शतदण्डार्हो विपालान्वारयेत्पशून्॥ २४०॥
क्षेत्रेष्वन्येषु तु पशुः सपादं पणमर्हति।
सर्वत्र तु शदो देयः क्षेत्रिकस्येति धारणा॥ २४१॥
अनिर्दशाहां गां सूतां वृषान्देवपशूंस्तथा।
सपालान्वा विपालान्वा न दण्ड्यान्मनुरब्रवीत्॥ २४२॥
क्षेत्रिकस्यात्यये दण्डो भागाद्दशगुणो भवेत्।
ततो ऽर्धदण्डो भृत्यानामज्ञानात्क्षेत्रिकस्य तु॥ २४३॥
एतद्विधानमातिष्ठेद्धार्मिकः पृथिवीपतिः।
स्वामिनां च पशूनां च पालानां च व्यतिक्रमे॥ २४४॥
सीमां प्रति समुत्पन्ने विवादे ग्रामयोर्द्वयोः।
ज्यैष्ठे मासि नयेत्सीमां सुप्रकाशेषु सेतुषु॥ २४५॥
सीमावृक्षांस्तु कुर्वीत न्यग्रोधाश्वत्थकिंशुकान्।
शाल्मलीसालतालांश्च क्षीरिणश्चैव पादपान्॥ २४६॥
गुल्मान्वेणूंश्च विविधाञ्छमीवल्लीस्थलानि च।
शरान्कुब्जकगुल्मांश्च तथा सीमा न नश्यति॥ २४७॥

तडागान्युदपानानि वाप्यः प्रस्रवणानि च ।
सीमासंधिषु कार्याणि देवतायतनानि च ॥ २४८ ॥
उपच्छन्नानि चान्यानि सीमालिङ्गानि कारयेत् ।
सीमाज्ञाने नृणां वीक्ष्य नित्यं लोके विपर्ययम् ॥ २४९ ॥
अश्मनोऽस्थीनि गोवालांस्तुषान्भस्म कपालिकाः ।
करीषमिष्टकाङ्गाराञ्छर्करा वालुकास्तथा ॥ २५० ॥
यानि चैवंप्रकाराणि कालाद्भूमिर्न भक्षयेत् ।
तानि संधिषु सीमायामप्रकाशानि कारयेत् ॥ २५१ ॥
एतैर्लिङ्गैर्नयेत्सीमां राजा विवदमानयोः ।
पूर्वभुक्त्या च सततमुदकस्यागमेन च ॥ २५२ ॥
यदि संशय एव स्याल्लिङ्गानामपि दर्शने ।
साक्षिप्रत्यय एव स्यात्सीमावादविनिर्णयः ॥ २५३ ॥
ग्रामेयककुलानां च समक्षं सीम्नि साक्षिणः ।
प्रष्टव्याः सीमलिङ्गानि तयोश्चैव विवादिनोः ॥ २५४ ॥
ते पृष्टास्तु यथा ब्रूयुः समस्ताः सीम्नि निश्चयम् ।
निबध्नीयात्तथा सीमां सर्वांस्तांश्चैव नामतः ॥ २५५ ॥
शिरोभिस्ते गृहीत्वोर्वीं स्रग्विणो रक्तवाससः ।
सुकृतैः शापिताः स्वैः स्वैर्नयेयुस्ते समञ्जसम् ॥ २५६ ॥
यथोक्तेन नयन्तस्ते पूयन्ते सत्यसाक्षिणः ।
विपरीतं नयन्तस्तु दाप्याः स्युर्द्विशतं दमम् ॥ २५७ ॥

साक्ष्यभावे तु चत्वारो ग्रामसीमान्तवासिनः ।
सीमाविनिर्णयं कुर्युः प्रयता राजसंनिधौ ॥ २५८ ॥
सामन्तानामभावे तु मौलानां सीमसाक्षिणाम् ।
इमानप्यनुयुञ्जीत पुरुषान्वनगोचरान् ॥ २५९ ॥
व्याधाञ्छाकुनिकान्गोपान्कैवर्तान्मूलखानकान् ।
व्यालग्राहानुञ्छवृत्तीनन्यांश्च वनगोचरान् ॥ २६० ॥
ते पृष्टास्तु यथा ब्रूयुः सीमासंधिषु लक्षणम् ।
तत्तथा स्थापयेद्राजा धर्मेण ग्रामयोर्द्वयोः ॥ २६१ ॥
क्षेत्रकूपतडागानामारामस्य गृहस्य च ।
सामन्तप्रत्ययो ज्ञेयः सीमासेतुविनिर्णयः ॥ २६२ ॥
सामन्ताश्चेन्मृषा ब्रूयुः सेतौ विवदतां नृणाम् ।
सर्वे पृथक् पृथग्दण्ड्या राज्ञा मध्यमसाहसम् ॥ २६३ ॥
गृहं तडागमारामं क्षेत्रं वा भीषया हरन् ।
शतानि पञ्च दण्ड्यः स्यादज्ञानाद्द्विशतो दमः ॥ २६४ ॥
सीमायामविषह्यायां स्वयं राजैव धर्मवित् ।
प्रदिशेद्भूमिमेतेषामुपकारादिति स्थितिः ॥ २६५ ॥
एषो ऽखिलेनाभिहितो धर्मः सीमाविनिर्णये ।
अत ऊर्ध्वं प्रवक्ष्यामि वाक्पारुष्यविनिर्णयम् ॥ २६६ ॥
शतं ब्राह्मणमाक्रुश्य क्षत्रियो दण्डमर्हति ।
वैश्यो ऽध्यर्धशतं द्वे वा शूद्रस्तु वधमर्हति ॥ २६७ ॥

पञ्चाशद्ब्राह्मणो दण्ड्यः क्षत्रियस्याभिशंसने ।
वैश्ये स्यादर्धपञ्चाशच्छूद्रे द्वादशको दमः ॥ २६८ ॥
समवर्णे द्विजातीनां द्वादशैव व्यतिक्रमे ।
वादेष्ववचनीयेषु तदेव द्विगुणं भवेत् ॥ २६९ ॥
एकजातिर्द्विजातींस्तु वाचा दारुणया क्षिपन् ।
जिह्वायाः प्राप्नुयाच्छेदं जघन्यप्रभवो हि सः ॥ २७० ॥
नामजातिग्रहं त्वेषामभिद्रोहेण कुर्वतः ।
निक्षेप्यो ऽयोमयः शङ्कुर्ज्वलन्नास्ये दशाङ्गुलः ॥ २७१ ॥
धर्मोपदेशं दर्पेण विप्राणामस्य कुर्वतः ।
तप्तमासेचयेत्तैलं वक्त्रे श्रोत्रे च पार्थिवः ॥ २७२ ॥
श्रुतं देशं च जातिं च कर्म शारीरमेव च ।
वितथेन ब्रुवन्दर्पाद्दाप्यः स्याद्द्विशतं दमम् ॥ २७३ ॥
काणं वाप्यथवा खञ्जमन्यं वापि तथाविधम् ।
तथ्येनापि ब्रुवन्दाप्यो दण्डं कार्षापणावरम् ॥ २७४ ॥
मातरं पितरं जायां भ्रातरं तनयं गुरुम् ।
आक्षारयञ्छतं दाप्यः पन्थानं चाददद्गुरोः ॥ २७५ ॥
ब्राह्मणक्षत्रियाभ्यां तु दण्डः कार्यो विजानता ।
ब्राह्मणे साहसः पूर्वः क्षत्रिये त्वेव मध्यमः ॥ २७६ ॥
विट्शूद्रयोरेवमेव स्वजातिं प्रति तत्त्वतः ।
छेदवर्जं प्रणयनं दण्डस्येति विनिश्चयः ॥ २७७ ॥

एष दण्डविधिः प्रोक्तो वाक्पारुष्यस्य तत्त्वतः ।
अत ऊर्ध्वं प्रवक्ष्यामि दण्डपारुष्यनिर्णयम् ॥ २७८ ॥
येन केनचिदङ्गेन हिंस्याच्चेच्छ्रेष्ठमन्त्यजः ।
छेत्तव्यं तत्तदेवास्य तन्मनोरनुशासनम् ॥ २७९ ॥
पाणिमुद्यम्य दण्डं वा पाणिच्छेदनमर्हति ।
पादेन प्रहरन्कोपात्पादच्छेदनमर्हति ॥ २८० ॥
सहासनमभिप्रेप्सुरुत्कृष्टस्यावकृष्टजः ।
कट्यां कृताङ्को निर्वास्यः स्फिचं वास्यावकर्तयेत् ॥ २८१ ॥
अवनिष्ठीवतो दर्पाद्द्वावोष्ठौ छेदयेन्नृपः ।
अवमूत्रयतः शिश्नमवशर्धयतो गुदम् ॥ २८२ ॥
केशेषु गृह्णतो हस्तौ छेदयेदविचारयन् ।
पादयोर्दाढिकायां च ग्रीवायां वृषणेषु च ॥ २८३ ॥
त्वग्भेदकः शतं दण्ड्यो लोहितस्य च दर्शकः ।
मांसभेत्ता च षण्णिष्कान्प्रवास्यस्त्वस्थिभेदकः ॥ २८४ ॥
वनस्पतीनां सर्वेषामुपभोगो यथा यथा ।
तथा तथा दमः कार्यो हिंसायामिति धारणा ॥ २८५ ॥
मनुष्याणां पशूनां च दुःखाय प्रहृते सति ।
यथा यथा महद्दुःखं दण्डं कुर्यात्तथा तथा ॥ २८६ ॥
अङ्गावपीडनानां च प्राणशोणितयोस्तथा ।
समुत्थानव्ययं दाप्यः सर्वदण्डमथापि वा ॥ २८७ ॥

द्रव्याणि हिंस्याद्यो यस्य ज्ञानतो ऽज्ञानतो ऽपि वा ।
स तस्योत्पादयेत्तुष्टिं राज्ञे दद्याच्च तत्समम् ॥ २८८ ॥
चर्मचार्मिकभाण्डेषु काष्ठलोष्टमयेषु च ।
मूल्यात्पञ्चगुणो दण्डः पुष्पमूलफलेषु च ॥ २८९ ॥
यानस्य चैव यातुश्च यानस्वामिन एव च ।
दशातिवर्तनान्याहुः शेषे दण्डो विधीयते ॥ २९० ॥
छिन्ननास्ये भग्नयुगे तिर्यक्प्रतिमुखागते ।
अक्षभङ्गे च यानस्य चक्रभङ्गे तथैव च ॥ २९१ ॥
छेदने चैव यन्त्राणां योक्त्ररश्म्योस्तथैव च ।
आक्रन्दे चाप्यपेहीति न दण्डं मनुरब्रवीत् ॥ २९२ ॥
यत्रापवर्तते युग्यं वैगुण्यात्प्राजकस्य तु ।
तत्र स्वामी भवेद्दण्ड्यो हिंसायां द्विशतं दमम् ॥ २९३ ॥
प्राजकश्चेद्भवेदाप्तः प्राजको दण्डमर्हति ।
युग्यस्थाः प्राजके ऽनाप्ते सर्वे दण्ड्याः शतं शतम् ॥ २९४ ॥
स चेत्तु पथि संरुद्धः पशुभिर्वा रथेन वा ।
प्रमापयेत्प्राणभृतस्तत्र दण्डो विचारितः ॥ २९५ ॥
मनुष्यमारणे क्षिप्रं चौरवत्किल्बिषं भवेत् ।
प्राणभृत्सु महत्स्वर्धं गोगजोष्ट्रहयादिषु ॥ २९६ ॥
क्षुद्रकाणां पशूनां तु हिंसायां द्विशतो दमः ।
पञ्चाशत्तु भवेद्दण्डः शुभेषु मृगपक्षिषु ॥ २९७ ॥

गर्दभाजाविकानां तु दण्डः स्यात्पञ्चमाषिकः ।
माषिकस्तु भवेद्दण्डः श्वसूकरनिपातने ॥ २९८ ॥
भार्या पुत्रश्च दासश्च शिष्यो भ्राता च सोदरः ।
प्राप्तापराधास्ताड्याः स्यू रज्ज्वा वेणुदलेन वा ॥ २९९ ॥
पृष्ठतस्तु शरीरस्य नोत्तमाङ्गे कथंचन ।
अतो ऽन्यथा तु प्रहरन्प्राप्तः स्याच्चौरकिल्बिषम् ॥ ३०० ॥
एषो ऽखिलेनाभिहितो दण्डपारुष्यनिर्णयः ।
स्तेनस्यातः प्रवक्ष्यामि विधिं दण्डविनिर्णये ॥ ३०१ ॥
परमं यत्नमातिष्ठेत्स्तेनानां निग्रहे नृपः ।
स्तेनानां निग्रहादस्य यशो राष्ट्रं च वर्धते ॥ ३०२ ॥
अभयस्य हि यो दाता स पूज्यः सततं नृपः ।
सत्त्रं हि वर्धते तस्य सदैवाभयदक्षिणम् ॥ ३०३ ॥
सर्वतो धर्मषड्भागो राज्ञो भवति रक्षतः ।
अधर्मादपि षड्भागो भवत्यस्य ह्यरक्षतः ॥ ३०४ ॥
यदधीते यद्यजते यद्ददाति यदर्चति ।
तस्य षड्भागभाग्राजा सम्यग्भवति रक्षणात् ॥ ३०५ ॥
रक्षन्धर्मेण भूतानि राजा वध्यांश्च घातयन् ।
यजते ऽहरहर्यज्ञैः सहस्रशतदक्षिणैः ॥ ३०६ ॥
यो ऽरक्षन्बलिमादत्ते करं शुल्कं च पार्थिवः ।
प्रतिभोगं च दण्डं च स सद्यो नरकं व्रजेत् ॥ ३०७ ॥

अरक्षितारं राजानं बलिषड्भागहारिणम् ।
तमाहुः सर्वलोकस्य समग्रमलहारकम् ॥ ३०८ ॥
अनवेक्षितमर्यादं नास्तिकं विप्रलुम्पकम् ।
अरक्षितारमत्तारं नृपं विद्यादधोगतिम् ॥ ३०९ ॥
अधार्मिकं त्रिभिर्न्यायैर्निगृह्णीयात्प्रयत्नतः ।
निरोधनेन बन्धेन विविधेन वधेन च ॥ ३१० ॥
निग्रहेण हि पापानां साधूनां संग्रहेण च ।
द्विजातय इवेज्याभिः पूयन्ते सततं नृपाः ॥ ३११ ॥
क्षन्तव्यं प्रभुणा नित्यं क्षिपतां कार्यिणां नृणाम् ।
बालवृद्धातुराणां च कुर्वता हितमात्मनः ॥ ३१२ ॥
यत्क्षिप्तो मर्षयत्यार्तैस्तेन स्वर्गे महीयते ।
यत्त्वैश्वर्यान्न क्षमते नरकं तेन गच्छति ॥ ३१३ ॥
राजा स्तेनेन गन्तव्यो मुक्तकेशेन धावता ।
आचक्षाणेन तत्स्तेयमेवंकर्मास्मि शाधि माम् ॥ ३१४ ॥
स्कन्धेनादाय मुसलं लगुडं वापि खादिरम् ।
शक्तिं चोभयतस्तीक्ष्णामायसं दण्डमेव वा ॥ ३१५ ॥
शासनाद्वा विमोक्षाद्वा स्तेनः स्तेयाद्विमुच्यते ।
अशासित्वा तु तं राजा स्तेनस्याप्नोति किल्बिषम् ॥ ३१६ ॥
अन्नादे भ्रूणहा मार्ष्टि पत्यौ भार्यापचारिणी ।
गुरौ शिष्यश्च याज्यश्च स्तेनो राजनि किल्बिषम् ॥ ३१७ ॥

राजभिर्धृतदण्डास्तु कृत्वा पापानि मानवाः ।
निर्मलाः स्वर्गमायान्ति सन्तः सुकृतिनो यथा ॥ ३१८ ॥
यस्तु रज्जुं घटं कूपाद्धरेद्भिन्द्याच्च यः प्रपाम् ।
स दण्डं प्राप्नुयान्माषं तच्च तस्मिन्समाहरेत् ॥ ३१९ ॥
धान्यं दशभ्यः कुम्भेभ्यो हरतो ऽभ्यधिकं वधः ।
शेषे ऽप्येकादशगुणं दाप्यस्तस्य च तद्धनम् ॥ ३२० ॥
तथा धरिममेयानां शतादभ्यधिके वधः ।
सुवर्णरजतादीनामुत्तमानां च वाससाम् ॥ ३२१ ॥
पञ्चाशतस्त्वभ्यधिके हस्तच्छेदनमिष्यते ।
शेषे त्वेकादशगुणं मूल्याद्दण्डं प्रकल्पयेत् ॥ ३२२ ॥
पुरुषाणां कुलीनानां नारीणां च विशेषतः ।
मुख्यानां चैव रत्नानां हरणे वधमर्हति ॥ ३२३ ॥
महापशूनां हरणे शस्त्राणामौषधस्य च ।
कालमासाद्य कार्यं च दण्डं राजा प्रकल्पयेत् ॥ ३२४ ॥
गोषु ब्राह्मणसंस्थासु स्थूरिकायाश्च भेदने ।
पशूनां हरणे चैव सद्यः कार्यो ऽर्धपादिकः ॥ ३२५ ॥
सूत्रकार्पासकिण्वानां गोमयस्य गुडस्य च ।
दध्नः क्षीरस्य तक्रस्य पानीयस्य तृणस्य च ॥ ३२६ ॥
वेणुवैदलभाण्डानां लवणानां तथैव च ।
मृन्मयानां च हरणे मृदो भस्मन एव च ॥ ३२७ ॥

मत्स्यानां पक्षिणां चैव तैलस्य च घृतस्य च ।
मांसस्य मधुनश्चैव यच्चान्यत्पशुसंभवम् ॥ ३२८ ॥
अन्येषां चैवमादीनां मद्यानामोदनस्य च ।
पक्वान्नानां च सर्वेषां तन्मूल्याद्द्विगुणो दमः ॥ ३२९ ॥
पुष्पेषु हरिते धान्ये गुल्मवल्लीनगेषु च ।
अल्पेष्वपरिपूतेषु दण्डः स्यात्पञ्चकृष्णलः ॥ ३३० ॥
परिपूतेषु धान्येषु शाकमूलफलेषु च ।
निरन्वये शतं दण्डः सान्वये ऽर्धशतं दमः ॥ ३३१ ॥
स्यात्साहसं त्वन्वयवत्प्रसभं कर्म यत्कृतम् ।
निरन्वयं भवेत्स्तेयं कृत्वापव्ययते च यत् ॥ ३३२ ॥
यस्त्वेतान्युपकॢप्तानि द्रव्याणि स्तेनयेन्नरः ।
तमाद्यं दण्डयेद्राजा यश्चाग्निं चोरयेद्गृहात् ॥ ३३३ ॥
येन येन यथाङ्गेन स्तेनो नृषु विचेष्टते ।
तत्तदेव हरेत्तस्य प्रत्यादेशाय पार्थिवः ॥ ३३४ ॥
पिताचार्यः सुहृन्माता भार्या पुत्रः पुरोहितः ।
नादण्ड्यो नाम राज्ञो ऽस्ति यः स्वधर्मे न तिष्ठति ॥ ३३५ ॥
कार्षापणं भवेद्दण्ड्यो यत्रान्यः प्राकृतो जनः ।
तत्र राजा भवेद्दण्ड्यः सहस्रमिति धारणा ॥ ३३६ ॥
अष्टापाद्यं तु शूद्रस्य स्तेये भवति किल्बिषम् ।
षोडशैव तु वैश्यस्य द्वात्रिंशत्क्षत्रियस्य तु ॥ ३३७ ॥

ब्राह्मणस्य चतुःषष्टिः पूर्णं वापि शतं भवेत्।
द्विगुणा वा चतुःषष्टिस्तद्दोषगुणविद्धि सः ॥ ३३८ ॥
वानस्पत्यं मूलफलं दार्वग्न्यर्थं तथैव च।
तृणं च गोभ्यो ग्रासार्थमस्तेयं मनुरब्रवीत् ॥ ३३९ ॥
यो ऽदत्तादायिनो हस्ताल्लिप्सेत ब्राह्मणो धनम्।
याजनाध्यापनेनापि यथा स्तेनस्तथैव सः ॥ ३४० ॥
द्विजो ऽध्वगः क्षीणवृत्तिर्द्वाविक्षू द्वे च मूलके।
आददानः परक्षेत्रान्न दण्डं दातुमर्हति ॥ ३४१ ॥
असंदितानां संदाता संदितानां च मोक्षकः।
दासाश्वरथहर्ता च प्राप्तः स्याच्चौरकिल्बिषम् ॥ ३४२ ॥
अनेन विधिना राजा कुर्वाणः स्तेननिग्रहम्।
यशो ऽस्मिन्प्राप्नुयाल्लोके प्रेत्य चानुत्तमं सुखम् ॥ ३४३ ॥
ऐन्द्रं स्थानमभिप्रेप्सुर्यशश्चाक्षयमव्ययम्।
नोपेक्षेत क्षणमपि राजा साहसिकं नरम् ॥ ३४४ ॥
वाग्दुष्टात्तस्कराच्चैव दण्डेनैव च हिंसकात्।
साहसस्य नरः कर्ता विज्ञेयः पापकृत्तमः ॥ ३४५ ॥
साहसे वर्तमानं तु यो मर्षयति पार्थिवः।
स विनाशं व्रजत्याशु विद्वेषं चाधिगच्छति ॥ ३४६ ॥
न मित्रकारणाद्राजा विपुलाद्वा धनागमात्।
समुत्सृजेत्साहसिकान्सर्वभूतभयावहान् ॥ ३४७ ॥

शस्त्रं द्विजातिभिर्ग्राह्यं धर्मो यत्रोपरुध्यते ।
द्विजातीनां च वर्णानां विप्लवे कालकारिते ॥ ३४८ ॥
आत्मनश्च परित्राणे दक्षिणानां च संगरे ।
स्त्रीविप्राभ्युपपत्तौ च घ्नन्धर्मेण न दुष्यति ॥ ३४९ ॥
गुरुं वा बालवृद्धौ वा ब्राह्मणं वा बहुश्रुतम् ।
आततायिनमायान्तं हन्यादेवाविचारयन् ॥ ३५० ॥
नाततायिवधे दोषो हन्तुर्भवति कश्चन ।
प्रकाशं वाप्रकाशं वा मन्युस्तन्मन्युमृच्छति ॥ ३५१ ॥
परदाराभिमर्षेषु प्रवृत्तान्नॄन्महीपतिः ।
उद्वेजनकरैर्दण्डैश्छिन्नयित्वा प्रवासयेत् ॥ ३५२ ॥
तत्समुत्थो हि लोकस्य जायते वर्णसंकरः ।
येन मूलहरोऽधर्मः सर्वनाशाय कल्पते ॥ ३५३ ॥
परस्य पत्न्या पुरुषः संभाषां योजयन्सह ।
पूर्वमाक्षारितो दोषैः प्राप्नुयात्पूर्वसाहसम् ॥ ३५४ ॥
यस्त्वनाक्षारितः पूर्वमभिभाषेत कारणात् ।
न दोषं प्राप्नुयात्किंचिन्न हि तस्य व्यतिक्रमः ॥ ३५५ ॥
परस्त्रियं योऽभिवदेत्तीर्थेऽरण्ये वनेऽपि वा ।
नदीनां वापि संभेदे स संग्रहणमाप्नुयात् ॥ ३५६ ॥
उपकारक्रिया केलिः स्पर्शो भूषणवाससां ।
सहखट्वासनं चैव सर्वं संग्रहणं स्मृतम् ॥ ३५७ ॥

स्त्रियं स्पृशेददेशे यः स्पृष्टो वा मर्षयेत्तया ।
परस्परस्यानुमते सर्वं संग्रहणं स्मृतम् ॥ ३५८ ॥
अब्राह्मणः संग्रहणे प्राणान्तं दण्डमर्हति ।
चतुर्णामपि वर्णानां दारा रक्ष्यतमाः सदा ॥ ३५९ ॥
भिक्षुका वन्दिनश्चैव दीक्षिताः कारवस्तथा ।
संभाषणं सह स्त्रीभिः कुर्युरप्रतिवारिताः ॥ ३६० ॥
न संभाषां परस्त्रीभिः प्रतिषिद्धः समाचरेत् ।
निषिद्धो भाषमाणस्तु सुवर्णं दण्डमर्हति ॥ ३६१ ॥
नैष चारणदारेषु विधिर्नात्मोपजीविषु ।
सज्जयन्ति हि ते नारीर्निगूढाश्चारयन्ति च ॥ ३६२ ॥
किंचिदेव तु दाप्यः स्यात्संभाषां ताभिराचरन् ।
प्रैष्यासु चैकभक्तासु रहः प्रव्रजितासु च ॥ ३६३ ॥
यो ऽकामां दूषयेत्कन्यां स सद्यो वधमर्हति ।
सकामां दूषयंस्तुल्यो न वधं प्राप्नुयान्नरः ॥ ३६४ ॥
कन्यां भजन्तीमुत्कृष्टं न किंचिदपि दापयेत् ।
जघन्यं सेवमानां तु संयतां वासयेद्गृहे ॥ ३६५ ॥
उत्तमां सेवमानस्तु जघन्यो वधमर्हति ।
शुल्कं दद्यात्सेवमानः समामिच्छेत्पिता यदि ॥ ३६६ ॥
अभिषह्य तु यः कन्यां कुर्याद्दर्पेण मानवः
तस्याशु कर्त्ये अङ्गुल्यौ दण्डं चार्हति षट्शतम् ॥ ३६७ ॥

सकामां दूषयंस्तुल्यो नाङ्गुलिच्छेदमाप्नुयात् ।
द्विशतं तु दमं दाप्यः प्रसङ्गविनिवृत्तये ॥ ३६८ ॥
कन्यैव कन्यां या कुर्यात्तस्याः स्याद्द्विशतो दमः ।
शुल्कं च द्विगुणं दद्याच्छिफाश्चैवाप्नुयाद्दश ॥ ३६९ ॥
या च कन्यां प्रकुर्यात्स्त्री सा सद्यो मौण्ड्यमर्हति ।
अङ्गुल्योरेव वा छेदं खरेणोद्वहनं तथा ॥ ३७० ॥
भर्तारं लङ्घयेद्या तु ज्ञातिस्त्रीगुणदर्पिता ।
तां श्वभिः खादयेद्राजा संस्थाने बहुसंस्थिते ॥ ३७१ ॥
पुमांसं दाहयेत्पापं शयने तप्त आयसे ।
अभ्यादध्युश्च काष्ठानि तत्र दह्येत पापकृत् ॥ ३७२ ॥
संवत्सराभिशस्तस्य दुष्टस्य द्विगुणो दमः ।
व्रात्यया सह संवासे चाण्डाल्या तावदेव तु ॥ ३७३ ॥
शूद्रो गुप्तमगुप्तं वा द्वैजातं वर्णमावसन् ।
अगुप्ते चाङ्गसर्वस्वैर्गुप्ते सर्वेण हीयते ॥ ३७४ ॥
वैश्यः सर्वस्वदण्ड्यः स्यात्संवत्सरनिरोधतः ।
सहस्रं क्षत्त्रियो दण्ड्यो मौण्ड्यं मूत्रेण चार्हति ॥ ३७५ ॥
ब्राह्मणीं यद्यगुप्तां तु गच्छेतां वैश्यपार्थिवौ ।
वैश्यं पञ्चशतं कुर्यात्क्षत्त्रियं तु सहस्रिणम् ॥ ३७६ ॥
उभावपि तु तावेव ब्राह्मण्या गुप्तया सह ।
विप्लुतौ शूद्रवद्दण्ड्यौ दग्धव्यौ वा कटाग्निना ॥ ३७७ ॥

सहस्रं ब्राह्मणो दण्ड्यो गुप्तां विप्रां बलाद्व्रजन् ।
शतानि पञ्च दण्ड्यः स्यादिच्छन्त्या सह संगतः ॥ ३७८ ॥
मौण्ड्यं प्राणान्तिको दण्डो ब्राह्मणस्य विधीयते ।
इतरेषां तु वर्णानां दण्डः प्राणान्तिको भवेत् ॥ ३७९ ॥
न जातु ब्राह्मणं हन्यात्सर्वपापेष्वपि स्थितम् ।
राष्ट्रादेनं बहिः कुर्यात्समग्रधनमक्षतम् ॥ ३८० ॥
न ब्राह्मणवधाद्भूयानधर्मो विद्यते भुवि ।
तस्मादस्य वधं राजा मनसापि न चिन्तयेत् ॥ ३८१ ॥
वैश्यश्चेत्क्षत्रियां गुप्तां वैश्यां वा क्षत्रियो व्रजेत् ।
यो ब्राह्मण्यामगुप्तायां तावुभौ दण्डमर्हतः ॥ ३८२ ॥
सहस्रं ब्राह्मणो दण्डं दाप्यो गुप्ते तु ते व्रजन् ।
शूद्रायां क्षत्रियविशोः साहस्रो वै भवेद्दमः ॥ ३८३ ॥
क्षत्रियायामगुप्तायां वैश्ये पञ्चशतं दमः ।
मूत्रेण मौण्ड्यमिच्छेत्तु क्षत्रियो दण्डमेव वा ॥ ३८४ ॥
अगुप्ते क्षत्रियावैश्ये शूद्रां वा ब्राह्मणो व्रजन् ।
शतानि पञ्च दण्ड्यः स्यात्सहस्रं त्वन्त्यजस्त्रियम् ॥ ३८५ ॥
यस्य स्तेनः पुरे नास्ति नान्यस्त्रीगो न दुष्टवाक् ।
न साहसिकदण्डघ्नौ स राजा शक्रलोकभाक् ॥ ३८६ ॥
एतेषां निग्रहो राज्ञः पञ्चानां विषये स्वके ।
साम्राज्यकृत्सजात्येषु लोके चैव यशस्करः ॥ ३८७ ॥

ऋत्विजं यस्त्यजेद्याज्यो याज्यं वर्त्विक् त्यजेद्यदि।
शक्तं कर्मण्यदुष्टं च तयोर्दण्डः शतं शतम् ॥ ३८८ ॥
न माता न पिता न स्त्री न पुत्रस्त्यागमर्हति।
त्यजन्नपतितानेतान्राज्ञा दण्ड्यः शतानि षट् ॥ ३८९ ॥
आश्रमेषु द्विजातीनां कार्ये विवदतां मिथः
न विब्रूयान्नृपो धर्मं चिकीर्षन्हितमात्मनः ॥ ३९० ॥
यथार्हमेतानभ्यर्च्य ब्राह्मणैः सह पार्थिवः।
सान्त्वेन प्रशमय्यादौ स्वधर्मं प्रतिपादयेत् ॥ ३९१ ॥
प्रातिवेश्यानुवेश्यौ च कल्याणे विंशतिद्विजे।
अर्हावभोजयन्विप्रो दण्डमर्हति माषकम् ॥ ३९२ ॥
श्रोत्रियः श्रोत्रियं साधुं भूतिकृत्येष्वभोजयन्।
तदन्नं द्विगुणं दाप्यो हैरण्यं चैव माषकम् ॥ ३९३ ॥
अन्धो जडः पीठसर्पी सप्तत्या स्थविरश्च यः।
श्रोत्रियेषूपकुर्वंश्च न दाप्याः केनचित्करम् ॥ ३९४ ॥
श्रोत्रियं व्याधितार्तौ च बालवृद्धावकिञ्चनम्।
महाकुलीनमार्यं च राजा संपूजयेत्सदा ॥ ३९५ ॥
शाल्मलीफलके श्लक्ष्णे नेनिज्यान्नेजकः शनैः।
न च वासांसि वासोभिर्निर्हरेन्न च वासयेत् ॥ ३९६ ॥
तन्तुवायो दशपलं दद्यादेकपलाधिकम्।
अतोऽन्यथा वर्तमानो दाप्यो द्वादशकं दमम् ॥ ३९७ ॥

शुल्कस्थानेषु कुशलाः सर्वपण्यविचक्षणाः ।
कुर्युरर्घं यथा पण्यं ततो विंशं नृपो हरेत् ॥ ३९८ ॥

राज्ञः प्रख्यातभाण्डानि प्रतिषिद्धानि यानि च ।
तानि निर्हरतो लोभात्सर्वहारं हरेन्नृपः ॥ ३९९ ॥

शुल्कस्थानं परिहरन्नकाले क्रयविक्रयी ।
मिथ्यावादी च संख्याने दाप्यो ऽष्टगुणमत्ययम् ॥ ४०० ॥

आगमं निर्गमं स्थानं तथा वृद्धिक्षयावुभौ ।
विचार्य सर्वपण्यानां कारयेत्क्रयविक्रयौ ॥ ४०१ ॥

पञ्चरात्रे पञ्चरात्रे पक्षे पक्षे ऽथवा गते ।
कुर्वीत चैषां प्रत्यक्षमर्घसंस्थापनं नृपः ॥ ४०२ ॥

तुलामानं प्रतीमानं सर्वं तत्स्यात्सुलक्षितम् ।
षट्सु षट्सु च मासेषु पुनरेव परीक्षयेत् ॥ ४०३ ॥

पणं यानं तरे दाप्यं पौरुषे ऽर्धपणं तरे ।
पादं पशुश्च योषिच्च पादार्धं रिक्तकः पुमान् ॥ ४०४ ॥

भाण्डपूर्णानि यानानि तार्यं दाप्यानि सारतः ।
रिक्तभाण्डानि यत्किंचित्पुमांसश्चापरिच्छदाः ॥ ४०५ ॥

दीर्घाध्वनि यथादेशं यथाकालं तरो भवेत् ।
नदीतीरेषु तद्विद्यात्समुद्रे नास्ति लक्षणम् ॥ ४०६ ॥

गर्भिणी तु द्विमासादिस्तथा प्रव्रजितो मुनिः ।
ब्राह्मणा लिङ्गिनश्चैव न दाप्यास्तारिकं तरे ॥ ४०७ ॥

यन्नावि किंचिद्दाशानां विशीर्येतापराधतः ।
तद्दाशैरेव दातव्यं समागम्य स्वतो ऽंशतः ॥ ४०८ ॥
एष नौयायिनामुक्तो व्यवहारस्य निर्णयः ।
दाशापराधतस्तोये दैविके नास्ति निग्रहः ॥ ४०९ ॥
वाणिज्यं कारयेद्वैश्यं कुसीदं कृषिमेव च ।
पशूनां रक्षणं चैव दास्यं शूद्रं द्विजन्मनाम् ॥ ४१० ॥
क्षत्रियं चैव वैश्यं च ब्राह्मणो वृत्तिकर्षितौ ।
बिभृयादानृशंस्येन स्वानि कर्माणि कारयेत् ॥ ४११ ॥
दास्यं तु कारयँल्लोभाद्ब्राह्मणः संस्कृतान्द्विजान् ।
अनिच्छतः प्राभवत्याद्राज्ञा दण्ड्यः शतानि षट् ॥ ४१२ ॥
शूद्रं तु कारयेद्दास्यं क्रीतमक्रीतमेव वा ।
दास्यायैव हि सृष्टो ऽसौ ब्राह्मणस्य स्वयंभुवा ॥ ४१३ ॥
न स्वामिना निसृष्टो ऽपि शूद्रो दास्याद्विमुच्यते ।
निसर्गजं हि तत्तस्य कस्तस्मात्तदपोहति ॥ ४१४ ॥
ध्वजाहृतो भक्तदासो गृहजः क्रीतदत्त्रिमौ ।
पैत्रिको दण्डदासश्च सप्तैते दासयोनयः ॥ ४१५ ॥
भार्या पुत्रश्च दासश्च त्रय एवाधनाः स्मृताः ।
यत्ते समधिगच्छन्ति यस्य ते तस्य तद्धनम् ॥ ४१६ ॥
विश्रब्धं ब्राह्मणः शूद्राद्द्रव्योपादानमाचरेत् ।
न हि तस्यास्ति किंचित्स्वं भर्तृहार्यधनो हि सः ॥ ४१७ ॥

वैश्यशूद्रौ प्रयत्नेन स्वानि कर्माणि कारयेत् ।
तौ हि च्युतौ स्वकर्मभ्यः क्षोभयेतामिदं जगत् ॥ ४१८ ॥
अहन्यहन्यवेक्षेत कर्मान्तान्वाहनानि च ।
आयव्ययौ च नियतावाकरान्कोशमेव च ॥ ४१९ ॥
एवं सर्वानिमान्राजा व्यवहारान्समापयन् ।
व्यपोह्य किल्बिषं सर्वं प्राप्नोति परमां गतिम् ॥ ४२० ॥

॥ इति मानवे धर्मशास्त्रे भृगुप्रोक्ते ऽष्टमो ऽध्यायः ॥

पुरुषस्य स्त्रियाश्चैव धर्म्ये वर्त्मनि तिष्ठतोः।
संयोगे विप्रयोगे च धर्मान्वक्ष्यामि शाश्वतान् ॥ १ ॥
अस्वतन्त्राः स्त्रियः कार्याः पुरुषैः स्वैर्दिवानिशम्।
विषयेषु च सज्जन्त्यः संस्थाप्या ह्यात्मनो वशे ॥ २ ॥
पिता रक्षति कौमारे भर्ता रक्षति यौवने।
रक्षन्ति स्थविरे पुत्रा न स्त्री स्वातन्त्र्यमर्हति ॥ ३ ॥
काले ऽदाता पिता वाच्यो वाच्यश्चानुपयन्पतिः।
मृते भर्तरि पुत्रस्तु वाच्यो मातुररक्षिता ॥ ४ ॥
सूक्ष्मेभ्यो ऽपि प्रसङ्गेभ्यः स्त्रियो रक्ष्या विशेषतः।
द्वयोर्हि कुलयोः शोकमावहेयुररक्षिताः ॥ ५ ॥
इमं हि सर्ववर्णानां पश्यन्तो धर्ममुत्तमम्।
यतन्ते रक्षितुं भार्यां भर्तारो दुर्बला अपि ॥ ६ ॥
स्वां प्रसूतिं चरित्रं च कुलमात्मानमेव च।
स्वं च धर्मं प्रयत्नेन जायां रक्षन्हि रक्षति ॥ ७ ॥

पतिर्भार्यां संप्रविश्य गर्भो भूत्वेह जायते।
जायायास्तद्धि जायात्वं यदस्यां जायते पुनः॥ ८॥
यादृशं भजते हि स्त्री सुतं सूते तथाविधम्।
तस्मात्प्रजाविशुद्ध्यर्थं स्त्रियं रक्षेत्प्रयत्नतः॥ ९॥
न कश्चिद्योषितः शक्तः प्रसह्य परिरक्षितुम्।
एतैरुपाययोगैस्तु शक्यास्ताः परिरक्षितुम्॥ १०॥
अर्थस्य संग्रहे चैनां व्यये चैव नियोजयेत्।
शौचे धर्मे ऽन्नपक्त्यां च पारिणाह्यस्य चेक्षणे॥ ११॥
अरक्षिता गृहे रुद्धाः पुरुषैराप्तकारिभिः।
आत्मानमात्मना यास्तु रक्षेयुस्ताः सुरक्षिताः॥ १२॥
पानं दुर्जनसंसर्गः पत्या च विरहो ऽटनम्।
स्वप्नो ऽन्यगेहवासश्च नारीसंदूषणानि षट्॥ १३॥
नैता रूपं परीक्षन्ते नासां वयसि संस्थितिः।
सुरूपं वा विरूपं वा पुमानित्येव भुञ्जते॥ १४॥
पौंश्चल्याच्चलचित्तत्वान्नैःस्नेह्याच्च स्वभावतः।
रक्षिता यत्नतो ऽपीह भर्तृष्वेता विकुर्वते॥ १५॥
एवं स्वभावं ज्ञात्वासां प्रजापतिनिसर्गजम्।
परमं यत्नमातिष्ठेत्पुरुषो रक्षणं प्रति॥ १६॥
शय्यासनमलंकारं कामं क्रोधमनार्यताम्।
द्रोहभावं कुचर्यां च स्त्रीभ्यो मनुरकल्पयत्॥ १७॥

नास्ति स्त्रीणां क्रिया मन्त्रैरिति धर्मो व्यवस्थितः ।
निरिन्द्रिया ह्यमन्त्राश्च स्त्रियो ऽनृतमिति स्थितिः ॥ १८ ॥
तथा च श्रुतयो बह्व्यो निगीता निगमेष्वपि ।
स्वालक्षण्यपरीक्षार्थं तासां शृणुत निष्कृतिम् ॥ १९ ॥
यन्मे माता प्रलुलुभे विचरन्त्यपतिव्रता ।
तन्मे रेतः पिता वृङ्क्तामित्यस्यैतन्निदर्शनम् ॥ २० ॥
ध्यायत्यनिष्टं यत्किंचित्पाणिग्राहस्य चेतसा ।
तस्यैष व्यभिचारस्य निह्नवः सम्यगुच्यते ॥ २१ ॥
यादृग्गुणेन भर्त्रा स्त्री संयुज्येत यथाविधि ।
तादृग्गुणा सा भवति समुद्रेणेव निम्नगा ॥ २२ ॥
अक्षमाला वसिष्ठेन संयुक्ताधमयोनिजा ।
शार्ङ्गी च मन्दपालेन जगामाभ्यर्हणीयताम् ॥ २३ ॥
एताश्चान्याश्च लोके ऽस्मिन्नपकृष्टप्रसूतयः ।
उत्कर्षं योषितः प्राप्ताः स्वैः स्वैर्भर्तृगुणैः शुभैः ॥ २४ ॥
एषोदिता लोकयात्रा नित्यं स्त्रीपुंसयोः शुभा ।
प्रेत्येह च सुखोदर्कान्प्रजाधर्मान्निबोधत ॥ २५ ॥
प्रजनार्थं महाभागाः पूजार्हा गृहदीप्तयः ।
स्त्रियः श्रियश्च गेहेषु न विशेषो ऽस्ति कश्चन ॥ २६ ॥
उत्पादनमपत्यस्य जातस्य परिपालनम् ।
प्रत्यहं लोकयात्रायाः प्रत्यक्षं स्त्री निबन्धनम् ॥ २७ ॥

अपत्यं धर्मकार्याणि शुश्रूषा रतिरुत्तमा।
दाराधीनस्तथा स्वर्गः पितॄणामात्मनश्च ह ॥ २८ ॥
पतिं या नाभिचरति मनोवाग्देहसंयता।
सा भर्तृलोकानाप्नोति सद्भिः साध्वीति चोच्यते ॥ २९ ॥
व्यभिचारात्तु भर्तुः स्त्री लोके प्राप्नोति निन्द्यताम्।
सृगालयोनिं चाप्नोति पापरोगैश्च पीड्यते ॥ ३० ॥
पुत्रं प्रत्युदितं सद्भिः पूर्वजैश्च महर्षिभिः।
विश्वजन्यमिमं पुण्यमुपन्यासं निबोधत ॥ ३१ ॥
भर्तुः पुत्रं विजानन्ति श्रुतिद्वैधं तु कर्तरि।
आहुरुत्पादकं केचिदपरे क्षेत्रिणं विदुः ॥ ३२ ॥
क्षेत्रभूता स्मृता नारी बीजभूतः स्मृतः पुमान्।
क्षेत्रबीजसमायोगात्संभवः सर्वदेहिनाम् ॥ ३३ ॥
विशिष्टं कुत्रचिद्बीजं स्त्रीयोनिस्त्वेव कुत्रचित्।
उभयं तु समं यत्र सा प्रसूतिः प्रशस्यते ॥ ३४ ॥
बीजस्य चैव योन्याश्च बीजमुत्कृष्टमुच्यते।
सर्वभूतप्रसूतिर्हि बीजलक्षणलक्षिता ॥ ३५ ॥
यादृशं तूप्यते बीजं क्षेत्रे कालोपपादिते।
तादृग्रोहति तत्तस्मिन्बीजं स्वैर्व्यञ्जितं गुणैः ॥ ३६ ॥
इयं भूमिर्हि भूतानां शाश्वती योनिरुच्यते।
न च योनिगुणान्कांश्चिद्बीजं पुष्यति पुष्टिषु ॥ ३७ ॥

भूमावप्येककेदारे कालोप्तानि कृषीवलैः ।
नानारूपाणि जायन्ते बीजानीह स्वभावतः ॥ ३८ ॥
व्रीहयः शालयो मुद्गास्तिला माषास्तथा यवाः ।
यथाबीजं प्ररोहन्ति लशुनानीक्षवस्तथा ॥ ३९ ॥
अन्यदुप्तं जातमन्यदित्येतन्नोपपद्यते ।
उप्यते यद्धि यद्बीजं तत्तदेव प्ररोहति ॥ ४० ॥
तत्प्राज्ञेन विनीतेन ज्ञानविज्ञानवेदिना ।
आयुष्कामेन वप्तव्यं न जातु परयोषिति ॥ ४१ ॥
अत्र गाथा वायुगीताः कीर्तयन्ति पुराविदः ।
यथा बीजं न वप्तव्यं पुंसा परपरिग्रहे ॥ ४२ ॥
नश्यतीषुर्यथा क्षिप्तः खे विद्धमनुविध्यतः ।
तथा नश्यति वै क्षिप्तं बीजं परपरिग्रहे ॥ ४३ ॥
पृथोरपीमां पृथिवीं भार्यां पूर्वविदो विदुः ।
स्थाणुच्छेदस्य केदारमाहुः शल्यवतो मृगम् ॥ ४४ ॥
एतावानेव पुरुषो यज्जायात्मा प्रजेति ह ।
विप्राः प्राहुस्तथा चैतद्यो भर्ता सा स्मृताङ्गना ॥ ४५ ॥
न निष्क्रयविसर्गाभ्यां भर्तुर्भार्या विमुच्यते ।
एवं धर्मं विजानीमः प्राक्प्रजापतिनिर्मितम् ॥ ४६ ॥
सकृदंशो निपतति सकृत्कन्या प्रदीयते ।
सकृदाह ददामीति त्रीण्येतानि सकृत्सकृत् ॥ ४७ ॥

यथा गोऽश्वोष्ट्रदासीषु महिष्यजाविकासु च ।
नोत्पादकः प्रजाभागी तथैवान्याङ्गनास्वपि ॥ ४८ ॥

ये ऽक्षेत्रिणो बीजवन्तः परक्षेत्रप्रवापिणः ।
ते वै सस्यस्य जातस्य न लभन्ते फलं क्वचित् ॥ ४९ ॥

यद्यन्यगोषु वृषभो वत्सानां जनयेच्छतम् ।
गोमिनामेव ते वत्सा मोघं स्कन्दितमार्षभम् ॥ ५० ॥

तथैवाक्षेत्रिणो बीजं परक्षेत्रप्रवापिणः ।
कुर्वन्ति क्षेत्रिणामर्थं न बीजी लभते फलम् ॥ ५१ ॥

फलं त्वनभिसंधाय क्षेत्रिणां बीजिनां तथा ।
प्रत्यक्षं क्षेत्रिणामर्थो बीजाद्योनिर्बलीयसी ॥ ५२ ॥

क्रियाभ्युपगमात्त्वेतद्बीजार्थं यत्प्रदीयते ।
तस्येह भागिनौ दृष्टौ बीजी क्षेत्रिक एव च ॥ ५३ ॥

ओघवाताहृतं बीजं यस्य क्षेत्रे प्ररोहति ।
क्षेत्रिकस्यैव तद्बीजं न बीजी लभते फलम् ॥ ५४ ॥

एष धर्मो गवाश्वस्य दास्युष्ट्राजाविकस्य च ।
विहंगमहिषीणां च विज्ञेयः प्रसवं प्रति ॥ ५५ ॥

एतद्वः सारफल्गुत्वं बीजयोन्योः प्रकीर्तितम् ।
अतः परं प्रवक्ष्यामि योषितां धर्ममापदि ॥ ५६ ॥

भ्रातुर्ज्येष्ठस्य भार्या या गुरुपत्न्यनुजस्य सा ।
यवीयसस्तु या भार्या स्नुषा ज्येष्ठस्य सा स्मृता ॥ ५७ ॥

ज्येष्ठो यवीयसो भार्यां यवीयान्वाग्रजस्त्रियम् ।
पतितौ भवतो गत्वा नियुक्तावप्यनापदि ॥ ५८ ॥
देवराद्वा सपिण्डाद्वा स्त्रिया सम्यङ् नियुक्तया ।
प्रजेप्सिताधिगन्तव्या संतानस्य परिक्षये ॥ ५९ ॥
विधवायां नियुक्तस्तु घृताक्तो वाग्यतो निशि ।
एकमुत्पादयेत्पुत्रं न द्वितीयं कथंचन ॥ ६० ॥
द्वितीयमेके प्रजनं मन्यन्ते स्त्रीषु तद्विदः ।
अनिर्वृत्तं नियोगार्थं पश्यन्तो धर्मतस्तयोः ॥ ६१ ॥
विधवायां नियोगार्थे निर्वृत्ते तु यथाविधि ।
गुरुवच्च स्नुषावच्च वर्तेयातां परस्परम् ॥ ६२ ॥
नियुक्तौ यौ विधिं हित्वा वर्तेयातां तु कामतः ।
तावुभौ पतितौ स्यातां स्नुषागगुरुतल्पगौ ॥ ६३ ॥
नान्यस्मिन्विधवा नारी नियोक्तव्या द्विजातिभिः ।
अन्यस्मिन्हि नियुञ्जाना धर्मं हन्युः सनातनम् ॥ ६४ ॥
नोद्वाहिकेषु मन्त्रेषु नियोगः कीर्त्यते क्वचित् ।
न विवाहविधावुक्तं विधवावेदनं पुनः ॥ ६५ ॥
अयं द्विजैर्हि विद्वद्भिः पशुधर्मो विगर्हितः ।
मनुष्याणामपि प्रोक्तो वेने राज्यं प्रशासति ॥ ६६ ॥
स महीमखिलां भुञ्जन्राजर्षिप्रवरः पुरा ।
वर्णानां संकरं चक्रे कामोपहतचेतनः ॥ ६७ ॥

तदा प्रभृति यो मोहात्प्रमीतपतिकां स्त्रियम् ।
नियोजयत्यपत्यार्थे तं विगर्हन्ति साधवः ॥ ६८ ॥
यस्या म्रियेत कन्याया वाचा सत्ये कृते पतिः ।
तामनेन विधानेन निजो विन्देत देवरः ॥ ६९ ॥
यथाविध्यधिगम्यैनां शुक्लवस्त्रां शुचिव्रताम् ।
मिथो भजेता प्रसवात्सकृत्सकृदृतावृतौ ॥ ७० ॥
न दत्त्वा कस्यचित्कन्यां पुनर्दद्याद्विचक्षणः ।
दत्त्वा पुनः प्रयच्छन्हि प्राप्नोति पुरुषानृतम् ॥ ७१ ॥
विधिवत्प्रतिगृह्यापि त्यजेत्कन्यां विगर्हिताम् ।
व्याधितां विप्रदुष्टां वा छद्मना चोपपादिताम् ॥ ७२ ॥
यस्तु दोषवतीं कन्यामनाख्याय प्रयच्छति ।
तस्य तद्वितथं कुर्यात्कन्यादातुर्दुरात्मनः ॥ ७३ ॥
विधाय वृत्तिं भार्यायाः प्रवसेत्कार्यवान्नरः ।
अवृत्तिकर्षिता हि स्त्री प्रदुष्येत्स्थितिमत्यपि ॥ ७४ ॥
विधाय प्रोषिते वृत्तिं जीवेन्नियममास्थिता ।
प्रोषिते त्वविधायैव जीवेच्छिल्पैरगर्हितैः ॥ ७५ ॥
प्रोषितो धर्मकार्यार्थं प्रतीक्ष्यो ऽष्टौ नरः समाः ।
विद्यार्थं षड्यशोऽर्थं वा कामार्थं त्रींस्तु वत्सरान् ॥ ७६ ॥
संवत्सरमुदीक्षेत द्विषाणां योषितं पतिः ।
ऊर्ध्वं संवत्सरात्त्वेनां दायं हृत्वा न संवसेत् ॥ ७७ ॥

अतिक्रामेत्प्रमत्तं या मत्तं रोगार्तमेव वा।
सा त्रीन्मासान्परित्याज्या विभूषणपरिच्छदा॥ ७८॥
उन्मत्तं पतितं क्लीबमबीजं पापरोगिणम्।
न त्यागो ऽस्ति द्विषन्त्याश्च न च दायापवर्तनम्॥ ७९॥
मद्यपासत्प्रवृत्ता च प्रतिकूला च या भवेत्।
व्याधिता चाधिवेत्तव्या हिंस्रार्थघ्नी च सर्वदा॥ ८०॥
वन्ध्याष्टमे ऽधिवेद्याब्दे दशमे तु मृतप्रजा।
एकादशे स्त्रीजननी सद्यस्त्वप्रियवादिनी॥ ८१॥
या रोगिणी स्यात्तु हिता संपन्ना चैव शीलतः।
सानुज्ञाप्याधिवेत्तव्या नावमान्या च कर्हिचित्॥ ८२॥
अधिविन्ना तु या नारी निर्गच्छेद्रुषिता गृहात्।
सा सद्यः संनिरोद्धव्या त्याज्या वा कुलसंनिधौ॥ ८३॥
प्रतिषिद्धा पिबेद्या तु मद्यमभ्युदयेष्वपि।
प्रेक्षासमाजौ गच्छेद्वा सा दण्ड्या कृष्णलानि षट्॥ ८४॥
यदि स्वाश्चापराश्चैव विन्देरन्योषितो द्विजाः।
तासां वर्णक्रमेण स्याज्ज्यैष्ठ्यं पूजा च वेश्म च॥ ८५॥
भर्तुः शरीरशुश्रूषां धर्मकार्यं च नैत्यकम्।
स्वा स्वैव कुर्यात्सर्वेषां नास्वजातिः कथंचन॥ ८६॥
यस्तु तत्कारयेन्मोहात्सजात्या स्थितयान्यया।
यथा ब्राह्मणचण्डालः पूर्वदृष्टस्तथैव सः॥ ८७॥

उत्कृष्टायाभिरूपाय वराय सदृशाय च ।
अप्राप्तामपि तां तस्मै कन्यां दद्याद्यथाविधि ॥ ८८ ॥
काममा मरणात्तिष्ठेद्गृहे कन्यर्तुमत्यपि ।
न चैवैनां प्रयच्छेत गुणहीनाय कर्हिचित् ॥ ८९ ॥
त्रीणि वर्षाण्युपासीत कुमार्यृतुमती सती ।
ऊर्ध्वं तु कालादेतस्माद्विन्देत सदृशं पतिम् ॥ ९० ॥
अदीयमाना भर्तारमधिगच्छेद्यदि स्वयम् ।
नैनः किंचिदवाप्नोति न च यं साधिगच्छति ॥ ९१ ॥
अलंकारं नाददीत पित्र्यं कन्या स्वयंवरा ।
मातृकं भ्रातृदत्तं वा स्तेयं स्याद्यदि तं हरेत् ॥ ९२ ॥
पित्रे न दद्याच्छुल्कं तु कन्यामृतुमतीं हरन् ।
स हि स्वाम्यादतिक्रामेदृतूनां प्रतिरोधनात् ॥ ९३ ॥
त्रिंशद्वर्षो वहेत्कन्यां हृद्यां द्वादशवार्षिकीम् ।
त्र्यष्टवर्षोऽष्टवर्षां वा धर्मे सीदति सत्वरः ॥ ९४ ॥
देवदत्तां पतिर्भार्यां विन्देतानिच्छयात्मनः ।
तां साध्वीं बिभृयान्नित्यं देवानां प्रियमाचरन् ॥ ९५ ॥
प्रजनार्थं स्त्रियः सृष्टाः संतानार्थं च मानवाः ।
तस्मात्साधारणो धर्मः श्रुतौ पत्न्या सहोदितः ॥ ९६ ॥
कन्यायां दत्तशुल्कायां म्रियेत यदि शुल्कदः ।
देवराय प्रदातव्या यदि कन्यानुमन्यते ॥ ९७ ॥

आददीत न शूद्रो ऽपि शुल्कं दुहितरं ददत् ।
शुल्कं हि गृह्णन्कुरुते छन्नं दुहितृविक्रयम् ॥ ९८ ॥
एतत्तु न परे चक्रुर्नापरे जातु साधवः ।
यदन्यस्याभ्यनुज्ञाय पुनरन्यस्य दीयते ॥ ९९ ॥
नानुशुश्रुम जात्वेतत्पूर्वेष्वपि हि जन्मसु ।
शुल्कसंज्ञेन मूल्येन छन्नं दुहितृविक्रयम् ॥ १०० ॥
अन्योन्यस्याव्यभीचारो भवेदामरणान्तिकः ।
एष धर्मः समासेन ज्ञेयः स्त्रीपुंसयोः परः ॥ १०१ ॥
तथा नित्यं यतेयातां स्त्रीपुंसौ तु कृतक्रियौ ।
यथा नातिचरेतां तौ वियुक्ताावितरेतरम् ॥ १०२ ॥
एष स्त्रीपुंसयोरुक्तो धर्मो वो रतिसंहितः ।
आपद्यपत्यप्राप्तिश्च दायधर्मं निबोधत ॥ १०३ ॥
ऊर्ध्वं पितुश्च मातुश्च समेत्य भ्रातरः समम् ।
भजेरन्पैतृकं रिक्थमनीशास्ते हि जीवतोः ॥ १०४ ॥
ज्येष्ठ एव तु गृह्णीयात्पित्र्यं धनमशेषतः ।
शेषास्तमुपजीवेयुर्यथैव पितरं तथा ॥ १०५ ॥
ज्येष्ठेन जातमात्रेण पुत्री भवति मानवः ।
पितॄणामनृणश्चैव स तस्मात्सर्वमर्हति ॥ १०६ ॥
यस्मिन्नृणं संनयति येन चानन्त्यमश्नुते ।
स एष धर्मजः पुत्रः कामजानितरान्विदुः ॥ १०७ ॥

पितेव पालयेत्पुत्राञ्ज्येष्ठो भ्रातॄन्यवीयसः ।
पुत्रवच्चापि वर्तेरञ्ज्येष्ठे भ्रातरि धर्मतः ॥ १०८ ॥
ज्येष्ठः कुलं वर्धयति विनाशयति वा पुनः ।
ज्येष्ठः पूज्यतमो लोके ज्येष्ठः सद्भिरगर्हितः ॥ १०९ ॥
यो ज्येष्ठो ज्येष्ठवृत्तिः स्यान्मातेव स पितेव सः ।
अज्येष्ठवृत्तिर्यस्तु स्यात्स संपूज्यस्तु बन्धुवत् ॥ ११० ॥
एवं सह वसेयुर्वा पृथग्वा धर्मकाम्यया ।
पृथग्विवर्धते धर्मस्तस्माद्धर्म्या पृथक्क्रिया ॥ १११ ॥
ज्येष्ठस्य विंश उद्धारः सर्वद्रव्याच्च यद्वरम् ।
ततो ऽर्धं मध्यमस्य स्यात्तुरीयं तु यवीयसः ॥ ११२ ॥
ज्येष्ठश्चैव कनिष्ठश्च संहरेतां यथोदितम् ।
ये ऽन्ये ज्येष्ठकनिष्ठाभ्यां तेषां स्यान्मध्यमं धनम् ॥ ११३ ॥
सर्वेषां धनजातानामाददीताग्र्यमग्रजः ।
यच्च सातिशयं किंचिद्दशतश्चाप्नुयाद्वरम् ॥ ११४ ॥
उद्धारो न दशस्वस्ति संपन्नानां स्वकर्मसु ।
यत्किंचिदेव देयं तु ज्यायसे मानवर्धनम् ॥ ११५ ॥
एवं समुद्धृतोद्धारे समानंशान्प्रकल्पयेत् ।
उद्धारे ऽनुद्धृते तेषामियं स्यादंशकल्पना ॥ ११६ ॥
एकाधिकं हरेज्ज्येष्ठः पुत्रो ऽध्यर्धं ततो ऽनुजः ।
अंशमंशं यवीयांस इति धर्मो व्यवस्थितः ॥ ११७ ॥

स्वेभ्यो ऽंशेभ्यस्तु कन्याभ्यः प्रदद्युर्भ्रातरः पृथक्।
स्वात्स्वादंशाच्चतुर्भागं पतिताः स्युरदित्सवः॥ ११८॥
अजाविकं सैकशफं न जातु विषमं भजेत्।
अजाविकं तु विषमं ज्येष्ठस्यैव विधीयते॥ ११९॥
यवीयाञ्ज्येष्ठभार्यायां पुत्रमुत्पादयेद्यदि।
समस्तत्र विभागः स्यादिति धर्मो व्यवस्थितः॥ १२०॥
उपसर्जनं प्रधानस्य धर्मतो नोपपद्यते।
पिता प्रधानं प्रजने तस्माद्धर्मेण तं भजेत्॥ १२१॥
पुत्रः कनिष्ठो ज्येष्ठायां कनिष्ठायां च पूर्वजः।
कथं तत्र विभागः स्यादिति चेत्संशयो भवेत्॥ १२२॥
एकं वृषभमुद्धारं संहरेत स पूर्वजः।
ततो ऽपरे ऽज्येष्ठवृषास्तदूनानां स्वमातृतः॥ १२३॥
ज्येष्ठस्तु जातो ज्येष्ठायां हरेद्वृषभषोडशाः।
ततः स्वमातृतः शेषा भजेरन्निति धारणा॥ १२४॥
सदृशस्त्रीषु जातानां पुत्राणामविशेषतः।
न मातृतो ज्यैष्ठ्यमस्ति जन्मतो ज्यैष्ठ्यमुच्यते॥ १२५॥
जन्मज्येष्ठेन चाह्वानं सुब्राह्मण्यास्वपि स्मृतम्।
यमयोश्चैव गर्भेषु जन्मतो ज्येष्ठता स्मृता॥ १२६॥
अपुत्रो ऽनेन विधिना सुतां कुर्वीत पुत्रिकाम्।
यदपत्यं भवेदस्यां तन्मम स्यात्स्वधाकरम्॥ १२७॥

अनेन तु विधानेन पुरा चक्रे स पुत्रिकाः ।
विवृद्ध्यर्थं स्ववंशस्य स्वयं दक्षः प्रजापतिः ॥ १२८ ॥

ददौ स दश धर्माय कश्यपाय त्रयोदश ।
सोमाय राज्ञे सत्कृत्य प्रीतात्मा सप्तविंशतिम् ॥ १२९ ॥

यथैवात्मा तथा पुत्रः पुत्रेण दुहिता समा ।
तस्यामात्मनि तिष्ठन्त्यां कथमन्यो धनं हरेत् ॥ १३० ॥

मातुस्तु यौतुकं यत्स्यात्कुमारीभाग एव सः ।
दौहित्र एव च हरेदपुत्रस्याखिलं धनम् ॥ १३१ ॥

दौहित्रो ह्यखिलं रिक्थमपुत्रस्य पितुर्हरेत् ।
स एव दद्याद्द्वौ पिण्डौ पित्रे मातामहाय च ॥ १३२ ॥

पौत्रदौहित्रयोर्लोके न विशेषोऽस्ति धर्मतः ।
तयोर्हि मातापितरौ संभूतौ तस्य देहतः ॥ १३३ ॥

पुत्रिकायां कृतायां तु यदि पुत्रोऽनुजायते ।
समस्तत्र विभागः स्याज्ज्येष्ठता नास्ति हि स्त्रियाः ॥ १३४ ॥

अपुत्रायां मृतायां तु पुत्रिकायां कथंचन ।
धनं तत्पुत्रिकाभर्ता हरेतैवाविचारयन् ॥ १३५ ॥

अकृता वा कृता वापि यं विन्देत्सदृशं सुतम् ।
पौत्री मातामहस्तेन दद्यात्पिण्डं हरेद्धनम् ॥ १३६ ॥

पुत्रेण लोकाञ्जयति पौत्रेणानन्त्यमश्नुते ।
अथ पुत्रस्य पौत्रेण ब्रध्नस्याप्नोति विष्टपम् ॥ १३७ ॥

पुन्नाम्नो नरकाद्यस्मात्त्रायते पितरं सुतः ।
तस्मात्पुत्र इति प्रोक्तः स्वयमेव स्वयंभुवा ॥ १३८ ॥
पौत्रदौहित्रयोर्लोके विशेषो नोपपद्यते ।
दौहित्रो ऽपि ह्यमुत्रैनं संतारयति पौत्रवत् ॥ १३९ ॥
मातुः प्रथमतः पिण्डं निर्वपेत्पुत्रिकासुतः ।
द्वितीयं तु पितुस्तस्यास्तृतीयं तत्पितुः पितुः ॥ १४० ॥
उपपन्नो गुणैः सर्वैः पुत्रो यस्य तु दत्त्रिमः ।
स हरेतैव तद्रिक्थं संप्राप्तो ऽप्यन्यगोत्रतः ॥ १४१ ॥
गोत्ररिक्थे जनयितुर्न हरेद्दत्त्रिमः क्वचित् ।
गोत्ररिक्थानुगः पिण्डो व्यपैति ददतः स्वधा ॥ १४२ ॥
अनियुक्तासुतश्चैव पुत्रिण्याप्तश्च देवरात् ।
उभौ तौ नार्हतो भागं जारजातककामजौ ॥ १४३ ॥
नियुक्तायामपि पुमान्नार्यां जातो ऽविधानतः ।
नैवार्हः पैतृकं रिक्थं पतितोत्पादितो हि सः ॥ १४४ ॥
हरेत्तत्र नियुक्तायां जातः पुत्रो यथौरसः ।
क्षेत्रिकस्य तु तद्बीजं धर्मतः प्रसवश्च सः ॥ १४५ ॥
धनं यो बिभृयाद्भ्रातुर्मृतस्य स्त्रियमेव च ।
सो ऽपत्यं भ्रातुरुत्पाद्य दद्यात्तस्यैव तद्धनम् ॥ १४६ ॥
यानियुक्तान्यतः पुत्रं देवराद्वाप्यवाप्नुयात् ।
तं कामजमरिक्थीयं मिथ्योत्पन्नं प्रचक्षते ॥ १४७ ॥

एतद्विधानं विज्ञेयं विभागस्यैकयोनिषु ।
बह्वीषु चैकजातानां नानास्त्रीषु निबोधत ॥ १४८ ॥
ब्राह्मणस्यानुपूर्व्येण चतस्रस्तु यदि स्त्रियः ।
तासां पुत्रेषु जातेषु विभागे ऽयं विधिः स्मृतः ॥ १४९ ॥
कीनाशो गोवृषो यानमलंकारश्च वेश्म च ।
विप्रस्यौद्धारिकं देयमेकांशश्च प्रधानतः ॥ १५० ॥
त्र्यंशं दायाद्धरेद्विप्रो द्वावंशौ क्षत्रियासुतः ।
वैश्याजो ऽध्यर्धमेवांशमंशं शूद्रासुतो हरेत् ॥ १५१ ॥
सर्वं वा रिक्थजातं तद्दशधा परिकल्पयेत् ।
धर्म्यं विभागं कुर्वीत विधिनानेन धर्मवित् ॥ १५२ ॥
चतुरो ऽंशान्हरेद्विप्रस्त्रीनंशान्क्षत्रियासुतः ।
वैश्यापुत्रो हरेद् द्व्यंशमंशं शूद्रासुतो हरेत् ॥ १५३ ॥
यद्यपि स्यात्तु सत्पुत्रो यद्यपुत्रो ऽपि वा भवेत् ।
नाधिकं दशमाद्दद्याच्छूद्रापुत्राय धर्मतः ॥ १५४ ॥
ब्राह्मणक्षत्रियविशां शूद्रापुत्रो न रिक्थभाक् ।
यदेवास्य पिता दद्यात्तदेवास्य धनं भवेत् ॥ १५५ ॥
समवर्णासु ये जाताः सर्वे पुत्रा द्विजन्मनाम् ।
उद्धारं ज्यायसे दत्त्वा भजेरन्नितरे समम् ॥ १५६ ॥
शूद्रस्य तु सवर्णैव नान्या भार्या विधीयते ।
तस्यां जाताः समांशाः स्युर्यदि पुत्रशतं भवेत् ॥ १५७ ॥

पुत्रान्द्वादश यानाह नृणां स्वायंभुवो मनुः ।
तेषां षड् बन्धुदायादाः षडदायादबान्धवाः ॥ १५८ ॥
औरसः क्षेत्रजश्चैव दत्तः कृत्रिम एव च ।
गूढोत्पन्नोऽपविद्धश्च दायादा बान्धवाश्च षट् ॥ १५९ ॥
कानीनश्च सहोढश्च क्रीतः पौनर्भवस्तथा ।
स्वयंदत्तश्च शौद्रश्च षडदायादबान्धवाः ॥ १६० ॥
यादृशं गुणमाप्नोति कुप्लवैः संतरञ्जलम् ।
तादृशं गुणमाप्नोति कुपुत्रैः संतरंस्तमः ॥ १६१ ॥
यद्येकरिक्थिनौ स्यातामौरसक्षेत्रजौ सुतौ ।
यस्य यत्पैतृकं रिक्थं स तद्गृह्णीत नेतरः ॥ १६२ ॥
एक एवौरसः पुत्रः पित्र्यस्य वसुनः प्रभुः ।
शेषाणामानृशंस्यार्थं प्रदद्यात्तु प्रजीवनम् ॥ १६३ ॥
षष्ठं तु क्षेत्रजस्यांशं प्रदद्यात्पैतृकाद्धनात् ।
औरसो विभजन्दायं पित्र्यं पञ्चममेव वा ॥ १६४ ॥
औरसक्षेत्रजौ पुत्रौ पितृरिक्थस्य भागिनौ ।
दशापरे तु क्रमशो गोत्ररिक्थांशभागिनः ॥ १६५ ॥
स्वे क्षेत्रे संस्कृतायां तु स्वयमुत्पादयेद्धि यम् ।
तमौरसं विजानीयात्पुत्रं प्राथमकल्पिकम् ॥ १६६ ॥
यस्तल्पजः प्रमीतस्य क्लीबस्य व्याधितस्य वा ।
स्वधर्मेण नियुक्तायां स पुत्रः क्षेत्रजः स्मृतः ॥ १६७ ॥

माता पिता वा दद्यातां यमद्भिः पुत्रमापदि ।
सदृशं प्रीतिसंयुक्तं स ज्ञेयो दत्त्रिमः सुतः ॥ १६८ ॥
सदृशं तु प्रकुर्याद्यं गुणदोषविचक्षणम् ।
पुत्रं पुत्रगुणैर्युक्तं स विज्ञेयस्तु कृत्रिमः ॥ १६९ ॥
उत्पद्यते गृहे यस्तु न च ज्ञायेत कस्य सः ।
स गृहे गूढ उत्पन्नस्तस्य स्याद्यस्य तल्पजः ॥ १७० ॥
मातापितृभ्यामुत्सृष्टं तयोरन्यतरेण वा ।
यं पुत्रं परिगृह्णीयादपविद्धः स उच्यते ॥ १७१ ॥
पितृवेश्मनि कन्या तु यं पुत्रं जनयेद्रहः ।
तं कानीनं वदेन्नाम्ना वोढुः कन्यासमुद्भवम् ॥ १७२ ॥
या गर्भिणी संस्क्रियते ज्ञाताज्ञातापि वा सती ।
वोढुः स गर्भो भवति सहोढ इति चोच्यते ॥ १७३ ॥
क्रीणीयाद्यस्त्वपत्यार्थं मातापित्रोर्यमन्तिकात् ।
स क्रीतकः सुतस्तस्य सदृशो ऽसदृशो ऽपि वा ॥ १७४ ॥
या पत्या वा परित्यक्ता विधवा वा स्वयेच्छया ।
उत्पादयेत्पुनर्भूत्वा स पौनर्भव उच्यते ॥ १७५ ॥
सा चेदक्षतयोनिः स्याद्गतप्रत्यागतापि वा ।
पौनर्भवेन भर्त्रा सा पुनः संस्कारमर्हति ॥ १७६ ॥
मातापितृविहीनो यस्त्यक्तो वा स्यादकारणात् ।
आत्मानं स्पर्शयेद्यस्मै स्वयंदत्तस्तु स स्मृतः ॥ १७७ ॥

यं ब्राह्मणस्तु शूद्रायां कामादुत्पादयेत्सुतम् ।
स पारयन्नेव शवस्तस्मात्पारशवः स्मृतः ॥ १७८ ॥
दास्यां वा दासदास्यां वा यः शूद्रस्य सुतो भवेत् ।
सो ऽनुज्ञातो हरेदंशमिति धर्मो व्यवस्थितः ॥ १७९ ॥
क्षेत्रजादीन्सुतानेतानेकादश यथोदितान् ।
पुत्रप्रतिनिधीनाहुः क्रियालोपान्मनीषिणः ॥ १८० ॥
य एते ऽभिहिताः पुत्राः प्रसङ्गादन्यबीजजाः ।
यस्य ते बीजतो जातास्तस्य ते नेतरस्य तु ॥ १८१ ॥
भ्रातॄणामेकजातानामेकश्चेत्पुत्रवान्भवेत् ।
सर्वांस्तांस्तेन पुत्रेण पुत्रिणो मनुरब्रवीत् ॥ १८२ ॥
सर्वासामेकपत्नीनामेका चेत्पुत्रिणी भवेत् ।
सर्वास्तास्तेन पुत्रेण पुत्रिण्यो मनुरब्रवीत् ॥ १८३ ॥
श्रेयसः श्रेयसो ऽलाभे पापीयान्रिक्थमर्हति ।
बहवश्चेत्तु सदृशाः सर्वे रिक्थस्य भागिनः ॥ १८४ ॥
न भ्रातरो न पितरः पुत्रा रिक्थहराः पितुः ।
पिता हरेदपुत्रस्य रिक्थं भ्रातर एव वा ॥ १८५ ॥
त्रयाणामुदकं कार्यं त्रिषु पिण्डः प्रवर्तते ।
चतुर्थः संप्रदातैषां पञ्चमो नोपपद्यते ॥ १८६ ॥
अनन्तरः सपिण्डाद्यस्तस्य तस्य धनं भवेत् ।
अत ऊर्ध्वं सकुल्यः स्यादाचार्यः शिष्य एव वा ॥ १८७ ॥

सर्वेषामप्यभावे तु ब्राह्मणा रिक्थभागिनः ।
त्रैविद्याः शुचयो दान्तास्तथा धर्मो न हीयते ॥ १८८ ॥
अहार्यं ब्राह्मणद्रव्यं राज्ञा नित्यमिति स्थितिः ।
इतरेषां तु वर्णानां सर्वाभावे हरेन्नृपः ॥ १८९ ॥
संस्थितस्यानपत्यस्य सगोत्रात्पुत्रमाहरेत् ।
तत्र यद्रिक्थजातं स्यात्तत्तस्मिन्प्रतिपादयेत् ॥ १९० ॥
द्वौ तु यौ विवदेयातां द्वाभ्यां जातौ स्त्रिया धने ।
तयोर्यद्यस्य पित्र्यं स्यात्तत्स गृह्णीत नेतरः ॥ १९१ ॥
जनन्यां संस्थितायां तु समं सर्वे सहोदराः ।
भजेरन्मातृकं रिक्थं भगिन्यश्च सनाभयः ॥ १९२ ॥
यास्तासां स्युर्दुहितरस्तासामपि यथार्हतः ।
मातामह्या धनात्किंचित्प्रदेयं प्रीतिपूर्वकम् ॥ १९३ ॥
अध्यग्न्यध्यावाहनिकं दत्तं च प्रीतिकर्मणि ।
भ्रातृमातृपितृप्राप्तं षड्विधं स्त्रीधनं स्मृतम् ॥ १९४ ॥
अन्वाधेयं च यद्दत्तं पत्या प्रीतेन चैव यत् ।
पत्यौ जीवति वृत्तायाः प्रजायास्तद्धनं भवेत् ॥ १९५ ॥
ब्राह्मदैवार्षगान्धर्वप्राजापत्येषु यद्धनम् ।
अप्रजायामतीतायां भर्तुरेव तदिष्यते ॥ १९६ ॥
यत्त्वस्याः स्याद्धनं दत्तं विवाहेष्वासुरादिषु ।
अप्रजायामतीतायां मातापित्रोस्तदिष्यते ॥ १९७ ॥

स्त्रियास्तु यद्भवेद्वित्तं पित्रा दत्तं कथंचन ।
ब्राह्मणी तद्धरेत्कन्या तदपत्यस्य वा भवेत् ॥ १९८ ॥
न निर्हारं स्त्रियः कुर्युः कुटुम्बाद्बहुमध्यगात् ।
स्वकादपि च वित्ताद्धि स्वस्य भर्तुरनाज्ञया ॥ १९९ ॥
पत्यौ जीवति यः स्त्रीभिरलंकारो धृतो भवेत् ।
न तं भजेरन्दायादा भजमानाः पतन्ति ते ॥ २०० ॥
अनंशौ क्लीबपतितौ जात्यन्धबधिरौ तथा ।
उन्मत्तजडमूकाश्च ये च केचिन्निरिन्द्रियाः ॥ २०१ ॥
सर्वेषामपि तु न्याय्यं दातुं शक्त्या मनीषिणा ।
ग्रासाच्छादनमत्यन्तं पतितो ह्यददद्भवेत् ॥ २०२ ॥
यद्यर्थिता तु दारैः स्यात्क्लीबादीनां कथंचन ।
तेषामुत्पन्नतन्तूनामपत्यं दायमर्हति ॥ २०३ ॥
यत्किंचित्पितरि प्रेते धनं ज्येष्ठो ऽधिगच्छति ।
भागो यवीयसां तत्र यदि विद्यानुपालिनः ॥ २०४ ॥
अविद्यानां तु सर्वेषामीहातश्चेद्धनं भवेत् ।
समस्तत्र विभागः स्यादपित्र्य इति धारणा ॥ २०५ ॥
विद्याधनं तु यद्यस्य तत्तस्यैव धनं भवेत् ।
मैत्रमौद्वाहिकं चैव माधुपर्किकमेव च ॥ २०६ ॥
भ्रातॄणां यस्तु नेहेत धनं शक्तः स्वकर्मणा ।
स निर्भाज्यः स्वकादंशात्किंचिद्दत्त्वोपजीवनम् ॥ २०७ ॥

अनुपघ्नन्पितृद्रव्यं श्रमेण यदुपार्जितम् ।
स्वयमीहितलब्धं तन्नाकामो दातुमर्हति ॥ २०८ ॥
पैतृकं तु पिता द्रव्यमनवाप्तं यदाप्नुयात् ।
न तत्पुत्रैर्भजेत्साधमकामः स्वयमर्जितम् ॥ २०९ ॥
विभक्ताः सह जीवन्तो विभजेरन्पुनर्यदि ।
समस्तत्र विभागः स्याज्ज्यैष्ठ्यं तत्र न विद्यते ॥ २१० ॥
येषां ज्येष्ठः कनिष्ठो वा हीयेतांशप्रदानतः ।
म्रियेतान्यतरो वापि तस्य भागो न लुप्यते ॥ २११ ॥
सोदर्या विभजेरंस्तं समेत्य सहिताः समम् ।
भ्रातरो ये च संसृष्टा भगिन्यश्च सनाभयः ॥ २१२ ॥
यो ज्येष्ठो विनिकुर्वीत लोभाद्भ्रातॄन्यवीयसः ।
सो ऽज्येष्ठः स्यादभागश्च नियन्तव्यश्च राजभिः ॥ २१३ ॥
सर्वे एव विकर्मस्था नार्हन्ति भ्रातरो धनम् ।
न चादत्त्वा कनिष्ठेभ्यो ज्येष्ठः कुर्वीत यौतकम् ॥ २१४ ॥
भ्रातॄणामविभक्तानां यद्युत्थानं भवेत्सह ।
न पुत्रभागं विषमं पिता दद्यात्कथंचन ॥ २१५ ॥
ऊर्ध्वं विभागाज्जातस्तु पित्र्यमेव हरेद्धनम् ।
संसृष्टास्तेन वा ये स्युर्विभजेत स तैः सह ॥ २१६ ॥
अनपत्यस्य पुत्रस्य माता दायमवाप्नुयात् ।
मातर्यपि च वृत्तायां पितुर्माता हरेद्धनम् ॥ २१७ ॥

ऋणे धने च सर्वस्मिन्नविभक्ते यथाविधि ।
पश्चाद्दृश्येत यत्किंचित्तत्सर्वं समतां नयेत् ॥ २१८ ॥
वस्त्रं पत्त्रमलंकारं कृतान्नमुदकं स्त्रियः ।
योगक्षेमं प्रचारं च न विभाज्यं प्रचक्षते ॥ २१९ ॥
अयमुक्तो विभागो वः पुत्राणां च क्रियाविधिः ।
क्रमशः क्षेत्रजादीनां द्यूतधर्मं निबोधत ॥ २२० ॥
द्यूतं समाह्वयं चैव राजा राष्ट्रान्निवारयेत् ।
राज्यान्तकरणावेतौ द्वौ दोषौ पृथिवीक्षिताम् ॥ २२१ ॥
प्रकाशमेतत्तास्कर्यं यद्देवनसमाह्वयौ ।
तयोर्नित्यं प्रतीघाते नृपतिर्यत्नवान्भवेत् ॥ २२२ ॥
अप्राणिभिर्यत्क्रियते तल्लोके द्यूतमुच्यते ।
प्राणिभिः क्रियते यस्तु स विज्ञेयः समाह्वयः ॥ २२३ ॥
द्यूतं समाह्वयं चैव यः कुर्यात्कारयेत वा ।
तान्सर्वान्घातयेद्राजा शूद्रांश्च द्विजलिङ्गिनः ॥ २२४ ॥
कितवान्कुशीलवान्क्रूरान् पाषण्डस्थांश्च मानवान् ।
विकर्मस्थाञ्छौण्डिकांश्च क्षिप्रं निर्वासयेत्पुरात् ॥ २२५ ॥
एते राष्ट्रे वर्तमाना राज्ञः प्रच्छन्नतस्कराः ।
विकर्मक्रियया नित्यं बाधन्ते भद्रिकाः प्रजाः ॥ २२६ ॥
द्यूतमेतत्पुराकल्पे दृष्टं वैरकरं महत् ।
तस्माद् द्यूतं न सेवेत हास्यार्थमपि बुद्धिमान् ॥ २२७ ॥

प्रच्छन्नं वा प्रकाशं वा तन्निषेवेत यो नरः।
तस्य दण्डविकल्पः स्याद्यथेष्टं नृपतेस्तथा ॥ २२८ ॥
क्षत्रविट्शूद्रयोनिस्तु दण्डं दातुमशक्नुवन्।
आनृण्यं कर्मणा गच्छेद्विप्रो दद्याच्छनैः शनैः ॥ २२९ ॥
स्त्रीबालोन्मत्तवृद्धानां दरिद्रानाथरोगिणाम्।
शिफाविदलरज्ज्वाद्यैर्विदध्यान्नृपतिर्दमम् ॥ २३० ॥
ये नियुक्तास्तु कार्येषु हन्युः कार्याणि कार्यिणाम्।
धनोष्मणा पच्यमानास्तान्निःस्वान्कारयेन्नृपः ॥ २३१ ॥
कूटशासनकर्तॄंश्च प्रकृतीनां च दूषकान्।
स्त्रीबालब्राह्मणघ्नांश्च हन्याद् द्विट्सेविनस्तथा ॥ २३२ ॥
तीरितं चानुशिष्टं च यत्र क्वचन यद्भवेत्।
कृतं तद्धर्मतो विद्यान्न तद्भूयो निवर्तयेत् ॥ २३३ ॥
अमात्यः प्राड्विवाको वा यत्कुर्यात्कार्यमन्यथा।
तत्स्वयं नृपतिः कुर्यात्तं सहस्रं च दण्डयेत् ॥ २३४ ॥
ब्रह्महा च सुरापश्च तस्करो गुरुतल्पगः।
एते सर्वे पृथग्ज्ञेया महापातकिनो नराः ॥ २३५ ॥
चतुर्णामपि चैतेषां प्रायश्चित्तमकुर्वताम्।
शारीरं धनसंयुक्तं दण्डं धर्म्यं प्रकल्पयेत् ॥ २३६ ॥
गुरुतल्पे भगः कार्यः सुरापाने सुराध्वजः।
स्तेये तु श्वपदं कार्यं ब्रह्महण्यशिराः पुमान् ॥ २३७ ॥

असंभोज्या ह्यसंयाज्या असंपाठ्याविवाहिनः ।
चरेयुः पृथिवीं दीनाः सर्वधर्मबहिष्कृताः ॥ २३८ ॥

ज्ञातिसंबन्धिभिस्त्वेते त्यक्तव्याः कृतलक्षणाः ।
निर्दया निर्नमस्कारास्तन्मनोरनुशासनम् ॥ २३९ ॥

प्रायश्चित्तं तु कुर्वाणाः पूर्वे वर्णा यथोदितम् ।
नाङ्क्या राज्ञा ललाटे स्युर्दाप्यास्तूत्तमसाहसम् ॥ २४० ॥

आगस्सु ब्राह्मणस्यैव कार्यो मध्यमसाहसः ।
विवास्यो वा भवेद्राष्ट्रात्सद्रव्यः सपरिच्छदः ॥ २४१ ॥

इतरे कृतवन्तस्तु पापान्येतान्यकामतः ।
सर्वस्वहारमर्हन्ति कामतस्तु प्रवासनम् ॥ २४२ ॥

नाददीत नृपः साधुर्महापातकिनो धनम् ।
आददानस्तु तल्लोभात्तेन पापेन लिप्यते ॥ २४३ ॥

अप्सु प्रवेश्य तं दण्डं वरुणायोपपादयेत् ।
श्रुतवृत्तोपपन्ने वा ब्राह्मणे प्रतिपादयेत् ॥ २४४ ॥

ईशो दण्डस्य वरुणो राज्ञां दण्डधरो हि सः ।
ईशः सर्वस्य जगतो ब्राह्मणो वेदपारगः ॥ २४५ ॥

यत्र वर्जयते राजा पापकृद्भ्यो धनागमम् ।
तत्र कालेन जायन्ते मानवा दीर्घजीविनः ॥ २४६ ॥

निष्पद्यन्ते च सस्यानि यथोप्तानि विशां पृथक् ।
बालाश्च न प्रमीयन्ते विकृतं न च जायते ॥ २४७ ॥

28

ब्राह्मणान्बाधमानं तु कामादवरवर्णजम् ।
हन्याच्चित्रैर्वधोपायैरुद्वेजनकरैर्नृपः ॥ २४८ ॥
यावानवध्यस्य वधे तावान्वध्यस्य मोक्षणे ।
अधर्मो नृपतेर्दृष्टो धर्मस्तु विनियच्छतः ॥ २४९ ॥
उदितो ऽयं विस्तरशो मिथो विवदमानयोः ।
अष्टादशसु मार्गेषु व्यवहारस्य निर्णयः ॥ २५० ॥
एवं धर्म्याणि कार्याणि सम्यक्कुर्वन्महीपतिः ।
देशानलब्धाँल्लिप्सेत लब्धांश्च परिपालयेत् ॥ २५१ ॥
सम्यङ्गिविष्टदेशस्तु कृतदुर्गश्च शास्त्रतः ।
कण्टकोद्धरणे नित्यमातिष्ठेद्यत्नमुत्तमम् ॥ २५२ ॥
रक्षणादार्यवृत्तानां कण्टकानां च शोधनात् ।
नरेन्द्रास्त्रिदिवं यान्ति प्रजापालनतत्पराः ॥ २५३ ॥
अशासंस्तस्करान्यस्तु बलिं गृह्णाति पार्थिवः ।
तस्य प्रक्षुभ्यते राष्ट्रं स्वर्गाच्च परिहीयते ॥ २५४ ॥
निर्भयं तु भवेद्यस्य राष्ट्रं बाहुबलाश्रितम् ।
तस्य तद्वर्धते नित्यं सिच्यमान इव द्रुमः ॥ २५५ ॥
द्विविधांस्तस्करान्विद्यात्परद्रव्यापहारकान् ।
प्रकाशांश्चाप्रकाशांश्च चारचक्षुर्महीपतिः ॥ २५६ ॥
प्रकाशवञ्चकास्तेषां नानापण्योपजीविनः ।
प्रच्छन्नवञ्चकास्त्वेवं स्तेनाटव्यादयो जनाः ॥ २५७ ॥

उत्कोचकाश्चौपधिका वञ्चकाः कितवास्तथा।
मङ्गलादेशवृत्ताश्च भद्रप्रेक्षणिकैः सह॥ २५८॥
असम्यक्कारिणश्चैव महामात्राश्चिकित्सकाः।
शिल्पोपचारयुक्ताश्च निपुणाः पण्ययोषितः॥ २५९॥
एवमाद्यान्विजानीयात्प्रकाशाँल्लोककण्टकान्।
विगूढचारिणश्चान्याननार्यानार्यलिङ्गिनः॥ २६०॥
तान्विदित्वा सुचरितैर्गूढैस्तत्कर्मकारिभिः।
चारैश्चानेकसंस्थानैः प्रोत्साह्य वशमानयेत्॥ २६१॥
तेषां दोषानभिख्याप्य स्वे स्वे कर्मणि तत्त्वतः।
कुर्वीत शासनं राजा सम्यक्सारापराधतः॥ २६२॥
न हि दण्डादृते शक्यः कर्तुं पापविनिग्रहः।
स्तेनानां पापबुद्धीनां निभृतं चरतां क्षितौ॥ २६३॥
सभाप्रपापूपशाला वेशमद्यान्नविक्रयाः।
चतुष्पथाश्चैत्यवृक्षाः समाजाः प्रेक्षणानि च॥ २६४॥
जीर्णोद्यानान्यरण्यानि कारुकावेशनानि च।
शून्यानि चाप्यगाराणि वनान्युपवनानि च॥ २६५॥
एवंविधान्नृपो देशान्गुल्मैः स्थावरजङ्गमैः।
तस्करप्रतिषेधार्थं चारैश्चाप्यनुचारयेत्॥ २६६॥
तत्सहायैरनुगतैर्नानाकर्मप्रवेदिभिः।
विद्यादुत्साहयेच्चैव निपुणैः पूर्वतस्करैः॥ २६७॥

भक्ष्यभोज्यापदेशैश्च ब्राह्मणानां च दर्शनैः ।
शौर्यकर्मापदेशैश्च कुर्युस्तेषां समागमम् ॥ २६८ ॥
ये तत्र नोपसर्पेयुर्मूलप्रणिहिताश्च ये ।
तान्प्रसह्य नृपो हन्यात्समित्रज्ञातिबान्धवान् ॥ २६९ ॥
न होढेन विना चौरं घातयेद्धार्मिको नृपः ।
सहोढं सोपकरणं घातयेदविचारयन् ॥ २७० ॥
ग्रामेष्वपि च ये केचिच्चौराणां भक्तदायकाः ।
भाण्डावकाशदाश्चैव सर्वांस्तानपि घातयेत् ॥ २७१ ॥
राष्ट्रेषु रक्षाधिकृतान्सामन्तांश्चैव चोदितान् ।
अभ्याघातेषु मध्यस्थाञ्छिष्याच्चौरानिव द्रुतम् ॥ २७२ ॥
यश्चापि धर्मसमयात्प्रच्युतो धर्मजीवनः ।
दण्डेनैव तमप्योषेत्स्वकाद्धर्माद्धि विच्युतम् ॥ २७३ ॥
ग्रामघात इडाभङ्गे पथि मोषाभिदर्शने ।
शक्तितो नाभिधावन्तो निर्वास्याः सपरिच्छदाः ॥ २७४ ॥
राज्ञः कोशापहर्तॄंश्च प्रातिकूल्येष्ववस्थितान् ।
घातयेद्विविधैर्दण्डैररीणां चोपजापकान् ॥ २७५ ॥
संधिं छित्त्वा तु ये चौर्यं रात्रौ कुर्वन्ति तस्कराः ।
तेषां छित्त्वा नृपो हस्तौ तीक्ष्णे शूले निवेशयेत् ॥ २७६ ॥
अङ्गुली ग्रन्थिभेदस्य छेदयेत्प्रथमे ग्रहे ।
द्वितीये हस्तचरणौ तृतीये वधमर्हति ॥ २७७ ॥

अग्निदान्भक्तदांश्चैव तथा शस्त्रावकाशदान् ।
संनिधातॄंश्च मोषस्य हन्याच्चौरानिवेश्वरः ॥ २७८ ॥
तडागभेदकं हन्यादप्सु शुद्धवधेन वा ।
तद्वापि प्रतिसंस्कुर्याद्दाप्यश्चोत्तमसाहसम् ॥ २७९ ॥
कोष्ठागारायुधागारदेवतागारभेदकान् ।
हस्त्यश्वरथहर्तॄंश्च हन्यादेवाविचारयन् ॥ २८० ॥
यस्तु पूर्वनिविष्टस्य तडागस्योदकं हरेत् ।
आगमं वाप्यपां भिन्द्यात्स दाप्यः पूर्वसाहसम् ॥ २८१ ॥
समुत्सृजेद्राजमार्गे यस्त्वमेध्यमनापदि ।
स द्वौ कार्षापणौ दद्यादमेध्यं चाशु शोधयेत् ॥ २८२ ॥
आपद्गतो ऽथवा वृद्धो गर्भिणी बाल एव वा ।
परिभाषणमर्हन्ति तच्च शोध्यमिति स्थितिः ॥ २८३ ॥
चिकित्सकानां सर्वेषां मिथ्या प्रचरतां दमः ।
अमानुषेषु प्रथमो मानुषेषु तु मध्यमः ॥ २८४ ॥
संक्रमध्वजयष्टीनां प्रतिमानां च भेदकः ।
प्रतिकुर्याच्च तत्सर्वं पञ्च दद्याच्छतानि च ॥ २८५ ॥
अदूषितानां द्रव्याणां दूषणे भेदने तथा ।
मणीनामपवेधे च दण्डः प्रथमसाहसः ॥ २८६ ॥
समैर्हि विषमं यस्तु चरेद्वैमूल्यतो ऽपि वा ।
स प्राप्नुयाद्दमं पूर्वं नरो मध्यममेव वा ॥ २८७ ॥

बन्धनानि च सर्वाणि राजा मार्गे निवेशयेत्।
दुःखिता यत्र दृश्येरन्विकृताः पापकारिणः ॥ २८८ ॥
प्राकारस्य च भेत्तारं परिखाणां च पूरकम्।
द्वाराणां चैव भङ्क्तारं क्षिप्रमेव प्रवासयेत् ॥ २८९ ॥
अभिचारेषु सर्वेषु कर्तव्यो द्विशतो दमः।
मूलकर्मणि चानाप्तैः कृत्यासु विविधासु च ॥ २९० ॥
अबीजविक्रयी चैव बीजोत्कृष्टा तथैव च।
मर्यादाभेदकश्चैव विकृतं प्राप्नुयाद्वधम् ॥ २९१ ॥
सर्वकण्टकपापिष्ठं हेमकारं तु पार्थिवः।
प्रवर्तमानमन्याये छेदयेल्लवशः क्षुरैः ॥ २९२ ॥
सीताद्रव्यापहरणे शस्त्राणामौषधस्य च।
कालमासाद्य कार्यं च राजा दण्डं प्रकल्पयेत् ॥ २९३ ॥
स्वाम्यमात्यौ पुरं राष्ट्रं कोशदण्डौ सुहृत्तथा।
सप्त प्रकृतयो ह्येताः समस्तं राज्यमुच्यते ॥ २९४ ॥
सप्तानां प्रकृतीनां तु राज्यस्यासां यथाक्रमम्।
पूर्वं पूर्वं गुरुतरं जानीयाद्व्यसनं महत् ॥ २९५ ॥
सप्ताङ्गस्येह राज्यस्य विष्टब्धस्य त्रिदण्डवत्।
अन्योन्यगुणवैशेष्यान्न किंचिदतिरिच्यते ॥ २९६ ॥
तेषु तेषु हि कृत्येषु तत्तदङ्गं विशिष्यते।
येन यत्साध्यते कार्यं तत्तस्मिञ्छ्रेष्ठमुच्यते ॥ २९७ ॥

चारेणोत्साहयोगेन क्रिययैव च कर्मणाम् ।
स्वशक्तिं परशक्तिं च नित्यं विद्यान्महीपतिः ॥ २९८ ॥

पीडनानि च सर्वाणि व्यसनानि तथैव च ।
आरभेत ततः कार्यं संचिन्त्य गुरुलाघवम् ॥ २९९ ॥

आरभेतैव कर्माणि श्रान्तः श्रान्तः पुनः पुनः ।
कर्माण्यारभमाणं हि पुरुषं श्रीर्निषेवते ॥ ३०० ॥

कृतं त्रेतायुगं चैव द्वापरं कलिरेव च ।
राज्ञो वृत्तानि सर्वाणि राजा हि युगमुच्यते ॥ ३०१ ॥

कलिः प्रसुप्तो भवति स जाग्रद्द्वापरं युगम् ।
कर्मस्वभ्युद्यतस्त्रेता विचरंस्तु कृतं युगम् ॥ ३०२ ॥

इन्द्रस्यार्कस्य वायोश्च यमस्य वरुणस्य च ।
चन्द्रस्याग्नेः पृथिव्याश्च तेजोवृत्तं नृपश्चरेत् ॥ ३०३ ॥

वार्षिकांश्चतुरो मासान्यथेन्द्रोऽभिप्रवर्षति ।
तथाभिवर्षेत्स्वं राष्ट्रं कामैरिन्द्रव्रतं चरन् ॥ ३०४ ॥

अष्टौ मासान्यथादित्यस्तोयं हरति रश्मिभिः ।
तथा हरेत्करं राष्ट्रान्नित्यमर्कव्रतं हि तत् ॥ ३०५ ॥

प्रविश्य सर्वभूतानि यथा चरति मारुतः ।
तथा चारैः प्रवेष्टव्यं व्रतमेतद्धि मारुतम् ॥ ३०६ ॥

यथा यमः प्रियद्वेष्यौ प्राप्ते काले नियच्छति ।
तथा राज्ञा नियन्तव्याः प्रजास्तद्धि यमव्रतम् ॥ ३०७ ॥

वरुणेन यथा पाशैर्बद्ध एवाभिदृश्यते ।
तथा पापान्निगृह्णीयाद्व्रतमेतद्धि वारुणम् ॥ ३०८ ॥
परिपूर्णं यथा चन्द्रं दृष्ट्वा हृष्यन्ति मानवाः ।
तथा प्रकृतयो यस्मिन्स चान्द्रव्रतिको नृपः ॥ ३०९ ॥
प्रतापयुक्तस्तेजस्वी नित्यं स्यात्पापकर्मसु ।
दुष्टसामन्तहिंस्रश्च तदाग्नेयं व्रतं स्मृतम् ॥ ३१० ॥
यथा सर्वाणि भूतानि धरा धारयते समम् ।
तथा सर्वाणि भूतानि बिभ्रतः पार्थिवं व्रतम् ॥ ३११ ॥
एतैरुपायैरन्यैश्च युक्तो नित्यमतन्द्रितः ।
स्तेनान्राजा निगृह्णीयात्स्वराष्ट्रे पर एव च ॥ ३१२ ॥
परामप्यापदं प्राप्तो ब्राह्मणान्न प्रकोपयेत् ।
ते ह्येनं कुपिता हन्युः सद्यः सबलवाहनम् ॥ ३१३ ॥
यैः कृतः सर्वभक्षो ऽग्निरपेयश्च महोदधिः ।
क्षयी चाप्यायितश्चेन्दुः को न नश्येत्प्रकोप्य तान् ॥ ३१४ ॥
लोकानन्यान्सृजेयुर्ये लोकपालांश्च कोपिताः ।
देवान्कुर्युरदेवांश्च कः क्षिण्वंस्तान्समृध्नुयात् ॥ ३१५ ॥
यानुपाश्रित्य तिष्ठन्ति लोका देवाश्च सर्वदा ।
ब्रह्म चैव धनं येषां को हिंस्यात्ताञ्जिजीविषुः ॥ ३१६ ॥

अविद्वांश्चैव विद्वांश्च ब्राह्मणो दैवतं महत् ।
प्रणीतश्चाप्रणीतश्च यथाग्निर्दैवतं महत् ॥ ३१७ ॥

श्मशानेष्वपि तेजस्वी पावको नैव दुष्यति ।
हूयमानश्च यज्ञेषु भूय एवाभिवर्धते ॥ ३१८ ॥

एवं यद्यप्यनिष्टेषु वर्तन्ते सर्वकर्मसु ।
सर्वथा ब्राह्मणाः पूज्याः परमं दैवतं हि तत् ॥ ३१९ ॥

क्षत्रस्यातिप्रवृद्धस्य ब्राह्मणान्प्रति सर्वशः ।
ब्रह्मैव संनियन्तृ स्यात्क्षत्रं हि ब्रह्मसंभवम् ॥ ३२० ॥

अद्‌भ्योऽग्निर्ब्रह्मतः क्षत्रमश्मनो लोहमुत्थितम् ।
तेषां सर्वत्रगं तेजः स्वासु योनिषु शाम्यति ॥ ३२१ ॥

नाब्रह्म क्षत्रमृध्नोति नाक्षत्रं ब्रह्म वर्धते ।
ब्रह्म क्षत्रं च संपृक्तमिह चामुत्र वर्धते ॥ ३२२ ॥

दत्त्वा धनं तु विप्रेभ्यः सर्वं दण्डसमुत्थितम् ।
पुत्रे राज्यं समासज्य कुर्वीत प्रायणं रणे ॥ ३२३ ॥

एवं चरन्सदा युक्तो राजधर्मेषु पार्थिवः ।
हितेषु चैव लोकस्य सर्वान्भृत्यान्नियोजयेत् ॥ ३२४ ॥

एषोऽखिलः कर्मविधिरुक्तो राज्ञः सनातनः ।
इमं कर्मविधिं विद्यात्क्रमशो वैश्यशूद्रयोः ॥ ३२५ ॥

29

वैश्यस्तु कृतसंस्कारः कृत्वा दारपरिग्रहम् ।
वार्त्तायां नित्ययुक्तः स्यात्पशूनां चैव रक्षणे ॥ ३२६ ॥
प्रजापतिर्हि वैश्याय सृष्ट्वा परिददे पशून् ।
ब्राह्मणाय च राज्ञे च सर्वाः परिददे प्रजाः ॥ ३२७ ॥
न च वैश्यस्य कामः स्यान्न रक्षेयं पशूनिति ।
वैश्ये चेच्छति नान्येन रक्षितव्याः कथंचन ॥ ३२८ ॥
मणिमुक्ताप्रवालानां लोहानां तान्तवस्य च ।
गन्धानां च रसानां च विद्यादर्घबलाबलम् ॥ ३२९ ॥
बीजानामुप्तिविच्च स्यात्क्षेत्रदोषगुणस्य च ।
मानयोगांश्च जानीयात्तुलायोगांश्च सर्वशः ॥ ३३० ॥
सारासारं च भाण्डानां देशानां च गुणागुणम् ।
लाभालाभं च पण्यानां पशूनां च विवर्धनम् ॥ ३३१ ॥
भृत्यानां च भृतिं विद्याद्भाषाश्च विविधा नृणाम् ।
द्रव्याणां स्थानयोगांश्च क्रयविक्रयमेव च ॥ ३३२ ॥
धर्मेण च द्रव्यवृद्धावातिष्ठेद्यत्नमुत्तमम् ।
दद्याच्च सर्वभूतानामन्नमेव प्रयत्नतः ॥ ३३३ ॥
विप्राणां वेदविदुषां गृहस्थानां यशस्विनाम् ।
शुश्रूषैव तु शूद्रस्य धर्मो नैःश्रेयसः परः ॥ ३३४ ॥

शुचिरुत्कृष्टशुश्रूषुर्मृदुवागनहंकृतः ।
ब्राह्मणाद्याश्रयो नित्यमुत्कृष्टां जातिमश्नुते ॥ ३३५ ॥
एषो ऽनापदि वर्णानामुक्तः कर्मविधिः शुभः ।
आपद्यपि हि यस्तेषां क्रमशस्तं निबोधत ॥ ३३६ ॥

॥ इति मानवे धर्मशास्त्रे भृगुप्रोक्ते नवमो ऽध्यायः ॥

अधीयीरंस्त्रयो वर्णाः स्वकर्मस्था द्विजातयः ।
प्रब्रूयाद्ब्राह्मणस्त्वेषां नेतराविति निश्चयः ॥ १ ॥
सर्वेषां ब्राह्मणो विद्याद्वृत्त्युपायान्यथाविधि ।
प्रब्रूयादितरेभ्यश्च स्वयं चैव तथा भवेत् ॥ २ ॥
वैशेष्यात्प्रकृतिश्रैष्ठ्यान्नियमस्य च धारणात् ।
संस्कारस्य विशेषाच्च वर्णानां ब्राह्मणः प्रभुः ॥ ३ ॥
ब्राह्मणः क्षत्रियो वैश्यस्त्रयो वर्णा द्विजातयः ।
चतुर्थ एकजातिस्तु शूद्रो नास्ति तु पञ्चमः ॥ ४ ॥
सर्ववर्णेषु तुल्यासु पत्नीष्वक्षतयोनिषु ।
आनुलोम्येन संभूता जात्या ज्ञेयास्त एव ते ॥ ५ ॥
स्त्रीष्वनन्तरजातासु द्विजैरुत्पादितान्सुतान् ।
सदृशानेव तानाहुर्मातृदोषविगर्हितान् ॥ ६ ॥
अनन्तरासु जातानां विधिरेष सनातनः ।
द्व्येकान्तरासु जातानां धर्म्यं विद्यादिमं विधिम् ॥ ७ ॥

ब्राह्मणाद्वैश्यकन्यायामम्बष्ठो नाम जायते ।
निषादः शूद्रकन्यायां यः पारशव उच्यते ॥ ८ ॥
क्षत्रियाच्छूद्रकन्यायां क्रूराचारविहारवान् ।
क्षत्रशूद्रवपुर्जन्तुरुग्रो नाम प्रजायते ॥ ९ ॥
विप्रस्य त्रिषु वर्णेषु नृपतेर्वर्णयोर्द्वयोः ।
वैश्यस्य वर्णे चैकस्मिन्षडेते ऽपसदाः स्मृताः ॥ १० ॥
क्षत्रियाद्विप्रकन्यायां सूतो भवति जातितः ।
वैश्यान्मागधवैदेहौ राजविप्राङ्गनासुतौ ॥ ११ ॥
शूद्रादायोगवः क्षत्ता चण्डालश्चाधमो नृणाम् ।
वैश्यराजन्यविप्रासु जायन्ते वर्णसंकरे ॥ १२ ॥
एकान्तरे त्वानुलोम्यादम्बष्ठोग्रौ यथा स्मृतौ ।
क्षत्तृवैदेहकौ तद्वत्प्रातिलोम्ये तु जन्मनि ॥ १३ ॥
पुत्रा ये ऽनन्तरस्त्रीजाः क्रमेणोक्ता द्विजन्मनाम् ।
ताननन्तरनाम्नस्तु मातृदोषात्प्रचक्षते ॥ १४ ॥
ब्राह्मणादुग्रकन्यायामावृतो नाम जायते ।
आभीरो ऽम्बष्ठकन्यायामायोगव्यां तु धिग्वणः ॥ १५ ॥
आयोगवश्च क्षत्ता च चण्डालश्चाधमो नृणाम् ।
प्रातिलोम्येन जायन्ते शूद्रादपसदास्त्रयः ॥ १६ ॥
वैश्यान्मागधवैदेहौ क्षत्रियात्सूत एव तु ।
प्रतीपमेते जायन्ते परे ऽप्यपसदास्त्रयः ॥ १७ ॥

जातो निषादाच्छूद्रायां जात्या भवति पुल्कसः।
शूद्राज्जातो निषाद्यां तु स वै कुक्कुटकः स्मृतः॥ १८॥
क्षत्तुर्जातस्तथोग्र्यां तु श्वपाक इति कीर्त्यते।
वैदेहकेन त्वम्बष्ठ्यामुत्पन्नो वेण उच्यते॥ १९॥
द्विजातयः सवर्णासु जनयन्त्यव्रतांस्तु यान्।
तान्सावित्रीपरिभ्रष्टान्व्रात्यानित्यभिनिर्दिशेत्॥ २०॥
व्रात्यात्तु जायते विप्रात्पापात्मा भूर्ज्जकण्टकः।
आवन्त्यवाटधानौ च पुष्पशेखर एव च॥ २१॥
झल्लो मल्लश्च राजन्याद्व्रात्याल्लिच्छिविरेव च।
नटश्च करणश्चैव खसो द्रविड एव च॥ २२॥
वैश्यात्तु जायते व्रात्यात्सुधन्वा चार्य एव च।
कारुषश्च विजन्मा च मैत्रः सात्वत एव च॥ २३॥
व्यभिचारेण वर्णानामवेद्यावेदनेन च।
स्वकर्मणां च त्यागेन जायते वर्णसंकरः॥ २४॥
संकीर्णयोनयो ये तु प्रतिलोमानुलोमजाः।
अन्योन्यव्यतिषक्ताश्च तान्प्रवक्ष्याम्यशेषतः॥ २५॥
सूतो वैदेहकश्चैव चण्डालश्च नराधमः।
मागधः क्षत्तृजातिश्च तथायोगव एव च॥ २६॥
एते षट् सदृशान्वर्णाञ्जनयन्ति स्वयोनिषु।
मातृजातौ प्रसूयन्ते प्रवरासु च योनिषु॥ २७॥

यथा त्रयाणां वर्णानां द्वयोरात्मास्य जायते ।
आनन्तर्यात्स्वयोन्यां च तथा बाह्येष्वपि क्रमः ॥ २८ ॥
ते चापि बाह्यान्सुबहूंस्ततो ऽप्यधिकदूषितान् ।
परस्परस्य दारेषु जनयन्ति विगर्हितान् ॥ २९ ॥
यथैव शूद्रो ब्राह्मण्यां बाह्यं जन्तुं प्रसूयते ।
तथा बाह्यतरं बाह्यश्चातुर्वर्ण्ये प्रसूयते ॥ ३० ॥
प्रतिकूलं वर्तमाना बाह्या बाह्यतरान्पुनः ।
हीना हीनान्प्रसूयन्ते वर्णान्पञ्चदशैव तु ॥ ३१ ॥
प्रसाधनोपचारज्ञमदासं दास्यजीवनम् ।
सैरन्ध्रं वागुरावृत्तिं सूते दस्युरयोगवे ॥ ३२ ॥
मैत्रेयकं तु वैदेहो माधूकं संप्रसूयते ।
नॄन्प्रशंसत्यजस्रं यो घण्टाताडो ऽरुणोदये ॥ ३३ ॥
निषादो मार्गवं सूते दाशं नौकर्मजीविनम् ।
कैवर्तमिति यं प्राहुरार्यावर्तनिवासिनः ॥ ३४ ॥
मृतवस्त्रभृत्स्वनार्यासु गर्हितान्नाशनासु च ।
भवन्त्यायोगवीष्वेते जातिहीनाः पृथक्त्रयः ॥ ३५ ॥
कारावरो निषादात्तु चर्मकारः प्रसूयते ।
वैदेहकादन्ध्रमेदौ बहिर्ग्रामप्रतिश्रयौ ॥ ३६ ॥
चण्डालात्पाण्डुसोपाकस्त्वक्सारव्यवहारवान् ।
आहिण्डिको निषादेन वैदेह्यामेव जायते ॥ ३७ ॥

चाण्डालेन तु सोपाको मूलव्यसनवृत्तिमान्।
पुल्कस्यां जायते पापः सदा सज्जनगर्हितः ॥ ३८ ॥
निषादस्त्री तु चण्डालात्पुत्रमन्त्यावसायिनम्।
श्मशानगोचरं सूते बाह्यानामपि गर्हितम् ॥ ३९ ॥
संकरे जातयस्त्वेताः पितृमातृप्रदर्शिताः।
प्रच्छन्ना वा प्रकाशा वा वेदितव्याः स्वकर्मभिः ॥ ४० ॥
स्वजातिजानन्तरजाः षट् सुता द्विजधर्मिणः।
शूद्राणां तु सधर्माणः सर्वे ऽपध्वंसजाः स्मृताः ॥ ४१ ॥
तपोबीजप्रभावैस्तु ते गच्छन्ति युगे युगे।
उत्कर्षं चापकर्षं च मनुष्येष्विह जन्मतः ॥ ४२ ॥
शनकैस्तु क्रियालोपादिमाः क्षत्रियजातयः।
वृषलत्वं गता लोके ब्राह्मणातिक्रमेण च ॥ ४३ ॥
पुण्ड्रकाश्चोडद्रविडाः काम्बोजा यवनाः शकाः।
पारदाः पह्लवाश्चीनाः किराता दरदास्तथा ॥ ४४ ॥
मुखबाहूरुपज्जानां या लोके जातयो बहिः।
म्लेच्छवाचश्चार्यवाचः सर्वे ते दस्यवः स्मृताः ॥ ४५ ॥
ये द्विजानामपसदा ये चापध्वंसजाः स्मृताः।
ते निन्दितैर्वर्तयेयुर्द्विजानामेव कर्मभिः ॥ ४६ ॥
सूतानामश्वसारथ्यमम्बष्ठानां चिकित्सितम्।
वैदेहकानां स्त्रीकार्यं मागधानां वणिक्पथः ॥ ४७ ॥

मत्स्यघातो निषादानां त्वष्टिस्त्वायोगवस्य च।
मेदान्ध्रचूचुमद्गूनामारण्यपशुहिंसनम् ॥ ४८ ॥
क्षत्त्रुग्रपुल्कसानां तु बिलौकोवधबन्धनम्।
धिग्वणानां चर्मकार्यं वेणानां भाण्डवादनम् ॥ ४९ ॥
चैत्यद्रुमश्मशानेषु शैलेषूपवनेषु च।
वसेयुरेते विज्ञाता वर्तयन्तः स्वकर्मभिः ॥ ५० ॥
चण्डालश्वपचानां तु बहिर्ग्रामात्प्रतिश्रयः।
अवपाचाश्च कर्तव्या धनमेषां श्वगर्दभम् ॥ ५१ ॥
वासांसि मृतचैलानि भिन्नभाण्डे च भोजनम्।
कार्ष्णायसमलंकारः परिव्रज्या च नित्यशः ॥ ५२ ॥
न तैः समयमन्विच्छेत्पुरुषो धर्ममाचरन्।
व्यवहारो मिथस्तेषां विवाहः सदृशैः सह ॥ ५३ ॥
अन्नमेषां पराधीनं देयं स्याद्भिन्नभाजने।
रात्रौ न विचरेयुस्ते ग्रामेषु नगरेषु च ॥ ५४ ॥
दिवा चरेयुः कार्यार्थं चिह्निता राजशासनैः।
अबान्धवं शवं चैव निर्हरेयुरिति स्थितिः ॥ ५५ ॥
वध्यांश्च हन्युः सततं यथाशास्त्रं नृपाज्ञया।
वध्यवासांसि गृह्णीयुः शय्याश्चाभरणानि च ॥ ५६ ॥
वर्णापेतमविज्ञातं नरं कलुषयोनिजम्।
आर्यरूपमिवानार्यं कर्मभिः स्वैर्विभावयेत् ॥ ५७ ॥

अनार्यता निष्ठुरता क्रूरता निष्क्रियात्मता ।
पुरुषं व्यञ्जयन्तीह लोके कलुषयोनिजम् ॥ ५८ ॥
पित्र्यं वा भजते शीलं मातुर्वोभयमेव वा ।
न कथंचन दुर्योनिः प्रकृतिं स्वां नियच्छति ॥ ५९ ॥
कुले मुख्ये ऽपि जातस्य यस्य स्याद्योनिसंकरः ।
संश्रयत्येव तच्छीलं नरो ऽल्पमपि वा बहु ॥ ६० ॥
यत्र त्वेते परिध्वंसा जायन्ते वर्णदूषकाः ।
राष्ट्रियैः सह तद्राष्ट्रं क्षिप्रमेव विनश्यति ॥ ६१ ॥
ब्राह्मणार्थे गवार्थे वा देहत्यागो ऽनुपस्कृतः ।
स्त्रीबालाभ्युपपत्तौ च बाह्यानां सिद्धिकारणम् ॥ ६२ ॥
अहिंसा सत्यमस्तेयं शौचमिन्द्रियनिग्रहः ।
एतं सामासिकं धर्मं चातुर्वर्ण्ये ऽब्रवीन्मनुः ॥ ६३ ॥
शूद्रायां ब्राह्मणाज्जातः श्रेयसा चेत्प्रजायते ।
अश्रेयाञ्छ्रेयसीं जातिं गच्छत्या सप्तमाद्युगात् ॥ ६४ ॥
शूद्रो ब्राह्मणतामेति ब्राह्मणश्चैति शूद्रताम् ।
क्षत्रियाज्जातमेवं तु विद्याद्वैश्यात्तथैव च ॥ ६५ ॥
अनार्यायां समुत्पन्नो ब्राह्मणात्तु यदृच्छया ।
ब्राह्मण्यामप्यनार्यात्तु श्रेयस्त्वं क्वेति चेद्भवेत् ॥ ६६ ॥
जातो नार्यामनार्यायामार्यादार्यो भवेद्गुणैः ।
जातो ऽप्यनार्यादार्यायामनार्य इति निश्चयः ॥ ६७ ॥

तावुभावप्यसंस्कार्याविति धर्मो व्यवस्थितः ।
वैगुण्याज्जन्मनः पूर्व उत्तरः प्रतिलोमतः ॥ ६८ ॥
सुबीजं चैव सुक्षेत्रे जातं संपद्यते यथा ।
तथार्याज्जात आर्यायां सर्वं संस्कारमर्हति ॥ ६९ ॥
बीजमेके प्रशंसन्ति क्षेत्रमन्ये मनीषिणः ।
बीजक्षेत्रे तथैवान्ये तत्रेयं तु व्यवस्थितिः ॥ ७० ॥
अक्षेत्रे बीजमुत्सृष्टमन्तरैव विनश्यति ।
अबीजकमपि क्षेत्रं केवलं स्थण्डिलं भवेत् ॥ ७१ ॥
यस्माद्बीजप्रभावेण तिर्यग्जा ऋषयो ऽभवन् ।
पूजिताश्च प्रशस्ताश्च तस्माद्बीजं प्रशस्यते ॥ ७२ ॥
अनार्यमार्यकर्माणमार्यं चानार्यकर्मिणम् ।
संप्रधार्याब्रवीद्धाता न समौ नासमाविति ॥ ७३ ॥
ब्राह्मणा ब्रह्मयोनिस्था ये स्वकर्मव्यवस्थिताः ।
ते सम्यगुपजीवेयुः षट्कर्माणि यथाक्रमम् ॥ ७४ ॥
अध्यापनमध्ययनं यजनं याजनं तथा ।
दानं प्रतिग्रहश्चैव षट्कर्माण्यग्रजन्मनः ॥ ७५ ॥
षण्णां तु कर्मणामस्य त्रीणि कर्माणि जीविका ।
याजनाध्यापने चैव विशुद्धाच्च प्रतिग्रहः ॥ ७६ ॥
त्रयो धर्मा निवर्तन्ते ब्राह्मणात्क्षत्रियं प्रति ।
अध्यापनं याजनं च तृतीयश्च प्रतिग्रहः ॥ ७७ ॥

वैश्यं प्रति तथैवैते निवर्तेरन्निति स्थितिः।
न तौ प्रति हि तान्धर्मान्मनुराह प्रजापतिः॥ ७८॥
शस्त्रास्त्रभृत्त्वं क्षत्रस्य वणिक्पशुकृषी विशः।
आजीवनार्थं धर्मस्तु दानमध्ययनं यजिः॥ ७९॥
वेदाभ्यासो ब्राह्मणस्य क्षत्रियस्य च रक्षणम्।
वार्त्ताकर्मैव वैश्यस्य विशिष्टानि स्वकर्मसु॥ ८०॥
अजीवंस्तु यथोक्तेन ब्राह्मणः स्वेन कर्मणा।
जीवेत्क्षत्रियधर्मेण स ह्यस्य प्रत्यनन्तरः॥ ८१॥
उभाभ्यामप्यजीवंस्तु कथं स्यादिति चेद्भवेत्।
कृषिगोरक्षमास्थाय जीवेद्वैश्यस्य जीविकाम्॥ ८२॥
वैश्यवृत्त्यापि जीवंस्तु ब्राह्मणः क्षत्रियोऽपि वा।
हिंसाप्रायां पराधीनां कृषिं यत्नेन वर्जयेत्॥ ८३॥
कृषिं साध्विति मन्यन्ते सा वृत्तिः सद्भिगर्हिता।
भूमिं भूमिशयांश्चैव हन्ति काष्ठमयोमुखम्॥ ८४॥
इदं तु वृत्तिवैकल्यात्त्यजतो धर्मनैपुणम्।
विट्पण्यमुद्धृतोद्धारं विक्रेयं वित्तवर्धनम्॥ ८५॥
सर्वान्रसानपोहेत कृतान्नं च तिलैः सह।
अश्मनो लवणं चैव पशवो ये च मानुषाः॥ ८६॥
सर्वं च तान्तवं रक्तं शाणक्षौमाविकानि च।
अपि चेत्स्युररक्तानि फलमूले तथौषधीः॥ ८७॥

अपः शस्त्रं विषं मांसं सोमं गन्धांश्च सर्वशः ।
क्षीरं क्षौद्रं दधि घृतं तैलं मधु गुडं कुशान् ॥ ८८ ॥
आरण्यांश्च पशून्सर्वान्दंष्ट्रिणश्च वयांसि च ।
मद्यं नीलीं च लाक्षां च सर्वांश्चैकशफांस्तथा ॥ ८९ ॥
काममुत्पाद्य कृष्या तु स्वयमेव कृषीवलः ।
विक्रीणीत तिलाञ्छुद्धान्धर्मार्थमचिरस्थितान् ॥ ९० ॥
भोजनाभ्यञ्जनाद्दानाद्यदन्यत्कुरुते तिलैः ।
कृमिभूतः श्वविष्ठायां पितृभिः सह मज्जति ॥ ९१ ॥
सद्यः पतति मांसेन लाक्षया लवणेन च ।
त्र्यहेण शूद्रो भवति ब्राह्मणः क्षीरविक्रयात् ॥ ९२ ॥
इतरेषां तु पण्यानां विक्रयादिह कामतः ।
ब्राह्मणः सप्तरात्रेण वैश्यभावं निगच्छति ॥ ९३ ॥
रसा रसैर्निमातव्या न त्वेव लवणं रसैः ।
कृतान्नं चाकृतान्नेन तिला धान्येन तत्समाः ॥ ९४ ॥
जीवेदेतेन राजन्यः सर्वेणाप्यनयं गतः ।
न त्वेव ज्यायसीं वृत्तिमभिमन्येत कर्हिचित् ॥ ९५ ॥
यो लोभादधमो जात्या जीवेदुत्कृष्टकर्मभिः ।
तं राजा निर्धनं कृत्वा क्षिप्रमेव प्रवासयेत् ॥ ९६ ॥
वरं स्वधर्मो विगुणः परधर्मात्स्वधिष्ठितात् ।
परधर्मेण जीवन्हि सद्यः पतति जातितः ॥ ९७ ॥

वैश्यो ऽजीवन्स्वधर्मेण शूद्रवृत्त्यापि वर्तयेत् ।
अनाचरन्नकार्याणि निवर्तेत च शक्तिमान् ॥ ९८ ॥
अशक्नुवंस्तु शुश्रूषां शूद्रः कर्तुं द्विजन्मनाम् ।
पुत्रदारात्ययं प्राप्तो जीवेत्कारुककर्मभिः ॥ ९९ ॥
यैः कर्मभिः प्रचरितैः शुश्रूष्यन्ते द्विजातयः ।
तानि कारुककर्माणि शिल्पानि विविधानि च ॥ १०० ॥
वैश्यवृत्तिमनातिष्ठन्ब्राह्मणः स्वे पथि स्थितः ।
अवृत्तिकर्षितः सीदन्निमं धर्मं समाचरेत् ॥ १०१ ॥
सर्वतः प्रतिगृह्णीयाद्ब्राह्मणस्त्वनयं गतः ।
पवित्रं दुष्यतीत्येतद्धर्मतो नोपपद्यते ॥ १०२ ॥
नाध्यापनाद्याजनाद्वा गर्हिताद्वा प्रतिग्रहात् ।
दोषो भवति विप्राणां ज्वलनाम्बुसमा हि ते ॥ १०३ ॥
जीवितात्ययमापन्नो यो ऽन्नमत्ति यतस्ततः ।
आकाशमिव पङ्केन न स पापेन लिप्यते ॥ १०४ ॥
अजीगर्तः सुतं हन्तुमुपासर्पद्बुभुक्षितः ।
न चालिप्यत दोषेण क्षुत्प्रतीकारमाचरन् ॥ १०५ ॥
श्वमांसमिच्छन्नार्तो ऽत्तुं धर्माधर्मविचक्षणः ।
प्राणानां परिरक्षार्थं वामदेवो न लिप्तवान् ॥ १०६ ॥
भरद्वाजः क्षुधार्तस्तु सपुत्रो विजने वने ।
बह्वीर्गाः प्रतिजग्राह बृबोस्तक्ष्णो महातपाः ॥ १०७ ॥

क्षुधार्तश्चात्तुमभ्यागाद्विश्वामित्रः श्वजाघनीम् ।
चण्डालहस्तादादाय धर्माधर्मविचक्षणः ॥ १०८ ॥
प्रतिग्रहाद्याजनाद्वा तथैवाध्यापनादपि ।
प्रतिग्रहः प्रत्यवरः प्रेत्य विप्रस्य गर्हितः ॥ १०९ ॥
याजनाध्यापने नित्यं क्रियेते संस्कृतात्मनाम् ।
प्रतिग्रहस्तु क्रियते शूद्रस्याप्यन्त्यजन्मनः ॥ ११० ॥
जपहोमैरपैत्येनो याजनाध्यापनैः कृतम् ।
प्रतिग्रहनिमित्तं तु त्यागेन तपसैव च ॥ १११ ॥
शिलोञ्छमप्याददीत विप्रो ऽजीवन्यतस्ततः ।
प्रतिग्रहाच्छिलः श्रेयांस्ततो ऽप्युञ्छः प्रशस्यते ॥ ११२ ॥
सीदद्भिः कुप्यमिच्छद्भिर्धनं वा पृथिवीपतिः ।
याच्यः स्यात्स्नातकैर्विप्रैरदित्संस्त्यागमर्हति ॥ ११३ ॥
अकृतं च कृतात्क्षेत्राद्गौरजाविकमेव च ।
हिरण्यं धान्यमन्नं च पूर्वं पूर्वमदोषवत् ॥ ११४ ॥
सप्त वित्तागमा धर्म्या दायो लाभः क्रयो जयः ।
प्रयोगः कर्मयोगश्च सत्प्रतिग्रह एव च ॥ ११५ ॥
विद्या शिल्पं भृतिः सेवा गोरक्ष्यं विपणिः कृषिः ।
धृतिर्भैक्ष्यं कुसीदं च दश जीवनहेतवः ॥ ११६ ॥
ब्राह्मणः क्षत्रियो वापि वृद्धिं नैव प्रयोजयेत् ।
कामं तु खलु धर्मार्थं दद्यात्पापीयसे ऽल्पिकाम् ॥ ११७ ॥

चतुर्थमाददानो ऽपि क्षत्त्रियो भागमापदि ।
प्रजा रक्षन्परं शक्त्या किल्बिषात्प्रतिमुच्यते ॥ ११८ ॥
स्वधर्मो विजयस्तस्य न भये स्यात्पराङ्मुखः ।
शस्त्रेण वैश्यान्रक्षित्वा धर्म्यमाहारयेद्बलिम् ॥ ११९ ॥
धान्ये ऽष्टमं विंशं शुल्कं विंशं कार्षापणावरम् ।
कर्मोपकरणाः शूद्राः कारवः शिल्पिनस्तथा ॥ १२० ॥
शूद्रस्तु वृत्तिमाकाङ्क्षन्क्षत्त्रमाराधयेदिति ।
धनिनं वाप्युपाराध्य वैश्यं शूद्रो जिजीविषुः ॥ १२१ ॥
स्वर्गार्थमुभयार्थं वा विप्रानाराधयेत्तु सः ।
जातब्राह्मणशब्दस्य सा ह्यस्य कृतकृत्यता ॥ १२२ ॥
विप्रसेवैव शूद्रस्य विशिष्टं कर्म कीर्त्यते ।
यदतो ऽन्यद्धि कुरुते तद्भवत्यस्य निष्फलम् ॥ १२३ ॥
प्रकल्प्या तस्य तैर्वृत्तिः स्वकुटुम्बाद्यथार्हतः ।
शक्तिं चावेक्ष्य दाक्ष्यं च भृत्यानां च परिग्रहम् ॥ १२४ ॥
उच्छिष्टमन्नं दातव्यं जीर्णानि वसनानि च ।
पुलाकाश्चैव धान्यानां जीर्णाश्चैव परिच्छदाः ॥ १२५ ॥
न शूद्रे पातकं किंचिन्न च संस्कारमर्हति ।
नास्याधिकारो धर्मे ऽस्ति न धर्मात्प्रतिषेधनम् ॥ १२६ ॥
धर्मेप्सवस्तु धर्मज्ञाः सतां वृत्तमनुष्ठिताः ।
मन्त्रवर्ज्यं न दुष्यन्ति प्रशंसां प्राप्नुवन्ति च ॥ १२७ ॥

यथा यथा हि सद्वृत्तमातिष्ठत्यनसूयकः ।
तथा तथेमं चामुं च लोकं प्राप्नोत्यनिन्दितः ॥ १२८ ॥

शक्तेनापि हि शूद्रेण न कार्यो धनसंचयः ।
शूद्रो हि धनमासाद्य ब्राह्मणानेव बाधते ॥ १२९ ॥

एते चतुर्णां वर्णानामापद्धर्माः प्रकीर्तिताः ।
यान्सम्यगनुतिष्ठन्तो व्रजन्ति परमां गतिम् ॥ १३० ॥

एष धर्मविधिः कृत्स्नश्चातुर्वर्ण्यस्य कीर्तितः ।
अतः परं प्रवक्ष्यामि प्रायश्चित्तविधिं शुभम् ॥ १३१ ॥

॥ इति मानवे धर्मशास्त्रे भृगुप्रोक्ते दशमो ऽध्यायः ॥

सांतानिकं यक्ष्यमाणमध्वगं सर्ववेदसम् ।
गुर्वर्थं पितृमात्रर्थं स्वाध्यायार्थ्युपतापिनः ॥ १ ॥
नवैतान्स्नातकान्विद्याद्ब्राह्मणान्धर्मभिक्षुकान् ।
निःस्वेभ्यो देयमेतेभ्यो दानं विद्याविशेषतः ॥ २ ॥
एतेभ्यो हि द्विजाग्र्येभ्यो देयमन्नं सदक्षिणम् ।
इतरेभ्यो बहिर्वेदि कृतान्नं देयमुच्यते ॥ ३ ॥
सर्वरत्नानि राजा तु यथार्हं प्रतिपादयेत् ।
ब्राह्मणान्वेदविदुषो यज्ञार्थं चैव दक्षिणाम् ॥ ४ ॥
कृतदारो ऽपरान्दारान्भिक्षित्वा यो ऽधिगच्छति ।
रतिमात्रं फलं तस्य द्रव्यदातुस्तु संततिः ॥ ५ ॥
[धनानि तु यथाशक्ति विप्रेषु प्रतिपादयेत् ।
वेदवित्सु विविक्तेषु प्रेत्य स्वर्गं समश्नुते ॥ ६ ॥]
यस्य त्रैवार्षिकं भक्तं पर्याप्तं भृत्यवृत्तये ।
अधिकं वापि विद्येत स सोमं पातुमर्हति ॥ ७ ॥

अतः स्वल्पीयसि द्रव्ये यः सोमं पिबति द्विजः ।
स पीतसोमपूर्वो ऽपि न तस्याप्नोति तत्फलम् ॥ ८ ॥
शक्तः परजने दाता स्वजने दुःखजीविनि ।
मध्वापातो विषास्वादः स धर्मप्रतिरूपकः ॥ ९ ॥
भृत्यानामुपरोधेन यः करोत्यौर्ध्वदेहिकम् ।
तद्भवत्यसुखोदर्कं जीवतो ऽस्य मृतस्य च ॥ १० ॥
यज्ञश्चेत्प्रतिरुद्धः स्यादेकेनाङ्गेन यज्वनः ।
ब्राह्मणस्य विशेषेण धार्मिके सति राजनि ॥ ११ ॥
यो वैश्यः स्याद्बहुपशुर्हीनक्रतुरसोमपः ।
कुटुम्बात्तस्य तद्द्रव्यमाहरेद्यज्ञसिद्धये ॥ १२ ॥
आहरेत्त्रीणि वा द्वे वा कामं शूद्रस्य वेश्मनः ।
न हि शूद्रस्य यज्ञेषु कश्चिदस्ति परिग्रहः ॥ १३ ॥
यो ऽनाहिताग्निः शतगुरयज्वा च सहस्रगुः ।
तयोरपि कुटुम्बाभ्यामाहरेदविचारयन् ॥ १४ ॥
आदाननित्याच्चादातुराहरेदप्रयच्छतः ।
तथा यशो ऽस्य प्रथते धर्मश्चैव विवर्धते ॥ १५ ॥
तथैव सप्तमे भक्ते भक्तानि षडनश्नता ।
अश्वस्तनविधानेन हर्तव्यं हीनकर्मणः ॥ १६ ॥
खलात्क्षेत्रादगाराद्वा यतो वाप्युपलभ्यते ।
आख्यातव्यं तु तत्तस्मै पृच्छते यदि पृच्छति ॥ १७ ॥

ब्राह्मणस्वं न हर्तव्यं क्षत्रियेण कदाचन ।
दस्युनिष्क्रिययोस्तु स्वमजीवन्हर्तुमर्हति ॥ १८ ॥
यो ऽसाधुभ्यो ऽर्थमादाय साधुभ्यः संप्रयच्छति ।
स कृत्वा प्लवमात्मानं संतारयति तावुभौ ॥ १९ ॥
यद्धनं यज्ञशीलानां देवस्वं तद्विदुर्बुधाः ।
अयज्वनां तु यद्वित्तमासुरस्वं तदुच्यते ॥ २० ॥
न तस्मिन्धारयेद्दण्डं धार्मिकः पृथिवीपतिः ।
क्षत्रियस्य हि बालिश्याद्ब्राह्मणः सीदति क्षुधा ॥ २१ ॥
तस्य भृत्यजनं ज्ञात्वा स्वकुटुम्बान्महीपतिः ।
श्रुतशीले च विज्ञाय वृत्तिं धर्म्यां प्रकल्पयेत् ॥ २२ ॥
कल्पयित्वास्य वृत्तिं च रक्षेदेनं समन्ततः ।
राजा हि धर्मषड्भागं तस्मात्प्राप्नोति रक्षितात् ॥ २३ ॥
न यज्ञार्थं धनं शूद्राद्विप्रो भिक्षेत कर्हिचित् ।
यजमानो हि भिक्षित्वा चण्डालः प्रेत्य जायते ॥ २४ ॥
यज्ञार्थमर्थं भिक्षित्वा यो न सर्वं प्रयच्छति ।
स याति भासतां विप्रः काकतां वा शतं समाः ॥ २५ ॥
देवस्वं ब्राह्मणस्वं च लोभेनोपहिनस्ति यः ।
स पापात्मा परे लोके गृध्रोच्छिष्टेन जीवति ॥ २६ ॥
इष्टिं वैश्वानरीं नित्यं निर्वपेदब्दपर्यये ।
कॢप्तानां पशुसोमानां निष्कृत्यर्थमसंभवे ॥ २७ ॥

आपत्कल्पेन यो धर्मं कुरुते ऽनापदि द्विजः ।
स नाप्नोति फलं तस्य परत्रेति विचारितम् ॥ २८ ॥
विश्वैश्च देवैः साध्यैश्च ब्राह्मणैश्च महर्षिभिः ।
आपत्सु मरणाद्भीतैर्विधेः प्रतिनिधिः कृतः ॥ २९ ॥
प्रभुः प्रथमकल्पस्य यो ऽनुकल्पेन वर्तते ।
न सांपरायिकं तस्य दुर्मतेर्विद्यते फलम् ॥ ३० ॥
न ब्राह्मणो वेदयेत किंचिद्राजनि धर्मवित् ।
स्ववीर्येणैव ताञ्छिष्यान्मानवानपकारिणः ॥ ३१ ॥
स्ववीर्याद्राजवीर्याच्च स्ववीर्यं बलवत्तरम् ।
तस्मात्स्वेनैव वीर्येण निगृह्णीयादरीन्द्विजः ॥ ३२ ॥
श्रुतीरथर्वाङ्गिरसीः कुर्यादित्यविचारयन् ।
वाक्शस्त्रं वै ब्राह्मणस्य तेन हन्यादरीन्द्विजः ॥ ३३ ॥
क्षत्रियो बाहुवीर्येण तरेदापदमात्मनः ।
धनेन वैश्यशूद्रौ तु जपहोमैर्द्विजोत्तमः ॥ ३४ ॥
विधाता शासिता वक्ता मैत्रो ब्राह्मण उच्यते ।
तस्मै नाकुशलं ब्रूयान्न शुष्कां गिरमीरयेत् ॥ ३५ ॥
न वै कन्या न युवतिर्नाल्पविद्यो न बालिशः ।
होता स्यादग्निहोत्रस्य नार्तो नासंस्कृतस्तथा ॥ ३६ ॥
नरके हि पतन्त्येते जुह्वतः स च यस्य तत् ।
तस्माद्वैतानकुशलो होता स्याद्वेदपारगः ॥ ३७ ॥

प्राजापत्यमदत्त्वाश्वमग्न्याधेयस्य दक्षिणाम् ।
अनाहिताग्निर्भवति ब्राह्मणो विभवे सति ॥ ३८ ॥
पुण्यान्यन्यानि कुर्वीत श्रद्दधानो जितेन्द्रियः ।
न त्वल्पदक्षिणैर्यज्ञैर्यजेतेह कथंचन ॥ ३९ ॥
इन्द्रियाणि यशः स्वर्गमायुः कीर्तिं प्रजाः पशून् ।
हन्त्यल्पदक्षिणो यज्ञस्तस्मान्नाल्पधनो यजेत् ॥ ४० ॥
अग्निहोत्र्यपविध्याग्नीन्ब्राह्मणः कामकारतः ।
चान्द्रायणं चरेन्मासं वीरहत्यासमं हि तत् ॥ ४१ ॥
ये शूद्रादधिगम्यार्थमग्निहोत्रमुपासते ।
ऋत्विजस्ते हि शूद्राणां ब्रह्मवादिषु गर्हिताः ॥ ४२ ॥
तेषां सततमज्ञानां वृषलाग्न्युपसेविनाम् ।
पदा मस्तकमाक्रम्य दाता दुर्गाणि संतरेत् ॥ ४३ ॥
अकुर्वन्विहितं कर्म निन्दितं च समाचरन् ।
प्रसक्तश्चेन्द्रियार्थेषु प्रायश्चित्तीयते नरः ॥ ४४ ॥
अकामतः कृते पापे प्रायश्चित्तं विदुर्बुधाः ।
कामकारकृते ऽप्याहुरेके श्रुतिनिदर्शनात् ॥ ४५ ॥
अकामतः कृतं पापं वेदाभ्यासेन शुध्यति ।
कामतस्तु कृतं मोहात्प्रायश्चित्तैः पृथग्विधैः ॥ ४६ ॥
प्रायश्चित्तीयतां प्राप्य दैवात्पूर्वकृतेन वा ।
न संसर्गं व्रजेत्सद्भिः प्रायश्चित्ते ऽकृते द्विजः ॥ ४७ ॥

इह दुश्चरितैः केचित्केचित्पूर्वकृतैस्तथा ।
प्राप्नुवन्ति दुरात्मानो नरा रूपविपर्ययम् ॥ ४८ ॥
सुवर्णचौरः कौनख्यं सुरापः श्यावदन्तताम् ।
ब्रह्महा क्षयरोगित्वं दौश्चर्म्यं गुरुतल्पगः ॥ ४९ ॥
पिशुनः पूतिनासत्वं सूचकः पूतिवक्त्रताम् ।
धान्यचौरो ऽङ्गहीनत्वमातिरैक्यं तु मिश्रकः ॥ ५० ॥
अन्नहर्तामयावित्वं मौक्यं वागपहारकः ।
वस्त्रापहारकः श्वैत्र्यं पङ्गुतामश्वहारकः ॥ ५१ ॥
[दीपहर्ता भवेदन्धः काणो निर्वापको भवेत् ।
हिंसया व्याधिभूयस्त्वमरोगित्वमहिंसया ॥ ५२ ॥]
एवं कर्मावशेषेण जायन्ते सद्विगर्हिताः ।
जडमूकान्धबधिरा विकृताकृतयस्तथा ॥ ५३ ॥
चरितव्यमतो नित्यं प्रायश्चित्तं विशुद्धये ।
निन्द्यैर्हि लक्षणैर्युक्ता जायन्ते ऽनिष्कृतैनसः ॥ ५४ ॥
ब्रह्महत्या सुरापानं स्तेयं गुर्वङ्गनागमः ।
महान्ति पातकान्याहुः संयोगश्चैव तैः सह ॥ ५५ ॥
अनृतं च समुत्कर्षे राजगामि च पैशुनम् ।
गुरोश्चालीकनिर्बन्धः समानि ब्रह्महत्यया ॥ ५६ ॥
ब्रह्मोज्झता वेदनिन्दा कौटसाक्ष्यं सुहृद्वधः ।
गर्हितानाद्ययोर्जग्धिः सुरापानसमानि षट् ॥ ५७ ॥

निक्षेपस्यापहरणं नराश्वरजतस्य च ।
भूमिवज्रमणीनां च रुक्मस्तेयसमं स्मृतम् ॥ ५८ ॥
रेतःसेकः स्वयोनीषु कुमारीष्वन्त्यजासु च ।
सख्युः पुत्रस्य च स्त्रीषु गुरुतल्पसमं विदुः ॥ ५९ ॥
गोवधो ऽयाज्यसंयाज्यं पारदार्यात्मविक्रयौ ।
गुरुमातृपितृत्यागः स्वाध्यायाग्न्योः सुतस्य च ॥ ६० ॥
परिवित्तितानुजेन परिवेदनमेव च ।
तयोर्दानं च कन्यायास्तयोरेव च याजनम् ॥ ६१ ॥
कन्याया दूषणं चैव वार्धुष्यं व्रतलोपनम् ।
तडागारामदाराणामपत्यस्य च विक्रयः ॥ ६२ ॥
व्रात्यता बान्धवत्यागो भृताध्यापनमेव च ।
भृताच्चाध्ययनादानमपण्यानां च विक्रयः ॥ ६३ ॥
सर्वाकरेष्वधीकारो महायन्त्रप्रवर्तनम् ।
हिंसौषधीनां स्त्र्याजीवो ऽभिचारो मूलकर्म च ॥ ६४ ॥
इन्धनार्थमशुष्काणां द्रुमाणामवपातनम् ।
आत्मार्थं च क्रियारम्भो निन्दितान्नादनं तथा ॥ ६५ ॥
अनाहिताग्निता स्तेयमृणानां चानपक्रिया ।
असच्छास्त्राधिगमनं कौशीलव्यस्य च क्रिया ॥ ६६ ॥
धान्यकुप्यपशुस्तेयं मद्यपस्त्रीनिषेवणम् ।
स्त्रीशूद्रविट्क्षत्रवधो नास्तिक्यं चोपपातकम् ॥ ६७ ॥

ब्राह्मणस्य रुजः कृत्यं घ्रातिरघ्रेयमद्ययोः ।
जैह्म्यं च मैथुनं पुंसि जातिभ्रंशकरं स्मृतम् ॥ ६८ ॥
खराश्वोष्ट्रमृगेभानामजाविकवधस्तथा ।
संकरीकरणं ज्ञेयं मीनाहिमहिषस्य च ॥ ६९ ॥
निन्दितेभ्यो धनादानं वाणिज्यं शूद्रसेवनम् ।
अपात्रीकरणं ज्ञेयमसत्यस्य च भाषणम् ॥ ७० ॥
कृमिकीटवयोहत्या मद्यानुगतभोजनम् ।
फलैधःकुसुमस्तेयमधैर्यं च मलावहम् ॥ ७१ ॥
एतान्येनांसि सर्वाणि यथोक्तानि पृथक्पृथक् ।
यैर्यैर्व्रतैरपोह्यन्ते तानि सम्यङ्निबोधत ॥ ७२ ॥
ब्रह्महा द्वादशाब्दानि कुटीं कृत्वा वने वसेत् ।
भैक्षाश्यात्मविशुद्ध्यर्थं कृत्वा शवशिरोध्वजम् ॥ ७३ ॥
लक्ष्यं शस्त्रभृतां वा स्याद्विदुषामिच्छयात्मनः ।
प्रास्येदात्मानमग्नौ वा समिद्धे त्रिरवाक्शिराः ॥ ७४ ॥
यजेत वाश्वमेधेन स्वर्जिता गोसवेन वा ।
अभिजिद्विश्वजिद्भ्यां वा त्रिवृताग्निष्टुतापि वा ॥ ७५ ॥
जपन्वान्यतमं वेदं योजनानां शतं व्रजेत् ।
ब्रह्महत्यापनोदाय मितभुङ्नियतेन्द्रियः ॥ ७६ ॥
सर्वस्वं वा वेदविदे ब्राह्मणायोपपादयेत् ।
धनं वा जीवनायालं गृहं वा सपरिच्छदम् ॥ ७७ ॥

हविष्यभुग्वानुसरेत्प्रतिस्रोतः सरस्वतीम् ।
जपेद्वा नियताहारस्त्रिर्वै वेदस्य संहिताम् ॥ ७८ ॥
कृतवापनो निवसेद्ग्रामान्ते गोव्रजे ऽपि वा ।
आश्रमे वृक्षमूले वा गोब्राह्मणहिते रतः ॥ ७९ ॥
ब्राह्मणार्थे गवार्थे वा सद्यः प्राणान्परित्यजेत् ।
मुच्यते ब्रह्महत्याया गोप्ता गोब्राह्मणस्य च ॥ ८० ॥
त्र्यवरं प्रतिरोद्धा वा सर्वस्वमवजित्य वा ।
विप्रस्य तन्निमित्ते वा प्राणालाभे विमुच्यते ॥ ८१ ॥
एवं दृढव्रतो नित्यं ब्रह्मचारी समाहितः ।
समाप्ते द्वादशे वर्षे ब्रह्महत्यां व्यपोहति ॥ ८२ ॥
शिष्ट्वा वा भूमिदेवानां नरदेवसमागमे ।
स्वमेनो ऽवभृथस्नातो हयमेधे विमुच्यते ॥ ८३ ॥
धर्मस्य ब्राह्मणो मूलमग्रं राजन्य उच्यते ।
तस्मात्समागमे तेषामेनो विख्याप्य शुध्यति ॥ ८४ ॥
ब्राह्मणः संभवेनैव देवानामपि दैवतम् ।
प्रमाणं चैव लोकस्य ब्रह्मात्रैव हि कारणम् ॥ ८५ ॥
तेषां वेदविदो ब्रूयुस्त्रयो ऽप्येनःसु निष्कृतिम् ।
सा तेषां पावनाय स्यात्पवित्रं विदुषां हि वाक् ॥ ८६ ॥
अतो ऽन्यतममास्थाय विधिं विप्रः समाहितः ।
ब्रह्महत्याकृतं पापं व्यपोहत्यात्मवत्तया ॥ ८७ ॥

हत्वा गर्भमविज्ञातमेतदेव व्रतं चरेत्।
राजन्यवैश्यौ चेजानावात्रेयीमेव च स्त्रियम् ॥ ८८ ॥
उक्त्वा चैवानृतं साक्ष्ये प्रतिरुध्य गुरुं तथा।
अपहृत्य च निक्षेपं कृत्वा च स्त्रीसुहृद्वधम् ॥ ८९ ॥
इयं विशुद्धिरुदिता प्रमाप्याकामतो द्विजम्।
कामतो ब्राह्मणवधे निष्कृतिर्न विधीयते ॥ ९० ॥
सुरां पीत्वा द्विजो मोहादग्निवर्णां सुरां पिबेत्।
तया स काये निर्दग्धे मुच्यते किल्बिषात्ततः ॥ ९१ ॥
गोमूत्रमग्निवर्णं वा पिबेदुदकमेव वा।
पयो घृतं वा मरणाद्गोशकृद्रसमेव वा ॥ ९२ ॥
कणान्वा भक्षयेदब्दं पिण्याकं वा सकृन्निशि।
सुरापानापनुत्त्यर्थं बालवासा जटी ध्वजी ॥ ९३ ॥
सुरा वै मलमन्नानां पाप्मा च मलमुच्यते।
तस्माद्ब्राह्मणराजन्यौ वैश्यश्च न सुरां पिबेत् ॥ ९४ ॥
गौडी पैष्टी च माध्वी च विज्ञेया त्रिविधा सुरा।
यथैवैका तथा सर्वा न पातव्या द्विजोत्तमैः ॥ ९५ ॥
यक्षरक्षःपिशाचान्नं मद्यं मांसं सुरासवम्।
तद्ब्राह्मणेन नात्तव्यं देवानामश्नता हविः ॥ ९६ ॥
अमेध्ये वा पतेन्मत्तो वैदिकं वाप्युदाहरेत्।
अकार्यमन्यत्कुर्याद्वा ब्राह्मणो मदमोहितः ॥ ९७ ॥

यस्य कायगतं ब्रह्म मद्येनाप्लाव्यते सकृत् ।
तस्य व्यपैति ब्राह्मण्यं शूद्रत्वं च स गच्छति ॥ ९८ ॥
एषा विचित्राभिहिता सुरापानस्य निष्कृतिः ।
अत ऊर्ध्वं प्रवक्ष्यामि सुवर्णस्तेयनिष्कृतिम् ॥ ९९ ॥
सुवर्णस्तेयकृद्विप्रो राजानमभिगम्य तु ।
स्वकर्म ख्यापयन्ब्रूयान्मां भवाननुशास्त्विति ॥ १०० ॥
गृहीत्वा मुसलं राजा सकृद्धन्यात्तु तं स्वयम् ।
वधेन शुध्यति स्तेनो ब्राह्मणस्तपसैव वा ॥ १०१ ॥
तपसापनुनुत्सुस्तु सुवर्णस्तेयजं मलम् ।
चीरवासा द्विजो ऽरण्ये चरेद्ब्रह्महणो व्रतम् ॥ १०२ ॥
एतैर्व्रतैरपोहेत पापं स्तेयकृतं द्विजः ।
गुरुस्त्रीगमनीयं तु व्रतैरेभिरपानुदेत् ॥ १०३ ॥
गुरुतल्पो ऽभिभाष्यैनस्तप्ते स्वप्यादयोमये ।
सूर्मीं ज्वलन्तीं वाश्लिष्येन्मृत्युना स विशुध्यति ॥ १०४ ॥
स्वयं वा शिश्नवृषणावुत्कृत्याधाय चाञ्जलौ ।
नैर्ऋतीं दिशमातिष्ठेदा निपातादजिह्मगः ॥ १०५ ॥
खट्वाङ्गी चीरवासा वा श्मश्रुलो विजने वने ।
प्राजापत्यं चरेत्कृच्छ्रमब्दमेकं समाहितः ॥ १०६ ॥
चान्द्रायणं वा त्रीन्मासानभ्यसेन्नियतेन्द्रियः ।
हविष्येण यवाग्वा वा गुरुतल्पापनुत्तये ॥ १०७ ॥

एतैर्व्रतैरपोहेयुर्महापातकिनो मलम् ।
उपपातकिनस्त्वेवमेभिर्नानाविधैर्व्रतैः ॥ १०८ ॥
उपपातकसंयुक्तो गोघ्नो मासं यवान्पिबेत् ।
कृतवापो वसेद्गोष्ठे चर्मणा तेन संवृतः ॥ १०९ ॥
चतुर्थकालमश्नीयादक्षारलवणं मितम् ।
गोमूत्रेणाचरेत्स्नानं द्वौ मासौ नियतेन्द्रियः ॥ ११० ॥
दिवानुगच्छेद्गास्तास्तु तिष्ठन्नूर्ध्वं रजः पिबेत् ।
शुश्रूषित्वा नमस्कृत्य रात्रौ वीरासनं वसेत् ॥ १११ ॥
तिष्ठन्तीष्वनुतिष्ठेत्तु व्रजन्तीष्वप्यनुव्रजेत् ।
आसीनासु तथासीनो नियतो वीतमत्सरः ॥ ११२ ॥
आतुरामभिशस्तां वा चौरव्याघ्रादिभिर्भयैः ।
पतितां पङ्कलग्नां वा सर्वप्राणैर्विमोचयेत् ॥ ११३ ॥
उष्णे वर्षति शीते वा मारुते वाति वा भृशम् ।
न कुर्वीतात्मनस्त्राणं गोरकृत्वा तु शक्तितः ॥ ११४ ॥
आत्मनो यदि वान्येषां गृहे क्षेत्रे ऽथवा खले ।
भक्षयन्तीं न कथयेत्पिबन्तं चैव वत्सकम् ॥ ११५ ॥
अनेन विधिना यस्तु गोघ्नो गा अनुगच्छति ।
स गोहत्याकृतं पापं त्रिभिर्मासैर्व्यपोहति ॥ ११६ ॥
वृषभैकादशा गास्तु दद्यात्सुचरितव्रतः ।
अविद्यमाने सर्वस्वं वेदविद्भ्यो निवेदयेत् ॥ ११७ ॥

एतदेव व्रतं कुर्युरुपपातकिनो द्विजाः ।
अवकीर्णिवर्ज्जं शुद्ध्यर्थं चान्द्रायणमथापि वा ॥ ११८ ॥
अवकीर्णी तु काणेन गर्दभेन चतुष्पथे ।
पाकयज्ञविधानेन यजेत निर्ऋतिं निशि ॥ ११९ ॥
हुत्वाग्नौ विधिवद्धोमानन्ततश्च समेत्यृचा ।
वातेन्द्रगुरुवह्नीनां जुहुयात्सर्पिषाहुतीः ॥ १२० ॥
कामतो रेतसः सेकं व्रतस्थस्य द्विजन्मनः ।
अतिक्रमं व्रतस्याहुर्धर्मज्ञा ब्रह्मवादिनः ॥ १२१ ॥
मरुतः पुरुहूतं च गुरुं पावकमेव च ।
चतुरो व्रतिनो ऽभ्येति ब्राह्मं तेजो ऽवकीर्णिनः ॥ १२२ ॥
एतस्मिन्नेनसि प्राप्ते वसित्वा गर्दभाजिनम् ।
सप्तागारं चरेद्भैक्षं स्वकर्म परिकीर्तयन् ॥ १२३ ॥
तेभ्यो लब्धेन भैक्षेण वर्तयन्नेककालिकम् ।
उपस्पृशंस्त्रिषवणमब्देन स विशुध्यति ॥ १२४ ॥
जातिभ्रंशकरं कर्म कृत्वान्यतममिच्छया ।
चरेत्सांतपनं कृच्छ्रं प्राजापत्यमनिच्छया ॥ १२५ ॥
संकरापात्रकृत्यासु मासं शोधनमैन्दवम् ।
मलिनीकरणीयेषु तप्तः स्याद्यावकस्त्र्यहम् ॥ १२६ ॥
तुरीयो ब्रह्महत्यायाः क्षत्रियस्य वधे स्मृतः ।
वैश्ये ऽष्टमांशो वृत्तस्थे शूद्रे ज्ञेयस्तु षोडशः ॥ १२७ ॥

अकामतस्तु राजन्यं विनिपात्य द्विजोत्तमः ।
वृषभैकसहस्रा गा दद्यात्सुद्ध्यर्थमात्मनः ॥ १२८ ॥
त्र्यब्दं चरेद्वा नियतो जटी ब्रह्महणो व्रतम् ।
वसन्दूरतरे ग्रामाद्वृक्षमूलनिकेतनः ॥ १२९ ॥
एतदेव चरेदब्दं प्रायश्चित्तं द्विजोत्तमः ।
प्रमाप्य वैश्यं वृत्तस्थं दद्याद्वैकशतं गवाम् ॥ १३० ॥
एतदेव व्रतं कृत्स्नं षण्मासाच्छूद्रहा चरेत् ।
वृषभैकादशा वापि दद्याद्विप्राय गाः सिताः ॥ १३१ ॥
मार्जारनकुलौ हत्वा चाषं मण्डूकमेव च ।
श्वगोधोलूककाकांश्च शूद्रहत्याव्रतं चरेत् ॥ १३२ ॥
पयः पिबेत्त्रिरात्रं वा योजनं वाध्वनो व्रजेत् ।
उपस्पृशेत्स्रवन्त्यां वा सूक्तं वाब्दैवतं जपेत् ॥ १३३ ॥
अभ्रिं कार्ष्णायसीं दद्यात्सर्पं हत्वा द्विजोत्तमः ।
पलालभारकं षण्ढे सैसकं चैव माषकम् ॥ १३४ ॥
घृतकुम्भं वराहे तु तिलद्रोणं तु तित्तिरौ ।
शुके द्विहायनं वत्सं क्रौञ्चं हत्वा त्रिहायनम् ॥ १३५ ॥
हत्वा हंसं बलाकां च बकं बर्हिणमेव च ।
वानरं श्येनभासौ च स्पर्शयेद्ब्राह्मणाय गाम् ॥ १३६ ॥
वासो दद्याद्धयं हत्वा पञ्च नीलान्वृषान्गजम् ।
अजमेषावनड्वाहं खरं हत्वैकहायनम् ॥ १३७ ॥

क्रव्यादांस्तु मृगान्हत्वा धेनुं दद्यात्पयस्विनीम् ।
अक्रव्यादान्वत्सतरीमुष्ट्रं हत्वा तु कृष्णलम् ॥ १३८ ॥
जालकार्मुकबस्तावीन्पृथग्दद्याद्विशुद्धये ।
चतुर्णामपि वर्णानां नारीर्हत्वानवस्थिताः ॥ १३९ ॥
दानेन वधनिर्णेकं सर्पादीनामशक्नुवन् ।
एकैकशश्चरेत्कृच्छ्रं द्विजः पापापनुत्तये ॥ १४० ॥
अस्थन्वतां तु सत्त्वानां सहस्रस्य प्रमापणे ।
पूर्णे चानस्थ्यनस्थ्नां तु शूद्रहत्याव्रतं चरेत् ॥ १४१ ॥
किंचिदेव तु विप्राय दद्यादस्थिमतां वधे ।
अनस्थ्नां चैव हिंसायां प्राणायामेन शुध्यति ॥ १४२ ॥
फलदानां तु वृक्षाणां छेदने जप्यमृक्शतम् ।
गुल्मवल्लीलतानां च पुष्पितानां च वीरुधाम् ॥ १४३ ॥
अन्नाद्यजानां सत्त्वानां रसजानां च सर्वशः ।
फलपुष्पोद्भवानां च घृतप्राशो विशोधनम् ॥ १४४ ॥
कृष्टजानामोषधीनां जातानां च स्वयं वने ।
वृथारम्भे ऽनुगच्छेद्गां दिनमेकं पयोव्रतः ॥ १४५ ॥
एतैर्व्रतैरपोह्यं स्यादेनो हिंसासमुद्भवम् ।
ज्ञानाज्ञानकृतं कृत्स्नं शृणुतानाद्यभक्षणे ॥ १४६ ॥
अज्ञानाद्वारुणीं पीत्वा संस्कारेणैव शुध्यति ।
मतिपूर्वमनिर्देश्यं प्राणान्तिकमिति स्थितिः ॥ १४७ ॥

अपः सुराभाजनस्था मद्यभाण्डस्थितास्तथा ।
पञ्चरात्रं पिबेत्पीत्वा शङ्खपुष्पीशृतं पयः ॥ १४८ ॥
स्पृष्ट्वा दत्त्वा च मदिरां विधिवत्प्रतिगृह्य च ।
शूद्रोच्छिष्टाश्च पीत्वापः कुशवारि पिबेत्त्र्यहम् ॥ १४९ ॥
ब्राह्मणस्तु सुरापस्य गन्धमाघ्राय सोमपः ।
प्राणानप्सु त्रिरायम्य घृतं प्राश्य विशुध्यति ॥ १५० ॥
अज्ञानात्प्राश्य विण्मूत्रं सुरासंस्पृष्टमेव वा ।
पुनःसंस्कारमर्हन्ति त्रयो वर्णा द्विजातयः ॥ १५१ ॥
वपनं मेखला दण्डो भैक्षचर्या व्रतानि च ।
निवर्तन्ते द्विजातीनां पुनःसंस्कारकर्मणि ॥ १५२ ॥
अभोज्यानां तु भुक्त्वान्नं स्त्रीशूद्रोच्छिष्टमेव च ।
जग्ध्वा मांसमभक्ष्यं च सप्तरात्रं यवान्पिबेत् ॥ १५३ ॥
शुक्तानि च कषायांश्च पीत्वा मेध्यान्यपि द्विजः ।
तावद्भवत्यप्रयतो यावत्तन्न व्रजत्यधः ॥ १५४ ॥
विड्वराहखरोष्ट्राणां गोमायोः कपिकाकयोः ।
प्राश्य मूत्रपुरीषाणि द्विजश्चान्द्रायणं चरेत् ॥ १५५ ॥
शुष्काणि भुक्त्वा मांसानि भौमानि कवकानि च ।
अज्ञातं चैव सूनास्थमेतदेव व्रतं चरेत् ॥ १५६ ॥
क्रव्यादसूकरोष्ट्राणां कुक्कुटानां च भक्षणे ।
नरकाकखराणां च तप्तकृच्छ्रं विशोधनम् ॥ १५७ ॥

मासिकान्नं तु यो ऽश्नीयादसमावृत्तिको द्विजः ।
स चीण्यहान्युपवसेदेकाहं चोदके वसेत् ॥ १५८ ॥
व्रतचारी तु यो ऽश्नीयान्मधुमांसं कथंचन ।
स कृत्वा प्राकृतं कृच्छ्रं व्रतशेषं समापयेत् ॥ १५९ ॥
बिडालकाकाखूच्छिष्टं जग्ध्वा श्वनकुलस्य च ।
केशकीटावपन्नं च पिबेद्ब्रह्मसुवर्चलाम् ॥ १६० ॥
अभोज्यमन्नं नात्तव्यमात्मनः शुद्धिमिच्छता ।
अज्ञानभुक्तं तूत्तार्यं शोध्यं वाप्याशु शोधनैः ॥ १६१ ॥
एषो ऽनाद्यादनस्योक्तो व्रतानां विविधो विधिः ।
स्तेयदोषापहर्तॄणां व्रतानां श्रूयतां विधिः ॥ १६२ ॥
धान्यान्नधनचौर्याणि कृत्वा कामाद्द्विजोत्तमः ।
स्वजातीयगृहादेव कृच्छ्राब्देन विशुध्यति ॥ १६३ ॥
मनुष्याणां तु हरणे स्त्रीणां क्षेत्रगृहस्य च ।
कूपवापीजलानां च शुद्धिश्चान्द्रायणं स्मृतम् ॥ १६४ ॥
द्रव्याणामल्पसाराणां स्तेयं कृत्वान्यवेश्मतः ।
चरेत्सांतपनं कृच्छ्रं तन्निर्यात्यात्मशुद्धये ॥ १६५ ॥
भक्ष्यभोज्यापहरणे यानशय्यासनस्य च ।
पुष्पमूलफलानां च पञ्चगव्यं विशोधनम् ॥ १६६ ॥
तृणकाष्ठद्रुमाणां च शुष्कान्नस्य गुडस्य च ।
चैलचर्मामिषाणां च त्रिरात्रं स्यादभोजनम् ॥ १६७ ॥

मणिमुक्ताप्रवालानां ताम्रस्य रजतस्य च।
अयःकांस्योपलानां च द्वादशाहं कणान्नता॥ १६८॥
कार्पासकीटजोर्णानां द्विशफैकशफस्य च।
पक्षिगन्धौषधीनां च रज्ज्वाश्चैव त्र्यहं पयः॥ १६९॥
एतैर्व्रतैरपोहेत पापं स्तेयकृतं द्विजः।
अगम्यागमनीयं तु व्रतैरेभिरपानुदेत्॥ १७०॥
गुरुतल्पव्रतं कुर्याद्रेतः सिक्त्वा स्वयोनिषु।
सख्युः पुत्रस्य च स्त्रीषु कुमारीष्वन्त्यजासु च॥ १७१॥
पैतृष्वसेयीं भगिनीं स्वस्रीयां मातुरेव च।
मातुश्च भ्रातुराप्तस्य गत्वा चान्द्रायणं चरेत्॥ १७२॥
एतास्तिस्रस्तु भार्यार्थे नोपयच्छेत बुद्धिमान्।
ज्ञातित्वेनानुपेयास्ताः पतति ह्युपयन्नधः॥ १७३॥
अमानुषीषु पुरुष उदक्यायामयोनिषु।
रेतः सिक्त्वा जले चैव कृच्छ्रं सांतपनं चरेत्॥ १७४॥
मैथुनं तु समासेव्य पुंसि योषिति वा द्विजः।
गोयानेऽप्सु दिवा चैव सवासाः स्नानमाचरेत्॥ १७५॥
चण्डालान्त्यस्त्रियो गत्वा भुक्त्वा च प्रतिगृह्य च।
पतत्यज्ञानतो विप्रो ज्ञानात्साम्यं तु गच्छति॥ १७६॥
विप्रदुष्टां स्त्रियं भर्ता निरुन्ध्यादेकवेश्मनि।
यत्पुंसः परदारेषु तच्चैनां चारयेद्व्रतम्॥ १७७॥

सा चेत्पुनः प्रदुष्येत सदृशेनोपमन्त्रिता ।
कृच्छ्रं चान्द्रायणं चैव तदस्याः पावनं स्मृतम् ॥ १७८ ॥
यत्करोत्येकरात्रेण वृषलीसेवनाद्द्विजः ।
तद्भैक्षभुग्जपन्नित्यं त्रिभिर्वर्षैर्व्यपोहति ॥ १७९ ॥
एषा पापकृतामुक्ता चतुर्णामपि निष्कृतिः ।
पतितैः संप्रयुक्तानामिमाः शृणुत निष्कृतीः ॥ १८० ॥
संवत्सरेण पतति पतितेन सहाचरन् ।
याजनाध्यापनाद्यौनान्न तु यानासनाशनात् ॥ १८१ ॥
यो येन पतितेनैषां संसर्गं याति मानवः ।
स तस्यैव व्रतं कुर्यात्तत्संसर्गविशुद्धये ॥ १८२ ॥
पतितस्योदकं कार्यं सपिण्डैर्बान्धवैः सह ।
निन्दितेऽहनि सायाह्ने ज्ञात्यृत्विग्गुरुसंनिधौ ॥ १८३ ॥
दासी घटमपां पूर्णं पर्यस्येत्प्रेतवत्पदा ।
अहोरात्रमुपासीरन्नशौचं बान्धवैः सह ॥ १८४ ॥
निवर्तेरंश्च तस्मात्तु संभाषणसहासने ।
दायाद्यस्य प्रदानं च यात्रामेव च लौकिकीम् ॥ १८५ ॥
ज्येष्ठता च निवर्तेत ज्येष्ठावाप्यं च यद्वसु ।
ज्येष्ठांशं प्राप्नुयात्तस्य यवीयान्गुणतोऽधिकः ॥ १८६ ॥
प्रायश्चित्ते तु चरिते पूर्णकुम्भमपां नवम् ।
तेनैव सार्धं प्रास्येयुः स्नात्वा पुण्ये जलाशये ॥ १८७ ॥

स त्वप्सु तं घटं प्रास्य प्रविश्य भवनं स्वकम्।
सर्वाणि ज्ञातिकार्याणि यथापूर्वं समाचरेत् ॥ १८८ ॥
एतमेव विधिं कुर्याद्योषित्सु पतितास्वपि।
वस्त्रान्नपानं देयं तु वसेयुश्च गृहान्तिके ॥ १८९ ॥
एनस्विभिरनिर्णिक्तैर्नार्थं कंचित्समाचरेत्।
कृतनिर्णेजनांश्चैतान्न जुगुप्सेत कर्हिचित् ॥ १९० ॥
बालघ्नांश्च कृतघ्नांश्च विशुद्धानपि धर्मतः।
शरणागतहन्तॄंश्च स्त्रीहन्तॄंश्च न संवसेत् ॥ १९१ ॥
येषां द्विजानां सावित्री नानूच्येत यथाविधि।
तांश्चारयित्वा त्रीन्कृच्छ्रान्यथाविध्युपनाययेत् ॥ १९२ ॥
प्रायश्चित्तं चिकीर्षन्ति विकर्मस्थास्तु ये द्विजाः।
ब्रह्मणा च परित्यक्तास्तेषामप्येतदादिशेत् ॥ १९३ ॥
यद्गर्हितेनार्जयन्ति कर्मणा ब्राह्मणा धनम्।
तस्योत्सर्गेण शुध्यन्ति जप्येन तपसैव च ॥ १९४ ॥
जपित्वा त्रीणि सावित्र्याः सहस्राणि समाहितः।
मासं गोष्ठे पयः पीत्वा मुच्यतेऽसत्प्रतिग्रहात् ॥ १९५ ॥
उपवासकृशं तं तु गोव्रजात्पुनरागतम्।
प्रणतं परिपृच्छेयुः साम्यं सौम्येच्छसीति किम् ॥ १९६ ॥
सत्यमुक्त्वा तु विप्रेषु विकिरेद्यवसं गवाम्।
गोभिः प्रवर्तिते तीर्थे कुर्युस्तस्य परिग्रहम् ॥ १९७ ॥

व्रात्यानां याजनं कृत्वा परेषामन्त्यकर्म च।
अभिचारमहीनं च त्रिभिः कृच्छ्रैर्विशुध्यति ॥ १९८ ॥
शरणागतं परित्यज्य वेदं विप्लाव्य च द्विजः।
संवत्सरं यवाहारस्तत्पापमपसेधति ॥ १९९ ॥
श्वसृगालखरैर्दष्टो ग्राम्यैः क्रव्याद्भिरेव च।
नराश्वोष्ट्रवराहैश्च प्राणायामेन शुध्यति ॥ २०० ॥
षष्ठान्नकालता मासं संहिताजप एव च।
होमाश्च शाकला नित्यमपाङ्क्त्यानां विशोधनम् ॥ २०१ ॥
उष्ट्रयानं समारुह्य खरयानं च कामतः।
स्नात्वा च विप्रो दिग्वासाः प्राणायामेन शुध्यति ॥ २०२ ॥
विनाद्भिरप्सु वाप्यार्तः शरीरं संनिवेश्य तु।
सचैलो बहिराप्लुत्य गामालभ्य विशुध्यति ॥ २०३ ॥
वेदोदितानां नित्यानां कर्मणां समतिक्रमे।
स्नातकव्रतलोपे च प्रायश्चित्तमभोजनम् ॥ २०४ ॥
हूंकारं ब्राह्मणस्योक्त्वा त्वंकारं च गरीयसः।
स्नात्वानश्नन्नहः शेषमभिवाद्य प्रसादयेत् ॥ २०५ ॥
ताडयित्वा तृणेनापि कण्ठे वाबध्य वाससा।
विवादे वा विनिर्जित्य प्रणिपत्य प्रसादयेत् ॥ २०६ ॥
अवगूर्य त्वब्दशतं सहस्रमभिहत्य तु।
जिघांसया ब्राह्मणस्य नरकं प्रतिपद्यते ॥ २०७ ॥

शोणितं यावतः पांशून्संगृह्णाति द्विजन्मनः ।
तावन्त्यब्दसहस्राणि तत्कर्ता नरके वसेत् ॥ २०८ ॥
अवगूर्य चरेत्कृच्छ्रमतिकृच्छ्रं निपातने ।
कृच्छ्रातिकृच्छ्रं कुर्वीत विप्रस्योत्पाद्य शोणितम् ॥२०९॥
अनुक्तनिष्कृतीनां तु पापानामपनुत्तये ।
शक्तिं चावेक्ष्य पापं च प्रायश्चित्तं प्रकल्पयेत् ॥ २१० ॥
यैरभ्युपायैरेनांसि मानवो व्यपकर्षति ।
तान्वो ऽभ्युपायान्वक्ष्यामि देवर्षिपितृसेवितान् ॥ २११ ॥
त्र्यहं प्रातस्त्र्यहं सायं त्र्यहमद्यादयाचितम् ।
त्र्यहं परं च नाश्नीयात्प्राजापत्यं चरन्द्विजः ॥ २१२ ॥
गोमूत्रं गोमयं क्षीरं दधि सर्पिः कुशोदकम् ।
एकरात्रोपवासश्च कृच्छ्रं सांतपनं स्मृतम् ॥ २१३ ॥
एकैकं ग्रासमश्नीयात्त्र्यहाणि त्रीणि पूर्ववत् ।
त्र्यहं चोपवसेदन्त्यमतिकृच्छ्रं चरन्द्विजः ॥ २१४ ॥
तप्तकृच्छ्रं चरन्विप्रो जलक्षीरघृतानिलान् ।
प्रतित्र्यहं पिबेदुष्णान्सकृत्स्नायी समाहितः ॥ २१५ ॥
यतात्मनो ऽप्रमत्तस्य द्वादशाहमभोजनम् ।
पराको नाम कृच्छ्रो ऽयं सर्वपापापनोदनः ॥ २१६ ॥
एकैकं ह्रासयेत्पिण्डं कृष्णे शुक्ले च वर्धयेत् ।
उपस्पृशंस्त्रिषवणमेतच्चान्द्रायणं स्मृतम् ॥ २१७ ॥

एतमेव विधिं कृत्स्नमाचरेद्यवमध्यमे ।
शुक्लपक्षादिनियतश्चरेच्चान्द्रायणं व्रतम् ॥ २१८ ॥

अष्टावष्टौ समश्नीयात्पिण्डान्मध्यंदिने स्थिते ।
नियतात्मा हविष्यस्य यतिचान्द्रायणं चरन् ॥ २१९ ॥

चतुरः प्रातरश्नीयात्पिण्डान्विप्रः समाहितः ।
चतुरो ऽस्तमिते सूर्ये शिशुचान्द्रायणं स्मृतम् ॥ २२० ॥

यथाकथंचित्पिण्डानां तिस्रो ऽशीतीः समाहितः ।
मासेनाश्नन्हविष्यस्य चन्द्रस्यैति सलोकताम् ॥ २२१ ॥

एतद्रुद्रास्तथादित्या वसवश्चाचरन्व्रतम् ।
सर्वाकुशलमोक्षाय मरुतश्च महर्षिभिः ॥ २२२ ॥

महाव्याहृतिभिर्होमः कर्तव्यः स्वयमन्वहम् ।
अहिंसासत्यमक्रोधमार्जवं च समाचरेत् ॥ २२३ ॥

त्रिरह्नस्त्रिर्निशायाश्च सवासा जलमाविशेत् ।
स्त्रीशूद्रपतितांश्चैव नाभिभाषेत कर्हिचित् ॥ २२४ ॥

स्थानासनाभ्यां विहरेदशक्तो ऽधः शयीत वा ।
ब्रह्मचारी व्रती च स्याद्गुरुदेवद्विजार्चकः ॥ २२५ ॥

सावित्रीं च जपेन्नित्यं पवित्राणि च शक्तितः ।
सर्वेष्वेव व्रतेष्वेवं प्रायश्चित्तार्थमादृतः ॥ २२६ ॥

एतैर्द्विजातयः शोध्या व्रतैराविष्कृतैनसः ।
अनाविष्कृतपापांस्तु मन्त्रैर्होमैश्च शोधयेत् ॥ २२७ ॥

ख्यापनेनानुतापेन तपसाध्ययनेन च ।
पापकृन्मुच्यते पापात्तथा दानेन चापदि ॥ २२८ ॥

यथा यथा नरोऽधर्मं स्वयं कृत्वानुभाषते ।
तथा तथा त्वचेवाहिस्तेनाधर्मेण मुच्यते ॥ २२९ ॥

यथा यथा मनस्तस्य दुष्कृतं कर्म गर्हति ।
तथा तथा शरीरं तत्तेनाधर्मेण मुच्यते ॥ २३० ॥

कृत्वा पापं हि संतप्य तस्मात्पापात्प्रमुच्यते ।
नैतत्कुर्यात्पुनरिति निवृत्त्या पूयते नरः ॥ २३१ ॥

एवं संचिन्त्य मनसा प्रेत्य कर्मफलोदयम् ।
मनोवाक्कर्मभिर्नित्यं शुभं कर्म समाचरेत् ॥ २३२ ॥

अज्ञानाद्यदि वा ज्ञानात्कृत्वा कर्म विगर्हितम् ।
तस्माद्विमुक्तिमन्विच्छन्द्वितीयं न समाचरेत् ॥ २३३ ॥

यस्मिन्कर्मण्यस्य कृते मनसः स्यादलाघवम् ।
तस्मिंस्तावत्तपः कुर्याद्यावत्तुष्टिकरं भवेत् ॥ २३४ ॥

तपोमूलमिदं सर्वं दैवमानुषकं सुखम् ।
तपोमध्यं बुधैः प्रोक्तं तपोऽन्तं वेददर्शिभिः ॥ २३५ ॥

ब्राह्मणस्य तपो ज्ञानं तपः क्षत्रस्य रक्षणम् ।
वैश्यस्य तु तपो वार्त्ता तपः शूद्रस्य सेवनम् ॥ २३६ ॥

ऋषयः संयतात्मानः फलमूलानिलाशनाः ।
तपसैव प्रपश्यन्ति त्रैलोक्यं सचराचरम् ॥ २३७ ॥

34

औषधान्यगदा विद्या दैवी च विविधा स्थितिः ।
तपसैव प्रसिध्यन्ति तपस्तेषां हि साधनम् ॥ २३८ ॥
यद्दुस्तरं यद्दुरापं यद्दुर्गं यच्च दुष्करम् ।
सर्वं तत्तपसा साध्यं तपो हि दुरतिक्रमम् ॥ २३९ ॥
महापातकिनश्चैव शेषाश्चाकार्यकारिणः ।
तपसैव सुतप्तेन मुच्यन्ते किल्बिषात्ततः ॥ २४० ॥
कीटाश्चाहिपतंगाश्च पशवश्च वयांसि च ।
स्थावराणि च भूतानि दिवं यान्ति तपोबलात् ॥ २४१ ॥
यत्किंचिदेनः कुर्वन्ति मनोवाक्कर्मभिर्जनाः ।
तत्सर्वं निर्दहन्त्याशु तपसैव तपोधनाः ॥ २४२ ॥
तपसैव विशुद्धस्य ब्राह्मणस्य दिवौकसः ।
इज्याश्च प्रतिगृह्णन्ति कामान्संवर्धयन्ति च ॥ २४३ ॥
प्रजापतिरिदं शास्त्रं तपसैवासृजत्प्रभुः ।
तथैव वेदानृषयस्तपसा प्रतिपेदिरे ॥ २४४ ॥
इत्येतत्तपसो देवा महाभाग्यं प्रचक्षते ।
सर्वस्यास्य प्रपश्यन्तस्तपसः पुण्यमुद्भवम् ॥ २४५ ॥
वेदाभ्यासोऽन्वहं शक्त्या महायज्ञक्रिया क्षमा ।
नाशयन्त्याशु पापानि महापातकजान्यपि ॥ २४६ ॥

यथैधस्तेजसा वह्निः प्राप्तं निर्दहति क्षणात् ।
तथा ज्ञानाग्निना पापं कृत्स्नं दहति वेदवित् ॥ २४७ ॥
[इत्येतदेनसामुक्तं प्रायश्चित्तं यथाविधि ।
अत ऊर्ध्वं रहस्यानां प्रायश्चित्तं निबोधत ॥ २४८* ॥]
सव्याहृतिप्रणवकाः प्राणायामास्तु षोडश ।
अपि भ्रूणहनं मासात्पुनन्त्यहरहः कृताः ॥ २४९ ॥
कौत्सं जप्त्वाप इत्येतद्वासिष्ठं च त्र्यृचं प्रति ।
माहेन्द्रं शुद्धवत्यश्च सुरापो ऽपि विशुध्यति ॥ २५० ॥
सकृज्जप्त्वास्यवामीयं शिवसंकल्पमेव च ।
अपहृत्य सुवर्णं तु क्षणाद्भवति निर्मलः ॥ २५१ ॥
हविष्यन्तीयमभ्यस्य न तमंह इतीति च ।
जपित्वा पौरुषं सूक्तं मुच्यते गुरुतल्पगः ॥ २५२ ॥
एनसां स्थूलसूक्ष्माणां चिकीर्षन्नपनोदनम् ।
अवेत्यृचं जपेदब्दं यत्किं चेदमितीति वा ॥ २५३ ॥
प्रतिगृह्याप्रतिग्राह्यं भुक्त्वा चान्नं विगर्हितम् ।
जपंस्तरत्समन्दीयं पूयते मानवस्त्र्यहात् ॥ २५४ ॥
सोमारौद्रं तु बह्वेना मासमभ्यस्य शुध्यति ।
स्रवन्त्यामाचरन्स्नानमर्यम्णामिति च त्र्यृचम् ॥ २५५ ॥

अब्दार्धमिन्द्रमित्येतदेनस्वी सप्तकं जपेत् ।
अप्रशस्तं तु कृत्वाप्सु मासमासीत भैक्षभुक् ॥ २५६ ॥
मन्त्रैः शाकलहोमीयैरब्दं हुत्वा घृतं द्विजः ।
सुगुर्वप्यपहन्त्येनो जप्त्वा वा नम इत्यृचम् ॥ २५७ ॥
महापातकसंयुक्तो ऽनुगच्छेद्गाः समाहितः ।
अभ्यस्याब्दं पावमानीर्भैक्षाहारो विशुध्यति ॥ २५८ ॥
अरण्ये वा त्रिरभ्यस्य प्रयतो वेदसंहिताम् ।
मुच्यते पातकैः सर्वैः पराकैः शोधितस्त्रिभिः ॥ २५९ ॥
त्र्यहं तूपवसेद्युक्तस्त्रिरह्नो ऽभ्युपयन्नपः ।
मुच्यते पातकैः सर्वैस्त्रिर्जपित्वाघमर्षणम् ॥ २६० ॥
यथाश्वमेधः क्रतुराट् सर्वपापापनोदनः ।
तथाघमर्षणं सूक्तं सर्वपापापनोदनम् ॥ २६१ ॥
हत्वा लोकानपीमांस्त्रीनश्नन्नपि यतस्ततः ।
ऋग्वेदं धारयन्विप्रो नैनः प्राप्नोति किंचन ॥ २६२ ॥
ऋक्संहितां त्रिरभ्यस्य यजुषां वा समाहितः ।
साम्नां वा सरहस्यानां सर्वपापैः प्रमुच्यते ॥ २६३ ॥
यथा महाह्रदं प्राप्य क्षिप्तं लोष्टं विनश्यति ।
तथा दुश्चरितं सर्वं वेदे त्रिवृति मज्जति ॥ २६४ ॥

ऋचो यजूंषि चान्यानि सामानि विविधानि च ।
एष ज्ञेयस्त्रिवृद्वेदो यो वेदैनं स वेदवित् ॥ २६५ ॥
आद्यं यत्त्र्यक्षरं ब्रह्म त्रयी यस्मिन्प्रतिष्ठिता ।
स गुह्यो ऽन्यस्त्रिवृद्वेदो यस्तं वेद स वेदवित् ॥ २६६ ॥

॥ इति मानवे धर्मशास्त्रे भृगुप्रोक्त एकादशो ऽध्यायः ॥

चातुर्वर्ण्यस्य कृत्स्नो ऽयमुक्तो धर्मस्त्वयानध ।
कर्मणां फलनिर्वृत्तिं शंस नस्तत्त्वतः पराम् ॥ १ ॥
स तानुवाच धर्मात्मा महर्षीन्मानवो भृगुः ।
अस्य सर्वस्य शृणुत कर्मयोगस्य निर्णयम् ॥ २ ॥
शुभाशुभफलं कर्म मनोवाग्देहसंभवम् ।
कर्मजा गतयो नृणामुत्तमाधममध्यमाः ॥ ३ ॥
तस्येह त्रिविधस्यापि त्र्यधिष्ठानस्य देहिनः ।
दशलक्षणयुक्तस्य मनो विद्यात्प्रवर्तकम् ॥ ४ ॥
परद्रव्येष्वभिध्यानं मनसानिष्टचिन्तनम् ।
वितथाभिनिवेशश्च त्रिविधं कर्म मानसम् ॥ ५ ॥
पारुष्यमनृतं चैव पैशुन्यं चैव सर्वशः ।
अनिबद्धप्रलापश्च वाङ्मयं स्याच्चतुर्विधम् ॥ ६ ॥
अदत्तानामुपादानं हिंसा चैवाविधानतः ।
परदारोपसेवा च शारीरं त्रिविधं स्मृतम् ॥ ७ ॥

मानसं मनसैवायमुपभुङ्क्ते शुभाशुभम् ।
वाचा वाचा कृतं कर्म कायेनैव च कायिकम् ॥ ८ ॥

शरीरजैः कर्मदोषैर्याति स्थावरतां नरः ।
वाचिकैः पक्षिमृगतां मानसैरन्त्यजातिताम् ॥ ९ ॥

वाग्दण्डो ऽथ मनोदण्डः कर्मदण्डस्तथैव च ।
यस्यैते निहिता बुद्धौ त्रिदण्डीति स उच्यते ॥ १० ॥

त्रिदण्डमेतन्निक्षिप्य सर्वभूतेषु मानवः ।
कामक्रोधौ तु संयम्य ततः सिद्धिं निगच्छति ॥ ११ ॥

यो ऽस्यात्मनः कारयिता तं क्षेत्रज्ञं प्रचक्षते ।
यः करोति तु कर्माणि स भूतात्मोच्यते बुधैः ॥ १२ ॥

जीवसंज्ञो ऽन्तरात्मान्यः सहजः सर्वदेहिनाम् ।
येन वेदयते सर्वं सुखं दुःखं च जन्मसु ॥ १३ ॥

तावुभौ भूतसंपृक्तौ महान्क्षेत्रज्ञ एव च ।
उच्चावचेषु भूतेषु स्थितं तं व्याप्य तिष्ठतः ॥ १४ ॥

असंख्या मूर्तयस्तस्य निष्पतन्ति शरीरतः ।
उच्चावचानि भूतानि सततं चेष्टयन्ति याः ॥ १५ ॥

पञ्चभ्य एव मात्राभ्यः प्रेत्य दुष्कृतिनां नृणाम् ।
शरीरं यातनार्थीयमन्यदुत्पद्यते ध्रुवम् ॥ १६ ॥

तेनानुभूय ता यामीः शरीरेणेह यातनाः ।
तास्वेव भूतमात्रासु प्रलीयन्ते विभागशः ॥ १७ ॥

सो ऽनुभूयासुखोदर्कान्दोषान्विषयसङ्गजान् ।
व्यपेतकल्मषो ऽभ्येति तावेवोभौ महौजसौ ॥ १८ ॥
तौ धर्मं पश्यतस्तस्य पापं चातन्द्रितौ सह ।
याभ्यां प्राप्नोति संपृक्तः प्रेत्येह च सुखासुखम् ॥ १९ ॥
यथाचरति धर्मं स प्रायशो ऽधर्ममल्पशः ।
तैरेव चावृतो भूतैः स्वर्गे सुखमुपाश्नुते ॥ २० ॥
यदि तु प्रायशो ऽधर्मं सेवते धर्ममल्पशः ।
तैर्भूतैः स परित्यक्तो यामीः प्राप्नोति यातनाः ॥ २१ ॥
यामीस्ता यातनाः प्राप्य स जीवो वीतकल्मषः ।
तान्येव पञ्च भूतानि पुनरभ्येति भागशः ॥ २२ ॥
एता दृष्ट्वास्य जीवस्य गतीः स्वेनैव चेतसा ।
धर्मतो ऽधर्मतश्चैव धर्मे दध्यात्सदा मनः ॥ २३ ॥
सत्त्वं रजस्तमश्चैव त्रीन्विद्यादात्मनो गुणान् ।
यैर्व्याप्येमान्स्थितो भावान्महान्सर्वानशेषतः ॥ २४ ॥
यो यदैषां गुणो देहे साकल्येनातिरिच्यते ।
स तदा तद्गुणप्रायं तं करोति शरीरिणम् ॥ २५ ॥
सत्त्वं ज्ञानं तमो ऽज्ञानं रागद्वेषौ रजः स्मृतम् ।
एतद्व्याप्तिमदेतेषां सर्वभूताश्रितं वपुः ॥ २६ ॥
तत्र यत्प्रीतिसंयुक्तं किंचिदात्मनि लक्षयेत् ।
प्रशान्तमिव शुद्धाभं सत्त्वं तदुपधारयेत् ॥ २७ ॥

यत्तु दुःखसमायुक्तमप्रीतिकरमात्मनः ।
तद्रजो ऽप्रतिघं विद्यात्सततं हारि देहिनाम् ॥ २८ ॥
यत्तु स्यान्मोहसंयुक्तमव्यक्तविषयात्मकम् ।
अप्रतर्क्यमविज्ञेयं तमस्तदुपधारयेत् ॥ २९ ॥
त्रयाणामपि चैतेषां गुणानां यः फलोदयः ।
अग्र्यो मध्यो जघन्यश्च तं प्रवक्ष्याम्यशेषतः ॥ ३० ॥
वेदाभ्यासस्तपो ज्ञानं शौचमिन्द्रियनिग्रहः ।
धर्मक्रियात्मचिन्ता च सात्त्विकं गुणलक्षणम् ॥ ३१ ॥
आरम्भरुचिताधैर्यमसत्कार्यपरिग्रहः ।
विषयोपसेवा चाजस्रं राजसं गुणलक्षणम् ॥ ३२ ॥
लोभः स्वप्नो ऽधृतिः क्रौर्यं नास्तिक्यं भिन्नवृत्तिता ।
याचिष्णुता प्रमादश्च तामसं गुणलक्षणम् ॥ ३३ ॥
त्रयाणामपि चैतेषां गुणानां त्रिषु तिष्ठताम् ।
इदं सामासिकं ज्ञेयं क्रमशो गुणलक्षणम् ॥ ३४ ॥
यत्कर्म कृत्वा कुर्वंश्च करिष्यंश्चैव लज्जति ।
तज्ज्ञेयं विदुषा सर्वं तामसं गुणलक्षणम् ॥ ३५ ॥
येनास्मिन्कर्मणा लोके ख्यातिमिच्छति पुष्कलाम् ।
न च शोचत्यसंपत्तौ तद्विज्ञेयं तु राजसम् ॥ ३६ ॥
यत्सर्वेणेच्छति ज्ञातुं यन्न लज्जति चाचरन् ।
येन तुष्यति चास्यात्मा तत्सत्त्वगुणलक्षणम् ॥ ३७ ॥

तमसो लक्षणं कामो रजसस्त्वर्थ उच्यते ।
सत्त्वस्य लक्षणं धर्मः श्रैष्ठ्यमेषां यथाक्रमम् ॥ ३८ ॥
येन यांस्तु गुणेनैषां संसारान्प्रतिपद्यते ।
तान्समासेन वक्ष्यामि सर्वस्यास्य यथाक्रमम् ॥ ३९ ॥
देवत्वं सात्त्विका यान्ति मनुष्यत्वं च राजसाः ।
तिर्यक्त्वं तामसा नित्यमित्येषा त्रिविधा गतिः ॥ ४० ॥
त्रिविधा त्रिविधैषां तु विज्ञेया गौणिकी गतिः ।
अधमा मध्यमाग्र्या च कर्मविद्याविशेषतः ॥ ४१ ॥
स्थावराः कृमिकीटाश्च मत्स्याः सर्पाः सकच्छपाः ।
पशवश्च सृगालाश्च जघन्या तामसी गतिः ॥ ४२ ॥
हस्तिनश्च तुरंगाश्च शूद्रा म्लेच्छाश्च गर्हिताः ।
सिंहव्याघ्रवराहाश्च मध्यमा तामसी गतिः ॥ ४३ ॥
चारणाश्च सुपर्णाश्च पुरुषाश्चैव दाम्भिकाः ।
रक्षांसि च पिशाचाश्च तामसीषूत्तमा गतिः ॥ ४४ ॥
झल्ला मल्ला नटाश्चैव परुषाश्च कुवृत्तयः ।
द्यूतपानप्रसक्ताश्च प्रथमा राजसी गतिः ॥ ४५ ॥
राजानः क्षत्रियाश्चैव राज्ञां चैव पुरोहिताः ।
वादयुद्धप्रधानाश्च मध्यमा राजसी गतिः ॥ ४६ ॥
गन्धर्वा गुह्यका यक्षा विबुधानुचराश्च ये ।
तथैवाप्सरसः सर्वा राजसीषूत्तमा गतिः ॥ ४७ ॥

तापसा यतयो विप्रा ये च वैमानिका गणाः ।
नक्षत्राणि च दैत्याश्च प्रथमा सात्त्विकी गतिः ॥ ४८ ॥

यज्वान ऋषयो देवा वेदा ज्योतींषि वत्सराः ।
पितरश्चैव साध्याश्च द्वितीया सात्त्विकी गतिः ॥ ४९ ॥

ब्रह्मा विश्वसृजो धर्मो महानव्यक्त एव च ।
उत्तमां सात्त्विकीमेतां गतिमाहुर्मनीषिणः ॥ ५० ॥

एष सर्वः समुद्दिष्टस्त्रिप्रकारस्य कर्मणः ।
त्रिविधस्त्रिविधः कृत्स्नः संसारः सार्वभौतिकः ॥ ५१ ॥

इन्द्रियाणां प्रसङ्गेन धर्मस्यासेवनेन च ।
पापान्संयान्ति संसारानविद्वांसो नराधमाः ॥ ५२ ॥

यां यां योनिं तु जीवो ऽयं येन येनेह कर्मणा ।
क्रमशो याति लोके ऽस्मिंस्तत्तत्सर्वं निबोधत ॥ ५३ ॥

बहून्वर्षगणान्घोरान्नरकान्प्राप्य तत्क्षयात् ।
संसारान्प्रतिपद्यन्ते महापातकिनस्त्विमान् ॥ ५४ ॥

श्वसूकरखरोष्ट्राणां गोऽजाविमृगपक्षिणाम् ।
चण्डालपुल्कसानां च ब्रह्महा योनिमृच्छति ॥ ५५ ॥

कृमिकीटपतंगानां विड्भुजां चैव पक्षिणाम् ।
हिंस्राणां चैव सत्त्वानां सुरापो ब्राह्मणो व्रजेत् ॥ ५६ ॥

लूताहिसरटानां च तिरश्चां चाम्बुचारिणाम् ।
हिंस्राणां च पिशाचानां स्तेनो विप्रः सहस्रशः ॥ ५७ ॥

तृणगुल्मलतानां च क्रव्यादां दंष्ट्रिणामपि ।
क्रूरकर्मकृतां चैव शतशो गुरुतल्पगः ॥ ५८ ॥
हिंस्रा भवन्ति क्रव्यादाः कृमयो ऽभक्ष्यभक्षिणः ।
परस्परादिनः स्तेनाः प्रेता ऽन्यस्त्रीनिषेविणः ॥ ५९ ॥
संयोगं पतितैर्गत्वा परस्यैव च योषितम् ।
अपहृत्य च विप्रस्वं भवति ब्रह्मराक्षसः ॥ ६० ॥
मणिमुक्ताप्रवालानि हृत्वा लोभेन मानवः ।
विविधानि च रत्नानि जायते हेमकर्तृषु ॥ ६१ ॥
धान्यं हृत्वा भवत्याखुः कांस्यं हंसो जलं प्लवः ।
मधु दंशः पयः काको रसं श्वा नकुलो घृतम् ॥ ६२ ॥
मांसं गृध्रो वसां मद्गुस्तैलं वै तैलपायिकः ।
चीरीवाकस्तु लवणं बलाका शकुनिर्दधि ॥ ६३ ॥
कौशेयं तित्तिरिर्हृत्वा क्षौमं हृत्वा तु दर्दुरः ।
कार्पासतान्तवं क्रौञ्चो गोधा गां वाग्गुदो गुडम् ॥ ६४ ॥
छुच्छुन्दरिः शुभान्गन्धान्पत्त्रशाकं तु बर्हिणः ।
श्वावित्कृतान्नं विविधमकृतान्नं तु शल्यकः ॥ ६५ ॥
बको भवति हृत्वाग्निं गृहकारी ह्युपस्करम् ।
रक्तानि हृत्वा वासांसि जायते जीवजीवकः ॥ ६६ ॥
वृको मृगेभं व्याघ्रो ऽश्वं फलपुष्पं तु मर्कटः ।
स्त्रीमृक्षः स्तोकको वारि यानान्युष्ट्रः पशूनजः ॥ ६७ ॥

यद्वा तद्वा परद्रव्यमपहृत्य बलान्नरः ॥

अवश्यं याति तिर्यक्त्वं जग्ध्वा चैवाहुतं हविः ॥ ६८ ॥

स्त्रियो ऽप्येतेन कल्पेन हृत्वा दोषमवाप्नुयुः ।

एतेषामेव जन्तूनां भार्यात्वमुपयान्ति ताः ॥ ६९ ॥

स्वेभ्यः स्वेभ्यस्तु कर्मभ्यश्च्युता वर्णा ह्यनापदि ।

पापान्संसृत्य संसारान्प्रेष्यतां यान्ति दस्युषु ॥ ७० ॥

वान्ताश्युल्कामुखः प्रेतो विप्रो भवति विच्युतः ।

अमेध्यकुणपाशी च क्षत्रियः कटपूतनः ॥ ७१ ॥

मैत्राक्षज्योतिकः प्रेतो वैश्यो भवति पूयभुक् ।

चैलाशकस्तु भवति शूद्रो धर्मात्स्वकाच्च्युतः ॥ ७२ ॥

यथा यथा निषेवन्ते विषयान्विषयात्मकाः ।

तथा तथा कुशलता तेषां तेषूपजायते ॥ ७३ ॥

ते ऽभ्यासात्कर्मणां तेषां पापानामल्पबुद्धयः ।

संप्राप्नुवन्ति दुःखानि तासु तास्विह योनिषु ॥ ७४ ॥

तामिस्रादिषु चोग्रेषु नरकेषु विवर्तनम् ।

असिपत्त्रवनादीनि बन्धनच्छेदनानि च ॥ ७५ ॥

विविधाश्चैव संपीडाः काकोलूकैश्च भक्षणम् ।

करम्भवालुकातापान्कुम्भीपाकांश्च दुःसहान् ॥ ७६ ॥

संभवांश्च वियोनीषु दुःखप्रायासु नित्यशः ।

शीतातपाभिघातांश्च विविधानि भयानि च ॥ ७७ ॥

असकृद्गर्भवासेषु वासं जन्म च दारुणम् ।
बन्धनानि च कष्टानि परप्रेष्यत्वमेव च ॥ ७८ ॥
बन्धुप्रियवियोगांश्च संवासं चैव दुर्जनैः ।
द्रव्यार्जनं च नाशं च मित्रामित्रस्य चार्जनम् ॥ ७९ ॥
जरां चैवाप्रतीकारां व्याधिभिश्चोपपीडनम् ।
क्लेशांश्च विविधांस्तांस्तान्मृत्युमेव च दुर्जयम् ॥ ८० ॥
यादृशेन तु भावेन यद्यत्कर्म निषेवते ।
तादृशेन शरीरेण तत्तत्फलमुपाश्नुते ॥ ८१ ॥
एष सर्वः समुद्दिष्टः कर्मणां वः फलोदयः ।
नैःश्रेयसं कर्मविधिं विप्रस्येमं निबोधत ॥ ८२ ॥
वेदाभ्यासस्तपो ज्ञानमिन्द्रियाणां च संयमः ।
अहिंसा गुरुसेवा च निःश्रेयसकरं परम् ॥ ८३ ॥
सर्वेषामपि चैतेषां शुभानामिह कर्मणाम् ।
किंचिच्छ्रेयस्करतरं कर्मोक्तं पुरुषं प्रति ॥ ८४ ॥
सर्वेषामपि चैतेषामात्मज्ञानं परं स्मृतम् ।
तद्ध्यग्र्यं सर्वविद्यानां प्राप्यते ह्यमृतं ततः ॥ ८५ ॥
षण्णामेषां तु पूर्वेषां कर्मणां प्रेत्य चेह च ।
श्रेयस्करतरं ज्ञेयं सर्वदा कर्म वैदिकम् ॥ ८६ ॥
वैदिके कर्मयोगे तु सर्वाण्येतान्यशेषतः ।
अन्तर्भवन्ति क्रमशस्तस्मिंस्तस्मिन्क्रियाविधौ ॥ ८७ ॥

सुखाभ्युदयिकं चैव नैःश्रेयसिकमेव च ।
प्रवृत्तं च निवृत्तं च द्विविधं कर्म वैदिकम् ॥ ८८ ॥
इह वामुच वा काम्यं प्रवृत्तं कर्म कीर्त्यते ।
निष्कामं ज्ञानपूर्वं तु निवृत्तमुपदिश्यते ॥ ८९ ॥
प्रवृत्तं कर्म संसेव्य देवानामेति सार्ष्टिताम् ।
निवृत्तं सेवमानस्तु भूतान्यत्येति पञ्च वै ॥ ९० ॥
सर्वभूतेषु चात्मानं सर्वभूतानि चात्मनि ।
समं पश्यन्नात्मयाजी स्वाराज्यमधिगच्छति ॥ ९१ ॥
यथोक्तान्यपि कर्माणि परिहाय द्विजोत्तमः ।
आत्मज्ञाने शमे च स्याद्वेदाभ्यासे च यत्नवान् ॥ ९२ ॥
एतद्धि जन्मसामग्र्यं ब्राह्मणस्य विशेषतः ।
प्राप्यैतत्कृतकृत्यो हि द्विजो भवति नान्यथा ॥ ९३ ॥
पितृदेवमनुष्याणां वेदश्चक्षुः सनातनम् ।
अशक्यं चाप्रमेयं च वेदशास्त्रमिति स्थितिः ॥ ९४ ॥
या वेदबाह्याः स्मृतयो याश्च काश्च कुदृष्टयः ।
सर्वास्ता निष्फलाः प्रेत्य तमोनिष्ठा हि ताः स्मृताः॥९५॥
उत्पद्यन्ते च्यवन्ते च यान्यतो ऽन्यानि कानिचित् ।
तान्यर्वाक्कालिकतया निष्फलान्यनृतानि च ॥ ९६ ॥
चातुर्वर्ण्यं त्रयो लोकाश्चत्वारश्चाश्रमाः पृथक् ।
भूतं भव्यं भविष्यं च सर्वं वेदात्प्रसिध्यति ॥ ९७ ॥

शब्दः स्पर्शश्च रूपं च रसो गन्धश्च पञ्चमः ।
वेदादेव प्रसिध्यन्ति प्रसूतिर्गुणकर्मतः ॥ ९८ ॥

बिभर्ति सर्वभूतानि वेदशास्त्रं सनातनम् ।
तस्मादेतत्परं मन्ये यज्जन्तोरस्य साधनम् ॥ ९९ ॥

सैनापत्यं च राज्यं च दण्डनेतृत्वमेव च ।
सर्वलोकाधिपत्यं च वेदशास्त्रविदर्हति ॥ १०० ॥

यथा जातबलो वह्निर्दहत्यार्द्रानपि द्रुमान् ।
तथा दहति वेदज्ञः कर्मजं दोषमात्मनः ॥ १०१ ॥

वेदशास्त्रार्थतत्त्वज्ञो यत्र तत्राश्रमे वसन् ।
इहैव लोके तिष्ठन्स ब्रह्मभूयाय कल्पते ॥ १०२ ॥

अज्ञेभ्यो ग्रन्थिनः श्रेष्ठा ग्रन्थिभ्यो धारिणो वराः ।
धारिभ्यो ज्ञानिनः श्रेष्ठा ज्ञानिभ्यो व्यवसायिनः ॥ १०३ ॥

तपो विद्या च विप्रस्य निःश्रेयसकरं परम् ।
तपसा कल्मषं हन्ति विद्ययामृतमश्नुते ॥ १०४ ॥

प्रत्यक्षं चानुमानं च शास्त्रं च विविधागमम् ।
त्रयं सुविदितं कार्यं धर्मशुद्धिमभीप्सता ॥ १०५ ॥

आर्षं धर्मोपदेशं च वेदशास्त्राविरोधिना ।
यस्तर्केणानुसंधत्ते स धर्मं वेद नेतरः ॥ १०६ ॥

नैःश्रेयसमिदं कर्म यथोदितमशेषतः ।
मानवस्यास्य शास्त्रस्य रहस्यमुपदेक्ष्यते ॥ १०७ ॥
अनाम्नातेषु धर्मेषु कथं स्यादिति चेद्भवेत् ।
यं शिष्टा ब्राह्मणा ब्रूयुः स धर्मः स्यादशङ्कितः ॥ १०८ ॥
धर्मेणाधिगतो यैस्तु वेदः सपरिबृंहणः ।
ते शिष्टा ब्राह्मणा ज्ञेयाः श्रुतिप्रत्यक्षहेतवः ॥ १०९ ॥
दशावरा वा परिषद्यं धर्मं परिकल्पयेत् ।
त्र्यवरा वापि वृत्तस्था तं धर्मं न विचारयेत् ॥ ११० ॥
त्रैविद्यो हैतुकस्तर्की नैरुक्तो धर्मपाठकः ।
त्रयश्चाश्रमिणः पूर्वे परिषत्स्याद्दशावरा ॥ १११ ॥
ऋग्वेदविद्यजुर्विच्च सामवेदविदेव च ।
त्र्यवरा परिषज्ज्ञेया धर्मसंशयनिर्णये ॥ ११२ ॥
एको ऽपि वेदविद्धर्मं यं व्यवस्येद्द्विजोत्तमः ।
स विज्ञेयः परो धर्मो नाज्ञानामुदितो ऽयुतैः ॥ ११३ ॥
अव्रतानाममन्त्राणां जातिमात्रोपजीविनाम् ।
सहस्रशः समेतानां परिषत्त्वं न विद्यते ॥ ११४ ॥
यं वदन्ति तमोभूता मूर्खा धर्ममतद्विदः ।
तत्पापं शतधा भूत्वा तद्वक्तॄननुगच्छति ॥ ११५ ॥

एतद्वो ऽभिहितं सर्वं निःश्रेयसकरं परम् ।
अस्मादप्रच्युतो विप्रः प्राप्नोति परमां गतिम् ॥ ११६ ॥

एवं स भगवान्देवो लोकानां हितकाम्यया ।
धर्मस्य परमं गुह्यं ममेदं सर्वमुक्तवान् ॥ ११७ ॥

सर्वमात्मनि संपश्येत्सच्चासच्च समाहितः ।
सर्वं ह्यात्मनि संपश्यन्नाधर्मे कुरुते मनः ॥ ११८ ॥

आत्मैव देवताः सर्वाः सर्वमात्मन्यवस्थितम् ।
आत्मा हि जनयत्येषां कर्मयोगं शरीरिणाम् ॥ ११९ ॥

खं संनिवेशयेत्खेषु चेष्टनस्पर्शने ऽनिलम् ।
पक्तिदृष्ट्योः परं तेजः स्नेहे ऽपो गां च मूर्तिषु ॥ १२० ॥

मनसीन्दुं दिशः श्रोत्रे क्रान्ते विष्णुं बले हरिम् ।
वाच्यग्निं मित्रमुत्सर्गे प्रजने च प्रजापतिम् ॥ १२१ ॥

प्रशासितारं सर्वेषामणीयांसमणोरपि ।
रुक्माभं स्वप्नधीगम्यं विद्यात्तं पुरुषं परम् ॥ १२२ ॥

एतमेके वदन्त्यग्निं मनुमन्ये प्रजापतिम् ।
इन्द्रमेके ऽपरे प्राणमपरे ब्रह्म शाश्वतम् ॥ १२३ ॥

एष सर्वाणि भूतानि पञ्चभिर्व्याप्य मूर्तिभिः ।
जन्मवृद्धिक्षयैर्नित्यं संसारयति चक्रवत् ॥ १२४ ॥

एवं यः सर्वभूतेषु पश्यत्यात्मानमात्मना ।
स सर्वसमतामेत्य ब्रह्माभ्येति परं पदम् ॥ १२५ ॥
इत्येतन्मानवं शास्त्रं भृगुप्रोक्तं पठन्द्विजः ।
भवत्याचारवान्नित्यं यथेष्टां प्राप्नुयाद्गतिम् ॥ १२६ ॥

॥ इति मानवे धर्मशास्त्रे भृगुप्रोक्ते द्वादशोऽध्यायः ॥

॥ समाप्तं चेदं मानवं धर्मशास्त्रम् ॥

NOTES.

NOTES.

See the Preface for an explanation of the abbreviations.

CHAPTER I.

The opening verse is found in G. R. N. K., but omitted in M. Ku. Nd. — Nd. inserts the following after 2. जरायुजाण्डजानां च तथा संस्वेदजोद्भिदाम्। भूतग्रामस्य कृत्स्नस्य उत्पत्तिं प्रलयं तथा॥ आचाराणां च सर्वेषां कार्याणां च विनिर्णयम्। यथाक्रमं यथायोगं वक्तुमर्हस्यशेषतः॥ The first and last hemistichs occur in K. as well. — 4. अमितौजमहर्षिभिः। K. प्रत्युवाचार्चयित्वा तान् Me. v.l. — 6. अव्यक्तं Me. v. l. महाभूतादिवृत्तौजाः Me. Nd. R.; महाभूतादि वृत्तौजाः G. N. Ku.; महाभूतानुवृत्तौजाः Me. v. l. — 7. यो ऽसावतीन्द्रियो ऽग्राह्यः R. स एष M. K. — 8. वीर्यम् M. G. Nd.; वीजम् R. Ku. K. V. अथाक्षिपत् ॥ for अवासृजत् ॥ K. — 11. लोके for नित्यं K. — 13. ताभ्यामण्डकपालाभ्यां K. — 16. संनिवेश्यात्ममात्राभिः Me. v. l., preferred by Me. — 21. सर्वेषां च G. °संस्थाश्च M. Nd. K. V.; °संस्थास्तु G. R. — 22. कर्मात्मानं च Me. v. l. — 26. तु विवेकाय M. G. Ku. Nd. K.; च विवेकाय R.; च विवेकार्थं V. — 32. तस्यां तु Nd. — 34. सुदुष्करम्। Nd. — 36. मनूंस्तु M.^{123789} Ku. Nd. R. V.; मनूंश्च G. M.^{4} K. — 40. °पतंगं च G. — 42. एषां तु for तेषां तु R. Nd. — 43. मानुषाश्च M.^{2} G. Be.; मनुष्याश्च M.^{124789} Nd. K. V.; मानुष्याश्च R. — 44. मत्स्याः सकच्छपाः। M. G. R. Nd.; मत्स्याश्च कच्छपाः। K. V. — 46. उद्भिज्जास्तरवः M. G. R. K. Be.; उद्भिज्जाः स्थावराः Nd. V. — 48. तु विविधं M.^{479} Ku. Nd. V.; च विविधं M.^{128} R. K.; तु विज्ञेयं G. °रुहाश्चैव K. — 50. नित्ये for नित्यं Nd. — 51. एवं च सर्वं R. — 52. सर्वं प्रलीयते ॥ G. K. — 54. युगपच्च G. — 55. तमो ऽयं तु M. N. Ku. Nd. V.; तमो यदा G. K. B. W. — 56. संसृष्टो तदा Nd. — 59. सर्वमेषो ऽखिलं M.^{12789} G. R. Nd. V.; सर्वमेवाखिलं M.^{4} B. K. W. — 61. ऽमितौजसः ॥ M.^{12789} K.; महौजसः ॥ M.^{4} G. R. Nd. V. — 64. त्रिंशत्कलो M. G. K.

(and Mahâbhâr. XII. 231, 8489); त्रिंशत्कला Ku. R. Nd. V. तावता ॥ K. B. W. — 66. प्रविभागश्च K. — 68. युगानां च M.^{12789} G. K.; युगानां तु M.^{4} R. Nd. V. — 73. एतद् for तद्धि K. — 75. चोद्यमानं M.^{4} G. Nd. K. V.; नोद्यमानं M.^{12789}. — 78. ज्योतिषस्तु R.; ज्योतिषो ऽपि Nd. (and Mahâbhâr. XII. 232, 8516). — 80. सर्गसंहार K. — 81. नाधर्मो नागमः Nd. उपवर्तते ॥ M. G. R. Nd. K.; प्रतिवर्तते ॥ V. — 83. त्वेषां वयो M. G. R. Nd. K. B. W. (and Mahâbhâr. XII. 231, 8502); ह्येषामायुर् Ku. V. — 85. धर्मा युगह्रासानुरूपशः ॥ K. — 86. यज्ञमित्याहुर् K. — 89. क्षत्रियस्य समादिशत् ॥ M. R. K. W. B.; क्षत्रियस्य समासतः ॥ G. Ku. V.; क्षत्रियाणामकल्पयत् ॥ Nd. — 92. त्वस्य M.^{12789} R. V.; तस्य M.^{34} G. K.; चास्य Nd. — 94. °वाह्याय and तु गुप्तये ॥ K. — 97. ब्राह्मणेषु तु C.^{2} ब्रह्मवादिनः ॥ M. N. Nd. K.; ब्रह्मवेदिनः ॥ G. R. Ku. N. v. l. V. (and Mahâbhâr. V. 5, 110). — 98. उत्पत्तिरेषा K. — 102. शेषाणां चा° M.^{4} G. Ku. R. Nd. K.; शेषाणाम° V.; शेषाणामा° M.^{12789}. — 106. यशस्यं सततं M. G. R. Nd. K.; यशस्यमायुष्यं Kl. V. निःश्रेयसं M. G. Ku. V.; नैःश्रेयसं R. K. Nd. — 107. ऽखिलः प्रोक्तो गुणदोषौ च कर्मणाम् । R. — 109. संपूर्णफलभाक्स्मृतः ॥ M. G. Nd. K.; संपूर्णफलभाग्भवेत् ॥ Ku. R. V. — 118. पाषण्ड° Me. N. Nd. K. pr. m. V.; पाखण्ड° G.; पाषण्डि M.^{3479} K. s. m.; पाखण्डि° M.^{128}.

CHAPTER II.

2. न चैवेहास्त्यकामतः । Nd. — 5. यथासंकल्पितांश्चेह G. R. Ku. Nd. K. V. M.^{4}; यथासंकल्पितांश्चैव M.^{12789}. — 8. सर्वं च K. — 11. ते तूभे M. G. Ku. R. Nd. K. Be.; तदुभयं N.; ते मूले V. — 13. प्रामाण्यं M.^{1289}; प्रमाणं Me. and all the rest. — 17. ब्रह्मावर्तं विदुर्बुधाः ॥ K. — 19. पञ्चालाः G. K. Ku. V.; पाञ्चालाः Go. R. Nd. K. एवं ब्रह्मर्षिदेशो ऽयं ब्रह्मावर्तादनन्तरम् ॥ R. — 21. मध्यं M. Nd. Ku. Nd. V.; मध्ये G. R. K. स कीर्तितः ॥ G. — 22. समुद्राच्च पश्चिमात् । M. G. R.; समुद्रात्तु पश्चिमात् । Nd. K. V. आर्यावर्तं प्रचक्षते ॥ K. — 23. याज्ञिको R. त्वतः परः ॥ K. — 24. कस्मिंश्चिन् R. Nd. K. — 25. प्रकीर्तितः । K. धर्मस्य for सर्वस्य R. K. सर्वधर्मान् G.; वर्णधर्मान् Go. and all the rest. — 30. दशम्यां च G. पुण्ये ऽहनि R. K. pr. m. — For 31 b and 32, K. has the following only, वैश्यस्य धनसंयुक्तं शूद्रस्य प्रैष्यसंयुतम् ॥ — 33. मनोरमम् । for मनोहरम् । B. W. — 34. चतुर्थे मासि M.^{4}

G. N. R. Ku. V. (and Vishṇu XVII. 10, etc.); मासे चतुर्थे or चतुर्थे मासे M.$^{1\,2\,3\,7\,8\,9}$ Me. Nd. यच्चेष्टं G. — 40 om. R. Nd., but Râ. Ndd. have got it. ब्राह्मान् K. संबन्धानाचरेद् M. G. K.; संबन्धात्र चरेद् C.^{1} H. L.; संबन्धान्ना° C.^{2} ब्राह्मणः G. N. Ku. K. V.; ब्राह्मणेः M. N. v. l. सदा ॥ G.; सह ॥ Go., like the rest. — 42. शाणतान्तवी K. — 43. मुञ्जाभावे M.$^{1\,2\,7\,8\,9}$ बिल्वजैः । K. — 44. शाणसूत्रमयं R. °सूत्रिकम् ॥ M. N. W.; °सूत्रकम् ॥ G. R. Nd. K. K. B. — 46. केशान्तिको G. N. Ku. Nd. K. V.; केशान्तगो M.; केशान्तको or केशान्तगो Me.; केशान्तको Nd. — 50. या च तां K. न विमानयेत् ॥ M. R. Nd.; नावमानयेत् ॥ G. Ku. K. V. — 51. यावदन्नम् for यावदर्थम् C.^{2} — 52. ऋतं भुंक्त (भुंक्ते) उदङ्मुखः ॥ M. R. Nd. (and Mahâbhâr. XIII. 104, 5012); ऋतं भुङ्क्ते ह्युदङ्मुखः ॥ G. K. V. — K. inserts the following after 52, सायंप्रातर्द्विजातीनामशनं स्मृतिचोदितम् । नानुरामेण तं कुर्यादग्निहोत्रसमो विधिः ॥ — 54. चैनम् for चैतद् M.$^{1\,2\,8\,9}$ K.; चान्नम् Me. — 55. यद्भुक्तं K. नाशयेदिति ॥ G. — 56. नाद्यादेतत्तथान्तरा । M.; नाद्याच्चैतत्तथान्तरा । R. Nd.; नाद्याच्चैतदथान्तरा । K.; नाद्याच्चैव तथान्तरा । G. V. — 59. ब्रह्मतीर्थे R. — 60. खानि चोपस्पृशेद G. — 63. प्राचीनमावीती M.$^{1\,2\,8\,9}$ G. N. R. K. B.W.; प्राचीन आवीती M.$^{3\,4}$ Ku. V. 63 om. Nd. — 65. कर्तव्या for कार्येयं K. s. m. — 67. अग्निपरिक्रिया ॥ M. G. Nd. C.^{1} L. H.; अग्निपरिष्क्रिया ॥ N. R. K. C.^{2} — 72. विन्यस्तपाणिना Me. v. l. तु दक्षिणः ॥ M. G. R. Nd. K.; च दक्षिणः ॥ V. — 73. अध्येष्यमाणं तु गुरुर् M. G. Ku. R. K. N. v. l. V.; अध्येष्यमाणस्तु गुरुं N. Nd. — 74. ब्राह्मणः C.$^{1\,2}$ H. सर्वतः । R. विशीर्यति ॥ C.$^{1\,2}$. — 75. प्राक्कूलान् M.$^{1\,2\,3\,7\,8\,9}$ Me. G. N. Ku. R. Nd. K. V.; प्राक्चूलान् M.^{4} See the Petersburg Dictionary, and Gautama I. 50. — 76. निरवृहद M. Me. G.; निरदुहद् Ku. R. V. (and Vishṇu LV. 10); निरवृंहद् N.; निरवहद् Nd. — 79 om. K. त्वचो वाह्यिर् Be. — 80. ग्रहणं याति N. v. l. गर्हणीयो हि साधुषु ॥ R. — 81. गायत्री for सावित्री G. R. Nd. (and Vishṇu LV. 15). — 84. त्वक्षरं ज्ञेयं M. G. N. W. L. (and Vishṇu LV. 18); न क्षयं ज्ञेयं Nd.; दुष्करं ज्ञेयं C.^{1} H.; त्वक्षयं ज्ञेयं Ku. R. B. C.^{2} ब्रह्म M. G. Ku. R. K. V.; ब्रह्मा N. Nd. — 85. सहस्रो M.$^{1\,2\,8\,9}$ R. K. Nd. (and Vasishṭha XXVI. 9); साहस्रो G. Ku. V. (and Vishṇu LV. 19); सहस्रं M.$^{3\,4}$. — 88. हि चरतां R. — 89. पूर्वं विचक्षणाः । K. — 90. नासिकेति च M.$^{1\,2\,8\,9}$; नासिका चेति M.$^{3\,4}$ हस्तपादौ M. R. Nd. K.; हस्तपादं G. Ku. V. — 91. कर्मेन्द्रियाणि पञ्चैव M. G. R. Nd. Be.; कर्मेन्द्रियाणि पञ्चैषां K. V. — 95. यच्चैतान् Nd. विधीयते ॥ R. — 96. प्रदुष्टानि

M. G. N. Nd.; प्रजुष्टानि V. K. pr. m.; प्रदुष्टानि R.; प्रसक्तानि K. s. m. — 97. त्यागाश्च M. G. N. R. Nd. K. Be.; त्यागश्च V. तपांसि नियमास्तथा। R. — 99. ततोऽस्य M. G.; तेनास्य R. Nd. K. V. पादादिवोदकम्॥ M. G. N. R. Nd. K. Be. C.^{1} H. L. (and Mahâbhâr. XII. 240, 8782); पात्रादिवोदकम्॥ Ku. C.^{2} (and Mahâbhâr. V. 32, 1047). — 100. वशे कृत्वे° M.^{34} G. Ku. Nd. V.; वशीकृत्वे° M.^{1289}; वशीकृत्ये° R. संनिवेश्य K.; संनियम्य R. — 101. सदासीनः M.^{1289}; समासीनः M.^{4} G. Ku. R. Nd. V.; समासीत N. सम्यग्तत्त्वविभावनात्॥ M.^{1279} Me. G. R. Nd. K.; सम्यगर्थविभावनात्॥ M.^{34} W. — 103. नोपतिष्ठति यः R. — 105. चापि for चैव R. न विरोधी Me. v. l. for नानुरोधी. — 107. मेधो for दधि Nd. — 110. लोकमाचरेत्॥ Nḍ. K. — 111. चाधिगच्छति॥ R. (and Mahâbhâr. I. 3, 755). — 112. वक्तव्या for वप्तव्या M.^{1289} R. — 114. ब्राह्मणमित्याह M.^{1289} G. R. Nd. K.; ब्राह्मणमेत्याह M.^{34} Me. Go. Râ. Ku. V. (and Vasishṭha II. 8, etc.). शेवधिष्टेऽस्मि M. Me. G. Nd. (and Nirukta, ed. Roth, p. 41); शेवधिस्तेऽस्मि Ku. R. K. (and Vasishṭha, Vishṇu). — 115. नियतं M. G. Ku. N. R. Nd. H. L.; नियत° K. C.^{12}. — 117. वा। M. Nd. K. (and Vishṇu XXX. 43); च। G. K. R. V. — 118. °मात्रसारोऽपि M. Ku. N. Nd. V.; °सारमात्रोऽपि G. R. — 120. स्थविर आगते K. — 121. आयुः प्रज्ञा G. Go. Ku. R. Nd. K. Be.; आयुर्विद्या V.; आयुर्धर्मो M. G. (correction). — 125. पूर्वाक्षरप्लुतः॥ N. v. l. Nd. M.^{2} R.; पूर्वाक्षरः प्लुतः॥ M.^{13489} Me. G. Ku. Râ. N. K. See Bü., note. — 128. अवाच्यो M.^{12789} G. Ku. N. Nd. V.; न वाच्यो M.^{34} R. — 129. परपत्नी च M.^{34} K. असंबद्धा M. G. Nd. K.; असंबन्धा Ku. R. V. — 133. त्वाभ्यो R. — 134. श्रोत्रियाणामल्पेनापि M. G. N. Nd.; श्रोत्रियाणां स्वल्पेनापि Ku. R. K. V. — 135. दशवर्षं च शतवर्षं च R. Nd. (and Vishṇu XXXII. 17, etc.). — 137. सोऽत्र मानार्हः M. G. N. Nd. K. s. m. V.; स्यात्स मानार्हः R. K. s. m. — 139. राजस्नातकयोरेव M. G. R. Nd. K.; राजस्नातकयोश्चैव Ku. V. — 141. अथवा पुनः। M.^{34} R. K. — 142. निषेकादीनि कर्माणि K. संभावयति चैवेनं Me. v. l. — 144. य आतृणोत्य° M.^{34} Me.^{34}; य आवृणोत्य° M.^{12789} Me.^{12789} G. Ku. R. K. V. For a similar variation of reading, see Vishnu XXX. 47; Vasishṭha II. 10; Mahâbhâr. XII. 108, 4010, etc. — 144 om. Nd. — 146. उत्पादकब्रह्मपित्रोर् N. Nd. — 147. योनावधि R.; योनावपि K. — 151. परितोषितान्॥ K. pr. m. — 153. पितेत्येव च M.^{1289} G. Ku. R. Nd.; पितेत्येव तु M.^{34} V. — 155. ज्ञानतो

श्रेष्ठं G. Nd. च वीर्यतः। R. त्वेव जन्मतः॥ M. G.; चैव जन्मतः॥ Nd.; एव जन्मतः॥ Ku. R. V. (and Vishṇu XXXII. 18; Mahâbhâr. II. 37, 1386). — 156. वृद्धो भवति M. G. R. Ku. V.; स्थविरो भवति Nd. Be. (and Mahâbhâr. III. 133, 10631); स्थविरो ज्ञेयो K. — 157. त्रयस्ते नामधारकाः॥ G. M.[3 4] (and Baudhâyana I. 1, 10; Vasishṭha III. 11); त्रयस्ते नाम बिभ्रति॥ M.[4] (correction) Ku. R. Nd. K. V. (and Mahâbhâr. XII. 36, 1339); त्रयस्ते नामधारिणः॥ M.[1 2 8 9]. — 158. निष्फला। for चाफला। K. — 160. वेदान्ताधिगतं Be. — 164. ब्रह्माधिगमनं तपः॥ K. — 166. तप्स्यन्यदि द्विजः। R. — 169. श्रुतिचोदितम्॥ K. pr. m.; विधिचोदितम्॥ K. s. m. — 171. न ह्यस्य for न ह्यस्मिन् Nd. K. — 172. युज्यते॥ for जायते॥ G. — 173. तथैव विधिपूर्वकम्॥ G.; क्रमेण विधिपूर्ववत्॥ K. — 174. तत्तत्तस्य M.; तत्तस्यैव G.; तत्तदस्य R. Nd. K. V. (and Vishṇu XXVII. 28). — 177. गन्धमाल्यरसान् M.[3 4] Nd. K.; गन्धमाल्यं रसान् (रसं) M.[1 2 8] Me. G.; गन्धं माल्यं रसं M.[9] R.; गन्धं माल्यं रसान् V. शुक्तानि चैव M. G. Nd. R. K.; शुक्तानि यानि V. — 178. गीतवादने॥ M.[3 4]. — 181. पुनर्मामित्यृचं जपेत्॥ M.[3 4] G. Ku. Nd. K. V. (and Vishṇu XXVIII. 51); पुनर्मेति त्र्यृचं जपेत्॥ M.[1 2 8 9]; पुनर्मामेत्यृचं जपेत्॥ R. — 182. उदकुम्भान् Nd. मृत्तिकां कुशान्। M.[1 2 8 9] R. Nd. K.; मृत्तिकाकुशान्। V.; मृत्तिकास्तथा। G.; मृत्तिकाः कुशान्। M.[3 4]. यावदर्थं तु K. — 185 om. K. — 190. त्वेव नैतत्कर्म प्रचक्षते॥ M. G. Ku. R. Nd. K.; त्वेवं नैतत्कर्म विधीयते॥ V. — 191. नोदितो . . . अप्रणोदित M.[4] Me. G. R.; चोदितो . . . अप्रनोदित M.[1 2 7 8 9]; चोदितो . . . अप्रचोदित N. Nd. V. K. — योगम् M. G. Ku. R. N. Nd.; यत्नम् V. N. v. l. — 192. तिष्ठेदीक्षमाणो R. — 193. सुसंवृतः। M. Ku. R. L.; सुसंयतः Go. N. K. H. C.[1 2]. सर्वदा गुरुसंनिधौ G. °मुखो गुरोः। M. G. R.; °मुखं गुरोः। Ku. N. Nd. K. V. — 196. अभिगच्छंश्च G. प्रत्युद्गमित्वाव्रजतः K. पश्चाद्धावंश्च G. — 197. दूरस्थस्यैव K. s. m. — 198. चैव M.[1 2 7 8 9]; चास्य all the rest. — 201. परिवादात्खरो भवति M. Nd. L.; परीवादात्खरो भवति Ku. C.[1 2] H. K.; परिवादात्खरः स्यात्तु G.; परिवादात्खरो हि स्यात् K.; परिवादात्सूकरः स्यात् R. कृमिश्चैव R.; कृमिस्तु स्यात् K. — 202. क्रुद्धं Me. v. l. — 206. विद्यागुरुष्वेवमेव M. — 212. गुरुपत्नी च M.[1 2 8 9] K.; गुरुपत्नी तु all the rest (and Vishṇu XXXII. 13). — 213. नराणामेव K. अतो ऽर्थान् M.[3 4] Me. G. Ku. R. V.; अतो ऽर्थे M.[1 2 8 9] Nd. — 218. एवं गुरुतरां R. — 219. शिखयान्वितः। K. ऽभिनिम्रोचेत् Nd. K. — 220. कामकारतः। M. G. R. Nd. (and Vishṇu XXVIII. 53); कामचारतः। K. V.

— 221. ह्यभिनिम्लुक्तः Go.; ह्यभिनिर्मुक्तः M. N. Ku. R. Nd. K. V. (and Vasishṭha I. 18); ह्यभिनिम्लुक्तः G. — 222. समाहितः ॥ K. pr. m. for यथाविधि ॥ — 223. चास्य M. K. for वास्य. — 224. धर्म एव वा । M. G. Nd. K.; धर्म एव च । R. V. — Ku. V. place 225 after 226. I have followed G. N. R. Nd. K., and Bü. — 225. नार्तेनाप्यवमन्तव्यो K. — 226. मूर्तिश्च M.[1 2 8 9] G.; मूर्तिस्तु M.[3 4] K. R. Nd. V. स्वा मूर्तिरात्मनः ॥ Nd. — 227. तस्य नो K. — 229. तैरनभ्यनुज्ञातो M. G. N. Nd. R. K.; तैरभ्यननुज्ञातो V. — 232. देववद्विचरेद्गृही । R. — 233. गुरुशुश्रूषया चैव R.; गुरुशुश्रूषयाप्येव G. मनोवाक्कायकर्मभिः ॥ K. — 240. शिल्पानि चाप्यदुष्टानि M. G. N. Ku. R.; विविधानि च शिल्पानि Nd. V. — 241. आपत्कल्पे Me. v. l. Go. N. — 243. रोचयेते M.[3 4] G. Nd. K.; रोचयेत्तु M.[1 2 8 9] R. — 245. गुर्वर्थमाचरेत् ॥ Be. — 246. छत्रोपानहमन्ततः । M. G. Ku. N. R. Nd. Be. K.; छत्रोपानहमासनम् । V. वासांसि शाकं वा M. G. R. K. Nd.; शाकं च वासांसि V. प्रीतिमाहरेत् ॥ M. Me. v. l. G. R. Nd. K.; प्रीतिमाहरन् ॥ Me.; प्रीतिमावहेत् ॥ V. — 248. एषु त्वविद्यमानेषु M.[1 2 8 9] G. साधयेद्देहमात्मवान् ॥ M.[1 2 8 9]. — 249. चेह जायते K.

CHAPTER III.

1. षाट्त्रिंशदाब्दिकं M.[1 2] — 2. यथाविधि । R. आविशेत् ॥ M.[1 2 8 9]. — 3. गुरोः । K. p. m., but पितुः । s. m., like the rest. — 5. दारकर्मण्यमैथुनो ॥ Nd.; दारकर्मण्यमिथुना ॥ Me. v. l. — 6. महान्त्यपि समर्थानि M.[1 2 8 9]. — 7. °श्वित्र° M.; °श्वित्रि° G. R. Nd. K. V. — 8. वाचाटां V.; वाचालां all others. — 9. न विभीषणनामिकाम् ॥ M. N. R. Nd. K.; न च भीषणनामिकाम् ॥ G. V. — 10. तनुलोमकेशदन्तां G.; तनुलोमकेशदशनां Ku. R. K. V.; तनुरोमकेशदशनां Nd.; तन्वोष्ठकेशदशनां M. — 11. वै पिता । M.[1 2] R.; वा पिता । M.[8] — 12. ज्वराः ॥ Be. Nd. — 13. स्मृता । M.[1 2 8] G.; स्मृते । M.[4 5 9] R. Nd. V. राज्ञः स्युस्ताश्च K. — 14. कर्हिचित् । for तिष्ठतोः । K. — 15. हीनजातिस्त्रियं M.[3 4 5 9] G. Nd. (and Vishṇu XXVI. 6); हीनजातिं स्त्रियं M.[1 2 8] R. N. V. — 18. नादन्ति M. G. pr. m. Nd.; नाश्नन्ति G. s. m. R. K. V. (and Vishṇu XXVI. 7). °देवाश्च G. — 19. वृषलीपीतफेनस्य Me. v. l. — 20. प्रेत्येह च M. G. Nd. Be.; प्रेत्य चेह R. V. — 23. राक्षसम् ॥ M.[1 2 5 8 9] G. N.; राक्षसान् ॥ M.[3 4] R. Nd. V.; धर्म्यानराक्षसान् ॥ Be. — 24. क्षत्रियस्यैवम् T. — 25. कथंचन ॥ R. — 27. आच्छाद्य चार्हयित्वा तु G. श्रुति° C.[1] H. L.

स्मृतम् । K. — 28. यज्ञे च G. — 29. कन्यादानं तु K. — 30. तु । M.[1-5 8 9] G. Nd. K. pr. m.; च । M.[6] R. V. K. s. m. — 32. इच्छयान्योन्यसंसर्गः R. स च R. मैथुनः M.[1 2 8] G. K.; मैथुन्यः M[3 4 9] Me. N. Nd. Ku. V. — 34. रहो वा यदि गच्छति । R. पैशाचः प्रथितो ऽष्टमः ॥ M. G. N. R. Nd. Be.; पैशाचः कथितो ऽधमः ॥ K.; पैशाचश्चाष्टमो ऽधमः ॥ V. — 35. द्विजातीनां G. प्रशस्यते । Me. G. M.[4 5] R. Ku. Nd. K.; विशिष्यते । M.[1 2 3 8 9] V. इतरेतरकांक्षया ॥ R. — 36. सम्यक् M. G. R. Nd. K. C.[2]; सर्वं H. L. C.[1] — 37. दश पूर्वान्परान् M.[1-4 8 9] Ku. R. K. V.; दश पूर्वापरान् M.[5] Me. G. N. Nd. — 38. दैवोढजः and आर्षोढजः R. N. K. तथावरान् । G.; तथा परान् । Go. दैवोढायाः सुतश्चैव सप्त सप्त परावरान् । आर्षोढायाः सुतस्त्रींस्त्रीन् षट् षट् कायोढया सुतः ॥ Nd. — 40. बलवन्तो for धनवन्तो G. — 41. इतरेषु तु शिष्टेषु M.[3 4 5] Nd. V.; इतरेषु च शिष्टेषु R. K.; इतरेष्ववशिष्टेषु M.[8 9] G.; इतरेष्वविशिष्टेषु M.[1 2], Me. 's comment corresponds to any one of the three first readings. — 47. च या । G. R. शेषाः स्युः । M. G. Ku. R. Nd. Be.; शेषास्तु V. — 49. शुद्धे for शुक्रे Gr. साम्ये for समे Me. v. l. — Gr. inserts the following after 49, तस्माच्छुद्धविशुद्ध्यर्थं स्निग्धं प्रियं च योजयेत् । लब्धाहारां स्त्रियं कुर्यादेवं स जनयेत्सुतम् ॥ — 51. हि शुल्कं M.[3 4 5] G. R. Nd. K. H. L.; शुल्कं हि M.[1 2 8 9] C.[1 2]. — Gr. inserts IX. 98, 100 after 51. — 52. नारीयानानि N. Nd. — 53. विक्रयस्तावदेव सः ॥ G. Ku. Nd. V.; तावानेव स विक्रयः ॥ M. R. — 54. तु for तत् M.[1 2 8 9] तु केवलम् ॥ G. — 56. रमन्ते G. यत्रैता न हि K. सर्वास्तस्याफलाः Nd. — 58—66 om. M. The following marginal gloss is found in M.[1 2], त्यक्तं श्लोकदशकम्. — 59. तस्मादेताः सदाभ्यर्च्या G. Nd. Be.; तस्मादेताः समभ्यर्च्या R.; तस्मादेताः सदा पूज्या Ku. V. K. संकरेषूत्सवेषु च । G.; सत्कारेणोत्सवेषु च । N. Nd.; सत्कारेषूत्सवेषु च । Ku. R. N. v. l. V. — 63. कुलान्याशु विनश्यन्ति K. T. — 64. शिल्पसंव्यवहारेण K. गोभिरुष्ट्रैश्च Gr. — 65. अयाज्ययाजनेनैव G.; अयाज्ययाजनैश्चैतेर् Nd.; अयाज्ययाजनैश्चैव Ku. R. V. कुलान्यकुलतां यान्ति R. N. Nd. (and Baudhâyana I. 10, 28). — 66. मन्त्रतस्तु विशुद्धानि K. — 67. गार्ह्यं N. — 70. अध्यापनं Nd. — 72. देवतातिथिभूतानां Nd.; °भृत्येभ्यः Me. v. l. (Mahâbhâr. III. 312, 17343 like the rest). — 73—117 om. M.[5] — 73, 74. ब्राह्मं M.[1 2 5 8 9] Me. N. Nd. K.; ब्राह्म्यं M.[3 4] G. Ku. R. V. — 77. यथा मातरमाश्रित्य Nd. Gr. सर्वे जीवन्ति जन्तवः । M. G. R. K. Nd. (and Vasishṭha VIII. 16); वर्तन्ते सर्वजन्तवः । V. वर्तन्ते गृहिणं तद्वदाश्रित्येतर आश्रमाः ॥ Nd. K. वर्तन्त इतराश्रमाः ॥ M. G. R.; वर्तन्ते सर्व आश्रमाः ॥ Ku. V. — 78. गृह-

स्थैरेव M. G. Ku. R. Nd. K.; गृहस्थेनैव V. ज्येष्ठाश्रमो गृही ॥ Me. M.^{349} G. Ku. Nd.; श्रेष्ठाश्रमो गृही ॥ M.^{128} R. — 79. स संधार्यो ऽपि K. चेहेच्छतात्यन्तं M. Nd. K.; चेहेच्छता नित्यं G. R. V. — 81. स्वाध्यायेनार्चयेदृषीन् H. C.^{1} श्राद्धेन M. G. R. Nd.; श्राद्धैश्च K. V. — 82. दद्याद् M. G. Nd. R.; कुर्याद् Ku. N. K. V. (and Mahâbhâr. XIII. 97, 4658). प्रीतिमाहरन् ॥ M. G.; प्रीतिमावहन् ॥ R. Nd. K. V. (and Mahâbhâr.). — 83. किंचिद् M. R. Nd.; कंचिद् G. Ku. K. V. — 85. विश्वेषां चैव देवानां M. G. R. Nd. K.; विश्वेभ्यश्चैव देवेभ्यो Ku. V. वा ॥ M.^{128} — 86. स्विष्टकृते ऽपि च ॥ G. — 87. सान्वयेभ्यो Be.; स्वानुगेभ्यो M.^{128} — 88. हरेद् M. G. R. K. Be.; क्षिपेद् Nd. V. — 89. श्रियै दद्याद् K. तु पादतः । M. G. R. Nd.; च पादतः । V. °पतिभ्यां च M. — 91. सर्वात्मभूतये M.^{34} Ku. R. V.; सर्वानुभूतये N. Nd.; सर्वानुतये K.; सर्वान्नभूतये G. (and S'âṅkhâyanagṛihyasûtra II. 14, 15); सर्वानुभूतस्य N. v. l.; सर्वनिभूतये M.^{18}; सर्वनिभूतये M.^{9}; सर्वांनिभूतये M.^{2}; सर्वान्नयते M.^{5}; सर्वानुभूताय Me. च सर्वं G. निक्षिपेद्भुवि ॥ M. G. R. K.; निर्वपेद्भुवि ॥ Nd. V. (and Vishṇu LXVII. 26). — 93. तेजोमूर्तिः M. N. R. K. Be. L.; तेजोमूर्ति G. Ku. C.^{12} H. — 95. दत्त्वा विधिवद्धरेः । G. Ku. R. V.; दत्त्वा विधिवद्धरौ । M. Be.; दत्त्वागौर्यथाविधि । Nd. Me. v. l.; दत्त्वा तु यथाविधि । K. — 96. भिक्षां वाप्युदपात्रं K. — Gr. inserts the following after 96, अग्निं हुत्वा विधानेन यत्पुण्यफलमाप्यते । तेन तुल्यं विशिष्टं वा ब्राह्मणस्तर्प्यति फलम् ॥ — 97. भस्मीभूतेषु M.^{349} G. Ku. R. Nd. V.; भस्मभूतेषु Me. M.^{128} N. — 99. सत्कृत्य M.^{349} G. Nd. Ku. K. V. (and Vishṇu LXVII. 45, etc.); संस्कृत्य M.^{128} — 104. अन्नाद्यदायिनाम् ॥ M. G. R. Nd. K.; अन्नादिदायिनाम् ॥ Ku. V. — 105. गृहमेधिनाम् । R. M.^{349} (and Pañchatantra, as quoted in Böhtlingk's I. Spr. 963). — 106. °भोजनम् ॥ M.^{128} M. G. Ku. R. Be. B. W.; °पूजनम् ॥ M.^{3469} V. — 108. निवृत्ते M.^{34} तस्याप्यन्नं M.^{69} Ku. V.; तस्मै चान्नं G. R. M.^{34}; तथाप्यन्नं M.^{128}; तस्मादन्नं Nd.; तस्मै दानं K. — 109. न भोजनार्थं M. G. N.; न भोजनार्थं Ku. R. Nd. K. V. भोजनार्थं हि M. G.; भोजनार्थं हि Ku. Nd. R. V. K. — 111. भुक्तवत्सु च G. Nd. (and Vishṇu LXVII. 36); भुक्तवत्सु स M.^{128}; भुक्तवत्स्वपि R. K.; भुक्तवत्सु M.^{349}; भुक्तवत्सूक्त° V. — 113. प्रकृत्यान्नं M. G. R. Nd. Be. K. (प्रकृतान्नं Vishṇu LXVII. 38); सत्कृत्यान्नं V. — 114. सुवासिनीः or सुवासिनी M.$^{1-45}$ G. Ku. R. Nd. K. s. m. W. C.^{2} L.; सुवासिनीं C.^{1} H.; स्ववासिनीः M.^{9} Nd. B. K. pr. m. °कुमारीश्च M.^{128} R. L.; °कुमार्यश्च G.; °कुमारांश्च M.^{349} Ku. Nd. K. C.^{12} H. गर्भिणीस्त्रियः ।

C.[1] H. Kl. See Vishṇu LXVII. 39, etc. — 116. भुक्तवत्सु च M.[8] G. K. (and Vishṇu LXVII. 40); भुक्तवत्स्वपि R.; भुक्तवत्सु तु M.[3 4 9]; भुक्तवत्सु M.[1 2]; भुक्तवत्स्वथ V.; भुक्तवत्सुपु Nd. बन्धुभृत्येपु R. — 117. भोजयित्वा for पूजयित्वा Gr. — 119. °गरु° for गुरून् G. परिसंवत्सरात् G. Ku. R. N. Me. v. l. V.; परिसंवत्सरान् M.; प्रातिसंवत्सरं K.; परिसंवत्सरागतान् ॥ Nd. (परिसंवत्सरोषितान् ॥ Mahâbhâr. XIII. 97, 4672). — 120. उपस्थिते । M. G.; उपस्थितो । Ku. R. Nd. V. — 121 om. Nd. सायमन्नस्य K. — 122. पितृयज्ञं च G. — 123. पितॄणां मासिकं M. R. Ku. V.; पिण्डानां मासिकं G. Nd. Me. v. l. Ku. v. l. T. तदामिषेण M. G. R. Nd. N. K.; तच्चामिषेण Ku. V. — 125. पितृकृत्ये M. G. K. (and Vasishtha XI. 27); पितृकार्ये R. Nd. V. (and Baudhâyana II. 15, 10) प्रसज्येत for प्रसज्जेत M. B. W. Nd. K. (and Baudhâyana, ibid.). — 126. विस्तरे ॥ G. Gr. Nd. — 127. पित्र्यो नाम विधिः क्षये । G. Me. v. l. Ku. v. l.; तिथिक्षये । Me. v. l. — 129. पूजयेत् । Nd. — 131. प्रीतः M. G. Ku. R. V.; युक्तः N. K. s. m.; विप्रः K. pr. m. Nd. — 132. ज्ञानोत्कृष्टेषु देयानि M.[1 2 8 9] Me.; ज्ञानोत्कृष्टे प्रदेयानि K. — 133. यावद्भिः for यावतो M.[1 2 8] ग्रासान् G. Ku. Nd. R. K. V.; पिण्डान् M. Gr. Be. दीप्ताङ्कु° M. G. R. Nd. W. Be.; दीप्तशू° K. V. दीप्ताङ्कुलान् ह्ययोगुलान् ॥ Nd. — 134. कर्मनिष्ठास्तथापरे । G. Ku. V.; कर्मनिष्ठास्तथैव च ॥ M. R. K. 134b om. Nd. — 135. हव्यानि च M. G. R. K.; हव्यानि तु V.; वेदार्थवित्सु हव्यानि सर्वेष्वेव Nd. — 137. मन्त्रसंपूजनार्थाय M.[1 2 5 8 9]; °संपूजनार्थे हि M.[3 4] — 138. यो विन्द्यात् K. — 140. श्राद्धानि M. G.; श्राद्धेषु R.; श्राद्धेन Ku. Nd. V. (and Mahâbhâr. XIII. 90, 4312). — 141. याभिहिता M. च सा लोके K. — 142. दाता न for न दाता M. — 144. कामं मास्ये Gr. हविर्दत्तं Gr. प्रेत्य चेह च for भवति प्रेत्य R. — 145. वा समाप्तिकम् ॥ M.[1 2 4 5 8 9] Me. G. N.; वा समाप्तिगम् ॥ R. Nd. K. M.[3] N. v. l.; तु समाप्तिकम् ॥ V. — 148. मातुलं वा R. K. — 149. तु प्राप्तं R. — 150. ये स्तेनाः पतिताः क्लीबा M. G. N. R. Nd.; ये क्लीबाः पतिताः स्तेना K.; ये स्तेनपतितक्लीबा V. — 151. वानधीयानं M.[1 2 5 8] Nd. दुर्वालं M.[4] Me. Nd — 156. भृतकाध्यापकश्चैव K. वाग्दुर्वाक् M.[1 2 8] — 157. अकारणे M.[1 2 5 8 9] G. N. Nd. R.; अकारण M.[3 4] V. K. — 159. कितवो M. G. N. Ku. R. V. s. m.; केकरो K. p. m. Me. v. l. N. v. l. Ku. v. l. जालिको for दाम्भिको G. — 162. पोषिकश्चैव R. K. — 163. भेदकश्चैव M. G. R. Be.; भेदको यश्च Nd. K. V. — 164. वृषलपुत्रश्च N. Nd. Me. v. l. Ku. v. l. — 165. शिल्पजीवी for श्लीपदी च Gr. — 166. प्रेतनिर्यापकश्चैव M.[1 2 4 5 8]; प्रेतनिर्यातकश्चैव M.[9] G. N. R. Nd.

L.; प्रेतनिर्हारकश्चैव C.[1,2] H. Ku. — 168. ब्राह्मणो ह्यनधीयान° M. G. K. Nd. R.; ब्राह्मणस्त्व° V. — 169. दैवे कर्मणि M. G. Gr. Nd.; दैवे हविषि R. Ku. V. तत् for तं C.[1] H. L. — 173. रागतः । G. — 174. जायन्ते M. कुण्डस्तु M. G.; कुण्डः स्यान् R. Nd. K. V. — 175. ते तु जाताः परत्रेवे प्राणिनः and नाशयन्ति M. G. — 177. च । M. R. K.; तु । G. Nd. V. — 178. संस्पृशत्यङ्गैर् or °ङ्गै M. N. दानसमुद्भवम् ॥ K. — 181. भवेत् । G. — 183. पूयते for पाव्यते G. — 185. ब्रह्मदेयानुसंतानो M. G. N. Nd. T. (and Mahâbhâr. XIII. 90, 4296; Vishṇu LXXXIII. 15); ब्रह्मदेयात्मसंतानो Ku. R. V. छन्दोगो ज्येष्ठसामगः Nd. — 187. निमन्त्रयीत M.[1,2,8] G. Nd.; निमन्त्रयेत or निमन्त्रयेत्तु M.[3,4,5,9] R. K. V. (and Yâjñavalkya I. 225). सम्यग्विप्रांस्तथोदितान् ॥ Be. — 188. संयतात्मा G.; निवृत्तात्मा R. — 193. ये च यैः परिचर्यन्ते K. pr. m. — 194. सर्वेषामेते G. — 195. सोमसुताः M.[8] K. pr. m. Nd. — 199. अनग्निदग्धाग्नि-दग्धान् M.; अनग्निदग्धानग्निदग्धान् G.; अग्निदग्धानग्निदग्धान् Ku. N. R. Nd. K. V. बर्हिषदस्तथा । M.[4,5,9] G. Ku. V.; बर्हिषदो ऽपि च । K.; बर्हिषदो ऽपरान् । R.; बर्हिषदो बहान् । Nd.; बर्हिषदो ऽविजान् । Me. M.[1,2,8]; बर्हिषदो बहून् । N. — 201. देवेभ्यश्च M. G. R. Nd.; देवेभ्यस्तु V. सर्वं स्थावरं च चरिणु च ॥ K. — 202. अथवा M. G. R. Nd. K.; अथो वा V. रजत° M.[1,2,8] G. R. N. Nd. K. Be.; राजत° M.[4,5,6,9] V. — 203. प्रशस्यते । G. — 204. विप्रलुल्पन्ति M. G. K. R.; हि विलुल्पन्ति Nd. V. — 207. जलतीरेषु and विविक्तेन च G. — 210. तिलांस्तथा । K. — 213. पुरातनाः । M. Nd.; पुरातनान् । G. Ku. N. R. K. V. — 214. सर्वमावृत्य विक्रमम् । C.[1] L. H. शनैः ॥ K. pr. m. — 215. विशेषतः K. pr. m. — 216. तेषु पिण्डेषु तौ हस्तौ °भागिनौ ॥ K. — 217. परा-वर्त्य G. च मन्त्रवित् ॥ M.[8,9] G. R. V.; तु मन्त्रवित् ॥ M.[5,6] K.; तु मन्त्रवत् ॥ M.[1,2,4] Me.; च मन्त्रवत् ॥ Nd. — 219. पिण्डेभ्यः स्वल्पिकां M. G. K.; पिण्डे-भ्यस्त्वल्पिकां Ku. R. Nd. V. — Nd. inserts 223 after 219. — 221. जीवेच्चा-पि C.[1] H. L. — 222. यदुक्तं तत्समाचरेत् ॥ Gr.; स्वयमेव तदाचरेत् ॥ K. — 223. प्रयच्छेत्तु M.[3,4,5] Me.[1,2,3,5,8,9] G. R. Nd. K. Be.; प्रयच्छेत M.[9] V. Me.[4]; प्रसिंचेत्तु M.[1,2,8] — 224. तूपसंवृत्य Gr. °संक्षिपेत् ॥ G. — 226. सम्यग् M. G. Ku. Nd. R. K. C.[2]; पूर्वं C.[1] H. L. — 227. सुरसानि फलानि च । G.; पानानि विविधानि च । R. — Gr. Nd. insert 231 before 229. — 228. उपनीय सर्वमे-तत् M.[4,5,9] G. K.; उपनीतं सर्वमेतत् M.[3]; उपनीय तु तत्सर्वं M.[1,2,8] R. Nd. V. — 229. नाश्रुमा° M.[1,2,5,8,9] Me. G. K.; नास्रमा° or नाश्रमा° M.[3,4] N. V. Nd.; न चाम्रा° K.; न चास्रं पातये° Be.; न चाश्रुं पातये° R. न चैनमवधूनयेत् ॥ K. —

230. अग्र्य M. G.; असं or अग्रं K. Ku. R. Nd. V. — 231. ब्राह्मणाद्याश्च G.; ब्रह्माद्याश्च Me. v. l. — 232. पुराणान्यखिलानि च ॥ G. — 233. भोजयेच्चाशनं शनैः । M. G. Ku. K.; भोजयेच्च शनैः शनैः । R. Nd. V. परिबोधयेत् ॥ G.; परिचोदयन् ॥ R. — 234. चासनं M.[1,2,4,5,8,9] Me. G. Ku. R. C.[1] B. W.; चासने M.[3] Nd. K. Ku. L. C.[2]. तिलैश्चाव° M.[1,2,8] G. Nd.; तिलैश्च वि° M.[3,4,5,9] M. G. Nd. — 236. भुञ्जीरंश्चैव M. Nd. K.; भुञ्जीरंस्ते ऽपि G. R.; भुञ्जीरंस्ते च V. — 237. यावदुष्मा भवत्यन्ने M. G. N. R. K.; यावदुष्णं भवत्यन्नं or °न्ने Nd. V. (and Vasishtha XI. 32; Vishṇu LXXXI. 20). तावदश्नन्ति पितरो M. G. R. Nd. (and Vishṇu); पितरस्तावदश्नन्ति V. — 239. चण्डालश्च M. कुक्कुटश्च तथैव च । R. Gr. — 240. °वीक्षितम् । Be. दैवे हविषि M. G. R. K. Be.; दैवे कर्मणि Nd. V. पित्र्ये च M. यथायथम् ॥ Be. — 241. श्वा च G. — 242. ततः ॥ M. G. R. Nd. K. Ku. C.[2]; पुनः ॥ C.[1] H. L. — 243. °ज्ञातो यथाशक्ति प्रपूजयेत् ॥ G. — 247. असपिण्ड° M. G. N. Nd. K.; आसपिण्ड-क्रियाकर्म Ku. R. R. संस्थितस्य च । M. G. R.; संस्थितस्य तु । Nd. V.; संस्कृतस्य च । K. एकं च M. R. Nd. K.; एकं तु G. V. — 249. अवाङ्मुखाः ॥ K. pr. m. — 251. तृप्तानाचामयेत्पुनः । Gr. अभितो रम्यताम् M. G. Nd. C.[1] H. L.; अभितो गम्यताम् R.; अभि भो रम्यताम् Ku. C.[2] Me. v. l. — 252. स्वधास्त्वित्येव M.[1,2,8,9] Ku. N. K. V.; स्वधा इत्येव M.[3,4,5] Nd.; स्वधेत्येवं तु R.; स्वधेत्येवं च G. — 253. अनुज्ञातश्च तैर् R.; अनुज्ञातस्तु तैर् M. G. Nd. Be.; अनुज्ञातस्ततो K. V. — 254. स्वदत N. v. l. for स्वदितम्. गोष्ठेषु R. Nd. सुश्रितम् । or सुसृतं M.[1,3,5,8,9] N. v. l. Me.; सुश्रुतं M.[4] G. N. R. Ku. Nd. K. V. रोचितम् M. R. G. Nd. K.; रुचितम् Ku. V. — 256. दर्भपवित्रं Nd. शक्तितः । Nd. Gr.; संपदः । K. s. m. — 258. प्रयतो वाग्यतः शुचिः । M.[3,4,5] G. N.; नियतो वाग्यतः शुचिः । Ku. R. Nd.; प्रयतो विधिपूर्वकम् । M.[1,2,8,9]. — 259. मा विगमद् M.[5] G. K. B. नो ऽस्तु तत् ॥ R. The following is inserted after 259 in R. (and Vishṇu LXXIII. 30 and elsewhere) अन्नं च नो बहु भवेदतिथींश्च लभेमहि । याचितारश्च नः सन्तु मा च याचिष्म कंचन ॥ — 261. पुरस्तादेव M. G. N. Nd. K. V.; परस्तादेव R. See Prof. Bühler's note. — 263. सुतं विन्देद् Nd. धार्मिकं सात्त्विकं G. R. K. — 264. पूजयेत् ॥ M. G. Nd.; भोजयेत् ॥ Ku. R. K. V. — 267. प्रीयन्ते M. G. R. Nd. K. C.[2] (and Mahâbhâr. XIII. 88, 4245; Vishṇu LXXX. 1); तृप्यन्ति Ku. C.[1] H. L. (and Yâjña-valkya I. 257). — 268. शाकुनेनाथ G. Nd. V. शाकुनेनेह M.[1,2,8,9] R. K.; शाकुनेनैव M.[3,4,5]. वै ॥ M.[1,2,8,9] V. Nd. R.; च ॥ G.; तु ॥ M.[3,4,5]. —

269. पार्षतेनेह M.[4 5 9] G. V. R. K.; पार्षतेनाथ M.[1 2 8]; पार्षतेन च V. अष्टावेणेय॰ M. G. R. Nd. K.; अष्टावेनस्य V.— 270. शशकूर्मयोर्मांसेन M.[3 4 5] G. K.; शशकूर्मयोस्तु मांसेन M.[1 2 8 9] V.; शशकूर्मकमांसेन R.; शशकूर्मस्य मांसेन Gr.; शशकच्छपमांसेन Ku. Nd. — 271. पायसेन वा । M. R. Nd. L.; पायसेन तु । G.; पायसेन च । Ku. K. H. C.[1 2]. The term वार्ध्रीणसस्य is spelt in many various ways in the Mss. — 272. महाशल्काः M.[4 5 9] Me. Ku. R. V.; महाशल्कं G. Nd.; महाशल्कः M.[2 8]. See Yâjñavalkya I. 259, etc. — 273. मधुसंमिश्रं (and Mahâbhâr. XIII. 88, 4253) M. R.; मधुसंयुक्तं G. Ku.; मधुना मिश्रं Nd. V. — 274 om. G. कुले जातो Nd.; कुले भूयाद् M. R. Ku.; कुले जायाद् R. W. V. (and Mahâbhâr. XIII. 88, 4251). प्राक्छायां Me. v. l. — 275. परत्रानन्त्यम् N. Nd. R. B. W.— 276. श्राद्धे प्रसिद्धास्तिथयो K.— 277. अर्चन् M. G. Ku. K. R. Nd. Be.; सर्वान् V. — Nd. Gr. insert the following after 277, कुर्वन्प्रतिपदि श्राद्धं सुरूपाँल्लभते (विन्दते Gr.) सुतान् । कन्यकास्तु द्वितीयायां तृतीयायां तु वन्दिनः ॥ पशून्क्षुद्रांश्चतुर्थ्यां च पञ्चम्यां शोभनान्सुतान् । षष्ठ्यां द्यूतं कृषिं चैव सप्तम्यां लभते नरः ॥ अष्टम्यामपि वाणिज्यं लभते श्राद्धदः सदा (श्राद्धतो नरः Nd.) । स्याच्च नवम्यामेकखुरं दशम्यां चाखुरं तथा ॥ एकादश्यां तथा रूप्यं ब्रह्मवर्चस्विनः सुतान् । द्वादश्यां जातरूपं च रजतं रूप्यमेव च ॥ ज्ञातिश्रैष्ठ्यं त्रयोदश्यां चतुर्दश्यां पुत्रप्रजाः । प्रीयन्ते पितरश्चास्य ये शस्त्रेण रणे हताः । श्राद्धदः पञ्चदश्यां तु सर्वान्कामानवाप्नुयात् ॥ — K. places 278 before 277. — 281. पाञ्चयज्ञियम् G.; पाञ्चयाज्ञिकम् M. — 282. पैतृयज्ञिको or पैतृयाज्ञिको M. G. N. K. B.; पैतृयज्ञियो R. W. V. — 283. समाहितः । G. सर्वम् M. G. R. Nd. Be. K. Gr.; कृत्स्नम् V. — 284. वदन्ति तु M. G. Nd. R. K. L.; वदन्ति वै C.[1 2] H. प्रपितामहांस्तथादित्यान् M.[2 4 5 8] R. Nd. Gr. B. W. C.[1] H. L.; प्रपितामहानादित्यान् K.; प्रपितामहांश्चादित्यान् M.[3 9] G.; प्रपितामहांस्त्वादित्यान् C.[2] पुरातनी ॥ M. G. N. R. Be.; सनातनी ॥ Nd. V. — 285. चामृतभोजनः । M. G. R. Nd. K. W. (and Mahâbhâr. III. 2, 106); वामृतभोजनः । B. Kl. V. विघसं M. G. R. Nd. K.; विघसो Ku. V. (and Mahâbhâr.). भृत्यशेषं Me. N.; भुक्तशेषं M. G. R. Ku. Nd. K. V. (and Mahâbhâr.) Me. v. l. स्याद्यज्ञशेषममृतम् ॥ M. G. K.; यज्ञशेषं तथा॰ R. Nd. V. (and Mahâbhâr). — 286. पाञ्चयाज्ञिकम् । M. G.

CHAPTER IV.

1. कर्मभिः स्वैर॰ G. — 4. जीवेत G. R.; जीवेच्च K. अपि च R. कथंचन ॥ M. K. Nd.; कदाचन ॥ G. Ku. R. V. — 7. त्र्यैहिको Nd. च ॥ M.[1 2 5]. — 9. चतुर्थश्च R. — 10. वर्तयंस्तु R. — 11. लोकवृत्तिं G. — 12. तु सुखं K. — Nd. inserts 15 after 12. — 15. कल्पमानेष्वर्थेषु M. G. N. R. K. Nd. H. L.; विद्यमानेष्वर्थेषु C.[1 2] Kl. समन्ततः ॥ K. pr. m. — 16. प्रसज्जेत R. (and a text quoted in Böhtlingk's I. Spr. 1121). — 19. शास्त्राणि वीक्षेत K. — 21. तथैव च । K. — 23. प्राणं वाचं M. — 24. पश्यन्ति K. 24 om. Nd. — 25. अग्निहोत्रं तु M. ऽहर्निशं सदा । G. — 26. ह्ययनादौ च G.; ह्ययनान्ते तु Me. M.[1 2 5 8 9] R. Nd.; ह्ययनस्यादौ or त्वयनस्यादौ M.[4] (corrected from ॰न्ते) M.[3] N. Ku. V. — 29. ऽनर्चितः शक्तितो M. — 31. गृहमागतान् । Nd. Gr. विपरीतांस्तु M. G. R. Nd.; विपरीतांश्च V.; विपरीतान्वि॰ K. — 33. धनमन्विच्छन् K. — 35. शुद्धाम्बरः Be. स्वाध्याये नित्ययुक्तः N. K. — Gr. inserts the following after 36, पाने तथैव संयोगाच्चित्यं मेध्यः कमण्डलुः । ब्राह्मणाः सर्वतो मेध्यास्तेषां चैव कमण्डलुः ॥ — 37. नास्तमेतं M.[1 2]; नास्तं येतं M.[8 9]. — 38. स्वरूपम् M.[1 2 8 9] R. — 40. कदाचन ॥ K. — 42. प्रज्ञा तेजो बलं चक्षुर् G. Ku. R. V.; प्रज्ञा तेजो बलं चैव K.; प्रज्ञा लक्ष्मी यशश्चक्षुर् M. Nd. विवर्धते ॥ G. — 43. च न यथासुखमास्थितम् ॥ K. — 44. श्रेयस्कामो Be. — 46, 47 om. Nd., and certain Mss. quoted by N. — 47. नदीतीरमास्थाय K. — M. places 52 after 48 and seems to omit 50. — 48. गाम् । G. कथंचन M. — 49. काष्ठं लोष्टं पत्त्रं तृणानि च । M. G. R. Nd. (and Baudhâyana I. 10, 10); काष्ठपत्त्रलोष्टतृणादिना K.; काष्ठलोष्टपत्त्रतृणादिना Ku. V. — 51. वा ॥ M.; च ॥ all the rest (and Vasishṭha VI. 13). — 52. प्रत्यग्नि M. G. N. Nd. R.; प्रत्यग्निं V. K. ॰र्कं द्विजः । G. N. ॰द्विजं । M. Nd.; द्विजान् । R. V. K. प्रतिगु G. N. W.; प्रतिगुं M.[1 2 5 8 9]; प्रति गां M.[4] (correction for प्रतिगुं) V. R. Nd. प्रतिसंध्यं for प्रतिवातं Nd. Me. v. l. M.[1 2 8 9] N. v. l. Ku. v. l. See, too, Vasishṭha VI. 11. — 54. चैवमभिलङ्घयेत् । M. प्राणिवधम् G. — 55. विलिखेद्भूमिं R. नात्मनः प्रहरेत् K. — 56. च ॥ M.[1 2 8]. — 57. नैकः शून्यगृहे स्वप्यान् M. R.; नैकः स्वप्याच्छून्यगृहे G. Nd. V. K. न श्रेयांसं Me. Go. M.[1 2 5 8 9] N. Ku.; न शयानं K. Nd. (and Yâjñavalkya I. 138); शयानं न M.[3 4] V. N. v. l. G. See, too, Nandapaṇḍita's gloss on Vishṇu LXXI. 56. — 58. देवब्राह्मणसंनिधौ । K. — 61. पाषण्डिजना॰ M. G. R. B. W.; पाषण्डिगणा॰

Nd. V. K. pr. m.; पापपिण्डजनाकुले । K. s. m. See Vishṇu LXXI. 65, etc. — 62. नातिप्रातर् G.; नातिप्रागे M. — 63. भक्षान् or भक्ष्यान् M. Me.; भक्ष्यान् V. (and Gautama IX. 56); भक्षं G.; भक्ष्यं R. Nd. — 64. विरोधयेत् ॥ Me. M.[4 8 9]; विरोध्यन् ॥ M.[1]; विनारोधयेत् ॥ M.[2 5]; विचारयेत् ॥ M.[3] M.[4] (correction); विरावयेत् ॥ G. N. R. Ku. K. s. m.; ऽपि रावयेत् ॥ Nd.; निवारयेत् ॥ Gr. K. s. m.; ऽपि रामयेत् N. v. l.; विरामयेत् ॥ W.; विराजयेत् ॥ B. (विरागयेत् Vishṇu LXXI. 57). — 68. प्रतोदेनाक्षिपन् M. — 70. मल्लोष्टं विमर्द्दीयान् M. G. N. R. Be. L.; मल्लोष्टानि मर्द्दीयान् Nd.; मल्लोष्टं च मर्द्दीयान् Ku. V. C.[1 2] H. — 72. विगृह्य M. G. N. Ku. Nd. R. K.; विगर्ह्य V. कथाः R. K. विवर्जयेत् ॥ R. — 74. कदाचित्तु M. K. V. — 75. तिलसंबन्धं N. Nd. (and Vishṇu LXVIII. 20). अस्तमयं प्रति । M.[1 2 8 9] G. N. Nd. Gr. K.; अस्तमिते (°मये) रवौ । M.[3 4 5] Ku. V. कथंचन ॥ Gr. — 76. संविशेन्न कदाचन । Gr. — 79. संवसेत्तु M.; संविशेच्च G.; संविशेत्तु R. पुल्कसैः । M.[1 2 5 8 9] Nd. R.; पुक्कसैः G. M.[3]; पुक्कसैः or पुक्कशैः M.[4] Ku. V. — 80. न वा° M.[3 4 5] G.; न चा° all the rest (and Vasishṭha XVIII, 15; Vishṇu LXXI. 51)). — 81. यस्यैवादिशति R. — 82. कण्डूयेता° M. G. R. (and Mahâbhâr. XIII. 104, 5023; Vishṇu LXXI. 53, note); कण्डूयेदा° Ku. V. 82 om. Nd. — 83. सदा शिरसि वर्जयेत् । R. — 85. °समा वेश्या दशवेश्यासमो नृपः ॥ M. G. R. Nd. N. K.; °समो वेशो दशवेशसमो नृपः ॥ Ku. N. v. l. Râ. V. The latter reading is wrongly referred to as Me.'s by Ku. See Yâjñavalkya I. 141.— Gr. inserts the following after 86, ततो ऽर्धं राजमहिषी राजामात्यपुरोहितम् । अर्धेनार्धेन हीनाः स्युः सर्वे ते राजकर्मिणः ॥ — 87. प्रतिगृह्णीयाल्लु° K. — 89. संहातं च V. Kl. तापनं G. — 90. ऋचीषं G. K. s. m.; ऋचीसं Nd.; ऋबीसं or ऋवीसं M.[1 2 5 8 9] K. pr. m.; ऋजीषं V. M.[4] R. For a similar variation of reading, see Vishṇu XLIII. 17. शाल्मलीं M. G. Nd. V. K.; शल्मलं R. लोहचारकम् M.[3] M.[4] (correction) G. N. Nd. K. B.; लोहदारकम् R. V. Kl.; लोहाङ्गरकम् W.; लोहभारकम् M.[1 2 4 5 8 9]. See Vishṇu XLIII. 22. — 92. °क्लेशं च तन्मूलं G. — 94. अवाप्नुवन् । G. Nd. K. (and Mahâbhâr. XIII. 104, 4971); अवाप्नुयुः । M. N. Ku. R. V. — 96. तिष्ये तु च्छन्दांसि कुर्याद् K. — 97. तद्वाप्येकमहर्निशम् ॥ M. G. N. Nd. K. R. Ku. L. H. C.[1]; तदेवैकमहर्निशम् ॥ C.[2]. — 98. तु सर्वाणि M.[1 2 9]. — 102. कर्णश्रावे G. N. — 107. धर्मनैपुण° M.[1 2 4 5 9] G. N. R. Nd.; °नैपुण्य° M.[3] Ku. K. V. सर्वशः ॥ M. G. Nd. R. K.; सर्वदा ॥ V. — 109. उदये for उदके Me. v. l. — 111. स्नेहो लेपश्च Gr.—

112. सूतिकान्नाद्यमेव वा ॥ K. — 116. गोव्रजे तथा । R. प्रतिगृह्य वा ॥ M. — 118. वाग्निकारिते M.[1 2 9] R. — 119. क्षपणं M. Go. N. R. Nd. (and S'âṅkhâyanagṛihyasûtra IV. 5, 17); क्षिपणं G.; क्षेपणं Ku. K. V. — 121. न विवाहे G. शुक्तके ॥ or सुक्तके ॥ Go. N. Nd. Ku. s. m. L. Râ. (and Gautama XVI. 20,etc.); सूतके ॥ R. C.[1] H. K. p. m.; सूक्तके ॥ C.[2]; सुक्तये ॥ G.; मुक्तके ॥ M. Me. — 122. वाप्यनुज्ञाप्य M. — 126. °नकुलादिषु । Gr. — 131. वा श्राद्धं M.[1 2 9] तु सामिषम् । G. — 132. नाधितिष्ठेत M.; नाधितिष्ठेत्तु Nd. V.; नाधितिष्ठेच्च G. K. R. — 136. निर्दहत्यवमानितम् । M. G. R. Ku. K.; निर्दहेदवमानितम् । Nd. V. — 137. म्रियमाकांक्षेन् G. Nd. — 138. प्रियं वा M. — 140. नातिकाल्यं M.[1 2 9] Me. N.; नातिकल्यं all the rest (and Mahâbhâr. XIII. 104, 4977). — 141. वयोऽतिगान् । M. N. रूपद्रविणहीनांश्च M. G. N. Nd. R. Be. (and Mahâbhâr. XIII. 104, 4989); रूपद्रव्यविहीनांश्च V. K. — 142. स्वस्थो G. K. ज्योतिर्गणं M. G. R.; °गणान् Ku. Nd. V. — 144. सर्वाणि परिवर्जयेत् ॥ K. — 147. वेदमेव जपेन् M. G. N. R. Nd. Ku. Be. K. Gr.; वेदमेवाभ्यसेन् Kl. V. यथाकामम् K. s. m. तमस्याहुः K.; तमेवाहुः R. — 148. अद्रोहेणैव M. G. Nd. K.; अद्रोहेण च R. V. पूर्विकाम् ॥ G. — 149. पूर्विकां G. द्विजः । M. Nd.; पुनः । G. R. Ku. K. V. सततम् for चाजस्रम् K. अनन्तं G. Nd. Kl. V. K.; आनन्त्यं M. N. W. B. — 150. सावित्र्या Nd. N. — 151. उच्छिष्टान्ननिषेकं च G. N. — 153—158 om. M. — 154. अभिवाद्य च वृद्धांस्तु (च) K. R.; अभिवादयेच्च वृद्धांश्च G.; अभिवादयेद्वृद्धांश्च Ku. V.; अभिवादयेत वृद्धांश्च Nd. (and Mahâbhâr. XIII. 104, 5020). — 156. ईप्सितां प्रजाम् । G. R.; ईप्सिताः प्रजाः । Ku. Nd. K.V. — 157. ऽपि for हि R. — 158. यः स्यादाचारवान् R. — 162. ब्राह्मणानां च G.; ब्रह्महं गां वा K. — 163. स्तम्भं M. G. N. Ku. R. Nd. K. (and Mahâbhâr. XIII. 104, 4990); दम्भं V. — 165. °गूर्येव M. G. R. K. Nd.; °गुर्येव V. °कांक्षया । Nd. — 168. तावतोऽब्दसहस्राणि तत्कर्ता नरके वसेत् ॥ Gr. See XI. 203. — 170. हिंसावर्ती च Gr. — 173. तु कृतं कर्म K. (and Mahâbhâr. XII. 91, 3423). निष्फलम् ॥ K. pr. m. — 175. चैवारमेत् M. G. N. R. Nd. K. L. H. C.[1]; चैव रमेत् C.[2] — 176. लोकसंक्रुष्टम् M. G. Nd. K.; लोकविक्रुष्टम् Ku. N. R. V. वा ॥ M. — 177. नेत्रचपलस्तथा । Gr. — 180. जामीभिर् M. G. R. N. Nd. (and Mahâbhâr. XII. 243, 8868); यामीभिर् Ku. V.; पामीभिर् K. — 181. एतान्विवादान् M. R. (and Mahâbhâr., loc. cit. 8869); एतैर्विवादान् Me. G. K. Ku. V.; एतैर्विवादं Nd. एतैर्जितैश्च M. G. Ku. R. K.; एभिर्जितैश्च V.; एतैर्जितश्च Nd. (and Mahâbhâr.); एताञ्जित्वा च N. — 182. देवलोकस्य ऋत्विजः ॥

G. — 183. ज्ञामयो M. G. R. Nd. (and Mahâbhâr.); यामयो Ku. K. V. — 185. छाया स्वा M. G. N. K. Ku. R. L. H. W. B. (and Mahâbhâr.); छाया स्वो Go. C.[1,2]; छाया स्व° Nd. दासवर्गस्तु M. R. Nd.; दासवर्गश्च G. K. V. (and Mahâbhâr.). — 186. प्रतिग्रहसमर्थस्तु R. तस्याशु R. — 188. अविद्वान्प्रतिगृह्णानो G. K. Nd. (and Vasishtha VI. 32); अविद्वान्प्रतिगृह्णान्हि R.; प्रतिगृह्णंस्त्वविद्वांस्तु M. V. — 192. प्रयच्छेत G. (and Vishnu XCIII. 7) पापे M. G. Nd. K. Gr. (and Vishnu, note); द्विजे R.; विप्रे V. — 193. विधिनोपार्जितं G. R. — 194. दातृप्रतीप्सकौ ॥ Me. v. l. — 195. लोकदम्भिकः । M. G. Nd.; लोकदम्भकः । N. Ku. R. V. K.; लोकदाम्भिकः Nd. (and Vishnu XCIII. 8) सर्वाभिसंधकः ॥ G. N. R. Ku. K. V.; सर्वातिसंधकः ॥ M. Nd. — According to Medhâtithi, 'some' (केचित्) insert the following verse after 195, यस्य धर्मध्वजो नित्यं सुराध्वज इवोच्छ्रितः । प्रच्छन्नानि च पापानि बैडालं नाम तद्व्रतम् ॥ — 196. वकवृत्तिचरो G. — 197. वकवृत्तिनो G. — 199. तच्च M.[1,2,3,4,5,9] G. N. R. Nd. K.; यच्च M.[6] Ku. V. (and Vishnu XCIII. 12). — 200. तिर्यग्योनिषु M.; तिर्यग्योनौ च G. N. R. Ku. K. V.; तिर्यग्योन्यां च Nd. (तिर्यग्योनौ प्र° Vishnu XCIII. 13). — K. Gr. insert the following after 201, उद्धृत्य चतुरः (सप्तोद्धृत्य ततः K.) पिण्डान्कामं स्नायीत पञ्च वा । उदपानात् (औदपानात् Gr.) स्वयं ग्राह्यं (ग्राह्यः K.) बहिः स्नात्वा न दुष्यति ॥ (स्नानं न दिश्यते ॥ Gr.) — 201. न स्नायाद्धि M. K. Nd. — 202. °युञ्जान M. G. R. Ku. Nd. K. C.[2]; °भुञ्जान C.[1] H. L. — 204. यमानेतानकुर्वाणो नियमान्केवालान्भजेत् ॥ R. — 205. °हुते तथा । M. G. N. Ku. Nd. K. C.[2]; °कृते तथा । C.[1] H. L. — 205. नाश्रोत्रियहुते R. W. शूद्रेण for क्लीबेन N. v. l. — 206. अश्लीलम् N.; अश्रीकम् R. — 207. तु न भुञ्जीत M. K. पादस्पृष्टं Be. R. तु कामतः ॥ M.[1,2,9] — 209. विदुषा M.[1,2,4,5,9] Me. G. Ku. R. C.[2]; विदुषां M.[3] N. Nd. C.[1] H. L. — 210. विगदस्य च ॥ Me. v. l.; निगडेन च ॥ Gr.; निगलस्य च ॥ Nd.; निगलेन च ॥ Ndd.; निगडस्य च ॥ all the rest. — 211. उच्छिष्टमगुरोस्तथा ॥ Me. v. l. — 212. सूतकान्नं Me. v. l. — 213. कदर्यान्नं for नगर्यन्नं G. — 214. °विक्रयिकस्य च । M.[1,2] G. N. Nd.; °विक्रयकस्य च । M.[4,5,9] R.; °विक्रयिणस्तथा । K. V. — 215. वेणस्य (वर्णस्य) M. Me. G. Nd. Ku. C[1,2] (and Vishnu LI. 14); वैणस्य N. R. B. H. L. (and Yâjñavalkya I. 161). — 216. चैल° M.[1,2,5,9] N. R. K. (and Yâjñavalkya I. 164; Vishnu LI. 15); चेल° M.[3,4] V. 216 text om. Nd. — 218. तेज आहन्ति G. — 221. य एते ऽन्ये त्वभोज्यान्नाः M.[1,2,9] G. Nd. K. Kl. C.[1,2]; य एभ्यो ऽन्ये त्वभोज्यान्नाः R. W. H. L.; य एतेभ्यो त्वभोज्यान्नाः M.[5]; य

एतेभ्यो ऽन्ये ह्यभोज्यान्नाः M.[3 4] — 222. वा ॥ M. — Gr. inserts the following after 222, चन्द्रसूर्यग्रहे नाद्यादद्यात्स्नात्वा तु मुक्तयोः । अमुक्तयोस्तु तयोरद्यादिष्ट्वापरे ऽहनि ॥ — 223. अश्रद्दिनो Nd. — 225. ऋद्वं M.[1 2 5 8] G. N. K. V.; ऋध्वं M.[4] Nd. R. — 226. कुर्यात्प्रयत्नतः । Gr. — After 228, Gr. inserts the following, पात्रभूतो ऽपि यो विप्रः प्रतिगृह्य प्रतिग्रहम् । असत्सु स नियुञ्जीत देयं तस्मै न किंचन ॥ संचयं कुरुते यश्च प्रतिगृह्य समं ततः । धर्मार्थं नोपयुञ्जीत न तं तस्करमर्चयेत् ॥ — 231. विष्टपम् ॥ M. G. N. R. Nd. K.; पिष्टपम् ॥ V. W. B. — 232. ब्रह्म शाश्वतम् ॥ M.; Me. like the rest. — 235. वा । M. 235 om. R. — 236. न चानृतम् । M.[1 2 9]; न वानृतम् । M.[3 4 5] — 237. तु परिकीर्तनात् ॥ M.; चरति कीर्तनात् ॥ R. — 238. वम्रिकाः । G.; वल्मिकाः । N. — 240. प्रमीयते । G. R. — 241. धर्मस्तिष्ठति केवलः ॥ M.; Me. like the rest. — 243. हतदुष्कृतम् । R. — 245. उत्तमानुत्तमानेव गच्छन् M. G. R. Nd. K.; उत्तमानुत्तमान्गच्छन् V. हीनांस्तु वर्जयन् । M. — 246. तथाव्रतः ॥ M. G. Ku. N. v. l. V.; तया व्रतैः ॥ N.; यथाविधि ॥ K. — 248. आहूता° M.[1 2 9] G. Nd. (and Vishṇu LVII. 11); आहृता° M.[4 5] Ku. R. K. V. (and Vasishṭha XIV. 16; Yâjñavalkya I. 215; Âpastamba I. 19, 14). °भ्युद्यतां M.[1 4 5] Me. G. N. Nd. R. K. V. (and Vishṇu, etc.); °भ्युदितां M.[2 9] °प्रवेदिताम् । Nd. (and Âpastamba). भोज्याम् for ग्राह्याम् Gr. — 250. गृहं R. धान्यं for धाना R. K. — 251. सर्वथा K. — 252. वृत्तिमाकांक्षन् M. — 253. अर्धिकः M. G. N. (and Vishṇu LVII. 16); आर्धिकः R. Nd. K. V. Ku. — 254. यो यथोपचरेदेनं K. — 257. आस्थितः ॥ M. G. Nd.; आश्रितः ॥ R. Ku. V. — 258. हितमात्मनि । M.

CHAPTER V.

1. महाभागम् for महात्मानम् K. — 4. तु वर्जनात् । G.; विवर्जनात् । K. — 5. पलाण्डुकवकानि R. — 6. पीयूषं M. G. Nd. K.; पेयूषं N. Ku. V. — 7. पायसापूपशष्कुलीः । K. — 9. स्त्रीक्षीरमथ K. — 10. भक्ष्यं तु G. R. शुक्ते तु G. — 11. क्रव्यादः M. N. Nd. K.; क्रव्यादान् Ku. R. V.; क्रव्याद° G. टिट्टिभं च विवर्जयेत् ॥ G. Ku. R. V. टिट्टिभं परिवर्जयेत् ॥ M.; टिट्टिभांश्चैव वर्जयेत् ॥ Nd. — 12. रज्जुदालं M. G. N. R. (and Vishṇu LI. 29); रज्जुवालं Ku. Nd. V. — 14. विड्वराहांस्तु M.[2 5 9] — 16. राजीवाः सिंहतुण्डाश्च सशल्काश्चैव सर्वदा ॥ G. — 17. मृगान्द्विजान् । R. — 22. भक्ष्यर्थम् G. — 24. भक्ष्यभोज्यम् G. — 25. विक्रियाः ॥ M. R. Nd. Ku. H. L. K.; विक्रिया ॥ C.[1 2]; विक्रियाम् ॥

G. — 27. ब्राह्मणस्य च Gr. — 28. जङ्गमं स्थावरं चैव M. भोजने ॥ G. — 29. चाप्यदंष्ट्रिणः । G. — 32. परोपहृतमेव M. G. Nd. K. Gr.; परोपकृतमेव Ku. N. V. न दोषभाक् ॥ K.; न दुष्यते ॥ Gr. — 33. प्रेतस्तैरद्यते M. G. Nd.; प्रेत्य तैरद्यते R. V. K. — 34. मृगहत्या धनार्थिनः । Nd. — 36. कथंचन । M. G. Nd. R. K. (and Vishṇu LI. 59); कदाचन । Ku. V. शाश्वतं धर्मम् Nd.; नैत्यिकं विधिम् G. — 37. कथंचन ॥ R. Nd. — 38. °कृत्वां ह मारणम् । Me. Go. R. Nd. N. Ku. Kâ. V.; कृत्वेह मारणम् । M. G. K. (and Vishṇu LI. 60). — 41. नान्यत्र मनुरब्रवीत् ॥ K. — 42. पशूंश्चैव G. B. W. (and Vishṇu LI. 65); पशुं चैव R. Ku. Nd. K. V. — 42, 43 om. M. — 46. यो बन्धनपरिक्लेशान् K. सुखप्रेप्सुः Nd. सुखमानन्त्यम् M.; सुखमत्यन्तम् G. Ku. R. V. Nd. K. (and Vishṇu LI. 69). — 47. रतिं M. G. N. R. Nd. Kl. B. W. H. L. (and Vishṇu LI. 70); धृतिं K. pr. m. C.[1 2] — 50. प्रियतामेति G. व्याधिभिर्नोपपीड्यते ॥ Nd. — 51. अनुमन्ता विनिहन्ता G. — K. inserts the following after 51, अनुमन्ता विशसिता निहन्ता क्रयविक्रयी । घातकाः सर्व एवैते संस्कर्ता षष्ठ उच्यते ॥ निर्देशेनानुमन्ता च विशस्ता शासनात्तथा । हननेन तथा हन्ता धनेन क्रयिकस्तथा ॥ विक्रयी च धनादानात्संस्कर्ता तत्प्रवर्तनात् । धनेन चोपभोगेन वधभद्रेण चाप्यथ ॥ त्रिविधस्तु वधो ज्ञेयो भोक्ता तत्रातिरिच्यते । घातकाः षट् समाख्याता भोक्ता ततस्तु सप्तमः ॥ तेषां पञ्च सकाशात्तु ह्युपभोक्तातिरिच्यते । क्रेतारं व्रजते पादः पादो भोक्तारमृच्छति ॥ खादकं व्रजते पादः पाद ऋच्छत्यतस्तु यः । यदि तत्खादको न स्याद्घातको न तथा भवेत् । खादको घातकः क्रेता तपस्तुल्या न संशयः ॥ — 52. न ततो ऽन्यो ऽस्त्यपुण्यकृत् ॥ M. Be. Nd. (and Vishṇu LI. 75); न ततो ऽन्यो ऽस्ति पापकृत् ॥ G.; ततो ऽन्यो नास्त्यपुण्यकृत् ॥ Ku. R. V. — 55. विपश्चितः ॥ Nd. — 59. वा ॥ G. R. Nd. Be.; च ॥ M. K. V. — 61, 62. M. G. Gr. have one S'loka only, जनने ऽप्येवमेव स्यान्मातापित्रोस्तु सूतकम् । सूतकं मातुरेव स्यादुपस्पृश्य पिता शुचिः ॥ This is probably the original reading. See, however, Vasishṭha IV. 20. — 61 a om. Nd. — 63. वैजिकादेव संबन्धाद् K. — 64. शावस्पृशो K. — 65. शिष्यश्च G. समं तत्र M. G. Râ. N. Nd. Ku. K. V. (and Vishṇu XXII. 85); समस्तत्र R. — Nd. inserts 78 after 66. — 67. नृणामकृतमुण्डानां and निवृत्तमुण्डकानां M.; but Me. like the rest. °चौलानां Nd. K. — 69. नापि कार्योदकक्रिया G. क्षपेत (क्षेपेत) त्र्यहमेव तु ॥ M.[1 2 5 8 9] Me.[1 2 5 8 9]; क्षिपेत्तत्त्र्यहमेव वा ॥ G.; क्षपेरंस्त्र्यहमेव च ॥ K.; क्षपेयुस्त्र्यहमेव च ॥ M.[3 4] Me.[4] Ku. N. V. क्षपयेत्त्र्यहमेव तु ॥ Nd. R. — 71. हि for तु G. — 73. निमज्जेयुश्च M.[3 4] C.[1 2] ऽन्वहम् । Nd. — 75. तच्छेषं G. — 76. दशाहे तु M. G. K.

R. Nd.; दशाहे च V. — 79. चेत्स्यातां M. यावच्च स्याद् M. (corrected into यावत्तत्स्याद् in M.[4]) R. — 82. विषयेषु च। G. तथागुरौ॥ Ndd. — 83. क्षत्रियः। G. — 86 om. K. — 87. गां स्पृष्ट्वा वीक्ष्य वा रविम्॥ Gr. वीक्ष्य वा॥ K. — 92. यथासंख्यं द्विजन्मनः॥ G. द्विजातयः॥ M. — 93. व्रतितानां (?) च विद्युता। Gr. — 94. महात्मिके M.[1 2 8 9] R.; महात्मके G. चात्र कारणम्॥ M. G. N. Nd. Ku. R. K. B. W. C.[2] (and Vasishtha XIX. 47); चात्रकारणम्॥ C.[1] H. L. — 96. मूर्ति for वपुर् K. pr. m. — 97. लोकेशप्रभवाप्ययम्॥ Ku. R. V.; लोकेशप्रभवाप्ययौ॥ M.; लोकेशप्रभवात्ययम्॥ G.; लोकेशप्रभवो ह्ययम्॥ N. Nd. B. K. v. l.; लोकेशप्रभवे ऽव्ययम्॥ K.; लोकेशप्रभवे ऽव्ययः॥ N. v. l. — 99. रश्मिं वा M. G.; रश्मींश्च K.; रश्मीन्वा R. Nd. V. — Gr. inserts the following after 102, अपरं चेत्परो परो वर्णो अपरे वा परो यदि। अशौचे संस्पृशेत्स्नेहात्तस्य शौचेन शुध्यति॥ — 103. वा। G. R. B. W. K. C.[2] H. L.; च। M. Nd. C.[1] सचैलः (सचैलं) M. G. R. B. K. H. L.; सचेलः (सचेलं) Nd. W. C.[1 2] — 106. सर्वेषामेव वर्णानाम् Nd. K. — 108. द्विजोत्तमाः॥ M. R. (and Vishṇu XXII. 91). — 110. विनिर्दिशेत्। Gr. — 113. अग्नेश्चापां च M. Gr.; अग्नेरपां च Nd. बलवत्तरः॥ for गुणवत्तरः॥ Gr. Nd. — 114. °कांस्यरौप्याणां M.[1 2 5 8 9]; °कांस्यरूप्याणां Nd.; °कांस्यरैत्यानां G. M.[4] R. Ku. K. V. (and Vishṇu XXIII. 25); कांस्यरूपाणां Gr. सीसकस्य वा॥ G. — 115. उत्पवनं M.[3 4 5] Me. R. N. Nd. W. W. L. H. (and Vishṇu XXIII. 30); उत्तावनं M.[1 2 8 9]; उत्प्लवनं G. K. Kl. C.[2]; आप्लवनं C.[1] — 116. तु शुद्धिः प्रक्षालनेन वै॥ K.; प्रक्षालनेन च॥ R. — Gr. inserts the following after 116, कमण्डलूनां च तथा विप्राणां ब्रह्मचारिणाम्॥ हुते ऽग्नौ ब्राह्मणस्यापि तत्त्वतः श्रूयते श्रुतिः॥ — 119. चैलवच्च° M. G. N. R. K. L. H.; चेलवच्च° Nd. C.[1 2] — 122. तृणकाष्ठानि Nd. Be. K. मार्जनोल्लेपणैर् G. — 123. मूत्रपुरीषैर्वा M. G. R. K.; मूत्रैः पुरीषैर्वा V. 123 text om. Nd. — 124. संमार्जनेनाञ्जनेन M. G. R. K. Nd. W. (and Vishṇu XXIII. 56); संमार्जनोपाञ्जनेन Kl. B. V. — 126. वादेयं R. M.[8 9]. — 131. चण्डालैश्चैव दस्युभिः॥ R. — 133. सर्वदा॥ G. — 135. मूत्रं for मूत्र° M. K. B. (and Vishṇu XXII. 81). कर्णविण् नखाः। M. G. N. Nd. Be. K. W. B. H. L. (and Vishṇu); घ्राणकर्णविट्। C.[1 2] 135a om. R. — 136. तथैकत्र करे M.[1 2 5 8 9] G. N. Nd. V. (and Vishṇu LX. 25); तथैकस्मिन्करे Ku. Nd. R.; तथा वामकरे K. W. M.[3 4] (corrected from तथैकत्र करे). — 137. त्रिगुणं तु K. यतीनां च M. K. — 138. मूत्रपुरीषं च G.; मूत्रं पुरीषं च K. — 139. स्त्रीशूद्रं तु M.[1 2 5 9]; स्त्री शूद्रस्तु M.[4] (correction) V.; स्त्रीशूद्रं च G. N.; स्त्रीशूद्रौ च K.;

स्त्री शूद्रो ऽपि Nd. — 141. ऽङ्गं न यन्ति याः । M. G. N. Nd. K. (and Gautama I. 41; Vishṇu XXIII. 53. note; Vasishṭha III. 37); ऽङ्गे पतन्ति याः । Ku. R. V. (and Vishṇu XXIII. 53). — Gr. inserts the following after 141, दन्तवद्दन्तलग्नेपु जिह्वास्पर्शे तथा शुचिः । परिच्युतेष्ववस्थानान्निगिरन्नेव तच्छु-चिः ॥ Nd. has a fragment only of this verse. — 145. तु । G. — 146. धर्मं M.[1 2 5 8 9] Me. R. Ku. B. W. Nd.; धर्मान् M.[3 4] G. V. — 147. स्वतन्त्र्येण न G. — 148. न भजेत स्वतन्त्रताम् ॥ G. — 149. एषां च G.; एषां तु R. — 150. गृहकार्ये च G. K. (and a text quoted in Böhtlingk's I. Spr. 6365). — 151. संस्थितं न च G. K. — 152. यत्नस्त्वासां M. स्वाम्यकारकम् ॥ G. R. K.; स्वाम्यकारणम् ॥ V.; स्मामिकारकम् ॥ M. Nd. — 153. °काले तु G. — 154. पूजनीयः स्त्रिया साध्व्या Gr. — 155. पृथग्धर्मो G. नाप्युपोषणम् । G. R. Nd. G. N. K. s. m. (and Vishṇu XXV. 15, note), नाप्युपोषितम् । M. K. pr. m. V. (and Vishṇu). — K. inserts the following verse (= Vishṇu XXV. 16) after 155, पत्यौ जीवति या स्त्री स्यादुपोष्य व्रतचारिणी । आयुष्यं हरते भर्तुर्नरकं चैव गच्छति ॥ — 159. कौमारब्रह्मचारिणाम् । G. Gr. K. — 161. पतिलोकाच्च G. N. R. Nd. Ku. K. V.; परलोकाच्च M. — 162. प्रजा स्त्रीणां Gr. — 163. योपसेवते । Gr. निन्द्येह G. सा भवेल्लोके G. Ku. V.; लोके भवति M. R. Nd. K. — 164. चाप्नोति M.[1 2 8] M.[4] pr. m. Nd. G. R. (and Manu IX. 30); प्राप्नोति M.[5 9] M.[4] s. m. V. — 165. मनोवाक्कायसंयता । G. भर्तृलोकम् G. R.; पतिलोकम् N.; भर्तृलोकान् Ku. Nd. K. V. (and Manu IX. 29). — 165, 166 om. M. These two S'lokas (as well as 164) are indeed superfluous. See IX. 29. 30. — 169. ह्रापयन् । G. गृहेपु ब्राह्मणो वनम् ॥ Gr.

CHAPTER VI.

3. वने K. — 4. समानीय Nd. गृह्यं चाथ Gr. निःक्रम्य M. Nd.; निःसृत्य G. Ku. R. V. K. — 6. चीरं च K. वा मार्गं वा वार्क्षमेव वा । G., but Go. like the rest. श्मश्रुलोमनखांस्तथा ॥ M.[1 2 5 8 9] G. (and Vishṇu XCIV. 9); °नखानि च ॥ M.[4] Ku. K. Nd. R. V. — 7. भक्तः or भक्त M. G. Nd.; भैक्ष्यं W. °गतम् ॥ M.[4] — 8. स्वाध्यायशीलो नित्यं स्याद्दान्तो मैत्रः समाहितः । त्यक्तद्वन्द्वो ऽनिशं दाता G. — 10. दर्शेष्ट्या° M. नक्षत्रेष्टिं तथा दर्शपौर्णमासानि चाहरेत् । G. तुरायणं च क्रमशो M. N. Nd. R.; उत्तरायणं च क्रमशो G. Ku. V.; उत्तरायणं क्रमशो K.; नारायणं च क्रमशो Gr. दक्षिणायनमेव च ॥ G. — 12. देवताभ्यश्च

M.[12589] G. Nd. R.; देवताभ्यस्तु K. V. M.[4] — 14. मधुमांसानि M. G. R. Nd. K.; मधु मांसं च V. श्लेष्मातक° M.[4] Nd. K. R. H. L.; श्लेष्मान्तक° M.[12589] G. B. C.[12] — 16. उच्छिष्टमपि G. पुष्पाणि च फलानि च ॥ M. G. Gr. Nd.; मूलानि च फलानि च ॥ Ku. R. K. V. (and Vasishtha IX. 4). — 17. दन्तोलूखलिकस्तथा । M. G. R. K.; दन्तोलूखलिको ऽपि वा । V. Nd. — 19. वाचं M. Nd.; चाचं G. R. K. V. — 23. °काशकः । M.; काशगः Nd. — 24. तर्पयन् । M.[12389] W. — 25. अग्नींश्चात्मनि M. G. B. R. H. L.; अग्नींस्त्वात्मनि W.; अग्नीनात्मनि Nd. C.[12] — 27. भैक्षमाचरेत् । R. Nd. Gr. — 29. आत्मसंसिद्धये Me. M.[245] Ku. R. V.; आत्मसंशुद्धये M.[19] G. Nd. W. K. — 30. सिद्धये ॥ Gr. — 33. त्यक्तसङ्गः G. — 35. नियोजयेत् । G. — 37. वेदम् M.[245] तथा प्रजाम् । M.[245]; तथा प्रजाः । M.[9]; तथात्मजान् । Nd.; तथा सुतम् । G.; तथा सुतान् । R. Ku. V. — 39a om. K. — 42. सिद्धार्थःससहायवान् । G. — 43. ऽसंकसुको or ऽशंकसुको or ऽशंकुशुको Ku. K. s. m. V. Me. v. l. M.; ऽशंकसूको R.; ऽसंकुतको G.; ऽसांचयिको N. Nd. K. pr. m. Me. (?) Ku. v. l. — 45. निर्वेशं M. N. v. l. Nd. K. B.; निर्देशं G. K. pr. m. V. Ku.; निदेशं N. R. W. (and Mahâbhâr. XII. 245, 8929). — K. inserts the following after 45, ग्रैष्मान्हैमन्तिकान्मासानष्टौ भिक्षाविदां वसेत् । दयार्थं सर्वभूतानां वर्षास्वेकत्र संवसेत् ॥ नासूर्यं हि व्रजेन्मार्गं नादृष्टां भूमिमाक्रमेत् । परिपूताभिरद्भिस्तु कार्यं कुर्वीत नित्यशः ॥ — K. inserts the following after 48, सत्यां वाचमहिंस्रां च वदेदनपकारिणीम् । कल्कापेतामपरुषामनृशंसाममैथुनाम् ॥ — 49. निराश्रयः । K. — 51. भिक्षुकैश्चान्यैर् K. उपसंविशेत् ॥ G. K. pr. m. — 52. कुटुम्बवान् । Gr. — 53. स्फटवर्णानि K. — 55. प्रसज्येत M. B. K. — 57. न रागो न विषादी G. लाभश्चैनं न हर्षयेत् । M. R. (and Mahâbhâr. XII. 279, 9976); लाभे चैव न हर्षयेत् । G. Nd. Ku. K. V. (and Vasishtha X. 22). — 58. अभिपूजितलाभात्तु भिक्षां यत्नेन वर्जयेत् । G. °लाभैश्च M.[9] G. K. V.; °लाभैस्तु M.[1245] Nd. — 61. निरये पतनं चैव G. K. — 62. संप्रयोगं तथाप्रियैः । Nd. — 63. वास्मात् M. — 64, 65 om. Nd. — 65. चैवोपपत्तिम् M.[1259] G. M.[4] pr. m. K. pr. m.; च समुत्पत्तिम् R. Ku. V. K. s. m. M.[4] s. m. — 66. भूषितो ऽपि M. G. N. B. K.; दूषितो ऽपि Ku. R. Nd. V. वसन् । M.[129] G. R. Ku. Nd. B. W. Be.; रतः । M.[345] V. — 68. पोह for नैव G. — Gr. inserts the following after 69, ग्रैष्महैमन्तिकान्मासानष्टौ प्राणेन पर्यटेत् । दयार्थं सर्वभूतानां वर्षादेकत्र संवसेत् ॥ See above, note on 45. — 75. तत्परम् ॥ N. Nd. — 76. स्नायुबद्धं K. दुर्गन्धं K. Nd. — 79. विमृश्य M. — 81. सर्वद्वन्द्वैर्वि° M.

83. आध्यात्मिकं C.[2] G. N. Nd. Me. Râ. K.; अध्यात्मिकं M. R. C.[1] H. L. — 88. प्राज्ञं for विप्रं Gr. — 89. वेदश्रुति° M. G. N. K. Nd. W. B.; वेदस्मृति° R. V. — 91. दशलक्षणिको G. — 92. ह्रीर् for धीर् N. Nd. दशकं K. — 93. दशलक्षणकं धर्मं M.[4 5] R. (and VI. 91, 94); दशलक्षणिकं धर्मं M.[1 2 8 9] G. Nd.; दश लक्षणानि धर्मस्य Ku. V.; दश चिह्नानि धर्मस्य K. — 94. वेदान्तान् M. विधिवत्सेव्य M.[4] — 95. वेदमभ्यस्यन् G. N. Nd. R. K. Me. v. l.; वेदमभ्यस्य M. Ku. V. — Gr. inserts the following after 95, संन्यस्य सर्वकर्माणि वेदमेकं न संन्यसेत् । वेदसंन्यासनाच्छूद्रस्तस्माद्वेदं न संन्यसेत् ॥ — 97. राजधर्मान् M.[8 9]; राज्ञां धर्मान् M.[4 5] R.; राज्ञां धर्मं M.[2] G. Ku. K. V.; राज्ञो धर्मो Nd. See VII, 1.

CHAPTER VII.

2. धर्मस्यास्य for सर्वस्यास्य K. pr. m. — 7. स चेन्द्रः स्वप्रभावतः ॥ M.[8] — 10. कार्यं चावेक्ष्य M. R.; सो ऽवेक्ष्य G. Ku. Nd. V. — 11. मृत्युः संवसति R. — 13. अनिष्टं वा° K. — 14. तदर्थं M. G.; तस्यार्थे R. Ku. Nd. K. V. — 15. चलन्ति ते ॥ M. — 16. धर्मतः । G. — 19. स धृतः M.[4] s. m. Me. G. Ku. K. R. V.; सुधृतः M.[4] M.[5] pr. m. Nd.; संवृत्तः M.[9] — 20. जले मत्स्यानिवाहिंस्युर् Ku. v. l. — 23. देवदानवरक्षांसि गन्धर्वा G. — 27. कामान्धो for कामात्मा M. निपात्यते ॥ K. — 28. विचलितो M.[4] — 31. दण्डः प्रणयितुं शक्तः M. R.; दण्डः प्रणेतुं शक्यस्तु Nd.; प्रणेतुं शक्यते दण्डः G. K. V. — 32. न्यायवृत्तिः M. Me. G. Nd.; न्यायवृत्तः Me. v. l. R. K. V. — 33. शिलोञ्छादपि Nd. — 35. स्वे स्वे धर्मे निविष्टानां M.[1 8 9] M.[4] s. m. G. Nd. R. K. V.; स्वेषु धर्मेषु निष्ठानां M.[4 5]. — 36. तद्वो ऽहं संप्रवक्ष्यामि G. — 40. सपरिग्रहाः । M. वनस्थाश्चैव M. R. Nd. K.; वनस्था अपि G. Ku. V. — 41. वेनो M. G. R. Nd. B. K.; वेणो Ku. W. V. सुदाः पैजवनश्चैव M. G. N. R. K. B. W.; सुदासो यवनश्चैव V. — 43. तद्विदः । K. — 44. जितेन्द्रियस्तु M.; जितेन्द्रियश्च Nd. — 45. क्रोधजानि तु । M. — 47. मृगयाक्षो । M.[4] C.[2] — 48. वाग्दण्डजनपारुष्यं G. — 49. तज्ज्ञो ह्येतावुभौ गुणौ ॥ R. K.; तज्ज्ञो ह्येतौ गुणावुभौ ॥ Nd. — 51. तथा ॥ K. — 52. आत्मवान् ॥ M.[8 9] G. Ku. R. V.; आत्मनः ॥ M.[4 5] Nd. K. — 54. चाष्टौ M.[1 3 8] G. R. K. V.; वाष्टौ M.[2 4 5 9] Nd. W. B. कुर्वीत च for प्रकुर्वीत M.[8] परीक्षकान् ॥ Nd. — 55. किमु M. G. N. Nd. R. K. B. W. H. L.; किंतु C.[1 2]. — 57. °द्धितमात्मने ॥ G. — 59. समारभेत् ॥ M.[3 8 9] G. R. V.; समाचरेत् ॥ M.[1 2 4 5] K. W. — 60. कुलोद्गतान् । N. v. l. for अवस्थितान् ।

— 61. निवर्त्ततास्य M. — 65. तु दूते M. K. R. Nd.; च दूते G. V. — 66. दूत एव च M.[8 9] भिनत्त्येव तु M.[5] R. K. भिद्यन्ते येन मानवाः ॥ M. K.; भिद्यते येन मानवः ॥ Nd.; भिद्यन्ते येन बान्धवाः ॥ G. Ku.; भिद्यन्ते येन वा न वा ॥ R. V. — 68. यत्नेन for तत्त्वेन G. — 69. अनाकुलम् । G. देशमाविशेत् ॥ R. — 70. धन्वदुर्गं M.[1 2 3 5 9] G. R. N. Nd. Ku. K. C.[2] (and Vishṇu); धनुर्दुर्गं M.[4] C.[1] H. L. (and Mahâbhâr. XII. 86, 3232). वार्क्षमेव च । G. च समाश्रित्य K. समाश्रित्यावसेत् K. — 71. सर्वेण तु प्रकारेण . . . प्रशस्यते ॥ G. — 74. तस्माद्दुर्गं विशिष्यते ॥ R. K. Nd. W.; तस्माद्दुर्गं विधीयते ॥ G. Ku. V.; तस्माद्दुर्गाणि कारयेत् ॥ M. — 76. सर्वर्तुगं Me. v. l. Nd. — 78. चर्त्विजः । M. G. R. K.; चर्त्विजम् । Ku. V. 78 text om. Nd. तस्य for ते ऽस्य M.[8] G. — 82. विधीयते ॥ M.[4 5] G. Ku. R. Nd. K.; °भिधीयते ॥ M.[8 9] V. — 83. ब्राह्मणो ह्यक्षयो M.[4]; ब्राह्मणेष्वचलो Nd. — 84. स्कन्दति M.[5 8 9]; स्कन्दते all the rest (and Vasishṭha XXX. 7). च्यवते M.[4 5] N.; व्यथते M.[9] G. R. Nd. K. V. (and Vasishṭha). — 85. सहस्रगुणमाचार्ये G. N. K. Ku. v. l.; सहस्रं श्रोत्रिये दानं Nd.; प्राधीते शतसहस्रं Ku. R. V.; आचार्ये शतसाहस्रं M. (सहस्रगुणं प्राधीते Vishṇu XCIII. 3). — 85[a] is found in M. R. only. — 88. प्रजानां परिपालनम् । G. — 91. न पुटाञ्जलिम् । G. मुक्तकेशमासीनं G. R. — 92. भग्नं for नग्नं Me. v. l. — 95. च ॥ M. G.; तु ॥ R. Nd. K. V. — 97. राज्ञे च G.; राज्ञस्तु M. — 99. रक्षेच्च यत्नतः । M. R.; रक्षेत्प्रयत्नतः । Ku. V.; रक्षेत यत्नतः । G.; रक्षेदपेक्षया । Nd. (and Hitopadeśa, quoted in Böhtlingk's I. Spr. 630). — 101. पात्रेषु निक्षिपेत् ॥ M.[4 5 9] G. K. Nd.; पात्रे निवेदयेत् ॥ K.; दानेन निक्षिपेत् ॥ M.[8] V. — 102. संवृतसंचारो Nd. K.; संवृतसंधार्यो G. — 104. नित्यं सुसंवृतः ॥ G. N. R. Nd. K.; नित्यं स्वसंवृतः ॥ V.; नित्यमतन्द्रितः ॥ M. — 105. परस्य च । M. Nd. — 106. Thus M. G. Nd., only M. reads पराक्रमेत सिंहवत् ॥ Ku. R. V. (and Mahâbhâr. XII. 140, 5271 foll.) invert the respective position of the second and fourth Pâdas. — 107. वशे M.[4] (corrected into वशं) M.[5] K. — 108. न तिष्ठन्ते सामाद्यैः M.[9]. — 110. तथा रक्षन्हि राष्ट्रांश्च हन्याच्च G. — 111. °पेक्षया । G. — 116. विंशतीशिनम् ॥ C.[1 2] H. — 119. कुलानि तु । M. Nd. — 120. प्रतिपक्षानि चैव हि । M. — 122. सम्यग्गूपतया चरेः ॥ M.[4]. — 126. भक्तकम् । G. Nd. धान्यद्रोणश्च M. G. R. Ku. Nd. K.; धान्यद्रोणस्तु V. — M. inverts 120 and 128 in position. — 130. वा ॥ M.[8 9] M.[4] s. m. R. Nd. Ku. V.; च ॥ M.[4 5] G. K. — 131. गन्धासवरसानां M.[8]. — 132. चर्मणां वैणवस्य च । G. — 133. न च गच्छेद्द्विषादं च श्रोत्रियो G. — 134.

तस्य सीदति तद्राष्ट्रं दुर्भिक्षव्याधिपीडितम् ॥ G. — 135. च कल्पयेत् । G. संरक्षेत्सर्वतस्त्वेनं M.; भयेभ्यश्च तथा रक्षेत् G. — 138. चाल्पोपजीविनः । M.[8]. — 140. न तीक्ष्णो न मृदुश्च स्यात्कार्यं G. धर्मतः ॥ Gr. — 141. शान्तं for प्राज्ञं M.[4,5] कुलोद्भवम् । M. G. Nd. K.; कुलोद्गतम् । R. V. — 143. मृतः स न स M.; मृतः स न च K.; मृतः स स न Nd.; मृतः स न तु R. V.; मृतस्तु न G. — 145. हुताग्निर्ब्राह्मणानर्च्य M. G.; हुताग्निर्ब्राह्मणांश्चार्च्य B. V.; हुत्वाग्निं ब्राह्मणांश्चार्च्य R. Nd.; हुत्वाग्नीन्ब्राह्मणांश्चार्च्य K. W. प्रविशेत for प्रविशेत्स M.[4]. — 146. तत्र स्थिताः M.[4] Nd. — 147. °मुपारुह्य M.[5,8,9] रहोगतम् । R. — 149. तैर्यग्योनान् K. वयोऽतिगान् M. G. C.[1] H. L.; वयोऽधिकान् R. K. Nd.; वयोगतान् । C.[2] — 154. मण्डलस्य तु ॥ G. — Nd. Gr. insert the following after 154, वने वनचराः कार्या ग्रामे ग्रामणिकादयः ॥ परप्रवृत्तिज्ञानार्थं शीघ्राश्चारपरंपराः ॥ परस्य चैते बोद्धव्यास्तादृशैरेव तादृशाः । चारसंचारिणः संस्था गूढाश्च गूढसंज्ञिताः ॥ Me. quotes these two verses in his gloss on 154. — 155. विशेषतः ॥ M. — Nd. Gr. insert the following after 158, विकृष्टे ऽध्वन्यनानार्ते (?) उदासीनो बलान्वितः । विजिगीषुमण्डलार्थी यस्मिञ्ज्ञेयः स मध्यमः ॥ — 159. वा ॥ G. — 160. षड्गुणांश्चिन्तयेत् M. Nd. K. V.; षाड्गुण्यं चिन्तयेत् G. R. — 161. संधाय च विगृह्य च । M.[4,5,9] G. Nd. Ku.; संधिं विग्रहमेव च । R. M.[8] K. V. — 162. संधिं च K. Nd. द्वैधं संश्रयमेव च ॥ M. G. Nd. K. B. W.; द्विविधः संश्रयः स्मृतः ॥ R. V. — 164. च । M. Nd. K. मित्रेण चैवोपकृते G. Me. v. l. — 167. कार्यस्य सिद्धये । M.[4]. — 170. प्रहृष्टा M. G. R. N. Nd. Ku. K.; प्रकृष्टा ॥ V. तदात्मानं R. K. M. मन्येत विग्रहम् ॥ M. G. — 171. स्वकं बलम् । G. R. — 172. सान्त्वयन्नरिम् ॥ M.[8,9] Me. R. Nd.; सान्त्वयन्नरीन् ॥ M.[4,5] Ku. V.; सान्त्वयन्निपून् ॥ K. — 173. सर्वदा for सर्वथा G. — 174. गमनाय समो K. — 175. प्रकृतीनां तु . . . बलस्य तु । G. उपसेवेत सततं M.[4,5]. — 176. स युद्धम् G. K.; सुयुद्धम् M. Ku. R. Nd. V. निर्वितर्कः M.[4] R. Nd; निर्विकल्पः G.; निर्विशङ्कः M.[5,8,9] V. — 180. तथा प्रयत्नमातिष्ठेदेष R. — 182. फाल्गुनं वापि M. Nd. K. — 183. च कालेषु . . . रिपौ ॥ G. — 185. सांपरायिकमार्गेण M.[8] °पुरं प्रति ॥ M. — 186. तन्निकृष्टतरौ रिपू ॥ G. — 187. तं मार्गं C.[1] H. L. — 188. आशङ्केत भयं यस्मात् M.; यतो हि भयमाशङ्केत् Nd. — 189. आशङ्केत यतो नीतिं M. — 192. चर्मायुधैस्तथा । K. — 193. कौरुक्षेत्रांश्च M.[1,2,5,8,9] G. Nd. R. W. B. K.; कुरुक्षेत्रांश्च M.[4] V. पञ्चालान् M.[4,8,9] V. — 194. तांश्च सर्वान्परीक्षयेत् । R.; भृशं तांश्च परीक्षयेत् । M. — 196. विन्नासयेद्बलम् ॥ G. — 198. साम्ना भेदेन दण्डेन M.[8] G. वियुक्तं प्रयतेतारिं विजेतुं

सहसा न तम् ॥ M.[8]. — 200. पूर्वोक्तानां परिक्षये । M. G. Nd. R. K. W. B.; पूर्वोक्तानामसंभवे । V. संयत्तो G. R. Nd. K. C.[2]; संयुक्तो M.; संपन्नो C.[1] H. L. — 202. सर्वेषां च G.; सर्वेण तु M.[8] समधिक्रियाम् ॥ Nd. — 203. धर्मान्नियोजयेत् । Nd. — 204. कालयुक्तं M.[8]. — 206—210 om. M. — 206. भूमिं च G. — 211. कारुण्यवेदिता R. — 212. अवधारयन् ॥ G. — 213. आपदर्थे M. आत्मानं सततं M.[1 3 5 8 9] R. V. (and Mahâbhâr. I. 158, 6169); आत्मानं सर्वतो M.[9] K.; आत्मानं सर्वदा G.; आत्मानं तु तथा Nd. — 215. साधयेत्कार्यमात्मनः ॥ Me. v. l. — 218. विषघ्नैरुदकैश्चापि M. Nd. नेजयेत् । M. G. N. Nd.; शोधयेत् । R.; योजयेत् । Ku. K. V. प्रयतो for नियतो G. — 219. स्त्रियश्चैव M. वेषाभरणसंयुक्ताः संस्पृशेयुः समाहिताः ॥ M. — 220. यानशय्यासनाशने । G. Ku. Nd. V.; यानशय्यासनादिषु । M.; यानशय्यासनेषु च । R. Gr. — 224. भोजनार्थं तु R. K. W. स्त्रीभिरन्तःपुरं R. K. W. — 225. उत्तिष्ठेद्विगतक्लमः ॥ M. Nd. — 226. एतद्वृत्तं समातिष्ठेद् Nd. सर्वमेवैतद् Nd.; सर्वमेवेदं M.

CHAPTER VIII.

1—14 om. M.[4 5] — 6. दण्डवाचके । M. G.; दण्डवाचिके । N. Ku. Nd. K. R. V. — 7. आह्वय एव च । N. Ku. K. V.; आह्वयमेव च । M. G.; आह्वानमेव च । R. Nd. — 8 om. Nd. वदतां नृणाम् । G. — 10. सभामेवोपविश्यारण्याम् G. — 11. च प्रकृतो M. G. N. R. Nd.; चाधिकृतो Ku. Me. v. l. V. — 13. सभा वा न प्रवेष्टव्या M. G. N. R. Nd. (and Nârada I. 3, 10, note); सभां वा न प्रवेष्टव्यं Ku. V. — 14. तु । for च । G. प्रेक्ष्यमाणानां V.; प्रेक्षमाणानां all the rest (and Nârada I. 3, 8). — 15. मा वो Nd. — 16. त्वलम् । M. G.; ह्यलम् । Ku. K. V. (and Mahâbhâr. XII. 90, 3377); लयम् । Nd. — 22. तत्सर्वं Nd. — 23. आचरेत् ॥ G. — 25. मुख° for स्वर° G. — 26. ज्ञायते for गृह्यते G. (and Böhtlingk's I. Spr. 848, note). — 27. यावद्वातीत° M. G. N. R.; यावच्चातीत° Ku. Nd. V. — 28. वन्ध्यापुत्रासु G. — 29. हरेयुर्बान्धवा धनम् । K. — 31. नियोज्यो K. संवेद्य Nd. — 32. अवेदयन्प्रणष्टस्य Nd. K. देशकालौ R. K. वर्णरूपप्रमाणं G. — 33 is placed after 34 by M. — 35. ममेदमिति K. हेतुना । for मानवः । Nd. Gr. — 36. संख्यया° M.[4 5] Nd.; संख्याया° M.[8 9] G. Ku. R. K. V. — 37. धनम् । for निधिम् । M.[1 3 5 8 9] — 38. कोषे विनिक्षिपेत् ॥ K. Nd. — 39. निधीनां तु G. Nd. K. V.; निधीनां हि M. R. Nd.[2] — 40. चौराहृतं M.[4] K. Me. v. l. — 41. जातिधर्माञ्जानपदान् G. शा-

श्रवतान् । Nd. परिपालयेत् ॥ R.; प्रतिपालयेत् ॥ W. — 42. लोकेऽस्मिन्स्वे स्वे धर्मे व्यवस्थिताः ॥ Nd. — 43. नान्यस्य कस्यचित् । G. ग्रसेतार्थं M. G.; ग्रसेदर्थं Ku. R. Nd. V. — 45. साक्षिणाम् । M. G.; साक्षिणः । Nd. R. K. V. कालं च रूपं च M. G. N. R. Nd. Ku. K.; रूपं च कालं च V. — 46. अनुरूपं for अविरुद्धं G. — 47. नोदितः । G. — 49. वा । R. Nd. बलेन वा ॥ G. — 51. अर्थं विवदमानं तु G.; अर्थं न धारयामीति K. कारणेन M.[1 3 5 8 9] Me. N. Nd.; करणेन M.[4] G. Ku. K. V. — 52. देशं M. G. N. Nd.; देश्यं Ku. K. R. अभियुक्तो दिशेद्दिशं Me. v. l. करणं वा समुद्दिशेत् ॥ G.; कारणं वा समुद्दिशेत् ॥ M.[1 3 8 9] N. Nd.; करणं च स्वमुद्दिशेत् ॥ M.[4 5] करणं चान्यदुद्दिशेत् ॥ R. K.; कारणं वान्यदुद्दिशेत् ॥ Ku. V. — 53. अदेशं M. G. N. Ku. Nd. K.; अदेश्यं R. V. °पह्नवीति च । G. — 54. यस्त्वपधावति । Nd. M.[4] Ku. V.; यस्त्ववधावति । M.[1 5 8 9] G. Ka. R. — 55. देशे संभाषितेन च । G. नेच्छेद्यश्चापि G. — 57. ज्ञातारः सन्ति मेत्युक्त्वा M.[4 5] Me. G. N. Ku. v. l. R. v. l. K.; साक्षिणः सन्ति मेत्युक्त्वा Ku. R. V. W.; सन्ति ज्ञातार इत्युक्त्वा M.[1 3 8 9] Nd. (and Nârada I. 1, 61); ज्ञातारः सन्ति चेत्युक्त्वा B. धर्मस्थो हेतुनानेन Nd. तमिति M. G. K.; तमपि R. Nd. V. — 58—136 om. M.[1 3]; 59—61 om. M.[4] — 59. यावन्न ब्रवीतार्थं M.[8] धनम् ॥ K. — 63. साक्ष्येषु साक्षिणः । Nd. विपरीते K. — 65. गृहस्थो न च सङ्गविवर्जितः ॥ G. — 69. शरीरस्यापि चात्यये ॥ M.[5 8] G. K. V.; शरीरस्यैव चात्यये ॥ M.[4] R. Nd. M.[9] omits this S'loka. — 70. भृतकेन च ॥ M.[5 8 9] Nd. — 71. तु M. G. Nd. K.; च R. V. — 72. साहसेषु तु M. G. K.; साहसेषु च R. Nd. V. (and Nârada II. 1, 189). — 75. °मवैति (मेवैति) M. G. K. Nd.; °मभ्येति R. V. — 76. वीक्षेत K. — 77. एको ऽलुब्धस्तु साक्षी M.[4 5] N. Ku. R. V. Me. (and Yâjñavalkya II. 72, etc.); एको लुब्धस्त्वसाक्षी M.[8 9] G. Ku. v. l. R. v. l. Nd.; एको ऽप्यलुब्धः साक्षी K. च स्त्रियः । Nd. — 79. साक्षिणः सर्वान् M.[8] — 80. वेत्थ N. K. H. W. C.[1 2] यत्र साक्षिता । Nd. — 81. लोकान्प्राप्नोत्यनिन्दितान् । Me. M.[4 5]; लोकान्प्राप्नोत्यनुत्तमान् । M.[8 9] G.; लोकानाप्नोति पुष्कलान् । Ku. R. Nd. K. V. इह चाप्युत्तमां G. — Gr. inserts the following after 82, ब्राह्मणो वा मनुष्याणां चादित्यस्तेजसामिव । शिरो वा सर्वगात्राणां धर्माणां सत्यमुत्तमम् ॥ नास्ति सत्यात्परो धर्मो नानृतात्पातकं परम् । स्थितिश्च लोकधर्मश्च तस्मात्सत्यं विशिष्यते ॥ सत्यं स्वर्गस्य सोपानं पारावारस्य नौरिव ॥ — 82. साक्ष्ये वदेदृतम् ॥ M. G. R. Nd. Ku.; साक्ष्यं वदेदृतम् ॥ K. V. — 83. सर्वधर्मेषु साक्षिभिः ॥ M.[4 5] — 85. स्वश्चैवा° G. R. Nd. K. s. m. (and Böhtlingk's I. Spr. 4717, note); स्वयं चा° M.[8 9]; स्वस्यैवा° M.[4 5] Ku. V.

K. pr. m. — 88. शूद्रमेभिस्तु पातकैः ॥ Me. M.[8,9] G. Nd.; शूद्रमेतैस्तु पातकैः ॥ N.; शूद्रं सर्वैस्तु पातकैः ॥ R. M.[4,5] V. (and 113). — 89. ब्रह्मघ्नानां G. °घातिनः । Ku. R. V. — 90. पुण्यं (पुण्य Nd.[2]) भद्रं च यत्कृतम् । Nd.; पुण्यं भद्रं त्वया कृतम् । R. M.; पुण्यं भद्र त्वया कृतम् । G. Râ. Ku. V. See 97. — 91. यस्त्वं M. Nd.; सत्त्वं Nd.[2] — 92. व्रज ॥ M.[4,5,9] G.; गमः ॥ M.[8] R. Nd. K. V. — 93. कपाली च for कपालेन M.[4,5] (and Vasishtha XVI. 33). शत्रुगृहं M. G. Râ. Nd. (and Nârada II. 1, 101); शत्रुकुलं Ku. R. V. K. (शत्रुकुले Vas.) — 94. नरकं पतेत् । M. Go. R. Nd. K.; नरकं व्रजेत् । Ku. V.; नरके वसेत । G. — 95. कण्टकैः स नरः सह । M.[8] R. G. Nd. — Nd. places 100 immediately after 98, and inserts the following verse after 100, न तु तुष्यन्ति यस्यैव पुरुषस्य दुरात्मनः । तस्य पुत्रांश्च गृह्णन्ति सप्त सप्त परावरान् ॥ Next comes 99, and then the following, पशुवत्क्षीरघृतयोर्यच्चान्यत्पशुसंभवम् । गोवद्वस्त्रहिरण्येषु धान्यपुष्पफलेषु च ॥ अश्ववत्सर्वयानेषु खरोष्ट्राश्वतरादिषु ॥ — 101. एतान्सर्वानवेक्ष्यैव दोषान्...सत्यमेवाञ्जसा वद ॥ Nd. — 102. वाणिजकांस्तथा M. G. N. K. R. (and Baudhâyana I, 10, 24); वाणिजिकांस्तथा V. 102 a om. Nd. — 103. ते ॥ for ताम् ॥ G. — Nd. transposes 103 and 104 in position. — 104. उक्तेतं चेद्वधो भवेत् । . . . तद्धि तत्र विशिष्यते ॥ Nd. — 105. वाग्दैवत्यैस्तु M. यजेयुस्ते G. — 106. कूष्माण्डैर्जुहुयान्मन्त्रैर्घृतम् . . . उदुत्तमेति वारुण्या G. — 107. गतो नरः । Nd. सर्वशः ॥ K.; सर्वदा ॥ M.[8] — 108. उक्तसाक्ष्यस्य G. — 109. न विन्दंस् for अविन्दंस् C.[2] — 110. चक्रे for शेपे G. पैयवने V. — 111. कुर्यादल्पे M. Nd. — 112. गवां भक्ते तथेन्धने । G. Nd. ब्राह्मणस्य विपत्तौ च G. — 114. वैनं M. G. R.; चैनं Nd. V. K.; चैव M. वाप्येवं for वाप्येनं G. — 116. लोमापि G. जगतः स्पशः ॥ Me. Go. N. R. Ku.; जगतः स्पृशः ॥ M. Nd. V.; जगतां पतिः ॥ K.; शपथः कृतः ॥ G. — 117. यस्मिन्यस्मिन्कृते कार्ये Nd. कूटसाक्ष्यं G. Nd. कृतं वा° R. — 119. तेषां दण्डविशेषांश्च M. — 120. दण्डस्तु Nd.[2]; दण्डस्स Nd.[1]; दण्डश्च R. — 122. कूटसाक्ष्ये M.[9] G. Nd. °निधनाय च ॥ Nd. — 123. कूटसाक्ष्यं M.[8,9] Nd. G. ब्राह्मणांस्तु Nd. — 124. तानि for यानि Nd. Gr. — 126. अपराधं परिज्ञाय Nd. Gr. (and Nârada, App. 38). सारासारौ तथालोक्य Nd. विज्ञाय दण्डं R. Me. v. l. — 127. अदण्ड्यदण्डनं लोके N[1]. अस्वर्ग्यं स्यात् M. — 129. च for तु G. — 130. तदेव for तदेषु G. — 132 om. certain MSS. referred to by Me. — 133. त्रसरेणवष्टकं ज्ञेयो Nd. — 134. त्रियवस्त्वेव or °श्चैव or °वं चैव कृष्णलम् । or कृष्णलः । M. G. K.; त्रियवं त्वेककृष्णलम् । Ku. Nd. R. V. पञ्चकृष्णलिकः M. G.; पञ्चकृष्णलको

R. K. V.; पञ्चकृष्णालो Nd. — 135. रूप्यमाषकः ॥ M. G. Ku. R. Nd. B. W.; रौप्यमाषकः ॥ K. V. See Vishṇu IV. 11. — 137. चतुःसुवर्णको G. Nd. (and Vishṇu IV. 10); चतुःसुवर्णिको M.; चतुःसौवर्णिको R. K. V. — 138. त्वेक-मुत्तमम् ॥ Nd. — 139. तु द्विगुणं M. G. Nd.; तद्द्विगुणं Ku. K. R. V. — N. pronounces 139 to be spurious; not without reason. — 141. वा कुर्वीत Nd. Gr. — 142. मतम् । K. — 143. न चैवाधौ M.[89] — 144. नाशयेदेनम् G.; नाशयेच्चैनम् K. — 148. तद्धनम् M. G. Nd. Gr. Be. (and Nârada II. 1, 80); तद्द्रव्यम् Ku. R. V. — 149. निक्षेपोपनिधि° M. G.; निक्षेपोपनिधी Ku. R. Nd. (and Nârada ibid. 81); निक्षेपोपनिधिः V. K. (and Vasishṭha XVI. 18). श्रो-त्रियद्रव्यं M. G. K. (and Vasishṭha, Nârada); श्रोत्रियस्वं च Ku. V.; ब्राह्मणस्वं च Nd. नोपभोगेन जीर्यते ॥ M. G. R. (and Nârada v. l.); न भोगेन प्रणश्यति ॥ N. Ku. Nd. V. (and Nârada). — 151. सदे Ku. N. R. V.; शदे M. G. Nd. (and Gautama XII. 36). — 153. विनिर्हरेत् । M. G. N. K.; पुनर्हरेत् । Ku. R. Nd. V. न वा ॥ M. — 154. कारणं M. Nd.; करणं G. Ku. N. K. V. See 51, 52. — 158. यतेत M. G. Ku. K.; प्रयच्छेत् R. Nd. V. — 159. °वशिष्टं च Nd. (and Vasishṭha XVI. 31). — 162. अलक्षितः । Nd. — 164. भाषा न सत्या भवति G. — 165. वाप्युपधिं Me. Ku. N. Nd. K. V.; चाप्युपधिं M. G. W. B. — 166. कुटुम्बे च M. G. K.; कुटुम्बार्थे Ku. R. Nd. V. — 167. समा-चरेत् । Gr. वा व्यवहारं समाचरन् । . . . तमायान्तं विलम्बयेत् ॥ G. विचार-येत् ॥ Nd. — 168. यदपि लेखितम् । M. निवर्त्यान् for अकृतान् M. — 169. क्लिश्यन्ते . . . विप्रश्चाढ्यो G. — 172. वर्णसंसर्गाद् Me. G. Ku. Nd. R. v. l. N. B. V. K.; धर्मसंसर्गाद् M. W. R. — 174. कुर्यान्मोहान् M. G. R. K.; मोहात्कुर्यान् Nd. V. वश्यं for वशे G. — 175. च संयम्य G. K. — 176. स राज्ञश्चतुर्भागं G.; स राज्ञा तु चतुर्भागं K. R. — 177. °जातिस्तु R. C.[1] H. L. °च्छ्रेयांश्च G. — 178. विवदमानयोः । for विवदतां नृणाम् । G. Nd. B. — Arrangement of the following verses in G.: 181, 183, 184, 182, 183—199; in N.: 181, 183, 182, 184, 185—199; in Nd.: 180, 195, 188b, 185, 186, 189, 194, 187, 188a, 181—184, 196, 190—193, 197, 198, new verse (the same in N. Gr.): अनेन विधिना शिष्यः कुर्वन्नस्वामिविक्रयम् । अज्ञानाज्ज्ञानपूर्वं तु चौरवद्दण्डमर्हति ॥ 199. — 180. यथा दानं G. Nd. — 182. सत्यस्य for संन्यस्य Nd. तेषु तत्त्वतः ॥ G. — 183. प्रतिदद्यात्तु Gr. Nd. — 184. उभौ निगृह्य दाप्यः स्यादिति G. Ku. R. V.; संनिगृह्योभयं दाप्य इति M. N. B.; उपसंगृह्य दाप्यः स्यादिति K. Nd. — 186. °भियोक्तव्यो M. R. Nd. (and Nârada II. 2, 10); नियोक्तव्यो G. Ku. K. V.

— 188. निक्षेपेष्वेष G. Me. K. Ku. C.[2]; निक्षेपेष्वेषु R. Nd. C.[1]; निक्षेपेष्वेव M. R.[3] — 191. निक्षेपं यो G. तथानिक्षिप्य M. °क्षिप्यो M. Nd. — 192. हर्तारं चाप्युपनिधेर् Nd. — 193. उपधाभिस्तु M. G. R. Nd. K.; उपधाभिश्च V. यत्किंचित् G. — 198. अवहार्यः स तु भवेत् Nd.; अवहार्यो भवेच्चैष M. G. R.; अवहार्यो भवेच्चैव V. K. — 199. क्रयो विक्रय एव R. Nd. व्यवहार इति स्थितिः ॥ G. — 200. यत्र दृश्येत M. G. Nd.; दृश्यते यत्र R. K. V. — 201. गृहीत्वा कुलसंनिधौ । G. क्रमेण स G. M.[8] — 202. मूल्यम् Nd. °शोधितम् । M. G. Nd. K.; °शोधितः । R. V. लभते च तत् ॥ Nd. — 203. संसृष्ट° C.[1 2] H. and the Commentaries, except N.; संसृष्टं M. G. N. Nd. R. K. L. सावद्यं M. G. N. R. K. B. W. Gr.; चासारं Ku. Nd. V. — 205. या संसृष्टमैथुना । G. — 207. दक्षिणासु तु M. K. तु कारयेत् ॥ M. R. — 209. क्रतौ ॥ Nd. — 210. चतुर्थांशाश्च G. N. Nd. V.; चतुर्थांशास्तु or तुरीयांशास्तु M. R. K. — 211. क्रमयोगेण R. — 212. कस्मैचिद्याचमानाय दत्तं धर्माय यद्भवेत् । M. तस्मै देयं न तेन तत् ॥ Nd. — 213. लोभेन मानवः । Nd. निष्कृतिः ॥ M. R. Nd. K. V.; निष्कृतिम् ॥ G. — 214. दत्तस्यैवोदिता G. — 215. कृष्णलानष्टौ च देयं चैव G. — 216. सुस्थः K. W. सुदीर्घस्यापि M. G. N. R. Nd. K.; स दीर्घस्यापि Ku. V. — 217. सुस्थः K. W. यः स्वकर्म K. अल्पेनाप्यस्य G. — 221. एवं M. G. Gr. K.; एतं Ku. R. Nd. C.[2]; एतद् C.[1] H. L. — 222. च ॥ M. G. Nd. C.[1] H. L.; वा ॥ K. R. C.[2] — 223. न दद्याच्चाददीत च ॥ Nd. दण्ड्यो M. — 225. अकन्येति तु G. R. Nd. K. V. M.[8 9] (and Nârada II. 12, 34); अकन्येति च M.[4 5] — 226 om. K. — 228 om. Nd. — 231 is placed after 244 in Nd., and after 236 in M. — 233. न पालस्तत्र किल्बिषी । M.; Me. like the rest. — 234. चर्म कर्णौ सक्थिवालौ Nd. बस्तिस्नायूनि रोचनाम् । M. Nd. (and Nârada, Pref. p. 8); बस्तिं स्नायुं च रोचनाम् । all the rest. मृतेष्वङ्गांश्च M. G. Ku. (and Nârada, Pref. p. 8); मृतेष्वङ्गानि R. Nd. K. V. — 235. त्वनापदि । G. — 236. चेदविरुद्धानां M. G. K. pr. m. (and Nârada, Pref. p. 8); चेदवरुद्धानां Me. Go. N. Nd. Ku. R. V. K. s. m. यामुत्पत्य M. G. R.; यामुत्प्लुत्य Ku. K. Nd. — 237. परीणाहो ग्रामस्य N. Gr. (and Yâjñavalkya II. 167); परीवारो ग्रामस्य Nd. — 239. नावलोकयेत् । M. G. R. Nd. K. B. W. (and Nârada II. 11, 41); न विलोकयेत् । Ku. V. च्छादयेत् M. Nd. — 240 om. K. विपालं वारयेत्पशुम् ॥ Nd.; विपालाद्वारयेत्पशून् ॥ M. — 241. सर्वत्र त्वसितं देयं G. — 245. हेतुषु ॥ M.[4 5] — 246. सीमावृक्षांस्तु M. R. K.; सीमावृक्षांश्च G. Nd. V. शाल्मलीन् V. — Arrangement in M.: 247a, 250b, 249a, 247b,

248 (*deest* 249b, 250a). — 253. °विनिर्णयः ॥ G. K. R. V.; °विनिर्णये ॥ Nd. W.; °विनिश्चयः ॥ M. B. See 262, 266. — 254. ग्रामेयक° M. G. Nd. K. R.; ग्रामीयक° Ku. V. तु समचं G. Nd. सीमसाक्षिणः । K विधानतः ॥ G. — 258. ग्राम्याः सीमान्तवासिनः । G.; ग्रामसामान्तवासिनः । Nd.; ग्रामसीमान्तवासिनः । M.; ग्रामाः सामान्तवासिनः । Ku. V.; ग्रामाः सीमान्तवासिनः । N. K.; ग्राम्याः सामान्तवासिनः । R. — 259. सीमसाक्षिणाम् । M. K. Nd.; सीम्नि साक्षिणाम् । G. R. V. इतरानपि युञ्जीत G.; हीनानप्यनुयुञ्जीत K. — 260. वनगोचरान् ॥ Me. G. N. Nd. K. B. W. Kl.; वनचारिणः ॥ R. V.; शतशस्तथा ॥ M. — 262. °विनिर्णयः ॥ G. N. Nd. K. B. W. Ku. R.; विनिश्चयः ॥ M. — 267. अध्यर्धशतं G. R. Ku. Nd. K. (and Nârada II. 15, 15); अध्यर्धशतं M.³ V.; सार्धशतं Me. M.⁴ ⁵; वर्धशतं M.⁸ ⁹ — 270. द्विजातिं तु M.⁸ ⁹ K. Nd.; द्विजातं तु M.³ ⁵; द्विजातिं च G.; द्विजातींस्तु M.⁴ s. m. Ku. V. (and Nârada ibid. 22). — 271. निखेयो Me. G. R. Nd. B. (and Vishṇu V. 25; Nârada 23); निक्षेप्यो H. L.; निःक्षेप्यो, निक्षेप्यो, or निश्चयो M.; C.¹ ²; निश्रेयो K.; निधेयो W. — 276. च दण्डः G. चैव मध्यमः ॥ K. — 277. सजातिं Nd. विनिर्णयः ॥ K. W. — 279. हिंस्याच्छ्रेयांसमन्त्यजः । Nd. — 281. °वकृष्टजः । M. G. R. K. W. (and Nârada 26); °पकृष्टजः Nd. V. B. — 282. अवमूत्रयतः शिश्नम् M. G. (and Nârada 27); अवमूत्रयतो मेढ्रम् Ku. Nd. R. K. V. — 283. हस्तं G. पादयोर्नासिकायां Nd. दाढिकायां तु M.⁸ ⁹ (and Nârada 28). वृषणेषु तु ॥ G. — 284. मांसभेत्ता च M.⁴ ⁵ G.; मांसभेदी तु Nd.; मांसभेत्ता तु M.⁸ ⁹ R. K. V. (and Nârada 29). — 286. यथा यथा भवेद्दुःखं G. — 287. अङ्गावपीडनानां M. G. W.; अङ्गावपीडनायां Me. Ku. R. Nd. K. V. प्राण° M. G. R. Nd. K. s. m.; व्रण° Ku. N. V. K. pr. m. — 288. द्रव्यादि G. राज्ञे M. G. K. B. W.; राज्ञो Ku. Nd. R. V. — 290. गन्तुश्च for यातुश्च G. — 293. युग्मं for युग्यं C.¹ H. L. द्विशतो दमः ॥ M. Nd. — 295. विचारितः ॥ G. Me. v. l. N. R.; अविचारितः ॥ M. Ku. Nd. V.; विचरितः ॥ or विचलितः ॥ K. — 298. माषिकस्तु M. G. K. B. W.; मासिकस्तु Nd.; मापकस्तु R. V. — 299. भार्या शिष्यश्च दासश्च पुत्रो G. — 301. त्रिविधं दण्डनिर्णयम् ॥ G. — 302. निग्रहाच्चा° G. — 305 रक्षणात् ॥ G. Me. Ku. Nd. R. K. V.; पालनात् ॥ M. — 307. प्रतिभागं M.⁴ ⁵ Ku. V.; भूतिभोगं G.; सूतिभागं M.⁹; प्रीतिभोगं Nd.; प्रतिभोगं R. Râ. K. N. — 308. अरक्षितारमत्तारं M. N.; अरक्षितारं राजानं G. N. v. l. R. K. B. Ku. V. °हारिणाम् ॥ G. — 309. अनवेक्षित° M. K. Nd. R. B. W.; अनपेक्षित° M.⁴ G. V. Ku. Râ. विप्रलोपकम् । Nd. नृपं गच्छेदधोमुखम् ॥ G.;

असत्यं च नृपं त्यजेत् ॥ Nd. Me. v. l.; नृपं विद्यादधोगतिम् ॥ G. v. l. M. N. R. Ku. V. — 310. दण्डेन for बन्धेन Nd. वा ॥ G.; तु ॥ M.[9] — 312. कुर्वतां M. G. K. Nd. R.; कुर्वता Me. Go. Ndd. Râ. V. Ku. — 313. यत्क्षिप्तो M.[5 9] G. Nd. Me.; यः क्षिप्तो R. K. Ku. M.[4] V. यच्चैश्वर्याच्च M.[5 9] G. Me.; यस्त्वैश्वर्याच्च M.[4] Nd. K. Ku. V.; यश्चैश्वर्याच्च R. — 314. धावता । Me. v. l. M.[4] G. N. R. K. Ku. (and Nârada, App., 46; Vasishṭha XX. 41, etc.); धीमता । M. Nd. — 315. वाय for वापि M. — 318. राजभिर्धृत° M.[9] Me. G. K. Ku. (and Vasishṭha XIX. 45, Nârada, App., 48, and the texts quoted in Böhtlingk, I. Spr., 5735, and 'Nachträge'); राजनिर्धृत M.[3 4 5]; राजनिर्धूत° V.; राजभिः कृत° Nd. — 320. हरतो ऽभ्यधिके G. Nd. शेषेष्वे° M.[5 9]; शेषे त्वे° M.[4] — 321. महार्घाणां च वाससाम् ॥ G. — 322. उच्यते । for इष्यते । M. Gr. चैकादशगुणं G.; ऽप्येकादशगुणं Nd. R.; °ष्वेकादशगुणं M.[5 9]; त्वेकादशगुणं M.[4] V. — 325. स्थूरिकायाश्च N. R. Nd. K. (स्थूरायाश्छेदनं Nârada, App., 33); कूरिकायाश्च V. B.; खुरिकायाश्च or खरिकायाश्च M.[9] W.; स्फुरिकायाश्च M.[3 4 5]; नासिकायाश्च G. — 326. आयसस्य for गोमयस्य Nd. — 330. °लतासु च । K. अल्पेष्वपरिपूतेसु M. G. N. Nd.; अन्येष्वपरिपूतेषु Ku. R. K. V. — 331. दण्ड्यः M. K. R.; दण्डः G. Nd. Ku. V. — M. N. place 332 after 333; M. places 332b before 332a; Nd.[2] omits 332. — 332. कृत्वापव्ययते च यत् ॥ Me. G. N. R.; कृत्वा नापह्नुते च यः or च यत् ॥ M.; हृत्वापव्ययते च यत् ॥ C.[1] H. L. हृत्वापह्नूयते च यत् ॥ C.[2]; कृत्वापयचेय यत् ॥ Nd. — 333. यश्चैतान्यु° G. तं शतं M. Nd.; तमाद्यं G. R. N. Ku. V. Me. v. l. — 335. राज्ञास्ति Nd. यो न स्वधर्मे R. — 337. तु ॥ M. R. Nd. (and Nârada, App., 51); च ॥ G. K. V. — 342. असंधितानां (असंहितानां) संधाता (संध्याता) संधितानां (संहितानां) M. V. — 345. हिंसतः । M. V.; हिंसकात् । G. K. Râ. Ndd.; हिंसकः । R. Nd. पापकृत्तरः ॥ G. — 348. विप्राणां विप्लवे धर्म° G. — 349. स्त्रीविप्राभ्यवपत्तौ M.[5 8 9] Nd.; स्त्रीविप्राद्युपपत्तौ R.; स्त्रीविप्राभ्युपपत्तौ Râ. M.[4] G. N. V. See 112. धर्मेण घ्नन C.[2] — 350. बालवृद्धं G.; बालवृद्धौ all the rest (and Vishṇu V. 189). — 351. तं मन्युम् M. K. H. L.; तन्मन्युम् G. R. Nd. C.[1 2] — 352. परदारोपसेवायां चेष्टमानाञ्चराञ्नृपः । Nd. परिचिह्न for चिह्नयित्वा Nd. — 353. हि जायते लोकानां G. — 354. योजयन्सह । M. Me. K.; योजयेत्सह । G.; योजयेद्रहः । Nd.; योजयन्नहः । R. V. — 356. वने ऽपि वा । M. G. Ku. N. R. V. (and Nârada II. 12, 63); गृहे ऽपि वा । K. Nd. N. v. l. R. v. l. Nd. places 356 after 358. — 357. उपकारक्रिया M. G. Nd. (and Nârada 66); उपचारक्रिया N. Ku. R. K. V. — 358. परस्परस्यानुमते: G. — 359. सदा ॥ M. K. R. Ku. Go. V.; स्मृताः ॥ G. Nd. — 362. दारान् for नारीर् Nd. — 363. रहः संभाषणं चरन् । G. — 364. प्राप्तुमर्हति ॥ M. Nd. Gr. — M.[3,4] insert 365—390 after 148. — 366. शुल्कं दाप्यः G. — 367. छेत्तव्यावङ्गुली तस्य Nd. दण्डं वार्हति M.; दण्डमर्हति R. — 368. सकामां दूषयेद्यस्तु नाङ्गुलिच्छेदमर्हति । Nd. Gr. Be. — 369. त्रिगुणं Nd.[2]; द्विगुणं Nd.[1], like the rest. — 370. कन्यां प्रकुर्याद्या तु स्त्री M.; या च कन्यां प्रकुर्यात्स्त्री G.; या तु कन्यां प्रकुर्यात्स्त्री R. Ku. K. Nd. V. अङ्गुल्योरेव वा छेदं G. M. Nd. R. C.[1] H. L.; अङ्गुल्योश्छेदनं चैव K.; अङ्गुल्योरेव च च्छेदं Ku. C.[2] — 371. ज्ञातिस्त्रीगुणदर्पिता M. G. N. Nd.; स्त्री ज्ञातिगुणदर्पिता Ku. V.; स्त्री ज्ञातिबलदर्पिता R. — 372. तावद्यावदसौ मृतः ॥ M.[4,5,9]; तत्र दह्येत पापकृत् ॥ M.[4] (correction) G. R. Nd. K. V. (and Mahâbhâr. XII. 165, 6016). — 374. अगुप्ते चाङ्ग° G. Nd.; अगुप्तमङ्ग° M. R. K. V. °स्वं M. G. R. Nd. K.; °स्वैर् V. गुप्ते K. N. Nd.; गुप्तं M. G. R. V. — 375. °निरोधितः । V. — 376. यद्यगुप्तायां G. — 380. राष्ट्रादेनं M. K.; राष्ट्रात्त्वेनं Gr. Nd.; राष्ट्रादेनं R. G. V. — 381. विद्यते क्वचित् । Nd. — 383. सहस्रं Nd. — 384. पञ्चशतो M. K. Nd. — 385. विप्रक्षत्रियविट्शूद्रः स्त्रीरगुप्ताः परिव्रजन् । M., but Me. like the rest. अगुप्ते वैश्यराजन्ये G. R. Nd. Gr. °स्त्रियः ॥ G. — 387. स्वराज्येषु Nd. Gr. — 388. वर्त्विक् Nd. G.; चर्त्विक् V. K.; त्वर्त्विक् R.; ऋत्विक् M. शक्तं दान्तम् Nd. — 390. चिकीर्षन्नात्मनो हितम् ॥ G. — 392. विप्रौ M.[8,9] G. Ku.; विप्रो M.[4,5] Go. Nd. R. K. V. See Vishṇu V. 94; Yâjñavalkya II. 263. — 393. तद्धनं or तदन्नं M. हिरण्यं M. G. V.; हैरण्यं R. Me. K.; दण्डं चैव स माषकम् ॥ Nd. — 394. न दाप्यः केनचिद्धमम् ॥ Nd. — 395. व्याधितार्तं M.[8,9] G. बालवृद्धाद्यकिंचन M.[8,9] — 396. शाल्मले M. G.; शाल्मली M.[4] (correction) R. Nd. Ku. K. V. निज्याद्वासांसि नेजकः । M. Gr. Nd.; नेनिन्याच्चेजकः शनैः । M.[4] (correction) G. Nd. Ku. V. K. — 397. तन्तुवायः पलं दत्त्वा G.; दशफलं दद्यादेकफलादिकम् । Nd. — 398. हरेन्नृपः ॥ R. — 399. नृपो हरेत् ॥ G. — 401. विज्ञाय for विचार्य G. — 402—406 om. M.[4,5] — 402. तथा गते । M. Nd. K. — 403. तत्स्यात्सुलक्षितम् । M.[9] G. Ku.; च स्यात्सुलक्षितम् । V.; तु स्यात्सुलक्षितम् । K.; स्यात्सुपरीक्षितम् । R.; सर्वं पार्थिवलक्षितम् । Nd.; सर्वतः स्यात्सुलक्षितम् । M.[8] — 404. पौरुषे K. R. N. Nd.; पौरुषो M. G. Râ. Ku. V. नरः । M.; तरं । G.; तरे । R. Ku. V.; हरे । Nd.[1]; भरः । Nd.[2]. — 407. तारिकं करम् ॥ G. — 408. दासानां and दासैरेव M.[8,9] Nd. नावारूढैः प्रदेयं तत्समागम्य G. —

409. दासा° M.[8 9] Nd. — 411. कारयेत् ॥ M. G. Nd.; कारयन् ॥ Go. M.[4] Ku. R. V. K. — 412 यो दास्यं कारयेल्लोभाद् G. — 413. स्वयमेव स्वयंभुवा ॥ M. — 414. विसृष्टो G. — 416. भार्या: K. — 417. विसृष्टो Nd. — 418. न्नोभयन्ताविदं G. — 420. ब्रह्मलोके महीयते ॥ Nd. Gr.

CHAPTER IX.

1. धर्मं वक्ष्यामि शाश्वतम् । M. — 2. विषये सज्जमानाश्च Nd. संस्थाप्या ह्यात्मनो M. R.; संस्थाप्याः स्वात्मनो Nd.; संस्थाप्या श्रात्मनो G. V. K.— 3. पुत्रास्तु स्थविरे भावे R. Nd. (and Baudháyana II. 3, 45; Vasishṭha V. 3.; Nârada II. 13, 31; and the texts quoted in Böhtlingk's I. Spr., 4067). — 4. याप्यो याप्यश्चानुपयन्... याप्यो M. N. Nd. — K. inserts the following after 5. भार्यायां रक्ष्यमाणायां प्रजा भवति रक्षिता । प्रजायां रक्ष्यमाणायामात्मा भवति रक्षितः ॥ — 7. धर्मं प्रजां चैव Nd. — 8. भार्यां प्रविश्य स्वां G. — 9. स्त्रियो रक्षेत् Nd. — 11. वा विनियोजयेत् । M. पारिणाह्यस्य Ku. Nd. V.; पारीणाह्यस्य N. v. l.; परिणाह्यस्य or परीणाह्यस्य M.; पारीणाह्यस्य G. B.; पारिणाय्यस्य (पारिणाय्यस्य) R. N. (पारिणेयं Vasishṭha XVII. 46). — 13. नारीणां दूषणानि G. (and Hitopades'a in Böhtlingk's I. Spr. 4044, note); स्त्रीणां वै दूषणानि K. — 14. निश्चयः । R. रूपवन्तमरूपं वा Nd.; कुरूपं वा K. (and Hitopades'a, loc. cit. 3822). — 15. चलचित्तत्वान् G. Me.; चालचित्त्याच्च M. N. K. Nd.; चलचित्ताच्च R. V. — 17. °नार्यताम् । G. Me. K. N. Nd. R. B. W. Kl.; °नार्जवम् । M. Ku. V. — 19. गदिता निगमेष्वपि । Nd. Gr.; विगीता or निगदा निगमेष्वपि Me. v. l. निष्कृतिम् ॥ M. G. N. Nd.; निष्कृतोः ॥ Me. R. K. Ku. V. — 20. वृत्तां M.[1 3 8 9] V. — 21. यच्च ध्यायत्यनिष्टं स्त्री R. — N. places 21 before 20. — 23. शार्ङ्गी च M. G. K. N. v. l. Nd. (and Mahâbhâr. I. 231, 8401); शारङ्गो or सारङ्गी R. Ku. N. K. V. — 24. प्राप्तास्तैस्तैर् G. — 26. श्रियः स्त्रियः R. — 27. परिरक्षणं Nd. प्रत्यर्थं M. N.; प्रीत्यर्थं G. (and Mahâbhâr. XIII. 46, 2494); प्रत्यहं Ku. R. K.; प्रत्यर्धं Me. v. l. — 28. °नः सदा ॥ G. — 29. मनोवाक्कायसंयता M. N.; °वाग्देहसंवृता G.; °वाग्देहसंयता Ku. R. K. Nd. V. See V. 165. — 32. क्रतुः for भर्तुः Nd. v. l. कर्तरि । Nd. M. N. K. pr. m.; भर्तरि । G. Ku. Ndd. K. s. m. V. — 36. यादृशमुप्यते M.[4 5]; यादृशं वाप्यते G. तत्क्षिप्रं बीजं स्वैर्व्यज्यितैर्गुणैः ॥ G. — 39. शालयो वापि Nd. प्ररोहन्ते G. — 42. पुंसां M.[4 5 9] R. G. Nd.; पुंसा M.[8] Ku. K. V. — 43.

क्षिप्तः M. G. N. R. K.; विद्धः Ku. V. Nd. वै क्षिप्रं Go. Ku. K. V; वै क्षिप्तं G. R. Nd.; निक्षिप्तं M. — 45. प्रजेह च । Nd. — 46. विजानीत G.; विजानीध्वं Gr. — 47. ददानीति M.[4] Ku. N. Nd. R.[1] V. (and Nârada II. 12, 28; Mahâbhâr. III. 293, 16683); ददामीति M.[1 5 8 9] G. R.[2]. सकृत्सकृत् ॥ M. G. R. Nd. K. (and several texts quoted in Böhtlingk's I. Spr. 6650, 6652); सतां सकृत् ॥ Ku. V. (and Nârada). — 50. यद्यन्यगोषु M. G. R. K. (यद्यन्यो गोषु Vasishṭha XVII. 8); यस्त्वन्यगोषु Nd.; यदन्यगोषु Ku. V. मोघं वृषभचेष्टितम् ॥ G. Nd. — 52. बलीयसी ॥ M. G. Ku. Nd. R.[2]; गरीयसी R.[1] K. V. — 53. °भ्युपगमाच्चैवं M. — 54. तज्ज्ञेयं क्षेत्रिकस्यैव Nd. बीजी M. G. R. K. (and Nârada II. 12, 56); वप्ता Ku. Nd. V. — 57. या भार्या G. R. K. — 61. अनिवृत्तं M. G. R. Nd. K.; अनिर्वृत्तं N. L. C.[2]; अनिर्वृतं C.[1] L. — 62. निवृत्ते M. G. R. Nd. K.; निर्वृते C.[1] H.; निर्वृत्ते C.[2] L. — 66. वेने M. G. R. Nd.; वेणे Ku. K. V. — 68. तदा M. G. N. R. Nd. K.; ततः V. °क्ताः स्त्रियः । M. °पत्यार्थे M. G. R. Nd.; °पत्यार्थं V. K. — 71. पुरुषो ऽनृतम् ॥ M.[9] K. — 72. कन्यां पतिव्रताम् । G. — 73. कन्यामनाख्याय प्रयच्छति । G. R. Nd. K. (and Nârada II. 12, 33); कन्यामनाख्यायोपपादयेत् । M. V. तस्यापि वितथं कुर्यात्कन्यादानं Nd.; तस्यापि वितथं कार्यं कन्यादातुर् G. R. G.; तस्य तद्वितथं कुर्यात्कन्यादातुर् M. V. — 74. द्विजः । for नरः । Nd. — Nd. inserts 95, 96 between 74, 75. — 76. धर्महेतोस्तु Gr. — 77. संवत्सरमुदीक्षेत M. N. K.; संवत्सरं प्रतीक्षेत G. R. Nd. Ku. V. द्विषाणां M.; द्विषन्तीं G. N. R. Nd. Ku. K. V. See 79. — 78. अतिक्रमेत् M. प्रमत्तं वा M. K. च । M. °परिच्छदैः ॥ K. — 79. द्विषाणाया M. G. R. N. v. l. Nd. K. W.; द्विषन्त्याश्च Ku. N. B. V. — 80. मद्यपासत्यवृत्ता M.[8] G. N. Nd.; मद्यपासत्प्रवृत्ता M.[4 5 9] Râ. K.; मद्यपासाधुवृत्ता Ku. V. R. चाधिवेत्तव्या M. R. K. Nd.; साधिवेत्तव्या G.; वाधिवेत्तव्या Ku. V. — 84. प्रतिषिद्धा पिबेद्या तु M. G. Ku. K. (and Böhtlingk's Chrestom., p. 364); प्रतिषिद्धादिवेद्या तु R.; प्रतिषिद्धापि चेद्या तु Nd. V. प्रेक्षासमाजौ M. G. N. Nd. Râ. K.; °समाजं V. R. — 85. वेश्मनि for वेश्म च ॥ Nd. — 86. नैत्यकम् । M. G. N. Nd. R. K.; नैत्यिकम् । V. स्वा स्वैव M. R. Nd. K.; स्वस्यैव G.; स्वा चैव V. नासजातिः N. R.; नास्वजातिः Nd. V. K.; नासजातिः W.; नासजातिं or °जाति M. G. — 87. °चाण्डाल° G. Ku. V. — 89. प्रयच्छेत M. G.; प्रयच्छेत्तु R. Nd. V. K. — 90. वर्षाण्युपासीत M. G. K. N. v. l. Nd.; वर्षाण्युदीक्षेत N. V. — 92. स्तेना Ku. R. K. V.; स्तेयं M. G. Nd. Gr.; स्तेनः Me. v. l. — 93. स च M. G. R. K. Nd.; स हि Ku. V. According to Me., this S'loka is pronounced to be spurious by some Commentators. — 95. विन्देतानिच्छयात्मनः । M. G.; विन्दते नेच्छयात्मनः । Me. v. l. R. K. Nd. V. — 97. शुल्कदत्तायां M.[4 5 9] Nd. — 99. यदन्यस्याभ्यनुज्ञाय M. G. N. R. Nd.; यदन्यस्य प्रतिज्ञाय Ku. K. V. — Arrangement in Nd.: 98, 100, 99, 101. — 101. अन्योन्यस्याव्यभिचारो M. Nd. V.; अन्योन्यस्याव्यभो° G. R. K. — 102. नातिचरेतां तौ M. N. Nd.; नाभिचरेतां तौ G. Ku. R. V.; नाभिचरेयातां K. नियुक्तावि° M. — 103. दायधर्मं M. G. R. Nd. K. Gr.; दायभागं Râ. Ku. V. — 104. सह । for समम् । Nd. Gr. — 107. स एष M.[4 5 9] G.; स एव M.[8] R. Ku. Nd. K. V. — Nd. places 109 before 108. — 110. अज्येष्ठ एव यस्तु स्यात् G. — 112. ज्येष्ठः समुद्धरेदंशं सर्वद्रव्याच्च यद्वरम् । . . . तृतीयं तु यवीयसः ॥ G. — 113. मिथो यदि । Nd. — 114. धनजातीनाम् K. आददीताग्रम् M. G. K.; आददीताग्र्यम् Nd. R. V. — 115. स्वधर्मतः । G. — 116. तेषाम् M. G. Nd.; त्वेषाम् R. K. V. — 118. स्वाभ्यः स्वाभ्यस्तु M. — 119. चैकशफं M. G. Nd. R. K.; सैकशफं Ku. V. — 123. संहरेत्सर्वपूर्वजः । G. परे ज्येष्ठवृषा° L.; परेऽज्येष्ठवृषा° all the rest. — 124. वृषभषोडशम् । M. Nd. K.; वृषभषोडशाः । G. R. Ku. C.[2] (and Gautama XXVIII. 15); वृषभषोडश । C.[1] H. L. — 126. सुब्रह्मण्यास्वपि M. K. Nd.; स्वब्रह्मण्यास्वपि R. Ku. V.; सुब्रह्मण्या इति G. — 128. ऽथ पुत्रिकाः । R. V.; स पुत्रिकाम् । Nd.; ऽप्यपुत्रिकाः । G.; स्वपुत्रिकाः । M. — 131. यौतुकं M.[3 4] G. W. (and Mahâbhâr. XIII. 45. 2472); यौतकं M.[1 8 9] B. R. Nd. V. (and Mahâbhâr., Bombay edition). वसु ॥ R. — 132. अपुत्रस्य हरेद्यदि G. Me. v. l. दद्यात्तत्पिण्डं Nd. — 136. सदृशं M. G. Nd. K.; सदृशात् R. Ku. V. (and Vasishṭha XVII. 23). — 137. अथ पुत्रस्य पौत्रेण Ku. R. Nd. V. (and Vasishṭha XVII. 5; Vishṇu XV. 46); पौत्रस्येह तु पुत्रेण M. G. — 139. पूर्वजान् ॥ for पौत्रवत् ॥ G. — 140. तु पितुस्तस्य Me. v. l. तु पितुः पितुः ॥ M. — 141. संप्राप्तो ऽस्य न पुत्रकः ॥ Nd. — 142. दत्त्रिमः सुतः । Nd. Gr. — 143. अनियुक्तः G. K. — 144–147 om. Nd.[1]; 144, 145, 147, 148 om. Nd.[2] — 145. क्षेत्रिकस्य हि G.; क्षेत्रिकस्यैव R. — 146. धा । M. R. Nd. Gr.; च । G. R. Ku. V. — 147. मिथ्योत्पन्नं M. K. R. Be.; वृथोत्पन्नं G. V. — 148. चैकजातीनां M.; त्वेव जातानां G. — 150. विधानतः ॥ G. — 151. वैश्याजो ऽध्यर्धम् M. G. R. Nd. K.; वैश्याजः सार्धम् V. — 152. सर्वथा for सर्वं वा M.[4 5 9] धनजातं R. तद्दशधा M. G. K. Nd.; तु दशधा R. V. परिकल्पयेत् । M. G. K.; परिकल्प्य च । Ku. V.; परिकल्पितम् । R.; प्रविभज्य तु । Gr. Nd. — 154. यद्यपुत्रो ऽपि वा भवेत् । M. R. Nd. K.; यद्यत्पुत्रो

ऽपि वा भवेत् । G.; ऽप्यसत्पुत्रो ऽपि वा भवेत् । Ku. V. — 155. दायभाक् । R. — 156. वा for ये M. G. K. This reading is censured by Me. — 160. शूद्रश्च for शौद्रश्च G. — 161. यादृशं गुणम् M. G. Nd. Gr. K.; यादृशं फलम् Ku. V. तादृशं गुणम् M. Nd.[2] K. Gr.; तादृशं कुलम् G.; तादृशं फलम् R. Nd.[1] Ku. V. — 164. वा ॥ G. — 165. पित्र्यरिक्थस्य M. — 166. स्वक्षेत्रे M.[4,8] पुत्रमुत्पादयेद्द्विजम् । M.; स्वयमुत्पादितश्च यः । Gr. प्राथमकल्पिकम् ॥ M. G. R. K.; प्रथमकल्पितम् ॥ Nd. V. — 168. पिता च M. Nd.; पिता वा Me. G. R. Ku. K. V. (and Yâjñavalkya II. 130). — 169. विज्ञेयस्तु M. G. R. K. Nd.; विज्ञेयश्च V. — 170. यस्तु M. G. R.; यस्य Nd. Ku. R. V. न विज्ञायेत G. K. R.; न च ज्ञायेत M. Nd. V. कस्यचित् । M. Nd. स्वगृहे M. — 173—178 om. M. — 175. वा यथेच्छया । G. K.; स्वेच्छयापि वा । R.; स्वयेच्छया । Ku. V.; स्वेच्छयात्मनः । Nd. — 178. ब्राह्मणो यस्तु शूद्रायां G. — 180. यथोदितम् । Gr. — 181. विहिता M. यस्यैते Nd. तत् ॥ M. — 182—201 om. M. — 182. यद्येकः for एकश्चेत् R. सर्वे ते K. Nd. — 183. पुत्रिणयो मनुरब्रवीत् ॥ G. R. Nd.; प्राह पुत्रवतीर्मनुः ॥ V. K. — 184. श्रेयसो ऽलाभे G. R. K. C.[1] L. H.; श्रेयसो ऽभावे C.[2] Nd. — 185. वा ॥ G. R. Nd. K.; च ॥ V.; भ्रातर एव च ॥ Râ. v. l. — 189. सकुल्याः स्युर् Nd. — 190. तन्तुमाहरेत् । G. Nd. स्यात्ततस्य Nd. — 191. द्वौ चैव G. — 194. मातृभातृ° Nd. — 195. वृत्तायां Nd. — 196. यद्वसु । V.; यद्धनम् G. R. Nd. K. — 197. यत्तु तस्या G.; यत्तस्यै स्याद् Nd. अतीतायामप्रजसि K.; अतीतायामप्रजायां G. — 198. स्त्रियास्तु G. R. Nd. K.; स्त्रियां तु Ku. V. — 202. च न्याय्यं M. ग्रासाच्छादनमत्यन्तं M. G. Ku. K.; ग्रासाच्छादनमभ्यङ्गं Nd.; ग्रासाच्छादनमात्रं तु R. — 203. दातुमर्हति ॥ Nd. — 204. यदि विद्यानुपालिनाम् ॥ Nd. R. v. l. — 208. पितुर्द्रव्यं G. K.; पितृद्रव्यं all the rest (and Vishṇu XVIII. 42). यदुपार्जितम् । M. K. — 209. पिता G. R. Nd. K.; यदा M. (and Vishṇu XVIII. 43). °मनुपघ्नन्यदाप्नुयात् । M. — 210. ज्येष्ठस्तत्र M. ह्यत्र न Nd. — 214. यौतुकम् ॥ G. — 216. येस्तु for ये स्युर् M. — 218. दृश्येत M. G. K. Nd. B. Ku. C.[1,2] H. L.; दृश्यते C.[3] — 219. पात्रम् for पत्रम् Nd. Nd. places 219 before 218. — 220. हि भागो for विभागो K. Nd. — 221. राजान्तकरणावेतौ C.[1] H. L. — 220—227 om. M. — 221. निवासयेत् । R. — 224. यच्च कारयेत् । Nd. — 225. कितवाञ्छीलवान्केलान् Nd. क्रूरान् G. Ku. V.; केलान् Gr.; केरान् N. R.; चोरान् K. — 230. दरिद्रानाथरोगिणाम् । M. Nd.; दरिद्राणां च रोगिणाम् । G. Ku. V. R. K. — 231. ये ऽनियुक्तास्तु Me. v. l. कारयेद्बुधः ॥ M. — 233. निर्णीतं Nd. for तीरितं.

निवर्तते ॥ M. — 234. अमात्यः M. G. R. K.; अमात्याः Nd. V. प्राड्विवाका Nd. यः कुर्यात् M. G.; यत्कुर्यात् R. K.; यत्कुर्युः Ku. V. K. तं सहस्रं च M. R. K.; सहस्रं चैव G.; तान्सहस्रं च or सहस्रं तांश्च Ku. Nd. V. — 235. तस्करो M. Ku. Nd. R. K.; स्तेयी च G. V. पृथग्वेद्या M. Nd. — 237. स्तेये तु M. G. R. Nd. K. (and Nârada, App. 44); स्तेये च V. — 238. असंयोज्या for °याज्या M. ह्यसंपाठ्या R. Nd. — 239. ज्ञातिसंबन्धिनश्चैते M. — 240. पूर्वे वर्णा M. G. N. Ku. Nd.; सर्वे (सर्व) वर्णा R. Ku. V. ललाटेषु M. Nd.; ललाटे तु R. — 241. ब्राह्मणस्यैव Nd. R. — 243. महापातकिनां Nd. R. पापेन M. Be. R. K.; दोषेण G. Nd. Ku. V. — 244. श्रुतवृत्तोपसंपन्ने Nd. — 246. यत्र च नियते M. लोके तु for कालेन Nd. — 247. विकृतिर्न च M.; विकृतं न च V. K.; विकृतं च न G. R. Nd. — 251. कार्याणि धर्म्याणि M. K. — 252. °निविष्टदेशेषु M. कृतदुर्गस्तु M. Nd. — 254. यस्य प्रक्षुभ्यते M. स्वर्गात्स M. — 255. निर्भयं हि Nd. R. तस्याभिवर्धते M. सेव्यमान for सिच्यमान M. — 256. °हारिणः । Nd. B. (and Nârada, App. 1). — 257. त्वेषां M. Nd. K.; तेषां G. R. V. त्वेवं स्तेनाटव्यादयो जनाः । M. G.; त्वेते स्तेनाटव्यादयो जनाः । Nd.; त्वेते ये स्तेनाटविकादयः । V.; °काश्चैव स्तेना अटविका जनाः । R.; त्वेषां ये स्तेनाटविकादयः । K. — 258. उत्कोचकांश्चौपधिकान्वञ्चकान्कितवांस्तथा । M. भद्रप्रेक्षणिकैः सह ॥ M.; भद्राश्चेक्षणिकैः सह ॥ G. Ku. R. V. K.; भद्राश्चेक्षणिकास्तथा ॥ Nd. (Böhtlingk reads मद्राश्चे°). — 259. शिल्पोपकार° N. Nd. — 260. एवमाद्यान् M. G. R. Nd. K.; एवमादीन् V. विजातीयान् for विजानीयात् N. Nd. — 261. प्रोत्साह्य G. R. N. K. (and Böhtlingk's Chrestom., p. 364); प्रोच्छाद्य M.; प्रोत्सार्य Nd.; प्रोत्साद्य Ku. V. — 263—274 om. M. — 263. निगूढं चरतां Nd. — 267. तत्सहायैः स्वानुगतैर्नानाकर्मप्रवादिभिः । Nd. उत्साहयेच्चैव G. N. R. Nd.; उत्सादयेच्चैव K. Ku. V. See 261. — 268. भक्ष्यभोज्यापदेशैश्च G. R. Nd. Ku. N. W. B.; भक्ष्यभोज्योपदेशैश्च V.; भक्ष्यभोज्यप्रदेशैश्च K. — 269. सपुत्रज्ञातिबान्धवान् ॥ Nd. R. — 272. राष्ट्रे पुरे वाधिकृतान् Nd. द्रुतान् ॥ K. — 274. ह्रडाभङ्गे G. Nd.; हिताभङ्गे Ku. V.; हिडाभङ्गे R.; तडागभङ्गे N.; सेतुभङ्गे K. — 275. प्रातिकूल्येष्ववस्थितान् । Nd. R.; प्रतिकूल्येष्ववस्थितान् । W.; प्रतिकूलेषु वा स्थितान् । G.; प्रतिकूलेष्ववस्थितान् । M. K.; प्रतिकूलेषु च स्थितान् । V. अरीणामुपधावतो घातयेद्विविधैर्वधैः ॥ Nd. — 276. संधिं कृत्वा R. तीक्ष्णशूले K. Nd. — 278. मोक्षस्य M. Nd. शिष्याच् for हन्याच् Nd. R. चौरान् M. Nd. R.; चौरम् G. K. V. — 279. तडाकभेदकान् Nd.; तडाकभेदकं R. च । M. Nd. तथापि for तद्वापि M. दाप्यश्चोत्तमसाहसम् ॥ M.

G. R. Nd.; दद्याच्चोत्तमसाहसम् ॥ K.; दाप्यस्तूत्तमसाहसम् ॥ V. — 280, 281 om. M. — 281. तडाकस्योदकं K. Nd. — 282. दद्यादमेध्यं च प्रशोधयेत् ॥ M.; दद्यादमेध्यानां च शोधनम् ॥ K. — 283. आपद्गतो वा वृद्धो वा M.; आपद्गतो ऽथ वृद्धो वा R. — 286. मणीनामपि वेधे च M. Nd. — 287. मध्यम एव वा ॥ M. — 288. च कष्टानि for च सर्वाणि Nd. राजमार्गे M. G. Nd. R. Ku. K. C.[2]; राज्ञा मार्गे C.[1] H. L. दुष्कृता for दुःखिता Nd. — 290. चानाप्तो Ku. R.[2] L.; चानाप्तैः Me. M.[4] G. K. R.[1] C.[2] Râ. H.; चानाप्ते Nd.; चानाप्तिः M.[9]; चानाप्तेः C.[1] — 291. बीजोत्कृष्टा N.; बीर्यात्कृष्टा K.; बीजोत्कृष्टः M.[1]; बीजोत्कृष्टम् M.[4]; बीजोकृष्टस् M.[9]; बीजोत्कृष्टास् G. Nd.[2]; बीजोत्कृष्टोस् Nd.[1]; बीजोत्कृष्टा । Ndd.; बीजोत्कृष्टं Ku. V. विविधं for विकृतं Nd. — Nd. Gr. insert 312 after 293. — 293. प्रवर्तयेत् ॥ R. — 294. समस्तं Me. M.[9] G. K. B. W.; समग्रं R. Nd.; सप्ताङ्गं Ku. V. — 296. सप्ताङ्गस्यास्य Nd. (and Mahâbh. XII. 322, 12007). विश्रब्धस्य M. — 297. तेषु हि M. G. R. Nd. K. (and Mahâbhâr. XII. 322, 12008); तेषु तु V. शिष्टमुच्यते ॥ M. — 298. केवलम् । Nd. परात्मनः ॥ M. Gr.; परात्मनोः ॥ G. N. Nd. K.; महीपतिः ॥ R. Ku. V. — 299. गुरुलाघवतो ज्ञात्वा ततः कर्म समाचरेत् ॥ Nd. — 302. कर्मस्थो (धर्मस्थो) ऽभ्युदितस्त्रेता विकृतं सुकृतं युगम् । M.; कर्मस्थो ऽभ्युत्थितस्त्रेता M. — 303. वातस्य for वायोश्च G. R. W. B. — 304. चरेत् ॥ M. R. Nd.[2] — 305. राज्यान् for राष्ट्रान् M. सम्यग् for नित्यम् Nd. — 307. सर्वे for प्रजास् Nd. Gr. — 308. वरुणेनापि पाशैश्च बध्यते वारुणैर्नरः । Nd. एव हि दृश्यते । M. (and Râmâyaṇa II. 122, 2). — 311. भूतानि सर्वाणि M. — 312. युतो for युक्तो M. वा ॥ R. — Nd. places 313, 314 after 319. — 313. सभृत्यबलवाहनम् ॥ M. — 314. सर्वभक्षो M.[3] G. Nd. W. B.; सर्वभक्ष्यो M.[1] R. Ku. K. V.; सर्वभक्षा° M.[9] चाप्यायितश्चेन्दुः M. G. Nd. R. K. W. B.; चाप्यायितः सोमः V. — 316. यान्समाश्रित्य M. K. R.; तान्समाश्रित्य Nd.; यानुपाश्रित्य G. Ku. V. तेषां for येषां M. — 318. °पूज्यते ॥ Nd. — 319. महत् ॥ M. G. K.; हि तत् ॥ Ku. R. V.; हि सः ॥ Nd. — 320. सर्वतः । Nd. M. — 322. क्षत्रं तु M. इहामुत्र च R. — 323. पुत्रे राज्यं समासाद्य M.; पुत्रे राज्यं समासज्य G. R. K.; पुत्रे राज्यं समासज्य V.; सुतं राज्ये समावेश्य Nd. — 324. समायुक्तो G. K. W. R.[2]; सदा युक्तो M. Nd. V. Ku. R.[1] — 328. कामं for कामः M. रक्षितव्याः प्रयत्नतः ॥ K. — 330. मानयोगांश्च M. R. G. Ku. K.; जनयोगांश्च Nd.; मानयोगं च V. — 331. गुणागुणम् । M. G. R. Nd. K.; गुणागुणान् । V. च विवर्धनम् ॥ M. G. R. K. Nd.; परिवर्धनम् ॥ V. — 334. तपस्विनाम् । K. — 335. ब्राह्मणापाश्रयो नित्यम्

M. G. N. R. K. s. m. R.[2] L. H.; ब्राह्मणायाश्रयो नित्यम् C.[1 2] R.[1] K. p. m.; ब्राह्मणानां श्रयं (श्रेयः Nd.[2]) नित्यं Nd.; ब्राह्मणोपश्रयो नित्यम् W.

CHAPTER X.

M. inserts the following before 1. अतः परं प्रवक्ष्यामि अध्येतव्यस्य यो विधिः। — 3. सर्वेषां for वर्णानां Gr. — 12. शूद्राच्चायोगवः K. शूद्रादयोगवः N. चाण्डालश्च G. C.[2] Ku. वर्णसंकरे ॥ M. G.; वर्णसंकराः ॥ Ku. V. R.; वर्णसंकरः ॥ Nd. — 13. तथा for यथा G. प्रातिलोम्ये तु M. G. Nd.; प्रातिलोम्येन R. K.; प्रातिलोम्ये ऽपि V. — Nd. inserts 16, 17 before 15. — 17. वा for तु। M. — 18. पुष्कसः। M. G.; पुक्कसः। Ku. V.; पुल्कसः। R. Nd. Gr. — 19. उग्रात्तु जातो क्षत्तायां Nd. तयोग्र्यां तु M. G.; तयोग्रायां R. Ku. K. V. वेन G. Nd. K. — 20. जनयन्त्यव्रतान्सुतान्। G. N. व्रात्यानित्यभिनिर्दिशेत् ॥ M. G. R. Nd. K. B. W. L.; व्रात्यानिति विनिर्दिशेत् ॥ C.[1 2] H. — 21. भज्जकण्टकः। M. G. N. K.; भृत्यकण्टकः। Nd. Gr.; भूर्जकण्टकः। Ku. R. V. (भृज्यकण्ट° Gautama IV. 20). °वाटधानी Nd.; °वाढधानी K. पुष्पशेखर एव च ॥ M.[4]; पुष्पशेखर एव च ॥ M.[1 2 5]; पुष्पशखर एव च ॥ M.[3]; पुष्परेपर एव च ॥ M.[9]; पुष्पः शेखकस्तथा ॥ G.; पुष्पवसेशखस्तथा ॥ Go.; पुष्प ... खरस्तथा ॥ K.; पुष्पशेवक एव च ॥ Nd.; पुष्पधः शेख एव च ॥ Ku. R. V. Kl. — 22. व्रात्याल्लिच्छिविर् M. G.; व्रात्याल्लिच्छविर् K.; व्रात्याल्लिच्छिखिर् Nd.; व्रात्याच्चिच्छिविर् Ku. R. V. — 23. पारुषश्च K.; कारुजश्च Nd. निजङ्गश्च for विजन्मा च Nd. — 24. जायते वर्णसंकरः ॥ M. G. R. Ku.; जायन्ते वर्णसंकराः ॥ V.; 24 text om. Nd. — 26. चाण्डालश्च G. R. — 27. जनयन्ति विगर्हितान्। Gr. मातृजात्या (°जात्याः) M.; मातृजातौ Me. v. l.; मातृजातौ स्वयोन्यां तु सदृशं जनयन्ति वै। G.; मातृजात्यां N. Ku. R. V. K. — 28. स्वयोन्यां च M. G. Nd.; स्वयोन्यां तु Nd. R. V. बाह्येष्वयं क्रमः ॥ G.; बाह्येष्वपि क्रमः ॥ M. R. Ku. Nd. N. K.; बाह्येष्वपि क्रमात् ॥ V. — 32. दास्यजीवनम्। M. G. R. Ku. Nd.; दासजीवनम्। V.; दास्यजीविनम्। K. सैरन्ध्रं M. G. N. Nd. K.; सैरिन्ध्रं Ku. V. — 34. मागधं for मार्गवं G. K. — 35. मृतवस्त्रभृत्सु नारीषु C.[1 2]; मृतवस्त्रास्वनार्यासु R.[2]; मृतवस्त्रभृत्स्वनार्यासु the rest. पृथक्क्रियाः ॥ G. — 36. वैदेहिकाद् M. V.; वैदेहकाद् G. R. Ku. Nd. K. — 38. चाण्डालेन M. G.; चण्डालेन Ku. Nd. R. V. च सोपाको G. पुल्कस्यां Gr. Nd. R. K.; पुक्कस्यां Ku. V.; पुष्कस्यां M. — 41. स्वजातिजान् M. R. Nd.; सजातिजान् G. Ku. V. K. षडुक्ता or षड्गुणा for षट् सुता M. —

42. °प्रभाविश्च M.; °प्रभावेण G. Nd.; °प्रभाविस्तु R. K. V. — 43. ब्राह्मणातिक्रमेण G. Me.; ब्राह्मणादर्शनेन M. N. Ku. V. Nd. R. K. — 44. पुण्ड्र° M. N. Nd. K. R. B.; पौण्ड्र° Ku. V. W.; पौण्ड्र° G. °चान्द्र° G.; °चान्ध्र° M.[8] R.; °चोड्र° M.[1 4]; °सोच° M.[5]; °चोण्ड्र° M.[2 3]; °चाड्र° M.[9]; °चोल° Gr.; °चोल° Nd.; °चोण्ड्र° K.; °चौड्र° V. दरदास्तथा ॥ M. G. Nd. H. Gr.; दरदाः खशाः ॥ R. V. — 48. तु for च G. K. °चूचु° G. N. Nd.; °चूच° M.[4 8 9]; °भूभु° M.[5]; °चुञ्चु V. R.[2]; °चञ्चु° R.[1] K. omits this clause. — 49. °पुल्कसानां R. Gr.; °पुष्कसानां M. G.; °पुक्कसानां K. V. वेणानां M. G. R. V.; वैणानां K. Nd. omits 49 and places 50 after 52. — 51. अवपात्राश्च M. N. R. Nd. W. B.; अपपात्राश्च K. V.; अयःपात्राश्च G. — 52. मृतचैलानि M. G. K. (and Vishṇu XVI. 14); मृतचेलानि Nd. R. V. W. भिन्नभाण्डे च M. K. Gr.; विन्नभाण्डेषु G. Ku. V. Nd. — 53. मिथश्चैषां R. — 56. शय्यां चा° R. — 60. यदि for यस्य Gr. — 61. राष्ट्रियैः M. G. R. Nd. K.; राष्ट्रिकैः V. — 62. गवार्थे च M. स्त्रीबालाध्यवपत्तौ M.[1 2 8 9]; स्त्रीबालाभ्यववत्तौ M.[5] G. Nd.; स्त्रीबालाभ्युपपत्तौ K. R. V. (and Vishṇu XVI. 18). — 63. सत्यमक्रोधः M. Nd.; सत्यमस्तेयं G. Ku. R. V. K. (and Yâjñavalkya I. 122). एतं G. Ku. R. V.; एवं M. Nd.; एकं K. स्वाभाविकं धर्मं M. सर्ववर्णे for चातुर्वर्ण्ये Nd. — 65. तु ॥ for च ॥ M. — 66. श्रेयस्त्वं क्वेति चेद्भवेत् ॥ M.[5] K. V.; श्रेयस्त्वं कोति चेद्भवेत् ॥ M.[1 2 8]; श्रेयस्त्वं केति चिद्भवेत् ॥ M.[9]; श्रेयस्त्वं कस्यचिद्भवेत् ॥ M.[4]; श्रेयान्कस्त्वनयोर्भवेत् ॥ R. W.; श्रेयस्त्वं नेति चेद्भवेत् ॥ G.; श्रेयस्त्वं चेद्भवेत् Nd. — 70. क्षेत्रमेके मनीषिणः । M. Nd. — 73. तामसा गतिः ॥ M. — 74. स्वकर्मव्यवस्थिताः । M. G. R. Nd. K.; स्वकर्मण्यवस्थिताः । V. — 75. याजनं यजनं G. K. R. — 77. निवर्तेरन् R. ब्राह्मणः क्षत्रियं प्रति । N.; ब्रह्मा वै क्षत्रियं प्रति । Nd. — 78. प्रति तथैतानि M. — 79. पशुकृषी विशः । M. G. R. Nd. L.; पशुकृषि विशः । K.; पशुकृषिर्विवशः । C.[1 2] H. — 80. तु रक्षणम् । K. — 88. क्षारं for क्षीरं Nd. — 89. मज्जां for मद्यं Nd. सर्वांश्चैकशफांस्तथा ॥ M. V.; सर्वानेकशफांस्तथा ॥ G. R. K.; सर्वांश्चैकशफान्पशून् ॥ Nd.; एकशफान्बहून् ॥ Me. v. l. Gr. Nd. insert the following after 89. त्रपुसीसे तथा लोहं तैजसानि च सर्वशः । याशाश्चर्म तथास्थीनि वसा स्नायूनि रोचनाम् ॥ — 90. हस्तम् for कामम् M.[4 5] — 91—94 om. M.[8 9] — 91. कृमिर्भूत्वा R. K. स्वविष्ठायां M.[5] (and Vasishṭha II. 20); स विष्ठायां M.[4] (corrected from स्वविष्ठायां) K.; च विष्ठायां Nd.; श्वविष्ठायां G. R. Ku. V. (and Baudhâyana II. 2, 26). — 92. शूद्रो भवति M. R. Nd. K. B. W. (and Vasishṭha II. 27); शूद्रीभवति G. V. क्षारविक्रयात ॥

Gr. — 93. नियच्छति for निगच्छति all. — 94. लवणं तिलैः । Nd. Gr. Me. v. l. च कृताचेन M. Nd.; चाकृताचेन G. Ku. N. V.; वाकृताचेन K. See Gautama VII. 21. — 96. यो मोहाद् Gr. — 97 om. Nd. — Arrangement in M.[1 2 8]: 96, 105—109, 114, 97—104, 115. etc. 106—115 om. M.[9] — 97. श्रेयान् for वरं Gr. (and Mahâbhâr., etc.) परधर्मात्स्वधिष्ठितात् ॥ M. (and Mahâbhâr. and other texts quoted in Böhtlingk's I. Spr. 6582 foll.); न पारक्यः स्वनुष्ठितः ॥ G. Nd. R. K. V. — 99. पुत्रदारात्यये प्राप्ते M. — 100. सुचरितैः R. Gr. — 101. स्वपथि K. — 103. ज्वलनार्कसमा हि ते ॥ G. R. Nd.; ज्वलनाम्बुसमा हि ते ॥ M. Ku. V. K. — 105. दोषेण G. R. Nd. Be.; पापेन M. Ku. V. K. — 107. बुबोस् G.; वृधोस् M.[3 4 5] Me.[3 4 5] Ku. R. V.; बृहत् N. Nd.; वृद्धस् M.[1 2 8]; द्रुबोस् Me.[1]; दबोस् Me.[2 8] — 110. शूद्रस्याप्यन्त्यजन्मनः ॥ M. G. Nd. Be. R.; शूद्रादप्यन्त्यजन्मनः ॥ Ku. K. V. — 117. ऽल्पकाम् ॥ M. Ku. R. Nd. V.; ऽल्पकम् ॥ G. N. K. — 118. भागमर्हति । K. — 119. न भये G. Me. Ku. K.; नाहवे M. R. V.; न भवे Nd. — 120. विंशत्कार्षापणावरम् । N.; विंशत्कार्षापणापरम् । Nd.; त्रिंशत्कार्षापणावरम् । N. v. l. — 121. वृत्तिमाकाङ्क्षेत् C.[2] इति । M.[1 2 5 8 9]; यदि । G. R. K. Ku. V.; अपि । Gr. जिजीविषुः ॥ M. K.; जिजीविषेत् ॥ G. R. Ku. V. 121, 122 om. Nd. — 125. जीर्णानि वसनानि च ॥ K. — 127. धर्मम् for वृत्तम् M. — 130. एवं for एते M. — 131. चातुर्वर्ण्यं प्रकीर्तितः । M.[4 5]; चातुर्वर्ण्यः प्रकीर्तितः । M.[2 9]; चतुर्वर्णाः प्रकीर्तिताः । M.[8].

CHAPTER XI.

1. सार्ववेदसम् । M. B. L. H.; सर्ववेदसम् । G. R. Ku. Nd. K. C.[1 2] स्वाध्यायाद्युपतापिनः ॥ R. — 3. एतेभ्यो ऽपि Nd. द्विजाग्रेभ्यो M. G. Nd. R. K.; द्विजाग्र्येभ्यो V. — 4. ब्राह्मणे वेदविदुषे M.; ब्राह्मणेभ्यश्च विद्वद्भ्यो K. दक्षिणा ॥ M.[1 2 3 5 9]; दक्षिणाः ॥ K. W. B. — Gr. inserts the following before 6. वृद्धौ च मातापितरौ साध्वी भार्या सुतः शिशुः । अपकार्यशतं कृत्वा भर्तव्या मनुरब्रवीत् ॥ — 6 om. M. G. N. R. B. W. — 7. अतो ऽधिकं वा विद्येत Nd. — 9. दुःखपीडिते । G. धर्मः for धर्म M.[1 8 9] W. R. — 10. यः M. G. Nd. K.; यत् Ku. V. °त्यौर्ध्वदेहिकम् । K. R. जीवतो ऽस्य M. G. R. Nd. K.; जीवतश्च V. — 14. द्वयोरेव for तयोरपि R. — 15. यथा for तथा M.[4 5 9] K. विवर्धते ॥ G. M. R. Nd.; प्रवर्धते ॥ V.; प्रवर्तते ॥ K. — 20. धनं यद् G. K. — 22. तस्माद्भृत्यजनं M.[2 8 9] च पालयेत् ॥ G. — 24. धर्मवित् ।

for कर्हिचित् । M. Nd. — 26. ब्राह्मणस्वं च M. R. Nd. K.; ब्राह्मणस्वं वा G. V. लोभेनापहरेत्तु यः Be. R. — 29. वैश्वदेवैः स्वसाध्यैश्च M.[2, 8, 9] — 31. वेदयीत R. K. — 33. °विचारितम् । G.; °भिचारयन् । N. — 34. द्विजोत्तमाः ॥ M.[2, 9]; द्विजोत्तमैः ॥ R.; द्विजोत्तमः ॥ all the rest (and Vasishṭha XXVI. 16). — 35. मैत्रो M. G. N. Nd. R. K.; मैत्री Ku. V. कुर्याच्च for ब्रूयाच्च R. N. शुष्कां M.[1, 2, 9] G. W. V.; शुक्तां M.[4] R. Nd.; शुक्लां M.[3, 5]; शुक्तं N. — 36. नैव for न वै R. — 41. कामचारतः । K. — 43. पापानां सततं तेषामग्निं शूद्रस्य जुह्वताम् । Nd. — 47. मोहाद् for दैवाद् Me. v. l. कृते सति ॥ R. — 48. प्राप्नुवन्ति दुराचारा M. — 49. श्यावदन्तकः । G. — 50. पूतिनासत्वं M.[2, 5, 8, 9] Nd.; पूतिनासिक्यं M.[4] R.; पौतिनासिक्यं V. G. V. Kl. W.; पूतिनासिक्यं K. — 52 om. G. N. Nd. K. H. L. See, however, Vishṇu XLV. 20, 21. Râgh. adds इति क्वचित्. निर्वापको भवेत् । M. W. R. C.[2]; निर्वापकस्तथा । C.[1] हिंसया व्याधिभूयस्त्वमरोगित्वमहिंसया ॥ M.; हिंसारतः सदा रोगी स षण्ढः पारदारिकः ॥ R.; हिंसारुचिः सदा रोगी वाताङ्गः पारदारिकः ॥ C.[1, 2]; हिंसया व्याधिभूयस्त्वं स्फीतो ऽन्यस्त्र्यभिमर्षकः ॥ C.[3] — 53. कर्मावशेषेण Me. Go. Ku. N. Nd. K.; कर्मविशेषेण M. G. V. (and Vishṇu XLV. 32). — 54. निन्दितैर्लक्षणैर् Be. — 55. संयोगं चैव M. G.; संयोगश्चैव R. Nd.; संसर्गं चैव K.; संसर्गश्चापि Ku. V. — 56. अनृतं स्वयमुत्कर्षे Nd. — 57. गर्हिताचाद्ययोर M. B. — 59. स्वयोन्यासु M.[1, 2, 4, 5, 9] K. W.; स्वयोनिषु R.; स्वयोनीषु G. M.[3] B. Nd. V. — 60. संयाज्यं M.[1, 3, 4, 5, 8, 9] G. R. Nd. B. K. L. H.; °संयाज्य° M.[2] C.[1, 2] °विक्रयम् । M.[2, 3, 4, 5, 8, 9] H.; °विक्रयः । G. Nd. K.; °विक्रयाः । M.[1] C.[1, 2]; °विक्रयौ ॥ W. R. L. पारदार्यमविक्रयः । Me. v. l. — 61. परिवित्तितानुजेनोढे C.[1, 2]; परिवित्तितानुजेन M. G. B. W. R. H. L. (and Vishṇu XXXVII. 15); परिवित्तिता चानुजेन Nd. K. Gr. — 62. वार्धुषित्वं व्रतच्युतिः । R. Nd.; वार्धुष्यं व्रतलोपनम् । all the rest and R. v. l. — 63. भृतकाध्यापनं तथा । K. R. (and Vishṇu XXXVII. 20, etc.); भृताध्यापनमेव च । M. G. Nd.; भृत्याध्यापनमेव च । V. भृताच्चा° M. G. C.[1, 2] H. L. Nd. (and Vishṇu XXXVII. 21); भृताद° R.; भृत्याच्चा° C.[3] — 64. स्त्र्युपाजीवो Nd. — 66. स्तैन्यम् R. Nd. °मणानां चानर्पक्रिया । M. G. R. Nd. K. Gr.; °मणानामनपक्रिया । V. कौशीलव्यस्य च क्रिया ॥ Me. Go. R. Ku. V. K.; कौशीलव्यसनक्रियाः ॥ M.; कौशल्यं व्यसनक्रियाः ॥ Nd. — 67. धान्यरूप्यपशुस्तेयं Nd. Gr. — 68. कृत्यं M. G. Nd. K.; कृत्या V. R. जैह्म्यं पुंसि च मैथुन्यं R. Nd. — 73. द्वादशाब्दानि G. R. Be. Nd. Gr. K. (and Yâjñavalkya III. 243); द्वादश समाः M. V. — 77. वा वेदविदे

M. G. Be. Nd. Ku. R. K. (and Mahâbhâr. XII. 35, 1245); वेदविदुषे V. धनं हि M.[4,5] G. K.; धनं वा M.[2,8] N. Nd. R. — 78. °वानुवसेत् R.; °वानुचरेत् Nd. त्रिःकृत्वो वेदसंहिताम् ॥ R. K. — 79. कृतवासो वा K.; कृतपवनो M.[1,2,5,9] °हितेन वा ॥ M.[1,2,5,9] — 80. सम्यक् for सद्यः M.[4,5] Nd. — 81. प्रतिरोद्धा M. G. Nd. C.[1] L. H.; प्रतियोद्धा R. Ku. C.[2] °मपिजित्य M. विशुध्यति ॥ for विमुच्यते ॥ B. — 83. ऽवभृथे G. R. K. स्नात्वा R. — 86. पावनो यस्मात् G. R. पवित्रा W. B. H. — 90. विशुद्धिरुद्दिष्टा M. — 91. द्विजो ऽमोहाद Nd. तया स काये M. Nd. Ku. C.[1] L. H.; तया स्वकाये G. K. R.[1] C.[2]; तयास्य काये R.[2] मुच्यते स च किल्बिषात् ॥ K. — 96. °पिशाचानां Nd. K. W. R. — 99. विचित्रा विहिता M. K. — 100. च । for तु । R. K. — 101. वा ॥ G. N. Nd. R. Ku. K.; तु ॥ M. Me. V. — 102. ब्रह्महणि G. R.; ब्रह्महति° K. — 103. गुरुस्त्रीगमनं चैव G. — 104. गुरुतल्पो M. R. Nd. W. B. K.; गुरुतल्प्य° G. V. M.[4] (correction) Me. v. l. सुप्याद् M. G. R. W.; स्वप्याद् Nd. Ku. V. °मालिङ्ग्य M.[8]; स्मालिङ्ग्य M.[1,2,9]; °माश्लिष्य M.[3,4,5] Me.; चाश्लिष्येत् K.; वाश्लिष्येत् G. Go. R. Nd.; स्वाश्लिष्येत् V. See Yâjñavalkya III. 259; Âpastamba I. 10, 28, 15, etc. मत्युर्भवति शुद्धये ॥ G. — 107. मासानभ्यसेत् M. G. R. Nd. K. W. B. L.; मासानभ्यस्येत् C.[1,2] H. — 108. विविधैर्नियमैरिमैः ॥ G. K. W. B. — 110. चरन् M. G. Nd. Râ. K.; चरेत् R. Ku. V. — 111. वीरासने M. भवेत् ॥ for वसेत् ॥ K. — 112. तथासीनो M.[1,2,3,5,8,9] B. W. Râ. V.; तथासीत M.[4] R Nd. Ku. K. Gr. (and Vishṇu L. 17). — 113. °भिषिक्तां G. Nd. K.; °भिपन्नां M Me. B.; °भिशस्तां R. Ku. V. पङ्कमग्नां R. B. W. सर्वप्राणैर् M. R. Nd. K. B. W.; सर्वोपायैर् G. V. स्वशक्तितः ॥ Nd. — 115. पिबन्तीं M.[4,5,9] Nd. R. — 116. गा अनुगच्छति M. G. Nd. Ku. R.; गामनुगच्छति V. K. — 118. अवकीर्णिवर्जं शुद्ध्यर्थं M. R. Nd. Ku.; अवकीर्णिविशुद्ध्यर्थं G.; अवकीर्णी च शुद्ध्यर्थं W.; अवकीर्णो व्रते शुध्येत् B. — 119. स्थालीपाकविधानेन Gr. — 120. कृत्वा for हुत्वा M. होमान् M.[4,5] G. R. V. Ku.; होमम् M.[1,2,8,9] Nd. समित्यृचा M.[3,4,5] G. R. Nd. K. W. H. L.; समेत्यृचा C.[1,2]; मम्तस्य च । M.[2,8,9] — 122. मरुतः M. G. K. (and Gautama XXV. 2); मारुतं Nd. R. K. Ku. V. — 122–124 om. M.[8] — 123. सप्तागारं चरेद् M. G. R. B. W. K. (and Vishṇu XXVIII. 49); सप्तागारांश्चरेद V. — 124. त्रिषवणमब्देन M. R. Nd. K. (and Vishṇu XXVIII. 50); त्रिषवणं त्वब्देन G. V. — 125. कृत्वान्यतरम् Gr. — 126. तप्तं स्याद्यावकं R. Nd. — 127. स्थितः । R. — 128. विनिहत्य M. दद्याच्छुद्ध्यर्थमात्मनः ॥ M. G. Ku. Nd. R. K. L.; दद्यात्सचरितव्रतः ॥ C.[1,2] H. —

129. द्व्यब्दं for त्र्यब्दं Nd. ब्रह्महतिव्रतम् । K. वसेद् R. K. — 130. दद्याद्द्वैकशतं G. N. R. Ku. Nd. K.; दद्यात्त्वेकशतं M.; दद्याच्चैकशतं V. N. v. l. — 132. मार्जारं नकुलं M.; मार्जारनकुलौ G. Nd. R. K. V. — 133. अपः स्पृशेत् M. — 134. सीसकं G. चैव माषकम् ॥ M. G. R. Nd. Ku. K.; चैकमाषकम् ॥ V. — 136. बलाकांश्च G.; बलाकां वा K. — 137. गजान् । M.[1,2,9] — 139. जाल° M. Nd.; जीन° G. Ku. R. V. (जील° Gautama XXII. 26); जात° K. °वस्तादीन् R. K. नारीं हत्वानवस्थिताम् ॥ M. G. K.; नारीर्हत्वानवस्थिताः ॥ Go. Ku. R. Nd. V. — 140. एकैकस्य चरेत् M. — 141. अस्थिन्वतां तु M.; अस्थन्वतां तु Nd. Gr. (and Vishṇu L. 46); अस्थिमतां तु Ku. R. V.; अस्थ्यन्वितानां G. — 144. राजसानां च Gr. घृतप्राशो ऽप्यु शोधनम् ॥ M.[2,8,9] — 145. वृथारम्भे M. Nd. K. pr. m.; वृथालम्भे G. K. s. m. R. V. (and Vishṇu L. 50). तु गच्छेद M. R. — 146. कृत्स्नं G. K. V.; कृच्छ्रं M.; सर्वं Nd.; पापं R. घृणुताचादि° G.; घृणुताचाद्य° M.[2,8,9] R. K. — 148. पिबेदुष्णां R. — 150. ब्राह्मणस्य for ब्राह्मणास्तु M. — 151. सुरासंस्पृष्टमेव वा । M.[2,8,9] R.; सुरासंस्पृष्टमेव च । G. M.[4,5] Ku. V. K.; 151 text om. Nd. — 157. तप्तकृच्छ्रो K. — 158. °समावृत्तको M.[1,2,5,9] K. L.[4]; °समावर्त्तको M.[3] N. C.[1,2] H. G.; °शमावृको M.[8]; °समावृत्तिको R.[2] B.; °समावर्त्तिको R.[1]; 158 om. M.[4] — 159. व्रतचारी M.[4,5,9] Me. G. N. Nd.; ब्रह्मचारी Ku. R. M.[1,2,8] V. (and Vishṇu LI. 45, etc.). — 160. ब्रह्मसुवर्चलम् ॥ M.; ब्राह्मीसुवर्चलाम् ॥ R. — 161. अज्ञानभुक्तशुद्ध्यर्थं M.[1,2,5,8,9]; अज्ञानभुक्तमुत्तार्यं M.[4] R.; °भुक्तं तूत्तार्यं V.; °भुक्तं तूद्धार्यं Gr.; °भुक्तं तूच्चार्यं Nd.; °भुक्तमुद्धार्यं W.; °भुक्तं यद्वाम्यं G. — 163. सजातीय° M.[3] M.[4] (corrected from स्व°). — 164. मनुष्याणां च M. K. R.; मनुष्याणां तु G. Nd. V. शुद्धो चान्द्रायणं G. — 165. °वेश्मनः । Nd. R. K. कृच्छ्रं तत्पापस्य विशुद्धये ॥ K. — 167. चैल° M. G. K.; चेल° R. V.; चल° Nd. — 168. अयःकांस्योपलादीनां हरणे च R. कणान्नभुक् ॥ Be. — 169. द्विखुरैकखुरस्य च । G. R. Nd. K. — 170. नरः । for द्विजः । G. अगम्यागमनं चैव K. — 172. भ्रातुराप्तस्य M. N. Ku. R. K.; भ्रातुराप्तश्च G.; भ्रातुराप्तां च Nd. Gr.; भ्रातुस्तनयां V. — 173. नोपयच्छेत M. G. R. Nd. K.; नोपयच्छेत्तु V. — 174. कुले चैव M.; जले खे च Me. v. l. — 176. चाण्डाला° M.[2,4,5] G. R., चण्डाला° M.[8,9] Ku. Nd. K. V. — 177. यत्पुंसां K. — 178. प्रदुष्येत M.[1,2,3,5,8,9] G. R. K.; प्रदुष्येत्तु Nd. V. M.[4] सदृशेनोपमन्त्रिता G. N. Ku. Gr.; सदृशेनोपयन्त्रिता M.[4] Nd. K. R. V.; सदृशेनानुमन्त्रिता M.[1,2,5,9] — 180. एषा R. Nd. W. C.[2] Ku. L.; एताः M.[3,4,5] B.; एषां C.[1] H.; कृतः M.[1,8,9] इमां शृणुत निष्कृतिम् ॥ Nd. —

181. समाचरन् । Gr. Nd. B. W. (and Baudhâyana II. 2, 35; Gautama XXI. 3); सहाचरन् । all the rest (and Mahâbhâr. XII. 165, 6077; Vishṇu XXXV. 3; Vasishṭha I. 22). — 182. तत्संसर्गस्य शुद्धये ॥ M.[4 5] — 183. बान्धवैः सह । M. G. R. K.; बान्धवैर्बहिः । Ku. Nd. V. — 184. तदा । M.[2 8 9]; सदा । R. Me. has यदा like the rest. — 185. निवर्तेरंस्ततस्तस्मात् K.; निवर्तयेरंस्तु तस्मात्तत् M.[4 5]; निवर्तयेरंश्च तस्मात्तु M.[8 9]; निवर्तयेरन्तस्मात् M.[2]; निवर्तेरंश्च तस्मात्तु R. Nd. G. N. V. See Vasishṭha XV. 15. यात्रामेव च लौकिकीम् ॥ M. G. N. Nd.; यात्रा चैव हि लौकिकी ॥ Ku. V. R.; यात्रा सैव हि लौकिकी ॥ K. — 186. ज्यष्ठता न G. यद्वसु । M. G.; यद्धनम् । R. K. V. Nd. प्राप्नुयात्तस्य M.[2] Nd. R. Gr.; प्राप्नुयाच्चास्य G. M.[4 5] K. V.; 186 text om. M.[8 9] — 189. एवमेव विधिं M.[3 4 5] Ku. B.; एतमेव विधिं M.[1 2 8 9] R. Nd. H. L.; एतदेव व्रतं G.; एतदेव विधिं C.[1 2] — 190. कंचित् G. R. K. M.[4] (and Vishṇu LIV. 31); किंचित् M.[1 2 3 5 8 9] Me. Nd. Ku. V. समाचरेत् । M. G. R. Gr. K. (and Vishṇu); सहाचरेत् । Nd. Ku. V. कृतनिर्णेजनांश्चैव G. V.; कृतनिर्णेजनांश्चैतान् M. R. K. Nd. (and Vishṇu). — 191. बालघ्नं च कृतघ्नं च विशुद्धावपि Nd. — 197. कुर्युस्ते ऽस्य G.; कुर्यात्तस्य R. — 198. विशुध्यति ॥ M.[3 4 5] R. B. W. Be. K. Nd.; व्यपोहति ॥ M.[1 2 8 9] G. V. (and Vishṇu LIV. 25). — 200. ऽग्राम्यैः Nd. — 201. एव वा । V. K.; एव च । M. G. R. Nd. Gr. — 202. खरयानं च M. G. Nd. R. K.; खरयानं तु V. स्नात्वा च विप्रो M. G. Nd. K.; स्नात्वा विप्रो R.; स्नात्वा तु विप्रो V. — 203. विनाद्भिरप्सवाप्यार्तः M. संनिवेश्य च । R. K. V.; संनिवेश्य (संनिषेव्य) तु । M. G. Nd. सचैलो M. G.; सचलो Nd.; सचैलो R. K.V. — 203b—206a om. K. — 206. कण्ठे चासज्य Nd. — 207. तु । M. G. Nd. R. K.; च । V. — 208. द्विजन्मनः । M. G. Nd. R. K. Ku. (द्विजत्तनात् । Mahâbhâr. XII. 165, 6085); द्विजन्मनाम् । Gr.; महीतले । V.; महीतलात् । W. — 209. कृच्छ्रातिकृच्छ्रं M. G. R. (and Vishṇu LIV. 30); कृच्छ्रातिकृच्छ्रौ Go. Nd. Ku. K. V. — 211. ऽभ्युपकर्षति । G. — 212. चरेद्द्विजः ॥ Nd. — 213. कृच्छ्रः सांतपनः स्मृतः ॥ M.[1 2 8 9] G. (and Baudhâyana IV. 5, 11). — 215. सकृत्स्नायात् K. — 216. सर्वपापप्रणाशनः ॥ (°नम्) Nd. Gr. (and Baudhâyana IV. 5, 15). — 217. एकैकं ग्रासयेत् K. Nd. — 218. एवमेव M. R. G.; एकमेव Nd.; एतमेव Ku. V. नियतश्चरेच्चा° M. G.; नियतश्चरंश्चा° R. Ku. V.; नियतश्चान्द्रायणमथापरम् ॥ Nd. 218b—224a om. K. — 219. हविष्यस्य M. G. R. Nd. B. W. (and Baudhâyana IV. 5, 19); हविष्याशी V. — 220. चरन् ॥ for स्मृतम् ॥ G.[1] Nd.; चरेत् ॥ G.[2] (and Baudhâyana IV.

5, 18). — 223. समाचरन् ॥ G. — 224. त्रिरह्नस् M. G. R. W. L.; त्रिरहस् C.[1,2] H.; त्रिरह्नि Nd. निशायां च M. R. Nd. C.[1,2]; निशायाश्च G. W. B. L. H. — 227. °पापास्तु मन्त्रैर्होमैश्च शोधनैः ॥ Nd. — 229. कृत्वा प्रभाषते G. — 230. निन्दति । for गर्हति । Nd. नरः स्वस्य M.; मनस्तस्य all the rest (and Mahâbhâr. XIII. 112, 5536). — 231. नैतत्कुर्यात्पुनरिति M.[1,2,5,8,9] G. Nd.; नैवं कुर्यां पुनरिति M.[3,4] V. Ku. R.; नैनं कुर्यां पुनरिति K.; नैनः कुर्यां पुनरिति N. ततः ॥ Nd.; नरः ॥ M. K. R.; तु सः ॥ G. V. — 232. मनोवाक्कर्मभिर् M.[1,2,8,9] W. R.; मनोवाङ्मूर्तिभिर् M.[2,4,5] G. Ku. Nd. V. — 235. दैवं मानुषकं G. M.[1,8,9] W. K.; दैवमानुषकं all the rest (and Vishṇu XCV. 16). — 236. वैश्यस्य च G. K. — 237. तपसैव प्रशंसन्ति K. — 238. अगदा M. G. N. Nd.; अगदो K. R. Ku. V. त्वेषां R. — 239. सर्वं तत् M. G. Ku. W. (and Vishṇu XCV. 17, and Mahâbhâr.). तत्सर्वं R. Nd.; सर्वं तु V. — 239—243 om. Nd. — 241. श्वानश्चाहि° Nd. — 242. मनोवाक्कायकर्मभिः । M. Gr.; मनोवाक्कर्मभिर्जनाः । Nd. W.; मनोवाङ्मूर्तिभिर्जनाः । G. Ku. B. W. See 232. — 243. कामं संपादयन्ति च ॥ K. Be. — 245. इत्येवं G. पुण्यमुद्भवम् ॥ M. G. N. R. Nd. K. Ku. Be. B.; पुण्यमुत्तमम् ॥ V. — 246. °क्रियाः क्षमाः । M. K. — 247. यथैव तेजसा M.; यथैधांसि समिद्धोऽग्निः प्राप्तानि दहति क्षणात् । K. कृत्स्नं M. R. Nd. K. Gr.; सर्वं G. V. — 248 om. N. Nd. 248 is not explained by Go., has no parallel in other lawbooks, and Me. introduces it after 249, with the remark केचिदत्रेमं श्लोकं पूर्वमधीयते। — 249. सव्याहृतीः सप्रणवाः R.; सव्याहृतिप्रणवकाः V.; सव्याहृतिकाः सप्रणवाः M. G. Nd. K. साक्षात् for मासात् R. (and Vasishṭha XXVI. 4; Baudhâyana IV. 1, 29). — 250. चापि च त्र्यृचम् । M.; प्रति वत्यृचम् । G.; च त्रिचं प्रति । Nd.; च प्रतीत्यृचम् । R. Ku. V. (चेत्यृचं प्रति । Vasishṭha XXVI. 5, see Böhtlingk, Journal of the Germ. Or. Soc. XXIX, 235). The glosses of Me. N. Nd. point to a reading त्र्यृचं प्रति or प्रति त्र्यृचम्. माहेन्द्रं M. G. N. K. W.; माहित्रं R. N. v. l. Nd. Ku. V. (and Vasishṭha). — 251. वा । for च । M. अपहृत्य हिरण्यं तु K.; सुवर्णमपिहृत्यादि Nd. — 252. जपित्वा M. V.; जप्त्वा च G. K. B. (and Vasishṭha XXVI. 7); जप्त्वा तु Nd. W. — 253. यत्किं चेदमितीति च ॥ Ku. R. K.; यत्किं चेदमितीति वा ॥ Nd.; यत्किंचिदिदमितीति च ॥ M. G.; यत्किं चिदमितीति वा V. See Ṛigveda VII. 89, 5. — 255. वा for च M. Nd. — 257—261 om. K. — 258. गां for गाः M.[9] — 260. त्रिर्जपित्वाघमर्षणम् ॥ M. V.; जप्त्वा त्रिरघमर्षणम् ॥ G. R. Nd. B. W. — 261. °पापप्र-

णोदनम् ॥ Nd.; °पापापनोदकम् ॥ R. (and Vishṇu LV. 7). — 264. क्षिप्तं M. R. Kl. K. s. m. V.; क्षिप्रं R.[2] G. Nd. K. pr. m. B. W. — 265. चाद्यानि M. Me. G.; चान्यानि R. Ku. Nd. V. — 266. यो वेदैनं स वेदवित् ॥ M. G. Nd.; यस्तं वेद स वेदवित् ॥ Ku. R. V.; यो वेद तं स वेदवित् ॥ Gr. — Nd. R. add the following after 266, एष वो ऽभिहितः कृत्स्नः प्रायश्चित्तविनिर्णयः । नैःश्रेयसं कर्मविधिं विप्रस्यैनं निबोधत ॥ K. inserts this verse in the place of 266 and adds another hemistich, अतः परं प्रवक्ष्यामि संसारविधिमुत्तमम् ॥

CHAPTER XII.

3. °कायसंभवम् । K. — 4. देहिनाम् । Nd. — 6. पैशुन्यं चैव M. G. Gr.; पैशुन्यं चापि R. Nd. V. सर्वतः । M. अनिबद्धप्रलापश्च M. G. Nd. (and Yâjña-valkya III. 135); असंबद्धप्रलापश्च R. V. — 8. उपयुङ्क्ते शुभाशुभम् । M. तु कायिकम् ॥ Gr. Nd. — 10. कर्मदण्डस्तथैव च । M. G.; कायदण्डस्तथैव च । Ku. V.; कर्मदण्डश्च ते त्रयः । Nd.; कायदण्डश्च ते त्रयः । R. यस्यैते नियता दण्डाः स त्रिदण्डी व्यवस्थितः ॥ M. R. v. l. — 11. नियच्छति ॥ all. — 13. कर्म for सर्वं R. — 14. तौ व्याप्य M. — 15—26 are badly arranged in some MSS. of M. — 16. यातनात्मीयम् Nd. W. ध्रुवम् । M. Nd. R.[1] Râ.[1 3] V.; दृढम् । G. Go. R.[2] Râ.[2] — 18. ऽनुभूया° Go. Ku. R. Nd.; ऽनुभूय Go. R. V. — 19. सुखासुखम् ॥ M. G. Ku. V.; शुभाशुभम् ॥ R. Nd. K. — 20. यथा° M. G. R.; यद्या° Ku. Nd. V. — 21. स परित्यक्तो M.[1 2 8 9] Kl. V.; संपरित्यक्तो G. R. Nd. W. M.[3] — 22. यामीस्तु M. पुनरभ्येति M. R. K.; पुनरप्येति G. Nd. — 23. दद्यात् M. R. Nd. B. W.; दध्यात् G. V. — 26. भूताश्रयं वपुः ॥ Nd. W. — 28. यत्तु दुःखे M. ऽप्रतिपं M. for ऽप्रतिघं. — 29. अव्यक्त° M. G. N. Ku. R. K. (and Mahâbhâr. XII. 194, 7098); अव्यक्तं Nd. V. — 32. आरम्भरतिता M. G. Nd. W. B.; आरम्भरुचिता R. V. — 33. धृतिर्धैर्यं Nd. — 34. नृषु for त्रिषु Nd. — 35. लज्जते । G. R. K. Nd.; लज्जति । M. V. — 36. ख्यातिमच्छति पुष्कलाम् । Nd. — 37. यः for यत् M. K. सर्वं येनेच्छति Nd. चास्यात्मा M. R. Nd.; चात्मास्य G. K. V. — 38. यथाक्रमम् ॥ M. G. R. Nd. W. B. K. L.; यथोत्तरम् ॥ Ku. C.[1 2] H. — 39. येन येन तु गुणेन G. — 41. त्रिविधैषा M.[2 3 8 9] R. C.[1 2]; त्रिविधेषां M.[1] G. Nd. W. B. H. L. — 42. सरीसृपाः । M. Nd. Gr.; सकच्छपाः । G. Ku. R. V. मृगालाश्च M. R. Nd. Gr. W.; मृगाश्चैव G. Ku. V. B. — 43. सिंहव्याघ्रवराहाश्च M. Nd. R. G.; सिंहा व्याघ्रा

वराहाश्च V. — 44. तामसेषूत्तमा G. W. B. — 45. पुरुषाश्च कुवृत्तयः। M. G. N. Nd.; पुरुषाः शस्त्रपाणयः। R.; पुरुषाः शस्त्रवृत्तयः। Ku. V. °प्रयुक्ताश्च for °प्रसक्ताश्च M. प्रथमा M. G. R. Nd. Gr.; जघन्या V. — 46. राज्ञां चैव M. G. R.; राज्ञाश्चैव Nd.; राज्ञश्चैव V. दानयुद्धप्रधानाश्च Nd.; वादयुद्धप्रसक्ताश्च R. — 47. विविधानुचराश्च M. K. — 48. सिद्धाश्च प्रथमा N. v. l. — 49. मध्यमा for द्वितीया R. W. — 50. महानव्यक्त एव M. G. K. B. W. L.; महानव्यक्तमेव N. Nd. R. Ku. C.[1 2] H. — 51. एष धर्मः M. K. 81 is inserted here by Nd. — 54. ते क्षयात्। G. R.; तत्क्षयात्। Ku. V.; तत्क्षयाम्। K.; तत्क्षणात्। M. — 55. °पुल्कसानां R. Nd.; पुष्कसानां or पुष्कशानां M. G.; पुक्कशानां Ku. V. — 56. कृमिकीटभुजंगानां M. हिंस्राणां चापि K. — 57. लूतादि° R. वारिचारिणाम्। M. — 60. तु विप्रस्वं G.; च ब्रह्मस्वं M. (and Yâjñavalkya III. 212). — 61. °प्रवालं च for °प्रवालानि M. Nd. — 63. वसां M. G. Nd. (and Vishṇu XLIV. 22); वपां Ku. V.; रसान् R. तैलं वै तैलपायिकः M. Ku. (and Vishṇu XLIV. 23); चैलैलपायः खगः। G.; तैलं तैलवकः खगः। Nd.; तैलं तैलपगः खगः। R.; तैलं तैलपकः खगः। C.[1 2] L.; तैलं तैलपयः खगः। B, etc. चक्रवाकस्तु for चीरी° Nd. W.; वीचीवाचकः Râ.[1]; वीचीवाक्। Râ.[3] See Vishṇu XLIV. 24. — 64. गोधा गां वाग्गुदो गुडम्॥ G. R. Ku. V. (and Vishṇu XLIV. 30; Yâjñavalkya III. 215); गोधा मासाखु (°षु) वल्गुतिः॥ (°भिः) M.; गोधा गव्यं ददो शल्लम्॥ Nd. — 67. फलपुष्पं M. R. Nd.; फलं पुष्पं K. (and Vishṇu XLIV. 30); फलमूलं G. Ku. V. — 69. पत्नीत्वम् for भार्यात्वम् Nd. — 70. पापाः for पापान् Nd. भृत्यतां M.; प्रेष्यतां R. G. V. K.; प्रेततां Nd. दस्युषु॥ M. G. N. Nd. R. K. Gr.; शत्रुषु॥ V. — 71. विप्रो भवति विच्युतः। M. G. K.; विप्रो धर्मात्स्वकाच्च्युतः। Nd. V. R. कूटपूतनः॥ M.; कठपूतनः॥ G.; कटपूतनः॥ Ku. N. R. Nd. V. K. — 72. मैत्राक्षि° M. मैत्राक्षघोतनः Nd. चेलाशक° G. N. Nd.; तैलशाक° M.; चैलाशक° Ku. V. — 73. विषयान्विषयैषिणः। M. — 75. प्रवर्तनम्। M. — 76. करम्भवालुकास्तप्ताः M. दुःसहान्॥ M. G. R. Nd. K. W. B. L.; दारुणान्॥ H. C.[1 2] (and Yâjñavalkya III. 206). — 80. राज्ञां चैव प्रतीकारं M.; जराश्चैवाप्रतीकाराः Nd. — 81. स तत्तत्फलमश्नुते॥ M. — 82. एष धर्मः R. W.; एष सर्गः M. विप्रस्यैवं M. — 83. संग्रहः। G.; निग्रहः। Gr. — 84 om. M. — 86. पूर्वेषां M. R. Nd. Ku. B. W.; सर्वेषां G. V. सर्वं वा कर्म वैदिकम्॥ M. — 87. हि for तु K. क्रमशो यस्मिन्कस्मिन्क्रियाविधौ॥ Nd. — 88. कर्मणः फलम्॥ G. — 89. इह वामुत्र G. R. Nd.; इह चामुत्र M. K. V. प्रवृत्तम् for निवृत्तम् R. — 90. सात्म्यताम्॥ M.; साम्यताम्॥

R. v. l. K. V.; सार्ष्टितास् ॥ G. R. Nd. भूतान्यभ्येति M. B. W.; भूतान्यप्येति G.; भूतान्यध्येति Me. v. l.; भूतान्यत्येति Ku. R. Nd. V. (and, probably, Me. Go.). — 91. अभिगच्छति ॥ M. B. W. — 92. परिहाप्य M. G. N. Nd. R. K.; परिहाय V. आत्मज्ञाने समावेश्य M. — 93 om. Nd. जन्मसामर्थ्यं M. G. N. Nd. K.; जन्मसाफल्यं Ku. R. V. — 94. अतर्क्यं for अशक्यं Nd. K. V. — 95. श्रुतयो याश्च M. G.; स्मृतयो याश्च Ku. R. Nd. K. V. — 95—100 om. K. — 96. व्ययन्ते च M. G. Nd. Gr.; च्यवन्ते च R. V. — 97. त्रयो लोकाः स्मृतिश्चत्वारश्चाश्रमाः । M. भव्यं भविष्यं च M. G. R. [2] W. C. [1]; भव्यं भविष्यच्च R. [1] Nd.; भवद्भविष्यच्च B. H. L. C. [2] — 98. प्रसिध्यन्ति M. G. Nd. N. R. Ku. Be. L.; प्रसूयन्ते C. [1 2] H. प्रसूतिर्गुणकर्मतः ॥ M.; प्रसूतिगुणकर्मतः ॥ Ku. R. V.; प्रसूतिगुणधर्मतः ॥ N.; प्रसूते गुणधर्मतः ॥ Me. v. l.; प्रभूतगुणकर्मतः ॥ G. — Arrangement in M.: 99, 106—108, 100—105, 109—122, 126. — 104. कल्मषं M. G. Nd. R. B. W.; किल्बिषं K. V. — 105. धर्मसिद्धिम् Nd. W. कर्मबुद्धिमभीप्सताम् ॥ M. — 106. आर्षधर्मोपदेशेन M. — 107. उपदेक्ष्यते ॥ M. G. K.; उपदिश्यते R. Nd. V. — 110. विचारयेत् ॥ M. G.; विचालयेत् ॥ R. Nd. K. V. — 115. यद्वदन्ति R. Nd. Gr. (and Baudhâyana I. 1, 11; Vasishṭha III. 6); यं वदन्ति M. G. Ku. V. तमोमूढा Nd. वक्तारमनुगच्छति ॥ G. — 116. तस्मादप्रच्युतो R.; तस्मादविच्युतो Nd. — 117. ममेदमुक्तवान्स्वयम् ॥ K. pr. m. — 118. सर्वमात्मनि M. — 121. हरिम् । M. G. R. B. W. Nd.; हरम् । Ku. V. R. v. l. — 123—125 om. M. — 125. सनातनम् ॥ for परं पदम् ॥ R. W. Nd. Gr. — 126. चाप्नुयाद्गतिम् ॥ Nd.

SYNOPSIS

of the more important discrepancies between the present edition and the text as rendered in the four principal translations of the Code of Manu.[1]

J. = Jones-Haughton. L. = Loiseleur Deslongchamps (text and translation). B. = Burnell-Hopkins. Bü. = Bühler. The letters a, b, c, d have been used to design the four Pâdas of a verse. The term „all" has been added to those readings which are common to all four translations. Mere verbal differences, such as e. g. the substitution of one exactly synonymous term for another, or the omission or addition of a copulative, adversative or other particle, or variations of spelling, are not noted as a rule. It should be observed that the task of ascertaining throughout the particular readings translated in each version presents considerable difficulties, especially in the case of Sir W. Jones's translation, which is very loose in many places and has been done from MSS., a long time before the first edition of the Sanskrit original had appeared in print. Loiseleur's readings may be gathered easily from his edition of the text, but the readings adopted in the latter work do not always agree with the readings translated in Loiseleur's French version, which is based in the main on Sir W. Jones's rendering.

I. The opening verse is omitted by all. — 6 c. महाभूतादिवृत्तौजाः B. — 44 b. मत्स्याश्च कच्छपाः। all. — 46 a. उद्भिज्जाः स्थावराः all. — 61 d. महौजसः॥ all. — 64 c, d. त्रिंशत्कला

---

[1] See Preface, towards the end.

मुहूर्तः स्यादहोरात्रं तु तावतः ॥ all. — 89 d. समासतः ॥ J. L. B. — 97 d. ब्रह्मवेदिनः ॥ all. — 106 c. इदं यशस्यमायुष्यम् all. — 109 a. संपूर्णफलभाग्भवेत् ॥ all.

II. 11 a. ते मूले all. — 76 c. निरदुहद् all. — 91 c. पञ्चैषां all. — 96 c. विषयेषु प्रजुष्टानि all. — 97 a. त्यागश्च all. — 99 c. तेनास्य क्षरति all. — 99 d. पात्रादिवोदकम् ॥ J. B. — 121 d. आयुर्विद्या all. — 125 d. पूर्वाक्षरः प्लुतः ॥ J. L. B. — 134 c, d. श्रोत्रियाणां स्वल्पेनापि स्वयोनिषु ॥ all. — 157 d. नाम बिभ्रति ॥ all. — 190 d. त्वेवं नैतत्कर्म विधीयते ॥ all. — 193 b. सुसंयतः J. B. — 220 b. कामचारतः । all. — 225 is placed after 226 by J. L. B. — 240 c. विविधानि च शिल्पानि all. — 246 b, c, d. छत्त्रोपानहमासनम् । धान्यं शाकं च वासांसि गुरवे प्रीतिमावहेत् ॥ all. („आहरेत् ॥ or आवहेत् ॥“ B.)

III. 23 d. न राक्षसान् ॥ all. — 34 d. पैशाचश्चाधमो ऽधमः ॥ all. — 35 b. विशिष्यते । all. — 36 d. सर्वं कीर्तयतो मम ॥ L. B. — 77 d. वर्तन्ते सर्व आश्रमाः ॥ all. — 78 c. गृहस्थेनैव L. B. Bü. — 82 a. कुर्यादहरहः all. — 91 b. सर्वात्मभूतये । all. — 106 d. चातिथिपूजनम् ॥ L. B. Bü. — 111 c. भुक्तवत्सूक्तविप्रेषु all. — 113 c. सत्कृत्यान्नं यथाशक्ति all. — 114 a. कुमारांश्च B. Bü. — 120 b. यज्ञकर्मण्युपस्थितौ

all. — 140 b. श्राद्धेन मानवः । all. — 174 c. कुण्डः स्यान् all. — 199. अग्निदग्धानग्निदग्धान् all. — 214 b. सर्वमावृत्य विक्रमम् । J. L. B. (?) — 217 d. मन्त्रवित् ॥ all. — 226 c. प्रयतः पूर्वं J. L. (See Corrigenda, p. 245). — 233 b. भोजयेच्च शनैः शनैः । L. B. Bü. — 234 c. चासने दद्यात् L. B. Bü. — 237 a. यावदुष्णं भवत्यन्नं all. — 242 d. पुनः ॥ L. — 247 a. आसपिण्डक्रियाकर्म all. — 254 b. सुश्रुतम् । all. — 254 d. रुचितम् all. — 258 b. नियतो वाग्यतः all. — 261 b. पुरस्तादेव L. — 264 d. भोजयेत् ॥ all. — 267 c. मासं प्रीयन्ते B. — 268 d. शाकुनेनाथ all. — 269 b. पार्षतेन च सप्त all. — 272 a. महाशल्काः all. — 274 a. अपि नः स कुले जायाद् all. — 277 c. पितॄन्सर्वान् L. B. — 284 d. सनातनी ॥ all.

IV. 26 c. ह्ययनादौ तु all. — 49 a, b. काष्ठलोष्टपत्त्रतृणादिना । all. — 57 b. शयानं न प्रबोधयेत् । all. — 61 c. पाषण्डगणाक्रान्ते all. — 72 c. न विगर्ह्य J. L. B. — 75 b. नाद्यादस्तमिते रवौ । all. — 85 c, d. दशध्वजसमो वेशो दशवेशसमो L. B. Bü. — 89 c. संहातं J. L. B. — 90 b. शाल्मलं Bü. — 90 d. लोहाङ्गारकम् J.; लोहदारकम् L. — 94 b. दीर्घमायुरवाप्नुयुः । J. L. B. — 97 c. तदेवैकमहर्निशम् ॥ B. — 136 b. निर्दहेदवमानितम् । all. — 142 d. ज्योतिर्गणान्दिवि ॥ all. — 163 c. द्वेषं दम्भं J. L. B. — 192 c. वकव्रतिके विप्रे

all. — 199 c, d. यच्च व्रतं रक्षांसि all. — 209 d. विदुषां च J. L. B. — 221 a. य एभ्यो ऽन्ये L. B. — 245 a, b. उत्तमानुत्तमान्गच्छन्हीनान्हीनांश्च all.

V. 32 b. परोपकृतमेव all. — 36 b. कदाचन। all. — 42 c. पशुं चैव all. — 94 d. चान्नकारणम्॥ J. L. B. — 141 b. विप्रुषो ऽङ्गे पतन्ति याः। J. L. B. — 146 d. धर्मान्निबोधत॥ all. — 152 d. स्वाम्यकारणम्॥ all.

VI. 10 c. उत्तरायणं च J. L. B. — 16 d. मूलानि च फलानि च॥ all. — 45 d. निर्देशं भृतको यथा॥ J. L. — 57 b. लाभे चैव न हर्षयेत्। all. — 66 a. दूषितो ऽपि all. — 66 b. तचाश्रमे रतः। all. — 89 b. वेदस्मृतिविधानतः। all. — 93 a. दश लक्षणानि धर्मस्य all. — 95 c. नियतो वेदमभ्यस्य all. — 97 d. धर्मं निबोधत॥ all.

VII. 41 c. सुदासो यवनश्चैव J. L. — 66 d. भिद्यन्ते येन वा न वा॥ all. — 78 b. चर्त्विजम्। J. L. B. — 82 d. ब्राह्मो ऽभिधीयते॥ all. — 85 c. प्राधीते शतसहस्रं all. — 85 [a] om. all. — 101 d. दानेन निक्षिपेत्॥ all. — 104 d. स्वसंवृतः॥ L. B. — 106. वकवच्चिन्तयेदर्थान्सिंहवच्च पराक्रमेत्। वृकवच्चावलुम्पेत शशवच्च विनिष्पतेत्॥ all. — 162 d. द्विविधः संश्रयः स्मृतः॥ all. — 170 a. यदा प्रकृष्टा J. L. B. — 172 d. सान्त्वयन्नरीन्॥ all. — 176 c. सुयुद्धम् J. L. B. —

176 d. निर्विशङ्कः all. — 193 a. कुरुक्षेत्रांश्च all. — 200 b. पूर्वोक्तानामसंभवे । all. — 200 c. संपन्नो L. — 218 b. योजयेत् । all.

VIII. 11 c. °श्चाधिकृतो J. L. Bü. — 33, 34 inverted. B. — 45 b. साक्षिणः । all. — 45 c. रूपं च कालं च J. L. — 52 c. दिशेद्देश्यं J. L. Bü. — 52 d. करणं वान्यदुद्दिशेत् ॥ all. — 53 a. अदेश्यं यश्च J. L. Bü. — 57 d. हीनं तमपि all. — 75 c. नरकमभ्येति all. — 81 b. लोकानाप्नोति पुष्कलान् । all. — 82 d. साक्ष्यं वदेदृतम् ॥ all. — 88 d. सर्वैस्तु पातकैः ॥ all. — 89 b. स्त्रीबालघातिनः । all. — 93 c. शत्रुकुलं गच्छेद् J. L. Bü. — 94 b. नरकं व्रजेत् । all. — 116 d. जगतः स्पृशः ॥ L. — 134 b. त्रियवं त्वेककृष्णलम् । all. — 149 d. न भोगेन प्रणश्यति ॥ all. — 158 d. प्रयच्छेत्स्वधनादृणम् ॥ all. — 186 c. राज्ञा नियोक्तव्यो J. L. Bü. — 188 a. निक्षेपेष्वेषु सर्वेषु all. — 202 b. प्रकाशक्रयशोधितः । J. L. Bü. — 203 c. न चासारं न च न्यूनं J. L. Bü. — 216 c. स दीर्घस्यापि L. — 221 a. एतं or एतद् J. L. Bü. — 234 d. मृतेष्वङ्गानि दर्शयेत् ॥ J. L. — 236 a. तासां चेदवरुद्धानां all. — 258 b. ग्रामाः सामन्तवासिनः । J. L. Bü. — 287 a. अङ्गावपीडनायां च all. — 287 b. व्रणशोणितयोस्तथा । J. L. Bü. — 295 d. दण्डो ऽविचारितः ॥ all. — 313 a, c. यः क्षिप्तो and यश्चैश्वर्यान्न all. —

314b. धीमता। B. — 318a. राजनिर्धूतदण्डास्तु L. — 325b. छूरिकायाश्च भेदने। J. L. — 330c. अन्येष्वपरिपूतेषु all. — 332d. हृत्वाप° all. — 354b. योजयन्नहः। all. — 370c. अङ्गुल्योरेव च च्छेदं J. B. — 371b. स्त्री ज्ञातिगुणदर्पिता। all. — 392c. विप्रो all. — 404b. पौरुषो ऽर्धपणं all. — 411d. कारयन्॥ all.

IX. 17b. क्रोधमनार्जवम्। all. — 19d. शृणुत निष्कृतीः॥ all. — 27c. प्रत्यहं लोकयाचायाः J. L. Bü. — 32b. भर्तरि। J. L. Bü. — 42d. पुंसा परपरिग्रहे॥ all. — 43c. वै क्षिप्रं all. — 47c. ददानीति all. — 47d. सतां सकृत्॥ J. L. — 52d. गरीयसी॥ all. — 54d. न वप्ता लभते J. L. B. — 80a. मद्यपासाधुवृत्ता all. — 84a. प्रतिषिद्धापि चेद्या तु L. B. — 92d. स्तेना स्याद्यदि तं हरेत्॥ J. L. B. — 95b. विन्दते नेच्छयात्मनः। J. L. Bü. — 99c. यदन्यस्य प्रतिज्ञाय all. — 103d. दायभागं निबोधत॥ J. L. Bü. — 107c. स एव धर्मजः पुत्रः all. — 123. ततो ऽपरे ज्येष्ठवृषा° J. L. Bü. — 136b. सदृशात्सुतम्। all. — 147d. वृथोत्पन्नं प्रचक्षते॥ all. — 152b. परिकल्प्य च। all. — 161a. यादृशं फलम् all. — 161c. तादृशं फलम् all. — 170a. उत्पद्यते गृहे यस्य all. — 185d. भ्रातर एव च॥ all. — 230b. दरिद्राणां च all. — 234a, b. अमात्याः . . . यत्कुर्युः all. — 240b. सर्वे वर्णा

यथोदितम्। J. L. Bü. — 257c, d. °त्वेते ये स्तेनाटविकादयः॥ J. L. Bü.; °त्वेते स्तेनाटव्यादयो जनाः॥ B. — 258d. भद्राश्चेक्षणिकैः सह॥ all. — 261d. प्रोत्साद्य J. L. B. — 267b. विद्यादुत्सादयेच्चैव J. L. B. — 288d. राजा मार्गे J. L. (See below, Corrigenda p. 346). — 290c. चानाप्नैः J. B. Bü. — 291b. बीजोत्कृष्टं J. L. B. — 294d. सप्ताङ्गं J. L. Bü. — 297a. तेषु तेषु तु J. L. B.

X. 12. वर्णसंकराः॥ J. L. Bü. — 21b. भूर्जकण्टकः। J. L. — 21d. पुष्पधः शैख एव च॥ L. L. Bü. — 22b. व्रात्यान्निच्छिविरेव च। J. L. — 24d. जायन्ते वर्णसंकराः॥ J. L. Bü. — 28d. बाह्येष्वपि क्रमात्॥ J. L. — 32b. दासजीवनम्। L. Bü. — 43d. ब्राह्मणादर्शनेन च॥ all. — 44a. पौण्ड्रका° J. L. Bü. — 44a. °श्चौड्रा° J. L. B. — 44d. दरदाः खशाः॥ J. L. B. — 52b. भिन्नभाण्डेषु भोजनम्। all. — 94c. कृतान्नं च कृतान्नेन Bü. — 107d. वृधोस्तक्ष्णो J. L. B. — 119b. नाहवे स्यात्पराङ्मुखः। J. L. B. — 121b. क्षत्रमाराधयेद्यदि। all. — 121d. जिजीविषेत्॥ all.

XI. 35d. शुष्कां गिरमीरयेत्॥ J. L. B. — 48c. प्राप्नुवन्ति दुराचारा B. — 52 om. L. — 52c, d. हिंसारुचिः सदा रोगी वाताङ्गः पारदारिकः॥ J.; हिंसया व्याधिभूयस्त्वं स्फीतो ऽन्यस्त्यभिमर्षकः॥ Bü. — 53a. कर्मविशेषेण J. L.

B. — 63 b. भृत्याध्यापनमेव च। J. L. Bü. — 77 a. सर्वस्वं वेदविदुषे L. B. Bü. — 77 c. धनं हि जीवनायालं Bü. — 81 a. प्रतियोद्धा वा Bü. — 81 b. सर्वस्वमपिजित्य B. (?) — 101 d. तपसैव तु॥ J. L. — 103 c. स्वार्श्लिष्येन् J. L. Bü. — 110 c. गोमूत्रेणाचरेत् L. B. Bü. — 113 d. सर्वोपायैर्विमोचयेत्॥ all. — 116. गामनुगच्छति। L. — 122 a. मारुतं J. L. B. — 128 d. दद्यात्सुचरितव्रतः॥ J. — 130 d. दद्याच्चै° J. L. — 139. जीनकार्मुक° all. — 158 d. वोदके वसेत्॥ B. — 159 a. ब्रह्मचारी तु all. — 167. चैलवर्मा° B. — 172 c. मातुश्च भ्रातुस्तनयां J. L. B. —178 b. सदृशेनोपयन्त्रिता। J. L. B. — 183 b. बान्धवैर्बहिः। all. — 185 a. निवर्तेरंस्ततस्तस्मात् Bü. — 185 d. यात्रा चैव हि लौकिकी॥ all. — 190 c. कृतनिर्णेजनांश्चैव all. — 198. कृच्छ्रैर्व्यपोहति॥ all. — 208 b. महीतले। L. — 218 d. चरंश्चान्द्रायणं व्रतम्॥ J. L. B. — 219 c. नियतात्मा हविष्याशी L. Bü. — 231 c. नैवं कुर्यां पुनरिति all. — 231 d. पूयते तु सः॥ all. — 232 c. मनोवाङ्मूर्तिभिर् L. B. — 238 a. औषधान्यगदो all. — 239 c. सर्वं तु तपसा L. Bü. — 242 b. मनोवाङ्मूर्तिभिर्जनाः। J. L.; मनोवाक्कायकर्मभिः। B. — 245 d. पुण्यमुत्तमम्॥ J. L. — 250 b. वासिष्ठं च प्रतीत्यृचम्। J. L. B.; वासिष्ठं च प्रति त्र्यृचम्। Bü. See Corrigenda, p. 613 in Professor Bühler's translation. — 250 c. माहित्रं शुद्धवत्यश्च all. —

253d. यत्किं चिदम् J. L. — 264b. क्षिप्रं लोष्टं विनश्यति। B. Bü. — 265a. चान्यानि all.

XII. 6c. असंबद्धप्रलापश्च all. — 10b. कायदण्डस्तथैव च। all. — 23d. दध्यात्सदा मनः॥ J. L. Bü. — 29b. अव्यक्तं विषयात्मकम्। J. L. B. — 38d. यथोत्तरम्॥ J. Bü. — 42c. पशवश्च मृगाश्चैव L. Bü. — 45b. पुरुषाः शस्त्रवृत्तयः। J. L. B. — 45d. जघन्या राजसी गतिः॥ all. — 50b. महानव्यक्तमेव च J. L. Bü. — 63a. मांसं गृध्रो वपां J. L. B. — 63b. तैलपकः खगः। J. L. Bü. — 67b. फलमूलं तु मर्कटः। all. — 70d. प्रेष्यतां यान्ति शत्रुषु॥ J. L. B. — 71b. विप्रो धर्मात्स्वकाच्च्युतः। all. — 86a. षष्णामेषां तु सर्वेषां all. — 90b. साम्यताम्। all. — 93a. एतद्धि जन्मसाफल्यं all. — 95a. या वेदबाह्याः स्मृतयो all. — 96a. उत्पद्यन्ते च्यवन्ते च all. — 98d. प्रसूतिगुणकर्मतः॥ J. L. B. — 107d. रहस्यमुपदिश्यते॥ all. — 110d. विचालयेत्॥ all. — 121. बले हरम्। J. L. Bü.

W. DRUGULIN, ORIENTAL AND OLD STYLE PRINTER. LEIPZIG (GERMANY).

CORRIGENDA AND ADDENDA.

TEXT.

PAGE	CHAP.	VERSE	FOR	READ
१०	I.	९०c	कृसीदं	कुसीदं
१८	II.	४०c, d	संबन्धान्न (early editions)	संबन्धाना°
२३	II.	९०b	पञ्चमी	पञ्चमी
३६	II.	२२३b	किंचित्ससाचेरेत् ।	°त्समाचरेत् ।
३७	II.	२३७a	°त्ति कृत्यं (early ed.)	°त्तिकृत्यं
४६	III.	५९c	भुतिकामै°	भूतिकामै°
५९	III.	१९४a	मनाहैरण्यगर्भस्य	मनोहैरण्यगर्भ°
६१	III.	२११a	अग्नैः	अग्नेः
६२	III.	२२६c	पूर्वं (early ed.)	सम्यग्
६८	III.	२७८b	पुर्व°	पूर्व°
७३	IV.	३१a, b	°स्नाताञ्छो°	°स्नाताञ्छ्रा°
८१	IV.	११६b	चा ।	वा ।
९२	IV.	२२०a	विकित्सकस्यान्नं	चिकित्सकस्या°
१००	V.	३०a	ह्याह्याश्च	ह्याद्याश्च
१०५	V.	८३d	शुद्रो	शूद्रो
१०९	V.	११८b	धान्यवाससम् ।	धान्यवाससाम् ।

PAGE	CHAP.	VERSE	FOR	READ
१२२	VI.	७२b	°भिम्ब	°भिम्ब
१३२	VII.	६१b	°ति कर्तव्यता (early ed.)	°तिकर्तव्यता
१५७	VIII.	७२c	वाग्दण्ययोश्च	वाग्दण्डयोश्च
२२२	IX.	२८८b	राजा मार्गे (early ed.)	राजमार्गे

NOTES.

PAGE	LINE		
२६०	20	*before* See *add*	V.
२६१	29	*before* 212. *add*	207. गुरुपुत्रे तथाचार्ये M. R.; गुरुपुत्रेष्वथाचार्ये Me. v. l.
३०१	4	*for* Ku. *read*	K.
३०२	3	*for* स्यो *read*	स्वो
३०८	9	*for* धमो *read*	धर्मा
३१२	10	*for* कारणं *read*	करणं
३१३	1	*for* °तैस्त *read*	°तैस्तु
३१३	8	*for* वसेत *read*	वसेत्
३१६	5	*for* सामान्तवासिनः *read*	सामन्तवासिनः
३१९	26	*after* K. *add*	V.
३२९	33	*for* दद्यात्स° *read*	दद्यात्स°
३३३	17	*for the second* Go. *read*	G.

Misprints in figures: ५२ for ५१ at p. १९, l. 8; २३६, २३७ for १३६, १३७, at p. २७, l. 18 and l. 20; ५९ for ५७, at p. १०२, l. 20; 245 for 345, at p. ३३८, l. 4. Some letters, especially ो and ि, have occasionally broken in the printing.

TRÜBNER'S ORIENTAL SERIES.

All post 8vo , uniformly bound in cloth.

Faber's Mind of Mensius. Translated by Rev. A. B. HUTCHINSON. 10s. 6d.

Quatrains of Omar Khayyam. Translated by E. H. WHINFIELD. M.A. 5s.

Eastern Proverbs and Emblems. By Rev. J. Long 6s.

The Mesnevi. Book I. Translated by J. W. REDHOUSE. 21s.

Hindu Pantheism. By Major G. A. JACOB. 6s.

Hindu Philosophy. By J. DAVIES, M.A. 6s.

Religions of India. By A. BARTH Translated. 16s.

Linguistic and Oriental Essays. By R. CUST, LL.D. 18s.

Classical Poetry of the Japanese. By B. H. CHAMBERLAIN. 7s. 6d.

Buddhist Birth Stories; or, Jataka Tales. Translated by T. W. RHYS DAVIDS. Vol. I. 18s.

History of Esarhaddon. Translated by E. A. BUDGE. B.A. 10s. 6d.

The Gulistan: or, Rose Garden of Shekh Mushliu'd-din Sadi of Shiraz. Translated by E. B. EASTWICK, F.R.S., etc. 10s. 6d.

Chinese Buddhism. By J. EDKINS, D.D. 18s.

Selections from the Koran. By E. W. LANE. With Introduction by S. L. POOLE. 9s

Talmudic Miscellany. Compiled and Translated by P. I. HERSHON. 14s.

Essays Relating to Indian Subjects. By B. H. HODGSON Two vols. 28s.

Gaudama, the Buddha of the Burmese. By the Right Rev. P. BIGANDET, Bishop of Ramatha. Two vols. 21s

Modern India and the Indians By MONIER WILLIAMS, D.C.L. 14s.

Metrical Translations from Sanskrit Writers. By J MUIR, C.I.E. 14s.

Classical Dictionary of Hindu Mythology, etc. By J. DOWSON. 16s

The Birth of the War God, and other Poems. By KALIDASA Translated by R. T. H. GRIFFITH, M.A. 5s.

The Modern Languages of the East Indies. By R. CUST, LL.D. 12s.

Weber's History of Indian Literature. Translated by J. MANN, M.A., and T. ZACHARIAE, Ph D. Second Edition. 10s. 6d.

The Dhammapada. Translated from the Chinese by S. BEAL, B A. 7s. 6d.

Haug's Essays on the Language, etc., of the Parsis. Edited by Dr E. W. WEST. 16s.

Al Beruni's India: an account of its Religion, Philosophy, Literature, Geography, Chronology, Astronomy, Customs, Law, and Astrology (about A.D. 1031). Edited in the Arabic Original, with an Index of the Sanskrit Words. By Prof. EDWARD SACHAU, University of Berlin,

Al Beruni's India: Translated into English. With Notes and Indices, by Prof. EDWARD SACHAU, University of Berlin.

London: TRÜBNER & Co., Ludgate Hill.

TRÜBNER'S ORIENTAL SERIES.

"A knowledge of the commonplace, at least, of Oriental literature, philosophy, and religion is as necessary to the general reader of the present day as an acquaintance with the Latin and Greek classics was a generation or so ago. Immense strides have been made within the present century in these branches of learning, Sanskrit has been brought within the range of accurate philology, and its invaluable ancient literature thoroughly investigated, the language and sacred books of the Zoroastrians have been laid bare; Egyptian, Assyrian, and other records of the remote past have been deciphered, and a group of scholars speak of still more recondite Accadian and Hittite monuments; but the results of all the scholarship that has been devoted to these subjects have been almost inaccessible to the public because they were contained for the most part in learned or expensive works, or scattered throughout the numbers of scientific periodicals Messrs. TRÜBNER & Co., in a spirit of enterprise which does them infinite credit, have determined to supply the constantly-increasing want, and to give in a popular, or, at least, a comprehensive form, all this mass of knowledge to the world "—*Times.*

Second Edition, post 8vo, pp. xxxii.—748, with Map, cloth, price 21s.

THE INDIAN EMPIRE: ITS PEOPLE, HISTORY, AND PRODUCTS.

By the HON. SIR W. W HUNTER, K.C S I, C.S.I., C.I.E., LL.D,

Member of the Viceroy's Legislative Council,

Director-General of Statistics to the Government of India.

Being a Revised Edition, brought up to date, and incorporating the general results of the Census of 1881.

"It forms a volume of more than 700 pages, and is a marvellous combination of literary condensation and research. It gives a complete account of the Indian Empire, its history, peoples, and products, and forms the worthy outcome of seventeen years of labour with exceptional opportunities for rendering that labour fruitful. Nothing could be more lucid than Sir William Hunter's expositions of the economic and political condition of India at the present time, or more interesting than his scholarly history of the India of the past "—*The Times*

THE FOLLOWING WORKS HAVE ALREADY APPEARED —

Third Edition, post 8vo, cloth, pp. xvi —428, price 16s.

ESSAYS ON THE SACRED LANGUAGE, WRITINGS, AND RELIGION OF THE PARSIS.

BY MARTIN HAUG, Ph.D ,

Late of the Universities of Tubingen, Gottingen, and Bonn ; Superintendent
of Sanskrit Studies, and Professor of Sanskrit in the Poona College.

EDITED AND ENLARGED BY DR. E. W. WEST.

To which is added a Biographical Memoir of the late Dr. HAUG
by Prof E P. EVANS

I. History of the Researches into the Sacred Writings and Religion of the
Parsis, from the Earliest Times down to the Present.
II. Languages of the Parsi Scriptures.
III The Zend-Avesta, or the Scripture of the Parsis
IV. The Zoroastrian Religion, as to its Origin and Development.

"' Essays on the Sacred Language, Writings, and Religion of the Parsis,' by the
late Dr Martin Haug, edited by Dr E W West. The author intended, on his return
from India, to expand the materials contained in this work into a comprehensive
account of the Zoroastrian religion, but the design was frustrated by his untimely
death We have, however, in a concise and readable form, a history of the researches
into the sacred writings and religion of the Parsis from the earliest times down to
the present—a dissertation on the languages of the Parsi Scriptures, a translation
of the Zend-Avesta, or the Scripture of the Parsis, and a dissertation on the Zoroas-
trian religion, with especial reference to its origin and development "—*Times*

Post 8vo, cloth, pp. viii.—176, price 7s 6d.

TEXTS FROM THE BUDDHIST CANON

COMMONLY KNOWN AS "DHAMMAPADA"

With Accompanying Narratives

Translated from the Chinese by S. BEAL, B.A., Professor of Chinese,
University College, London.

The Dhammapada, as hitherto known by the Pali Text Edition, as edited
by Fausboll, by Max Muller's English, and Albrecht Weber's German
translations, consists only of twenty-six chapters or sections, whilst the
Chinese version, or rather recension, as now translated by Mr. Beal, con-
sists of thirty-nine sections The students of Pali who possess Fausboll's
text, or either of the above named translations, will therefore needs want
Mr Beal's English rendering of the Chinese version ; the thirteen above-
named additional sections not being accessible to them in any other form ,
for, even if they understand Chinese, the Chinese original would be un-
obtainable by them.

"Mr Beal's rendering of the Chinese translation is a most valuable aid to the
critical study of the work It contains authentic texts gathered from ancient
canonical books, and generally connected with some incident in the history of
Buddha Their great interest, however, consists in the light which they throw upon
everyday life in India at the remote period at which they were written, and upon
the method of teaching adopted by the founder of the religion. The method
employed was principally parable, and the simplicity of the tales and the excellence
of the morals inculcated, as well as the strange hold which they have retained upon
the minds of millions of people, make them a very remarkable study."—*Times.*

"Mr. Beal, by making it accessible in an English dress, has added to the great ser-
vices he has already rendered to the comparative study of religious history "—*Academy.*

"Valuable as exhibiting the doctrine of the Buddhists in its purest, least adul-
terated form, it brings the modern reader face to face with that simple creed and rule
of conduct which won its way over the minds of myriads, and which is now nominally
professed by 145 millions, who have overlaid its austere simplicity with innumerable
ceremonies, forgotten its maxims, perverted its teaching, and so inverted its leading
principle that a religion whose founder denied a God, now worships that founder as
a god himself."—*Scotsman.*

Third Edition, post 8vo, cloth, pp. xxiv —360, price 10s 6d.

THE HISTORY OF INDIAN LITERATURE.

By ALBRECHT WEBER

Translated from the Second German Edition by JOHN MANN, M A , and THÉODOR ZACHARIAE, Ph D , with the sanction of the Author.

Dr BUHLER, Inspector of Schools in India, writes :—"When I was Professor of Oriental Languages in Elphinstone College, I frequently felt the want of such a work to which I could refer the students "

Professor COWELL, of Cambridge, writes :—"It will be especially useful to the students in our Indian colleges and universities. I used to long for such a book when I was teaching in Calcutta   Hindu students are intensely interested in the history of Sanskrit literature, and this volume will supply them with all they want on the subject "

Professor WHITNEY, Yale College, Newhaven, Conn , U S A , writes .- " I was one of the class to whom the work was originally given in the form of academic lectures. At their first appearance they were by far the most learned and able treatment of their subject ; and with their recent additions they still maintain decidedly the same rank "

"Is perhaps the most comprehensive and lucid survey of Sanskrit literature extant   The essays contained in the volume were originally delivered as academic lectures, and at the time of their first publication were acknowledged to be by far the most learned and able treatment of the subject   They have now been brought up to date by the addition of all the most important results of recent research "— *Times*

Post 8vo, cloth, pp. xii. —198, accompanied by Two Language Maps, price 7s. 6d.

A SKETCH OF
THE MODERN LANGUAGES OF THE EAST INDIES.

By ROBERT N. CUST.

The Author has attempted to fill up a vacuum, the inconvenience of which pressed itself on his notice   Much had been written about the languages of the East Indies, but the extent of our present knowledge had not even been brought to a focus   It occurred to him that it might be of use to others to publish in an arranged form the notes which he had collected for his own edification.

" Supplies a deficiency which has long been felt "—*Times*

" The book before us is then a valuable contribution to philological science   It passes under review a vast number of languages, and it gives, or professes to give, in every case the sum and substance of the opinions and judgments of the best-informed writers."—*Saturday Review.*

Second Corrected Edition, post 8vo, pp xii —116, cloth, price 5s.

THE BIRTH OF THE WAR-GOD.

A Poem. By KALIDASA.

Translated from the Sanskrit into English Verse by RALPH T H. GRIFFITH, M.A.

" A very spirited rendering of the *Kumárasambhava*, which was first published twenty-six years ago, and which we are glad to see made once more accessible."— *Times.*

" Mr. Griffith's very spirited rendering is well known to most who are at all interested in Indian literature, or enjoy the tenderness of feeling and rich creative imagination of its author "—*Indian Antiquary*

" We are very glad to welcome a second edition of Professor Griffith's admirable translation   Few translations deserve a second edition better."—*Athenæum.*

Post 8vo, pp 432, cloth, price 16s.

A CLASSICAL DICTIONARY OF HINDU MYTHOLOGY AND RELIGION, GEOGRAPHY, HISTORY, AND LITERATURE.

BY JOHN DOWSON, M.R A.S.,
Late Professor of Hindustani, Staff College.

"This not only forms an indispensable book of reference to students of Indian literature, but is also of great general interest, as it gives in a concise and easily accessible form all that need be known about the personages of Hindu mythology whose names are so familiar, but of whom so little is known outside the limited circle of *savants* "—*Times.*

"It is no slight gain when such subjects are treated fairly and fully in a moderate space, and we need only add that the few wants which we may hope to see supplied in new editions detract but little from the general excellence of Mr Dowson's work." —*Saturday Review*

Post 8vo, with View of Mecca, pp cxii —172, cloth, price 9s.

SELECTIONS FROM THE KORAN.

BY EDWARD WILLIAM LANE,
Translator of "The Thousand and One Nights;" &c, &c.

A New Edition, Revised and Enlarged, with an Introduction by
STANLEY LANE POOLE.

". Has been long esteemed in this country as the compilation of one of the greatest Arabic scholars of the time, the late Mr Lane, the well-known translator of the 'Arabian Nights' . The present editor has enhanced the value of his relative's work by divesting the text of a great deal of extraneous matter introduced by way of comment, and prefixing an introduction."—*Times.*

"Mr Poole is both a generous and a learned biographer . . Mr Poole tells us the facts . so far as it is possible for industry and criticism to ascertain them, and for literary skill to present them in a condensed and readable form."—*Englishman, Calcutta.*

Post 8vo, pp. vi.—368, cloth, price 14s

MODERN INDIA AND THE INDIANS,

BEING A SERIES OF IMPRESSIONS, NOTES, AND ESSAYS.

BY MONIER WILLIAMS, D.C L,
Hon LL.D. of the University of Calcutta, Hon Member of the Bombay Asiatic Society, Boden Professor of Sanskrit in the University of Oxford

Fifth Edition, revised and augmented by considerable Additions, with Illustrations and a Map.

"In this volume we have the thoughtful impressions of a thoughtful man on some of the most important questions connected with our Indian Empire. . . An enlightened observant man, travelling among an enlightened observant people, Professor Monier Williams has brought before the public in a pleasant form more of the manners and customs of the Queen's Indian subjects than we ever remember to have seen in any one work. He not only deserves the thanks of every Englishman for this able contribution to the study of Modern India—a subject with which we should be specially familiar—but he deserves the thanks of every Indian, Parsee or Hindu, Buddhist and Moslem, for his clear exposition of their manners, their creeds, and their necessities "—*Times.*

Post 8vo, pp. xliv —376. cloth, price 14s.

METRICAL TRANSLATIONS FROM SANSKRIT WRITERS.

With an Introduction, many Prose Versions, and Parallel Passages from Classical Authors.

BY J. MUIR, C.I.E, D C.L., LL.D, Ph.D.

". . . An agreeable introduction to Hindu poetry."—*Times.*

". . A volume which may be taken as a fair illustration alike of the religious and moral sentiments and of the legendary lore of the best Sanskrit writers."—*Edinburgh Dc ' R*

Second Edition, post 8vo, pp xxvi.—244, cloth, price 10s. 6d

THE GULISTAN,

OR, ROSE GARDEN OF SHEKH MUSHLIU'D-DIN SADI OF SHIRAZ.

Translated for the First Time into Prose and Verse, with an Introductory Preface, and a Life of the Author, from the Atish Kadah,

By EDWARD B. EASTWICK, C.B., M.A., F.R.S., M.R.A.S.

"It is a very fair rendering of the original "—*Times*

"The new edition has long been desired, and will be welcomed by all who take any interest in Oriental poetry The *Gulistan* is a typical Persian verse-book of the highest order. Mr Eastwick's rhymed translation . . has long established itself in a secure position as the best version of Sadi's finest work."—*Academy.*

"It is both faithfully and gracefully executed "—*Tablet.*

In Two Volumes, post 8vo, pp. viii.—408 and viii.—348, cloth, price 28s.

MISCELLANEOUS ESSAYS RELATING TO INDIAN SUBJECTS.

By BRIAN HOUGHTON HODGSON, Esq., F.R.S.,

Late of the Bengal Civil Service; Corresponding Member of the Institute; Chevalier of the Legion of Honour; late British Minister at the Court of Nepal, &c., &c.

CONTENTS OF VOL I

CONTENTS OF VOL. II.

SECTION III —On the Aborigines of North-Eastern India Comparative Vocabulary of the Tibetan, Bódó, and Garo Tongues

SECTION IV —Aborigines of the North-Eastern Frontier

SECTION V.—Aborigines of the Eastern Frontier

SECTION VI —The Indo-Chinese Borderers, and their connection with the Himalayans and Tibetans Comparative Vocabulary of Indo-Chinese Borderers in Arakan. Comparative Vocabulary of Indo-Chinese Borderers in Tenasserim.

SECTION VII —The Mongolian Affinities of the Caucasians —Comparison and Analysis of Caucasian and Mongolian Words.

SECTION VIII.—Physical Type of Tibetans.

SECTION IX.—The Aborigines of Central India —Comparative Vocabulary of the Aboriginal Languages of Central India —Aborigines of the Eastern Ghats —Vocabulary of some of the Dialects of the Hill and Wandering Tribes in the Northern Sircars. —Aborigines of the Nilgiris, with Remarks on their Affinities —Supplement to the Nilgirian Vocabularies.—The Aborigines of Southern India and Ceylon

SECTION X —Route of Nepalese Mission to Pekin, with Remarks on the Water-Shed and Plateau of Tibet.

SECTION XII.—Some Accounts of the Systems of Law and Police as recognised in the State of Nepál

SECTION XIII —The Native Method of making the Paper denominated Hindustan, Népálese.

SECTION XIV —Pre-eminence of the Vernaculars; or, the Anglicists Answered; Being Letters on the Education of the People of India

"For the study of the less-known races of India Mr Brian Hodgson's 'Miscellaneous Essays' will be found very valuable both to the philologist and the ethnologist."

Third Edition, Two Vols , post 8vo, pp. viii.—268 and viii.—326, cloth, price 21s.

THE LIFE OR LEGEND OF GAUDAMA,

THE BUDDHA OF THE BURMESE. With Annotations.

The Ways to Neibban, and Notice on the Phongyies or Burmese Monks.

BY THE RIGHT REV. P. BIGANDET,

Bishop of Ramatha, Vicar-Apostolic of Ava and Pegu.

"The work is furnished with copious notes, which not only illustrate the subject-matter, but form a perfect encyclopædia of Buddhist lore."—*Times.*

"A work which will furnish European students of Buddhism with a most valuable help in the prosecution of their investigations "—*Edinburgh Daily Review.*

" Bishop Bigandet's invaluable work "—*Indian Antiquary*

" Viewed in this light, its importance is sufficient to place students of the subject under a deep obligation to its author."—*Calcutta Review.*

" This work is one of the greatest authorities upon Buddhism "—*Dublin Review.*

Post 8vo, pp. xxiv.—420, cloth, price 18s.

CHINESE BUDDHISM.

A VOLUME OF SKETCHES, HISTORICAL AND CRITICAL.

BY J. EDKINS, D D.

Author of " China's Place in Philology," " Religion in China," &c., &c.

"It contains a vast deal of important information on the subject, such as is only to be gained by long continued study on the spot."—*Athenæum.*

" Upon the whole, we know of no work comparable to it for the extent of its original research and the simplicity with which this complicated system of philosophy, religion, literature, and ritual is set forth "—*British Quarterly Review*

" The whole volume is replete with learning. . . It deserves most careful study from all interested in the history of the religions of the world, and expressly of those who are concerned in the propagation of Christianity Dr Edkins notices in terms of just condemnation the exaggerated praise bestowed upon Buddhism by recent English writers "—*Record.*

Post 8vo, 1st Series, 10s 6d , 2nd Series, with 6 Maps, 21s ; 3rd Series, with Portrait, 21s. ; cloth.

LINGUISTIC AND ORIENTAL ESSAYS.

WRITTEN FROM THE YEAR 1846 TO 1890.

BY ROBERT NEEDHAM CUST,

Late Member of Her Majesty's Indian Civil Service , Hon. Secretary to the Royal Asiatic Society ,
and Author of " The Modern Languages of the East Indies "

" We know none who has described Indian life, especially the life of the natives, with so much learning, sympathy, and literary talent "—*Academy*

"They seem to us to be full of suggestive and original remarks "—*St James's Gazette.*

" His book contains a vast amount of information. The result of thirty-five years of inquiry, reflection, and speculation, and that on subjects as full of fascination as of food for thought."—*Tablet*

" Exhibit such a thorough acquaintance with the history and antiquities of India as to entitle him to speak as one having authority."—*Edinburgh Daily Review*

" The author speaks with the authority of personal experience . . . . It is this constant association with the country and the people which gives such a vividness to many of the pages."—*Athenæum*

Post 8vo, pp. civ.—348, cloth, price 18s

BUDDHIST BIRTH STORIES; or, Jataka Tales.

The Oldest Collection of Folk-lore Extant:

BEING THE JATAKATTHAVANNANA,

For the first time Edited in the original Pāli.

BY V. FAUSBOLL;

And Translated by T. W. RHYS DAVIDS.

Translation. Volume I.

"These are tales supposed to have been told by the Buddha of what he had seen and heard in his previous births. They are probably the nearest representatives of the original Aryan stories from which sprang the folk-lore of Europe as well as India. The introduction contains a most interesting disquisition on the migrations of these fables, tracing their reappearance in the various groups of folk-lore legends. Among other old friends, we meet with a version of the Judgment of Solomon."—*Times*

"It is now some years since Mr. Rhys Davids asserted his right to be heard on this subject by his able article on Buddhism in the new edition of the 'Encyclopædia Britannica.'"—*Leeds Mercury*

"All who are interested in Buddhist literature ought to feel deeply indebted to Mr. Rhys Davids. His well-established reputation as a Pali scholar is a sufficient guarantee for the fidelity of his version, and the style of his translations is deserving of high praise."—*Academy*

"No more competent expositor of Buddhism could be found than Mr. Rhys Davids. In the Jātaka book we have, then, a priceless record of the earliest imaginative literature of our race; and . . . it presents to us a nearly complete picture of the social life and customs and popular beliefs of the common people of Aryan tribes, closely related to ourselves, just as they were passing through the first stages of civilisation."—*St. James's Gazette*.

Post 8vo, pp. xxviii.—362, cloth, price 14s.

A TALMUDIC MISCELLANY;

OR, A THOUSAND AND ONE EXTRACTS FROM THE TALMUD, THE MIDRASHIM, AND THE KABBALAH.

Compiled and Translated by PAUL ISAAC HERSHON,

Author of "Genesis According to the Talmud," &c.

With Notes and Copious Indexes.

"To obtain in so concise and handy a form as this volume a general idea of the Talmud is a boon to Christians at least."—*Times*

"Its peculiar and popular character will make it attractive to general readers. Mr. Hershon is a very competent scholar. . . . Contains samples of the good, bad, and indifferent, and especially extracts that throw light upon the Scriptures."—*British Quarterly Review*

"Will convey to English readers a more complete and truthful notion of the Talmud than any other work that has yet appeared."—*Daily News*

"Without overlooking in the slightest the several attractions of the previous volumes of the 'Oriental Series,' we have no hesitation in saying that this surpasses them all in interest."—*Edinburgh Daily Review*

"Mr. Hershon has . . . thus given English readers what is, we believe, a fair set of specimens which they can test for themselves."—*The Record*

"This book is by far the best fitted in the present state of knowledge to enable the general reader to gain a fair and unbiassed conception of the multifarious contents of the wonderful miscellany which can only be truly understood—so Jewish pride asserts—by the life-long devotion of scholars of the Chosen People."—*Inquirer*.

"The value and importance of this volume consist in the fact that scarcely a single extract is given in its pages but throws some light, direct or refracted, upon those Scriptures which are the common heritage of Jew and Christian alike."—*John Bull*.

"It is a capital specimen of Hebrew scholarship; a monument of learned, loving, light-giving labour."—*Jewish Herald*.

Post 8vo, pp xii —228, cloth, price 7s. 6d.

THE CLASSICAL POETRY OF THE JAPANESE.

By BASIL HALL CHAMBERLAIN,

Author of "Yeigo Heñkaku Shirañ"

" A very curious volume   The author has manifestly devoted much labour to the task of studying the poetical literature of the Japanese, and rendering characteristic specimens into English verse."—*Daily News.*

" Mr Chamberlain's volume is, so far as we are aware, the first attempt which has been made to interpret the literature of the Japanese to the Western world   It is to the classical poetry of Old Japan that we must turn for indigenous Japanese thought, and in the volume before us we have a selection from that poetry rendered into graceful English verse "—*Tablet*

" It is undoubtedly one of the best translations of lyric literature which has appeared during the close of the last year."—*Celestial Empire*

" Mr Chamberlain set himself a difficult task when he undertook to reproduce Japanese poetry in an English form   But he has evidently laboured *con amore*, and his efforts are successful to a degree "—*London and China Express.*

Post 8vo, pp. xii.—164, cloth, price 10s. 6d.

THE HISTORY OF ESARHADDON (Son of Sennacherib),

KING OF ASSYRIA, B.C. 681–668.

Translated from the Cuneiform Inscriptions upon Cylinders and Tablets in the British Museum Collection; together with a Grammatical Analysis of each Word, Explanations of the Ideographs by Extracts from the Bi-Lingual Syllabaries, and List of Eponyms, &c.

By ERNEST A. BUDGE, B.A., M.R.A.S.,

Assyrian Exhibitioner, Christ's College, Cambridge.

" Students of scriptural archæology will also appreciate the 'History of Esarhaddon ' "—*Times*

" There is much to attract the scholar in this volume   It does not pretend to popularise studies which are yet in their infancy   Its primary object is to translate, but it does not assume to be more than tentative, and it offers both to the professed Assyriologist and to the ordinary non-Assyriological Semitic scholar the means of controlling its results "—*Academy*

" Mr. Budge's book is, of course, mainly addressed to Assyrian scholars and students   They are not, it is to be feared, a very numerous class   But the more thanks are due to him on that account for the way in which he has acquitted himself in his laborious task "—*Tablet*

Post 8vo, pp. 448, cloth, price 21s.

THE MESNEVI

(Usually known as THE MESNEVIYI SHERIF, or HOLY MESNEVI)

OF

MEVLANA (OUR LORD) JELALU 'D-DIN MUHAMMED ER-RUMI.

Book the First.

Together with some Account of the Life and Acts of the Author, of his Ancestors, and of his Descendants.

Illustrated by a Selection of Characteristic Anecdotes, as Collected by their Historian,

MEVLANA SHEMSU-'D-DIN AHMED, EL EFLAKI, EL 'ARIFI.

Translated, and the Poetry Versified, in English,

By JAMES W. REDHOUSE, M.R.A.S., &c

" A complete treasury of occult Oriental lore "—*Saturday Review*

"This book will be a very valuable help to the reader ignorant of Persia, who is desirous of obtaining an insight into a very important department of the literature extant in that language "—*Tablet*

Post 8vo, pp xvi.—280, cloth, price 6s

EASTERN PROVERBS AND EMBLEMS

ILLUSTRATING OLD TRUTHS.

BY REV. J. LONG,

Member of the Bengal Asiatic Society, F.R.G.S.

"We regard the book as valuable, and wish for it a wide circulation and attentive reading."—*Record*

"Altogether, it is quite a feast of good things "—*Globe*

"It is full of interesting matter."—*Antiquary.*

Post 8vo, pp. viii.—270, cloth, price 7s. 6d.

INDIAN POETRY;

Containing a New Edition of the "Indian Song of Songs," from the Sanscrit of the "Gita Govinda" of Jayadeva ; Two Books from "The Iliad of India" (Mahabharata), "Proverbial Wisdom" from the Shlokas of the Hitopadesa, and other Oriental Poems.

BY EDWIN ARNOLD, C S I., Author of "The Light of Asia "

"In this new volume of Messrs Trübner's Oriental Series, Mr Edwin Arnold does good service by illustrating, through the medium of his musical English melodies, the power of Indian poetry to stir European emotions The 'Indian Song of Songs' is not unknown to scholars Mr. Arnold will have introduced it among popular English poems Nothing could be more graceful and delicate than the shades by which Krishna is portrayed in the gradual process of being weaned by the love of

' Beautiful Radha, jasmine-bosomed Radha,'

from the allurements of the forest nymphs, in whom the five senses are typified "—*Times*

"No other English poet has ever thrown his genius and his art so thoroughly into the work of translating Eastern ideas as Mr Arnold has done in his splendid paraphrases of language contained in these mighty epics "—*Daily Telegraph.*

"The poem abounds with imagery of Eastern luxuriousness and sensuousness; the air seems laden with the spicy odours of the tropics, and the verse has a richness and a melody sufficient to captivate the senses of the dullest "—*Standard.*

"The translator, while producing a very enjoyable poem, has adhered with tolerable fidelity to the original text."—*Overland Mail*

"We certainly wish Mr. Arnold success in his attempt 'to popularise Indian classics,' that being, as his preface tells us, the goal towards which he bends his efforts "—*Allen's Indian Mail*

Post 8vo, pp. xvi —296, cloth, price 10s. 6d.

THE MIND OF MENCIUS;

OR, POLITICAL ECONOMY FOUNDED UPON MORAL PHILOSOPHY.

A SYSTEMATIC DIGEST OF THE DOCTRINES OF THE CHINESE PHILOSOPHER MENCIUS.

Translated from the Original Text and Classified, with Comments and Explanations,

By the REV. ERNST FABER, Rhenish Mission Society.

Translated from the German, with Additional Notes,

By the REV. A. B. HUTCHINSON, C M.S, Church Mission, Hong Kong.

"Mr Faber is already well known in the field of Chinese studies by his digest of the doctrines of Confucius. The value of this work will be perceived when it is remembered that at no time since relations commenced between China and the West has the former been so powerful—we had almost said aggressive—as now. For those who will give it careful study, Mr Faber's work is one of the most valuable of the excellent series to which it belongs "—*Nature*

Post 8vo, pp. 336, cloth, price 16s.

THE RELIGIONS OF INDIA.

By A. BARTH.

Second Edition.

Translated from the French with the authority and assistance of the Author.

The author has, at the request of the publishers, considerably enlarged the work for the translator, and has added the literature of the subject to date ; the translation may, therefore, be looked upon as an equivalent of a new and improved edition of the original.

"Is not only a valuable manual of the religions of India, which marks a distinct step in the treatment of the subject, but also a useful work of reference."—*Academy.*
"This volume is a reproduction, with corrections and additions, of an article contributed by the learned author two years ago to the 'Encyclopédie des Sciences Religieuses.' It attracted much notice when it first appeared, and is generally admitted to present the best summary extant of the vast subject with which it deals "—*Tablet.*
"This is not only on the whole the best but the only manual of the religions of India, apart from Buddhism, which we have in English. The present work . . shows not only great knowledge of the facts and power of clear exposition, but also great insight into the inner history and the deeper meaning of the great religion, for it is in reality only one, which it proposes to describe."—*Modern Review.*
"The merit of the work has been emphatically recognised by the most authoritative Orientalists, both in this country and on the continent of Europe, But probably there are few Indianists (if we may use the word) who would not derive a good deal of information from it, and especially from the extensive bibliography provided in the notes "—*Dublin Review.*
"Such a sketch M Barth has drawn with a master-hand."—*Critic (New York).*

Post 8vo, pp. viii.—152, cloth, price 6s.

HINDU PHILOSOPHY.

THE SĀNKHYA KĀRIKA OF IS'WARA KRISHNA

An Exposition of the System of Kapila, with an Appendix on the Nyāya and Vais'eshika Systems.

By JOHN DAVIES, M A. (Cantab), M R.A.S.

The system of Kapila contains nearly all that India has produced in the department of pure philosophy.

"The non-Orientalist . . finds in Mr Davies a patient and learned guide who leads him into the intricacies of the philosophy of India, and supplies him with a clue, that he may not be lost in them. In the preface he states that the system of Kapila is the 'earliest attempt on record to give an answer, from reason alone, to the mysterious questions which arise in every thoughtful mind about the origin of the world, the nature and relations of man and his future destiny,' and in his learned and able notes he exhibits 'the connection of the Sankhya system with the philosophy of Spinoza,' and 'the connection of the system of Kapila with that of Schopenhauer and Von Hartmann '"—*Foreign Church Chronicle.*
"Mr Davies's volume on Hindu Philosophy is an undoubted gain to all students of the development of thought. The system of Kapila, which is here given in a translation from the Sānkhya Kārikā, is the only contribution of India to pure philosophy. . . Presents many points of deep interest to the student of comparative philosophy, and without Mr Davies's lucid interpretation it would be difficult to appreciate these points in any adequate manner "—*Saturday Review.*
"We welcome Mr Davies's book as a valuable addition to our philosophical library "—*Notes and Queries.*

Third Edition. Post 8vo, pp. x.—130, cloth, price 6s.

A MANUAL OF HINDU PANTHEISM. VEDÂNTASÂRA.

Translated, with copious Annotations,

BY MAJOR G. A. JACOB,

Bombay Staff Corps ; Inspector of Army Schools.

The design of this little work is to provide for missionaries, and for others who, like them, have little leisure for original research, an accurate summary of the doctrines of the Vedânta.

"The modest title of Major Jacob's work conveys but an inadequate idea of the vast amount of research embodied in his notes to the text of the Vedantasara. So copious, indeed, are these, and so much collateral matter do they bring to bear on the subject, that the diligent student will rise from their perusal with a fairly adequate view of Hindû philosophy generally His work . . . is one of the best of its kind that we have seen."—*Calcutta Review.*

Post 8vo, pp. xii.—154, cloth, price 7s. 6d.

TSUNI—||GOAM :

THE SUPREME BEING OF THE KHOI-KHOI.

BY THEOPHILUS HAHN, Ph.D.

Custodian of the Grey Collection, Cape Town ; Corresponding Member of the Geogr. Society, Dresden ; Corresponding Member of the Anthropological Society, Vienna, &c., &c.

"The first instalment of Dr. Hahn's labours will be of interest, not at the Cape only, but in every University of Europe It is, in fact, a most valuable contribution to the comparative study of religion and mythology Accounts of their religion and mythology were scattered about in various books , these have been carefully collected by Dr. Hahn and printed in his second chapter, enriched and improved by what he has been able to collect himself "—*Prof Max Muller in the Nineteenth Century.*

"It is full of good things."—*St. James's Gazette.*

In Four Volumes. Post 8vo, Vol. I., pp. xii.—392, cloth, price 12s. 6d., Vol. II , pp. vi —408, cloth, price 12s 6d , Vol. III., pp. viii.—414, cloth, price 12s 6d., Vol IV , pp. viii —340, cloth, price 10s. 6d.

A COMPREHENSIVE COMMENTARY TO THE QURAN.

TO WHICH IS PREFIXED SALE'S PRELIMINARY DISCOURSE, WITH ADDITIONAL NOTES AND EMENDATIONS.

Together with a Complete Index to the Text, Preliminary Discourse, and Notes.

By Rev E. M WHERRY, M.A., Lodiana.

"As Mr Wherry's book is intended for missionaries in India, it is no doubt well that they should be prepared to meet, if they can, the ordinary arguments and interpretations, and for this purpose Mr. Wherry's additions will prove useful."—*Saturday Review*

Second Edition. Post 8vo, pp. vi.—208, cloth, price 8s. 6d.

THE BHAGAVAD-GÎTÂ.

Translated, with Introduction and Notes.

BY JOHN DAVIES, M.A. (Cantab.)

"Let us add that his translation of the Bhagavad Gîtâ is, as we judge, the best that has as yet appeared in English, and that his Philological Notes are of quite peculiar value."—*Dublin Review.*

Post 8vo, pp. 96, cloth, price 5s.

THE QUATRAINS OF OMAR KHAYYAM.

Translated by E. H. WHINFIELD, M.A.,

Barrister-at-Law, late H.M. Bengal Civil Service.

Post 8vo, pp. xxxii.—336, cloth, price 10s. 6d.

THE QUATRAINS OF OMAR KHAYYAM.

The Persian Text, with an English Verse Translation.

By E. H. WHINFIELD, late of the Bengal Civil Service.

"Mr. Whinfield has executed a difficult task with considerable success, and his version contains much that will be new to those who only know Mr. Fitzgerald's delightful selection."—*Academy.*

"The most prominent features in the Quatrains are their profound agnosticism, combined with a fatalism based more on philosophic than religious grounds, their Epicureanism and the spirit of universal tolerance and charity which animates them."—*Calcutta Review.*

Post 8vo, pp. xxiv.—268, cloth, price 9s.

THE PHILOSOPHY OF THE UPANISHADS AND ANCIENT INDIAN METAPHYSICS.

As exhibited in a series of Articles contributed to the *Calcutta Review.*

By ARCHIBALD EDWARD GOUGH, M.A., Lincoln College, Oxford; Principal of the Calcutta Madrasa.

"For practical purposes this is perhaps the most important of the works that have thus far appeared in 'Trübner's Oriental Series.' . . . We cannot doubt that for all who may take it up the work must be one of profound interest."—*Saturday Review.*

In Two Volumes. Vol. I., post 8vo, pp. xxiv.—230, cloth, price 7s. 6d.

A COMPARATIVE HISTORY OF THE EGYPTIAN AND MESOPOTAMIAN RELIGIONS.

By DR. C. P. TIELE.

Vol. I.—HISTORY OF THE EGYPTIAN RELIGION.

Translated from the Dutch with the Assistance of the Author.

By JAMES BALLINGAL.

"It places in the hands of the English readers a history of Egyptian Religion which is very complete, which is based on the best materials, and which has been illustrated by the latest results of research. In this volume there is a great deal of information, as well as independent investigation, for the trustworthiness of which Dr. Tiele's name is in itself a guarantee; and the description of the successive religions under the Old Kingdom, the Middle Kingdom, and the New Kingdom, is given in a manner which is scholarly and minute."—*Scotsman.*

Post 8vo, pp. xii—302, cloth, price 8s 6d.

YUSUF AND ZULAIKHA.

A POEM BY JAMI

Translated from the Persian into English Verse.

BY RALPH T. H GRIFFITH.

" "Mr. Griffith, who has done already good service as translator into verse from the Sanskrit, has done further good work in this translation from the Persian, and he has evidently shown not a little skill in his rendering the quaint and very oriental style of his author into our more prosaic, less figurative, language . The work, besides its intrinsic merits, is of importance as being one of the most popular and famous poems of Persia, and that which is read in all the independent native schools of India where Persian is taught."—*Scotsman*

Post 8vo, pp. viii.—266, cloth, price 9s.

LINGUISTIC ESSAYS.

BY CARL ABEL

"An entirely novel method of dealing with philosophical questions and impart a real human interest to the otherwise dry technicalities of the science."—*Standard*.

"Dr. Abel is an opponent from whom it is pleasant to differ, for he writes with enthusiasm and temper, and his mastery over the English language fits him to be a champion of unpopular doctrines '—*Athenæum*.

Post 8vo, pp. ix.—281, cloth, price 10s. 6d.

THE SARVA-DARSANA-SAMGRAHA;

OR, REVIEW OF THE DIFFERENT SYSTEMS OF HINDU PHILOSOPHY.

BY MADHAVA ACHARYA.

Translated by E. B COWELL, M A , Professor of Sanskrit in the University of Cambridge, and A. E GOUGH, M A , Professor of Philosophy in the Presidency College, Calcutta.

This work is an interesting specimen of Hindu critical ability. The author successively passes in review the sixteen philosophical systems current in the fourteenth century in the South of India; and he gives what appears to him to be their most important tenets.

"The translation is trustworthy throughout. A protracted sojourn in India, where there is a living tradition, has familiarised the translators with Indian thought "—*Athenæum*.

Post 8vo, pp lxv.—368, cloth, price 14s.

TIBETAN TALES DERIVED FROM INDIAN SOURCES.

Translated from the Tibetan of the KAH-GYUR.

BY F. ANTON VON SCHIEFNER.

Done into English from the German, with an Introduction,

BY W. R. S RALSTON, M.A.

"Mr. Ralston, whose name is so familiar to all lovers of Russian folk-lore, has supplied some interesting Western analogies and parallels, drawn, for the most part, from Slavonic sources, to the Eastern folk-tales, culled from the Kahgyur, one of the divisions of the Tibetan sacred books "—*Academy*.

"The translation . . could scarcely have fallen into better hands. An Introduction . . . gives the leading facts in the lives of those scholars who have given their attention to gaining a knowledge of the Tibetan literature and language."—*Calcutta Review*

"Ought to interest all who care for the East, for amusing stories, or for comparative folk lore "—*Pall Mall Gazette*.

Post 8vo, pp. xvi.—224, cloth, price 9s.

UDÂNAVARGA.

A COLLECTION OF VERSES FROM THE BUDDHIST CANON.

Compiled by DHARMATRÂTA.

BEING THE NORTHERN BUDDHIST VERSION OF DHAMMAPADA.

Translated from the Tibetan of Bkah-hgyur, with Notes, and
Extracts from the Commentary of Pradjnavarman,

By W. WOODVILLE ROCKHILL.

" Mr Rockhill's present work is the first from which assistance will be gained
for a more accurate understanding of the Pali text; it is, in fact, as yet the only
term of comparison available to us. The 'Udanavarga,' the Thibetan version, was
originally discovered by the late M Schiefner, who published the Tibetan text, and
had intended adding a translation, an intention frustrated by his death, but which
has been carried out by Mr. Rockhill . Mr Rockhill may be congratulated for
having well accomplished a difficult task "—*Saturday Review*

In Two Volumes, post 8vo, pp xxiv —566, cloth, accompanied by a
Language Map, price 18s.

A SKETCH OF THE MODERN LANGUAGES OF AFRICA.

By ROBERT NEEDHAM CUST,

Barrister-at-Law, and late of Her Majesty's Indian Civil Service.

" Any one at all interested in African languages cannot do better than get Mr
Cust's book. It is encyclopædic in its scope, and the reader gets a start clear away
in any particular language, and is left free to add to the initial sum of knowledge
there collected "—*Natal Mercury*
" Mr Cust has contrived to produce a work of value to linguistic students."—
Nature

Fifth Edition. Post 8vo, pp xv.-250, cloth, price 7s. 6d.

OUTLINES OF THE HISTORY OF RELIGION TO THE SPREAD OF THE UNIVERSAL RELIGIONS.

By C. P. TIELE,

Doctor of Theology, Professor of the History of Religions in the
University of Leyden.

Translated from the Dutch by J. ESTLIN CARPENTER, M A.

" Few books of its size contain the result of so much wide thinking, able and labo-
rious study, or enable the reader to gain a better bird's-eye view of the latest results
of investigations into the religious history of nations As Professor Tiele modestly
says, ' In this little book are outlines—pencil sketches, I might say—nothing more '
But there are some men whose sketches from a thumb-nail are of far more worth
than an enormous canvas covered with the crude painting of others, and it is easy to
see that these pages, full of information these sentences, cut and perhaps also dry,
short and clear, condense the fruits of long and thorough research."—*Scotsman.*

Post 8vo, pp xii.—312, with Maps and Plan, cloth, price 14s.

A HISTORY OF BURMA.

Including Burma Proper, Pegu, Taungu, Tenasserim, and Arakan. From the Earliest Time to the End of the First War with British India.

By LIEUT.-GEN. SIR ARTHUR P PHAYRE, G C M.G , K C S I , and C B ,
Membre Correspondant de la Société Academique Indo-Chinoise
de France.

"Sir Arthur Phayre's contribution to Trübner's Oriental Series supplies a recog-
nised want, and its appearance has been looked forward to for many years   .
General Phayre deserves great credit for the patience and industry which has resulted
in this History of Burma "—*Saturday Review*

Third Edition   Post 8vo, pp. 276, cloth, price 7s. 6d.

RELIGION IN CHINA.

By JOSEPH EDKINS, D D., PEKING.

Containing a Brief Account of the Three Religions of the Chinese, with
Observations on the Prospects of Christian Conversion amongst that
People.

" Dr Edkins has been most careful in noting the varied and often complex phases
of opinion, so as to give an account of considerable value of the subject."—*Scotsman*.
"As a missionary, it has been part of Dr Edkins' duty to study the existing
religions in China, and his long residence in the country has enabled him to acquire
an intimate knowledge of them as they at present exist "—*Saturday Review*
" Dr. Edkins' valuable work, of which this is a second and revised edition, has,
from the time that it was published, been the standard authority upon the subject
of which it treats "—*Nonconformist*
" Dr Edkins . . may now be fairly regarded as among the first authorities on
Chinese religion and language."—*British Quarterly Review*

Post 8vo, pp. x.-274, cloth, price 9s.

THE LIFE OF THE BUDDHA AND THE EARLY HISTORY OF HIS ORDER.

Derived from Tibetan Works in the Bkah-hgyur and Bstan-hgyur.
Followed by notices on the Early History of Tibet and Khoten.

Translated by W. W. ROCKHILL, Second Secretary U.S. Legation in China.

"The volume bears testimony to the diligence and fulness with which the author
has consulted and tested the ancient documents bearing upon his remarkable sub-
ject."—*Times*
" Will be appreciated by those who devote themselves to those Buddhist studies
which have of late years taken in these Western regions so remarkable a develop-
ment   Its matter possesses a special interest as being derived from ancient Tibetan
works, some portions of which, here analysed and translated, have not yet attracted
the attention of scholars   The volume is rich in ancient stories bearing upon the
world's renovation and the origin of castes, as recorded in these venerable autho-
rities "—*Daily News.*

Third Edition.   Post 8vo, pp. viii.-464, cloth, price 16s.

THE SANKHYA APHORISMS OF KAPILA,

With Illustrative Extracts from the Commentaries.

Translated by J. R. BALLANTYNE, LL.D., late Principal of the Benares
College.

Edited by FITZEDWARD HALL.

The work displays a vast expenditure of labour and scholarship, for which
students of Hindoo philosophy have every reason to be grateful to Dr. Hall and the
publishers."—*Calcutta Review.*

In Two Volumes, post 8vo, pp. cviii.-242, and viii.-370, cloth, price 24s.
Dedicated by permission to H.R.H. the Prince of Wales.

BUDDHIST RECORDS OF THE WESTERN WORLD,

Translated from the Chinese of Hiuen Tsiang (A.D. 629)

BY SAMUEL BEAL, B A ,

(Trin. Coll , Camb) ; R.N. (Retired Chaplain and N I.) ; Professor of Chinese,
University College, London , Rector of Wark, Northumberland, &c.

An eminent Indian authority writes respecting this work :—"Nothing
more can be done in elucidating the History of India until Mr. Beal's trans-
lation of the 'Si-yu-ki' appears."

"It is a strange freak of historical preservation that the best account of the con-
dition of India at that ancient period has come down to us in the books of travel
written by the Chinese pilgrims, of whom Hwen Thsang is the best known."—*Times.*

Post 8vo, pp. xlviii.-398, cloth, price 12s.

THE ORDINANCES OF MANU.

Translated from the Sanskrit, with an Introduction.

By the late A. C. BURNELL, Ph D., C.I.E.

Completed and Edited by E. W. HOPKINS, Ph.D.,
of Columbia College, N.Y.

"This work is full of interest ; while for the student of sociology and the science
of religion it is full of importance It is a great boon to get so notable a work in so
accessible a form, admirably edited, and competently translated."—*Scotsman.*

"Few men were more competent than Burnell to give us a really good translation
of this well-known law book, first rendered into English by Sir William Jones
Burnell was not only an independent Sanskrit scholar, but an experienced lawyer,
and he joined to these two important qualifications the rare faculty of being able to
express his thoughts in clear and trenchant English. . . We ought to feel very
grateful to Dr Hopkins for having given us all that could be published of the trans-
lation left by Burnell "—F MAX MÜLLER in the *Academy.*

Post 8vo, pp. xii.-234, cloth, price 9s.

THE LIFE AND WORKS OF ALEXANDER
CSOMA DE KOROS,

Between 1819 and 1842. With a Short Notice of all his Published and Un-
published Works and Essays. From Original and for most part Unpub-
lished Documents.

By THEODORE DUKA, M.D., F R.C.S. (Eng.), Surgeon-Major
H.M.'s Bengal Medical Service, Retired, &c.

"Not too soon have Messrs Trübner added to their valuable Oriental Series a
history of the life and works of one of the most gifted and devoted of Oriental
students, Alexander Csoma de Koros It is forty-three years since his death, and
though an account of his career was demanded soon after his decease, it has only
now appeared in the important memoir of his compatriot, Dr. Duka."—*Bookseller*

In Two Volumes, post 8vo, pp. xii.-318 and vi.-312, cloth, price 21s.

MISCELLANEOUS PAPERS RELATING TO INDO-CHINA.

Reprinted from "Dalrymple's Oriental Repertory," "Asiatic Researches," and the "Journal of the Asiatic Society of Bengal."

CONTENTS OF VOL I

MISCELLANEOUS PAPERS RELATING TO INDO-CHINA—continued.

CONTENTS OF VOL. II

"The papers treat of almost every aspect of Indo-China—its philology, economy, geography, geology—and constitute a very material and important contribution to our accessible information regarding that country and its people."—*Contemporary Review*

Post 8vo, pp xii.-72, cloth, price 5s.

THE SATAKAS OF BHARTRIHARI.

Translated from the Sanskrit

By the Rev B. HALE WORTHAM, M.R.A.S,

Rector of Eggesford, North Devon.

"A very interesting addition to Trübner's Oriental Series"—*Saturday Review*

"Many of the Maxims in the book have a Biblical ring and beauty of expression"—*St James' Gazette*

Post 8vo, pp. xii -180, cloth, price 6s.

ANCIENT PROVERBS AND MAXIMS FROM BURMESE SOURCES;

OR, THE NITI LITERATURE OF BURMA.

By JAMES GRAY,

Author of "Elements of Pali Grammar," "Translation of the Dhammapada," &c.

The Sanscrit-Pâli word Niti is equivalent to "conduct" in its abstract, and "guide" in its concrete signification. As applied to books, it is a general term for a treatise which includes maxims, pithy sayings, and didactic stories, intended as a guide to such matters of every-day life as form the character of an individual and influence him in his relations to his fellow-men Treatises of this kind have been popular in all ages, and have served as a most effective medium of instruction

Post 8vo, pp xxxii. and 330, cloth, price 7s 6d.

MASNAVI I MA' NAVI.

THE SPIRITUAL COUPLETS OF MAULANA JALALU-'D-DIN MUHAMMAD I RUMI.

Translated and Abridged by E. H. WHINFIELD, M.A.,
Late of H.M. Bengal Civil Service.

Post 8vo, pp viii. and 346, cloth, price 10s 6d.

MANAVA-DHARMA-CASTRA.
THE CODE OF MANU.

ORIGINAL SANSKRIT TEXT, WITH CRITICAL NOTES.

BY J. JOLLY, Ph.D.,

Professor of Sanskrit in the University of Wurzburg, late Tagore Professor of Law in the University of Calcutta.

The date assigned by Sir William Jones to this Code—the well-known Great Law Book of the Hindus—is 1250-500 B.C, although the rules and precepts contained in it had probably existed as tradition for countless ages before There has been no reliable edition of the Text for Students for many years past, and it is believed, therefore, that Prof. Jolly's work will supply a want long felt

---

Post 8vo, pp. 215, cloth, price 7s. 6d.

LEAVES FROM MY CHINESE SCRAP-BOOK.

BY FREDERIC HENRY BALFOUR.

Author of "Waifs and Strays from the Far East," "Taoist Texts," "Idiomatic Phrases in the Peking Colloquial," &c. &c.

In Two Volumes, post 8vo, pp x-308 and vi.-314, cloth, price 25s

MISCELLANEOUS PAPERS RELATING TO INDO-CHINA.

Edited by R ROST, Ph.D, &c. &c.,

Librarian to the India Office.

SECOND SERIES.

Reprinted for the Straits Branch of the Royal Asiatic Society from the Malayan "Miscellanies," the "Transactions and Journal" of the Batavian Society, and the "Journals" of the Asiatic Society of Bengal, and the Royal Geographical and Royal Asiatic Societies.

Post 8vo, pp. xii.-512, price 16s.

FOLK-TALES OF KASHMIR.

By the REV. J. HINTON KNOWLES, F.R.G.S., M.R.A.S, &c.

(C.M.S.) Missionary to the Kashmirs.

In Two Volumes, post 8vo, pp. xii.-336 and x.-352, cloth, price 21s.

MEDIÆVAL RESEARCHES FROM EASTERN ASIATIC SOURCES.

FRAGMENTS TOWARDS THE KNOWLEDGE OF THE GEOGRAPHY AND HISTORY OF CENTRAL AND WESTERN ASIA FROM THE THIRTEENTH TO THE SEVENTEENTH CENTURY.

BY E. BRETSCHNEIDER, M.D ,

Formerly Physician of the Russian Legation at Pekin.

Post 8vo, pp. xxxvii.-218, cloth, price 10s.

THE LIFE OF HIUEN TSIANG.

BY THE SHAMANS HWUI LI AND YEN-TSUNG.

With a Preface containing an account of the Works of I-TSING.

BY SAMUEL BEAL, B.A.

(Trin Coll., Camb.); Professor of Chinese, University College, London; Rector of Wark, Northumberland, &c.

Author of "Buddhist Records of the Western World," "The Romantic Legend of Sakya Budda," &c.

Post 8vo, pp xx. and 532, cloth, price 21s

ORIGINAL SANSKRIT TEXTS

On the Origin and History of the People of India Their Religion and Institutions.

Collected, Translated, and Illustrated.

BY J. MUIR, C.I.E , D C L , LL.D , Ph D

Vol. I. MYTHICAL AND LEGENDARY ACCOUNTS OF THE ORIGIN OF CASTE, with an inquiry into its Existence in the Vedic Age.

Third Edition, Re-written, and greatly Enlarged.

Post 8vo, pp. xiv. and 504, cloth, price 15s

ENGLISH INTERCOURSE WITH SIAM IN THE SEVENTEENTH CENTURY.

BY J. ANDERSON, M D., LL D , F.R.S.

LONDON : KEGAN PAUL, TRENCH, TRUBNER & CO.

1000   10/8/92

$$\frac{wks}{uts} \, \text{net}$$

Milton Keynes UK
Ingram Content Group UK Ltd.
UKHW022311170823
427072UK00005B/113